江蘇高校優勢學科建設工程資助專案(簡稱 PAPD)

南京大學中國文學與東亞文明協同創新中心資助專案

南京大學"世界一流大學和一流學科建設"出版資助項目

| 第十四輯 | 張伯偉　編 |

域外漢籍研究集刊

中華書局
北京
2016

圖書在版編目（CIP）數據

域外漢籍研究集刊.第 14 輯/張伯偉編. —北京：中華書局，
2016.11
ISBN 978-7-101-12241-1

Ⅰ.域…　Ⅱ.張…　Ⅲ.漢學-研究-國外-叢刊
Ⅳ.K207.8-55

中國版本圖書館 CIP 數據核字（2016）第 259144 號

書　　名	域外漢籍研究集刊　第十四輯
編　　者	張伯偉
責任編輯	孫文穎
出版發行	中華書局
	（北京市豐臺區太平橋西里 38 號　100073）
	http://www.zhbc.com.cn
	E-mail：zhbc@zhbc.com.cn
印　　刷	北京市白帆印務有限公司
版　　次	2016 年 11 月北京第 1 版
	2016 年 11 月北京第 1 次印刷
規　　格	開本/710×1000 毫米　1/16
	印張 25¾　插頁 2　字數 432 千字
印　　數	1-800 册
國際書號	ISBN 978-7-101-12241-1
定　　價	110.00 元

目 次

日本漢籍研究

五山禪僧的蘇詩别解

——以《四河入海》爲例 …………………………… 蔡　毅(3)

日本《世説新語》注釋本敍録(上) ………………………… 張伯偉(19)

和刻本《世説新語補》的三種手批本 …… 稻田篤信 撰　李由 譯(35)

《槐南集》未收詩考

——以《新文詩》中所載槐南詩爲中心 ……………… 陳文佳(51)

朝鮮—韓國漢籍研究

《熱河日記》與《天主實義》 ………………… 金明昊 撰　許放 譯(73)

朝鮮朝《老乞大》漢語官話"質正" ………………………… 張　輝(87)

略論朝鮮時代朱子語録註解書的學術價值 ……………… 尹昭晶(99)

論《海東辭賦》的編撰 ……………………………… 趙俊波(123)

尹廷琦《詩經講義續集》釋《詩》方法闡微 ……………… 付星星(135)

19 世紀崔瑆焕的《性靈集》編撰及其意義 ……………… 韓　東(149)

越南漢籍研究

《越南漢文燕行文獻集成》解題補正 ……………………… 何仟年(167)

越南丁黎時期帝后和宗室制度考 ………………………… 胡耀飛(187)

黎文休《大越史記》的編撰與史學思想 …………………… 葉少飛(215)

從《金檯草》看越南名臣潘清簡的使華經歷 ……………… 韓周敬(245)

康熙二十二年周燦使安南與清黎朝貢關係 ……………… 陸小燕(261)

漢籍交流研究

韓中日所藏《皇華集》與東亞漢文學跨國交流 ………… 衣若芬(283)

王羲之草書《孝經》考辨 ……………………………… 李小龍(297)

中日對《清净法行經》的受容異同考

　　　——以《玉燭寶典》爲中心的考察 … 野村卓美 撰　楊秀雲 譯(317)

《大越史記全書》所載明人詩考論 ………… 馮小禄　張　歡(335)

試論林逋在朝鮮半島的流傳與接受

　　　——以成大中抄本爲中心 ………………………… 毛林萍(351)

文獻彙編

日本天理大學附屬圖書館藏《毛詩要義》

考異(鄭風前部分) ………………………………… 孔祥軍(371)

稿　　約 ………………………………………………… (407)

日本漢籍研究

域外漢籍研究集刊　第十四輯
2016 年　頁 3—18

五山禪僧的蘇詩別解

——以《四河入海》爲例

蔡　毅

東坡詩注,古來夥矣,近刊張志烈、馬德富、周裕鍇主編的《蘇軾全集校註》(全 20 册,河北人民出版社,2010),堪稱集大成者。然"詩無達詁",文本闡釋未可窮盡,而東坡詩的浩瀚廣博,更提供了異説新解的無限可能性。在域外漢籍研究漸成"顯學"的今天,如果矚目傳承中國文化歷史悠久的東瀛,就可以發現,往昔日本人有關中國典籍的大量注解評議,頗有助於我們開闊視野、獲取靈感、啟發思考,是一個有待開發的資料寶藏,一種可供"預流"的學術資源。本文擬參考日本五山時期的蘇詩注本《四河入海》的解釋,對東坡的嶺南流寓詩談一點不同的看法,並由此略窺東亞文化意象的流變軌迹。

一　《四河入海》其書

現在可知蘇軾著述最早傳入日本的記載,是南宋理宗嘉熙四年(1240)入宋僧辯圓攜歸的數千卷中國典籍中的《注坡詞》二册和《東坡長短句》一册(曾藏於京都東福寺普門院,原書已佚,此據後人所編目録)。此後蘇詩在日本廣爲流傳,研讀蘇詩也蔚然成風,且成果斐然,其中最值得注目的,是五山禪僧的蘇詩注本《四河入海》。

《四河入海》二十五卷,笑雲清三(生卒年不明)編撰。因該書匯集了當時禪僧編寫的四種蘇詩注本:瑞溪周鳳(1392—1473)的《脞説》、大岳周崇

(1345—1423)的《翰苑遺芳》、桃源瑞仙(1430—1489)的《蕉雨餘滴》(門生
—韓智翃筆録)、萬里集九(1428—?)的《天下白》,"譬諸江、河、淮、濟之四
瀆,流入大洋者"(大癡賢諄跋),故名《四河入海》。日大永七年(1527)動
筆,天文三年(1534)完稿,前後耗時八載。編者笑雲清三的親筆稿本現藏
京都東福寺,慶長元和年間(1596—1623)刊行的古活字版二十五卷一百
册,現已有勉誠社的《抄物大系別刊·四河入海》(1970)和清文堂出版的
《抄物資料集成》(1972)兩種影印本問世,日本國會圖書館網頁上也有電子
版可供閲讀,但遺憾的是鉛字印刷本尚未聞有整理者。關於該書的研究,
迄今爲止也只有勉誠社影印本刊行時所附中田祝夫的解説,此外未見有其
他全面性的探求。

　　該書是爲日本人閲讀蘇詩編寫的,且"四河"原來均爲講談底本,故其
最大的特點,應屬"串講",即不僅注出典故、語義、背景,還對全詩分段歸
納,闡明題旨,對各句原意也細心揣摩,逐一讀解,不厭其詳,而這正是中國
傳統詩注往往不在意、甚至不屑爲的地方。筆者作爲以蘇軾研究專家山本
和義先生爲首的"讀蘇會"的一員,現正繼承小川環樹、山本和義合作編譯
的《蘇東坡詩集》(四册,筑摩書房,1983—1990)的未竟之業,擬完成東坡詩
的日語全譯注。要作確切的日語翻譯,理解上就不能似是而非,每句每字
都必須"落到實處",這時《四河入海》便成爲我們的"帳中秘本",除了五山
禪僧特有的訓讀(日語的漢字讀法)方式足資借鑒外,其句意闡釋、章法點
評的每有勝解,亦頗可補中國古今衆多蘇詩注本之不足。下面即以蘇軾貶
謫嶺南時的三首詩爲例,分別從詞句釋義、章節解讀和總體串講的角度,略
見該書異説別解之一斑。

二　句解之異——關於《用過韻冬至與諸生飲酒》

　　該詩元符二年(1099)冬至日、即 11 月 8 日作於昌化軍(儋州)。軾之
子蘇過《斜川集》有《己卯冬至儋人攜具見飲既罷有懷惠許兄弟》詩,東坡乃
用其韻。詩爲五言排律,共 32 句。爲便於解析,且將全詩具引如下(《蘇軾
詩集》卷四十二):

　　　　小酒生黎法,
　　　　乾糟瓦盎中。

芳辛知有毒，
滴瀝取無窮。
凍醴寒初泫，
春醅暖更饛。
華夷兩樽合，
醉笑一歡同。
里閈峨山北，
田園震澤東。
歸期那敢說，
安訊不曾通。
鶴鬢驚全白，
犀圍尚半紅。
愁顏解符老，
壽耳鬭吳翁。
得穀鵝初飽，
亡貓鼠益豐。
黃薑收土芋，
蒼耳斫霜叢。
兒瘦緣儲藥，
奴肥爲種菘。
頻頻非竊食
數數尚乘風。
河伯方夸若，
靈媧自舞馮。
歸途陷泥淖，
炬火燎茅蓬。
膝上王文度，
家傳張長公。
和詩仍醉墨，
戲海亂群鴻。

詩中的第七、八兩句"華夷兩樽合，醉笑一歡同"，曾被譽爲蘇軾有民族平等友好的認識，常被引用。而"小酒生黎法，乾糟瓦盎中"，則被認爲是如今海南特産"山蘭米酒"特殊釀造法的現存最早記載。這些説法雖然有些牽强，但也不能説毫無依據，我的興趣在於："華夷兩樽合"，"合"的到底是什麽？

因爲此處並無出典，歷來注本均未作解釋。《蘇軾全集校註》解之爲"碰杯飲酒"，實屬望文生義。酒席上碰杯習慣的由來，有古希臘、古羅馬、愛爾蘭乃至日本等多種起源説，唯獨没有中國，在中國古代典籍中，也找不到相關的記載，所以這一解釋不能成立。既然"兩樽合"不是指兩個杯子相碰，"合"就只剩下一個可能性：杯中之酒的"合"。且看《四河入海》諸家之説：

　　"華夷"——脞云：蓋言華酒與夷酒也。

　　"華夷"——白云：華，京酒也。一説此云以京酒釀造之法，而事釀造。（該條原文日文）

　　"合"——白云：續翠云，非雜合也。或説云雜合也。

　　"華……，醉……"——一云：言黎酒乃夷中酒，又持京華與之相雜，乃有此合酒，飲之則同歡。（該條原文日文）

四家中有三家（瑞溪周鳳《脞説》、萬里集九《天下白》、一韓智翃筆録《蕉雨餘滴》）認爲，"兩樽"分指"華酒"（京酒）和"夷酒"，即漢人之酒和黎家之酒，只不過在"合"是不是"雜合"的理解上略有差別〔"續翠"爲江西龍派（1375—1446）之號，作有東坡詩講釋書《天馬玉（津）沫》（已佚），萬里集九《天下白》引用"續翠"兩種對立的意見，可知他對是否"雜合"並無定見〕，大岳周崇的《翰苑遺芳》則没有發表意見。按所謂"雜合"，當或指杯中之酒相摻合，或指同時喝不同的酒。竊以爲從中國傳統的飲酒習慣來看，把"華夷"兩種酒互相攙兑、如同現今西方人的調製雞尾酒，可能性非常小，"兩樽合"應該理解爲兩種酒都端上了桌面，與座者隨意取之，一起暢飲。如果此説能夠成立，前面六句的意藴也就迎刃而解了。《宋史》卷一八五《食貨志下七》云："自春至秋，醖成即鬻，謂之小酒"，"臘釀蒸鬻，候夏而出，謂之大酒"。此詩開頭四句，是寫黎家的"小酒"、即"夷酒"，其獨特的釀造方法，是把"乾糟"直接浸泡在"瓦盎"之中。《太平寰宇記》卷一六九"儋州"云："醖酒不用麴糵，有木曰嚴樹，取其皮葉，搗後清水浸之，以粳釀和之，數日成酒，香甚，能醉人。又有石榴，亦取花葉，和醖釀之，數日成酒。"這種用植物皮葉制成的"乾糟"，氣味芳香而辛辣，帶有毒性，操作須謹慎從事，使之慢慢“滴瀝”流淌，乃可取之無窮。第五、六兩句“凍醴寒初泫，春醅暖更饛”，乍看似乎順承前文，進一步描寫黎家“小酒”的制作過程，其實對作者的遣詞造句細加品味，就可以看到，這裏的“凍醴”、“春醅”等顯得高雅華貴的字眼，與上文“乾糟”、“有毒”等略帶貶抑的氛圍有別；從“寒”到“暖”，也顯然説的是季節，與前引《食貨志》所述“大酒”制作的由“臘”至“夏”相合，故作者應當另有所指。也就是説，第五、六句並非前四句的直承，而是一個逆接，作者筆鋒一轉，另述漢人的“大酒”、即“華酒”（京酒）的釀造方法：冬天著手釀制時，因爲氣候寒冷，最初只是約略滲出一點汁液；到了春暖花開的時節，酒漿便沛然湧出，滿溢橫流。《蘇軾全集校注》解“凍醴”爲“冷酒”、“春醅”爲“泛指美酒”，皆囿於舊説，失之皮相。因爲這樣解釋，並不能坐實詩意：“美酒”若指黎家“小酒”，則與“有毒”扦格不入；若非承前，則又橫生枝節，突兀生硬，令人不知所云。由此，我們也更能感知《四河入海》細説詳解之可貴。

此外，即便是對詩的史實背景，遠隔重洋的五山禪僧們也並不隔膜。該詩後半四句：

> 河伯方夸若，
> 靈媧自舞馮。
> 歸途陷泥淖，
> 炬火燎茅蓬。

包括《蘇軾全集校注》在內的古今各種注本，只對“河伯”、“夸若”、“靈媧”、“馮夷”等典故作解，而完全忽略了蘇軾爲什麽要羅列這些涉及“水”的神靈。對此《四河入海》的解釋是：

> “河伯”——脞云：此以下二句，蓋言時有大水，故河伯夸而馮夷舞也。“歸途”——脞云：此以下二句，蓋坡言時與諸生飲，歸途陷泥淖，以有大水也。

> “河……靈……”——一云：該二句曰此時發大水。河伯乃水神。河伯逢北海若，夸曰無如我者。又靈媧鼓瑟而馮夷起舞，馮夷亦水神。言因大水，水神並出。（該條原文日文）

四家中有兩家（瑞溪周鳳《脞説》、一韓智翃筆録《蕉雨餘滴》）注云當時有“大水”，所以“水神並出”，值得注意。五山禪僧飽讀經史，對中國文化頂禮膜拜乃至亦步亦趨，且距東坡時代僅隔四百餘年，較之現今，其所見資料或許更爲豐富,生活實感也更爲接近,故"大水"之説當非無中生有,必有所據。遺憾的是筆者現在尚未找到元符二年(1099)十一月初昌化軍發生水災的確鑿歷史記録,故於此聊備一説,冀識者有以教之。

三　章解之異——關於《正月二十四日,與兒子過……》

該詩紹聖二年(1095)正月二十四日作於惠州,題爲《正月二十四日,與兒子過、賴仙芝、王原秀才、僧曇穎、行全、道士何宗一同遊羅浮道院及棲禪精舍。過作詩,和其韻,寄邁、迨一首》。軾之子蘇過《斜川集》有《正月二十四日侍親遊羅浮道院棲禪山寺》詩,東坡乃用其韻。詩爲五古,共 28 句,先同樣全録如下(《蘇軾詩集》卷三十九):

> 斷橋隔勝踐,
> 脱屨欣小揭。
> 瘴花已繁紅,
> 官柳猶疎細。
> 斜川二三子,
> 悼歎吾年逝。
> 凄涼羅浮館,
> 風壁頹雨砌。
> 黄冠常苦飢,
> 迎客羞破袂。
> 仙山在何許,
> 歸鶴時墮毳。
> 崎嶇拾松黄,
> 欲救齒髮弊。
> 坐令禪客笑,
> 一夢等千歲。
> 棲禪晚置酒,
> 蠻果粲椒荔。
> 齊廚釜無羹,
> 野餉籃有薺。

嬉遊趁時節，
俯仰了此世。
猶當洗業障，
更作臨水禊。
寄書陽羨兒，
並語長頭弟。
門戶各努力，
先期畢租稅。

詩寫與兒子蘇過及當地友人同遊羅浮山道觀禪寺時的所見所感，内容並無特別難解之處，值得注意的是最後四句："陽羨兒"指長子蘇邁，陽羨為宜興舊稱，蘇軾於此地置有田產。"長頭弟"指次子蘇迨，蘇軾《贈上天竺辯才師》詩（《詩集》卷九）有"我有長頭兒"句，語出《後漢書·賈逵傳》："自為兒童，常在太學，不通人間事，身長八尺二寸，諸儒為之語曰：問事不休賈長頭。"蘇軾南遷，道貶惠州，不能舉家同往，乃使蘇迨從兄長留居宜興，自己僅攜三子蘇過隨行。對千里之外的愛子，蘇軾叮囑他們要各自努力持家，在規定期限之前交清租稅。

從全詩内容看，這末尾四句憑空插入，橫生波瀾，似屬"節外生枝"。詩從荒郊野嶺的隆冬景色起筆，調侃道士，戲謔禪門，然後慨歎"嬉遊趁時節，俯仰了此世。猶當洗業障，更作臨水禊"，行文至此，蘇軾固有的樂天精神，仍流貫其間。最後四句卻突然對兒子們板起臉來説教，神態陡變，訓誡有加，於通篇題旨甚為遊離。對蘇軾的這種"反常"之舉，紀昀的解釋是：

後四句乍讀似不貫，細玩語意，乃言在此甚適，不必更以為念，惟應專力持門户、辦租稅耳。（《紀評蘇詩》卷三十九）

對蘇詩時有苛評的紀昀，在這裏頗為善解人意，説蘇軾的用意，是要兩個兒子放心，並好自為之。紀昀之解，可謂言之成理，但他就此止步，不再深究，顯然未能讀出蘇軾言外的深心。

幸而東坡在扶桑之國尚有知音，且看《四河入海》的解釋：

"門户"——胜云：此以下二句，言我一門邁迨輩各努力作農業也。蕉雪云：時謫居惠州，一向如農父，故教其子弟以不可緩農業也。向時豈有此語哉？可憐哉！

"門户"——白云：此一聯感慨之意，見於言外也。

　　“門户”——一云：……此前可有此語？可憐也！感慨之意，見於言外。（該條原文日文）

四家中有兩家（一韓智翃筆録《蕉雨餘滴》、萬里集九《天下白》）認爲其間有蘇軾難以言述的“感慨”，頗爲“可憐”，而對蘇軾過去並無此類言説的指摘，尤能發人深思。

　　蘇軾一生多難，但他總是處之泰然，以幽默化解煩惱，用曠達排遣憂愁，而内心中對節操的持守，則一以貫之。但惠州之貶，已是晚年，他對此生能否北還，其實並不樂觀。人之將死，其言也善，在生命很可能終老之地，他時時牽掛的，是無法割捨的骨肉親情。他也許不希望兒子們重蹈自己因率性直言而屢遭坎坷的覆轍，也許在親歷邊荒窮困生活後深有感悟，所以纔在這首如同家書的詩中，看似語重心長、其實言不由衷地要他們“先期畢租税”，換言之，即安於農耕，樂於貧窮，做一個不“犯上”的老實人。

　　無獨有偶，幾乎與此詩作於同時的《龍尾石硯寄猶子遠》（《詩集》卷三十九），也透露了内中消息。詩爲五律，具引如下：

　　　　皎皎穿雲月，
　　　　青青出水荷。
　　　　文章工點黜，
　　　　忠義老研磨。
　　　　偉節何須怒，
　　　　寬饒要少和。
　　　　吾衰安用此，
　　　　寄與小東坡（自注：遠爲人頗予）。

“猶子”語出《禮記·檀弓上》，謂兄弟之子，此指蘇轍之子蘇遠。蘇軾將珍愛的歙硯之上品龍尾石硯（蘇軾曾作《龍尾硯歌》，贊之無以復加）寄贈侄兒，並寫了這首詩。頸聯上句“偉節何須怒”，表面上用東漢賈彪（字偉節）於兄弟三人中“最怒”（《後漢書·黨錮傳》“賈彪”條），即最強之典，實則妙用“偉節”與“怒”，意謂爲人須折節息怒；下句“寬饒要少和”，也是明用西漢蓋寬饒爲人剛直、常犯上諫諍之典，實則妙用“寬饒”與“和”，意謂爲人須寬容平和。《四河入海》看出了蘇軾借硯喻人的良苦用心，故明確點出：

　　“偉節”——脞云：此以下二句，蓋坡戒遠爲人剛，不與世同也。
　　“偉節”——白云：此一聯教訓遠。

那麼，蘇軾爲何要對侄兒如此諄諄告誡，幾欲耳提面命呢？末句"自注"道出了個中緣由："遠爲人類予。"原來他對自家子侄的擔心，同出一轍，千叮嚀，萬囑咐，合起來只有一句話：不要學我。

晚年的蘇軾，對人生已透徹了悟。他於己不改初衷，依然從容大度地面對一切災難；但對至親的後人，卻不得不違心地希求他們遵循現世規範，以保人生平安無虞。《四河入海》的五山禪僧們一再爲之歎息的"可憐"，其所指或許在此。

四　篇解之異——關於《真一酒歌並引》

該詩元符三年（1100）五月作於昌化軍（儋州），爲贈友人吳復古之作。詩爲七古"柏梁體"，即逐句押韻，共 16 句，亦全錄如下（《蘇軾詩集》卷四十三）：

> 布算以步五星，不如仰觀之捷；吹律以求中聲，不如耳齊之審。鉛汞以爲藥，策易以候火，不如天造之真也。是故神宅空，樂出虛，蹴鞠者以氣升，孰能推是類以求天造之藥乎？於此有物，其名曰真一。遠遊先生方治此道，不飲不食，而飲此酒，食此藥，居此堂。予亦竊其一二，故作真一之歌。其詞曰：

> 空中細莖插天芒，
> 不生沮澤生陵岡。
> 涉閱四氣更六陽，
> 森然不受螟與蝗。
> 飛龍御月作秋涼，
> 蒼波改色屯雲黃。
> 天旋雷動玉塵香，
> 起溲十裂照坐光。
> 跔趹牛犥安且詳，
> 動搖天關出瓊漿。
> 壬公飛空丁女藏，
> 三伏遇井了不嘗。
> 釀爲真一和而莊，

　　三杯儼如侍君王。

　　湛然寂照非楚狂，

　　終身不入無功鄉。

　　該詩詩題“真一酒歌”，顧名思義，詩詠真一酒似乎毋庸置疑。蘇軾平生好酒，“使我有名全是酒”，“醉有真鄉我可侯”（《次韻王定國得晉卿酒相留夜飲》，《詩集》卷三十）。出於這種對酒的特殊感情，他於自制佳釀也時或染指。黃州蒙難時，他曾釀造過蜜酒；任職定州時，又曾試做蜜柑酒和松酒。晚年貶謫嶺南，猶餘興未減，紹聖元年（1094）冬釀成桂酒，且作《桂酒頌》，而其最爲自得的傑作，乃真一酒。據蘇軾自述，該酒制法得之於神授，紹聖二年（1095）初於惠州所作《真一酒法寄建安徐得之》（《文集》卷七十三）云：“嶺南不禁酒，近得一釀法，乃是神授。只用白麵、糯米、清水三物，謂之真一法酒。釀之成玉色，有自然香味，絶似王太尉馬家碧玉香也。奇絶，奇絶！”並詳述了該酒的制法。釀制成功後，乃對天祭拜，《記朝斗》（《文集》卷七十一）云：“紹聖二年五月望日，敬造真一法酒成，請羅浮道士鄧守安拜奠北斗真君。”並隨之賦詩《真一酒並引》（《詩集》卷三十九）：

　　米、麥、水，三一而已。此東坡先生真一酒也。

　　撥雪披雲得乳泓，

　　蜜蜂又欲醉先生。

　　稻垂麥仰陰陽足，

　　器潔泉新表裏清。

　　曉日著顏紅有暈，

　　春風入髓散無聲。

　　人間真一東坡老，

　　與作青州從事名。

　　在極力稱揚真一酒的神功偉力之後，他意猶未盡，想起當年在黃州所作蜜酒，《題真一酒詩後》（《佚文匯編》卷五）云：“予作蜜酒，格味與真一相亂。”並對該酒的制法再度做了詳細的披露，以俾世人依法炮制，同歡共樂。

　　那麼，這一天賜佳釀，究竟得自何方神聖？兩年後他又作《記授真一酒法》（《文集》卷七十二），對“神授”的情景作了具體的描述：“予在白鶴新居，鄧道士忽叩門，時已三鼓，家人盡寢，月色如霜。其後有偉人，衣桄榔葉，手攜斗酒，丰神英發如呂洞賓者，曰：‘子嘗真一酒乎？’三人就坐，各飲數杯，擊節高歌合江樓下。風振水湧，大魚皆出。袖出一書授予，乃真一法及修養九事。末云九霞仙人李靖書。既別，怳然。"（按蘇軾白鶴峰新居建成於紹聖四年（1097）二月，故此文依邏輯似乎應作於兩年之前，然既有"白鶴新居"字樣，仍當依孔凡禮《蘇軾年譜》，系年於其後。）

　　既然有這麼多蘇軾本人的親歷自述，這首《真一酒歌》，也就理所當然地歷來被認爲是詠酒之作。較早且有代表性的解説是宋代趙次公注：

　　　　此篇初言麥，次言麵，又言作蒸餅，乃言以蒸餅麴而造真一酒也。……舌自生水，則雖當三伏之際，遇井而不須飲矣。蒸餅之效如此，於是用此蒸餅麴釀爲真一酒焉。真一酒之味醇釀，則爲和粹矣。真一酒之性不醉，則爲莊肅矣。故三盃而儼然如在君之側也。湛然寂照而又非狂如接輿，正以言其不醉也。無功鄉，惟其飲真一酒而不醉，所以不入無功之醉鄉也。此篇本是序事，而言辭淵妙，若神仙之秘文。學者多不解，故爲明言之。（《蘇詩佚注》卷上）

　　趙次公最後特意指出，蘇軾此詩似乎有點故弄玄虛，"若神仙之秘文"，所以要費一番口舌。清代查慎行持論與之大致相同，但在文末也感慨該詩"前後錯落，如羚羊掛角，無迹可求也"（《蘇詩補注》卷四十三）。

　　其實，前賢們在勉爲其難、强作疏通後仍心存困惑，正説明該詩別有奧妙。細審詩意，第一至六句寫麥從生長到成熟，對此所有注釋皆無異議。問題是第七至十二句，如果依各種舊注和《蘇軾全集校注》所云，"起洩十裂照坐光"是指蒸麵發酵而作成酒麴的話，下面的"跏趺牛嚼安且詳"，説結跏趺坐，如牛反芻一般地咀嚼，就不知何謂了。蘇軾總不會去咬嚼酒麴吧？緊隨其後的"動摇天關出瓊漿"、"壬公飛空丁女藏"二句，也明顯是説咀嚼後口中生津，充滿唾液，硬要把"瓊漿"、"壬公"解作真一酒，礙難成立。而且，詩最後四句如果是説真一酒飲而不醉，也近乎大言欺人：既然是酒，就一定有酒精度，哪怕它再醇和淡泊，也有醉的可能，"終身不入無功鄉"，即永遠不和寫《醉鄉記》的王績爲伍，斯言誠可信乎？

　　因此，對蘇軾這首紀昀批之"太章咒氣"（《紀評蘇詩》卷四十三）的捉狹之作，要想求得確解，就必須跳出舊説的窠臼，別闢蹊徑。而《四河入海》的詮釋，足令我們耳目一新。

　　該書在詩引的注解中，全篇照録了上述趙次公之語，但隨即點出了趙説致命性的疏漏：這首詩是只寫蒸餅，還是由蒸餅而致酒麴？其曰：

　　　　白云：脞説補遺云：續翠云真一與太極相同，唯體用之異耳。坡蓋無造作之義，名真一酒也。本集十三卷所謂真一酒，蓋米、麥、水三物所造之酒也。

　　　　若用三物，則不可謂無造作也。然則以燒餅爲真一酒之義可也。篇中只舉一事，則非三物可知。既名之酒，故曰釀作真一，又曰三杯耳。次公用燒餅麴之義，亦非乎？

　　瑞溪周鳳《脞説》引江西龍派“續翠”之説，其大意爲：真正的真一酒，須如前引《真一酒並引》詩，用米、麥、水三物釀造，而蘇軾在這裏只舉“麥”而不涉其他，説明他是“無造作”、即實際上並沒有釀酒，於是斷言“以燒餅爲真一酒之義可也”。在强調“燒餅”纔是該詩的主眼，趙次公硬要加上“燒餅麴之義”難以自圓其説之後，對七至十二句，該書注解爲：

　　　　“天關”——白云：言咬嚼此真一燒餅，則自然口中生津液，故下句言之。

　　　　“三伏”——白云：口中有真一水故也。

　　　　一云：“起……”“起溲”爲蒸餅之名，言以此麥之糊作餅，蒸後裂爲十字，食之可也。“跏……”坐禪而如牛呞，置此餅於齒間，安詳嚼之。“動……”，動天關之口，咬之則瓊漿之津出也。“天關”云口也。“瓊漿”云津也。“壬……”，“壬公”爲水。“丁女”言火。咬麥餅則五臟陰陽和合。水在火上，火在水下，故陰陽不錯亂也。“飛空……”，空字云臟腑之上。“藏”字云臟腑之下。“空”爲上部。“藏”爲下部。“三……”，食此真一之餅，則口中多生津液，雖於三伏之日，遇井亦可不飲，以喉頭不乾故也。（該條原文日文）

萬里集九《天下白》和一韓智翃筆録《蕉雨餘滴》，都把這一段僅解爲咬嚼蒸餅，毫不涉及酒麴之類。這樣在對最後四句的注解中，《四河入海》便水到渠成地得出了自己的真知灼見：

　　　　“湛然寂照”——白云：真一之着處，在此四字，以末句發露，非實酒，細可着眼也。

　　“非實酒”三個字，一語道破了天機。原來蘇軾在這裏玩了一個障眼術，他轉彎抹角説來道去的“酒”，其實只是咀嚼蒸餅後口中産生的唾液。對此詩引中早有暗示：“是故神宅空，樂出虛，蹋鞠者以氣升”（按《蘇軾詩集》和《蘇軾全集校注》把這三句誤讀爲一句，未作分斷，《校注》並且不解

"宅"實作動詞用,誤以爲"神宅"是一個詞。此處斷句據《四河入海》)。這裏的"空""虛""氣",都與《雲笈七籤》所引《三元真一經》之"真一"意蘊相通,即道家崇尚天性、自然無爲之非實在的精神領域,所以他接著說:"孰能推是類以求天造之藥乎?"這個"天造之藥",應該就是後文所說遠遊先生(吳復古)所食之藥。"藥"既爲虛擬,遠遊先生所飲之"酒"的真實性,也就要打上一個大大的問號了。對此蘇軾也許有點"心虛",於是在詩引的最後不動聲色地把"酒"字悄悄隱去,只說"故作真一之歌"。他大概沒有想到,自己布下的這個迷魂陣,雖然使無數後人如入五里霧中,卻居然被隔山跨海的東瀛僧侶們輕易破解了。

進而言之,蘇軾極力渲染的口生津液、甘之如酒,應與道家傳統的辟穀養生之法有所關合。《黃庭經》所云咀嚼生津,下浸丹田,以催發"真氣",袪病健體,或爲蘇軾此詩意象所本。因其並未明言,故僅作推測,略記於此。

蘇軾生性幽默詼諧,時有插科打諢之舉,但這首詩似乎不宜僅僅理解爲他在開玩笑。蘇軾曾自嘲平生有三件事不如人,其中之一就是飲酒。《書東皋子傳後》(《文集》卷六十六)有云:

> 予飲酒終日,不過五合,天下之不能飲,無在予下者。然喜人飲酒,見客舉杯徐引,則予胸中爲之浩浩焉,落落焉,酣適之味,乃過於客。閑居未嘗一日無客,客至,未嘗不置酒。天下之好飲,亦無在予上者。

不善飲酒,卻又好酒,蘇軾在酒中追求的,到底是什麼呢?

這就是文中所說的"酣適之味"。而要達到這種境界,蘇軾認爲首先不應狂飲濫醉,而應"半酣":"我飲不盡器,半酣味尤長。"(《湖上夜歸》,《詩集》卷九)這種適度的飲酒,又叫"微醉"或"微醺",較蘇軾略早的邵雍曾云:"美酒飲教微醉後,好花看到半開時。"(《安樂窩中吟》)"半酣"的狀態,最能充分體會酒的"妙理"。蘇軾有一篇贊酒之作,曰《濁醪有妙理賦》(《文集》卷一),"濁醪"即"濁酒",指沒有過濾的酒,品級較低。文章一開頭,就說"酒勿嫌濁,人當取醇",即酒的好壞並不重要,重要的是能不能取得"醇",即"酣適之味"。然後他盡情贊頌了酒如何使人神志飛越,進入難以言傳的渾茫境界,而其中關鍵的兩句話是"在醉常醒"、"得意忘味"。也就是說,蘇軾心裏其實是"醒"的,他孜孜以求的,是酒中的"意",得到之後,酒"味"便可以忘卻。

　　由此我們又可以進一步追問,蘇軾得到的"意",又是什麼呢? 且看他的《和陶神釋》(《詩集》卷四十二):

　　　　莫從老君言,
　　　　亦莫用佛語。
　　　　仙山與佛國,
　　　　終恐無是處。
　　　　甚欲隨陶翁,
　　　　移家酒中住。
　　　　醉醒要有盡,
　　　　未易逃諸數。

　　詩爲蘇軾貶謫儋州時所作。歷盡人生坎坷之後,他對陶淵明的飲酒哲學有了更深的理解,晚年共寫了一百多首和陶詩,這首詩和的是陶淵明的《神釋》,其大意爲:道、佛兩家虛無飄渺,實在難以到達,我只好做做陶淵明,把酒當作安身立命之所。但即便如此,最終還是逃不脱"數"——冥冥之中命運的安排。把醉和醒等量齊觀,從這種對傳統飲酒觀念的否定,我們可以看到蘇軾的大徹大悟:人生有太多的憂愁煩惱,不但道、佛杳不可及,就連現實可行的借酒消愁,自我麻醉,實際上也無濟於事。既然如此,就只能隨遇而安,通達地對待命運所給予的一切,也就是他在這首詩最後所説的"覺"。從陶淵明以來,對酒作出最清醒、最徹底的了悟的,就是蘇軾。白居易也寫過很多和陶詩,但如果説白居易是"適",還止於飲酒的表層快樂的話,蘇軾則可以説是"達",進入了借酒內省的境地,他樂觀隨緣的表象背後,閃爍的是洞察人世的清澈、甚至冷峻的目光。蘇軾《和陶飲酒二十首》(《詩集》卷三十五)敘云:"吾飲酒至少,常以把盞爲樂。往往頹然坐睡,人見其醉,而吾中了然,蓋莫能名其爲醉爲醒也。"有杯無酒,似醉實醒,這種蘇軾獨具的超越世俗飲酒方式的"創意",即組詩"其一"詩末所云:

　　　　偶得酒中趣,
　　　　空杯亦常持。

　　已經用不到酒了,"空杯"便可時常把玩,而且其樂無窮,這就是蘇軾從酒中得到的"意"。作爲古代文人中最具有知性色彩的作家,蘇軾的飲酒哲學,可以説真正達到了物我兩忘的最高境界。明乎此,我們也就可以領悟到,既然"空杯"尚且滿含醺醺醉意,浩浩詩情,那麼將口中津液視同爲酒,在蘇軾身上，就完全是理無二致，實至名歸。因爲他的"酒中趣"，已遠遠超越了酒精刺激的物質層面，進入了浩茫無垠的精神世界，那裏才是他心目中真正的醉鄉。"真一"的最終旨歸，是否就在這裏？《四河入海》的"細可着眼"之處，是否也就在這裏？

　　以上僅就蘇軾晚年的三首詩作，介紹了日本漢籍《四河入海》的異國別解。其實該書獨具只眼、別出機杼的注釋還有很多，入山尋寶，披沙揀金，且容作異日之券。而且，該書的獨特價值，並不限於注解訓詁。從上文所舉數例可以看到，五山禪僧們除了對東坡詩的在日普及厥功甚偉外，於東亞漢字文化圈的意象流傳與變異也自有建樹，值得大書一筆。因爲文學作品一旦完成，進入閱讀流通領域，便成爲一個自足的體系，後人的種種詮釋，都是各自從不同角度對作品意象進行的構建和補完，若有別解，就會或者生發出新的意象，或者使既有的意象産生變異。《四河入海》爲我們勾畫的，就是一幅五山時期日本人心目中的東坡像。

　　本文撰寫時承南山大學 2015 年度 PACHE 研究獎勵費Ⅰ－Ａ－2 資助，謹致謝忱。

（作者單位：日本南山大學外國語學部）

域外漢籍研究集刊　第十四輯
2016 年　頁 19—34

日本《世説新語》注釋本敘録（上）[*]

張伯偉

　　《世説新語》一書，唐代已傳入日本，藤原佐世（847—897）《日本國見在書目》小説家類著録：“《世説》十，宋臨川王劉義慶撰，劉孝標注。”與《隋書·經籍志》所載相合，乃唐代通行者。平安時代文章家，多採其書語詞、典故，觀《本朝文粹》選録文章詩賦可知。同時亦有自撰注本，《日本國見在書目》“小説家”在《世説》之後，就著録了《世説問答》二卷、《世説問録》十卷。惟其書早已亡佚，無法詳考。又據大江匡房（1041—1111）口述、藤原實兼（1085—1112）筆録之《江談抄》載：“《世説一卷私記》者，紀家、善家相共被釋累代難義之書也。”可知《私記》亦爲“被釋累代難義之書”，撰者爲紀長谷雄（845—912）、三善清行（846—918），惜已亡佚。但《江談抄》云《文選》“麝食柏而馨”（出嵇康《養生論》，原文“馨”作“香”）句，“李善以爲難義”（今存李善注實有所釋，兩家所見或爲其初稿），而紀、善兩家在《私記》中引陶弘景《神農本草經集注》以明之，故評爲“兩家之博覽，殆勝李善歟”，亦略存《私記》之遺跡。江户時代《世説新語補》從中國傳入，引起高度重視，注釋之著，據《江户漢學書目》著録，便達 42 種之多（實際數字尚不止於此），但流傳至今者，僅得其半數。這些注釋，多數是以漢字爲之，本文即就江户時代《世説》漢文注釋本略作解題，以饗讀者。

---

　　* 本文爲二〇一六年度高校古委會規劃重點項目“《世説新語》日本漢文注釋文獻的整理與研究”中期成果之一，項目編號 1633。

一　《世説新語補觿》

《世説新語補觿》二卷,岡田白駒著。

岡田白駒(1692—1767),名白駒,字千里,小字太仲,通稱彌太郎,號龍洲,播磨(今日本兵庫縣)人。生於元禄五年,卒於明和四年,享年七十六歲。少微賤,以販賣金絲煙爲生。後遷移攝津(今兵庫縣與大阪府交接之地),以醫爲業。再後學儒,通經典注疏之學。晚年爲肥前(今佐賀縣)蓮池侯儒臣,徵掌文教。除本書外,另著有《詩經毛傳補義》十二卷、《論語徵批》一卷、《孟子解》十四卷、《孔子家語補注》十卷、《書經二典解》二卷、《左傳觿》十卷、《史記觿》十卷、《明律譯注》九卷、《皇朝儒臣傳》(一名《日本儒林傳》)四卷、《唐話纂要》六卷、《助字譯通》三卷、《治國修身録》二卷、《雜纂譯解》四卷、《世説海潮音》四卷、《本與録》二卷、《蒙求箋注》三卷、《譯準開口新語》一卷、《政字説》一卷等,又有《小説奇言》五卷、《小説精言》五卷,合其門人澤田一齋(1701—1782)所撰《小説粹言》五卷爲"小説三言"。

劉義慶著《世説新語》,其後有劉孝標注。明何良俊規模《世説》,記事衍至元末,編爲《語林》(用裴啓書舊名),并仿劉孝標之例自爲之注。至王世貞删改二書,"《世説》之所去,不過十之二;而何氏之所采,則不過十之三"(《世説新語補小序》,《弇州四部稿》卷七十一),合成《世説新語補》。《世説補》成書後傳入日本,於江户時代頗爲風行,不僅多有翻刻,且注釋本衆多。岡白駒此書,則爲諸注本之嚆矢。據《近世漢學者著述目録大成》載,岡白駒另有《世説海潮音》四卷,未見其書,不知其面目及與本書關係如何。

所謂"觿",以朱熹之解,乃"錐也,以象骨爲之,所以解結",以此命名即針對《世説補》解釋其難義。此書刊行於寬延二年(1749),凡二卷。其所釋者,有正文,有注文。涉及人名、物名、語詞、讀音、典故、史實以及疏釋大意等。字裏行間,亦有對中國相關著作及意見之回應。如《德行》上"謝太傅絶重褚公"章"四時之氣亦備"下云:"'天何言哉? 四時行焉。'夫行焉,即有分別。劉得其旨矣。"即指劉應登之評:"謂外雖不言,而未嘗中無分別,即陽秋之意。"《賞譽》上"裴令公目夏侯太初"章"江廧"下云:"據《晉史》從(疑爲'作'之誤)'汪翔'。汪翔與汪洋同,廣大貌。按翔與詳通,詳又與洋通,轉借成義。所謂‘甚費解’是也。”即針對王世懋“汪翔亦甚費解”而發。亦有駁正者,如《文學》中“郭景純詩云”章“泓崢蕭瑟”下云:“泓,下深也。崢,上切雲貌。蓋言旨趣高深也。劉以爲不成語,何也?”即針對劉辰翁而發。又《方正》“王文度爲桓公長史時”章“畏桓温面兵”下云:“王世懋‘面’字爲句,是據《晉書》也。在《晉書》則故當爾,《世説》自一義。‘面兵’,言其面可畏,語亦奇矣。若悉據《晉書》解,則意味索然。”惟此句究竟斷於何處,前人意見紛歧,此亦可備一説。又《尤悔》“桓公初報破殷荆州”章“道人竺僧㦗”下云:“‘㦗’當作‘潛’,屬下句。或以爲僧名,非是。”此更就原文質疑。

　　自荻生徂徠(1666—1728)强調唐音學,岡島冠山(1674—1728)由長崎入京城,推廣通俗文學,有《唐話類纂》、《唐話纂要》、《唐話便用》、《唐譯便覽》等著。白駒爲冠山門人,冠山歿後,白駒稱首,原念齋(1774—1820)《先哲叢談》卷七尤表彰其“通小説俗語,名聲藉甚一時”,又引赤松國鸞(1721—1801)語云:“足稱名下果無虛士者,唯岡千里一人。”其“觸”《世説補》,尤重當時口語俗話,乃該書重要特徵之一,并開後世風氣。如《文學》中“殷中軍云:‘康伯未得我牙後慧’”章下云:“慧,曉解也。言康伯天性俊拔,纔開口便曉解,非得我齒牙論而後曉解也。”今人劉盼遂云:“按牙後慧所謂齒牙餘論(《南齊書謝朓傳》),美韓能含其菁華,吐其渣滓也。從來引者多未識此語。”又“殷中軍見佛經云:‘理亦應阿堵上’”章下云:“方語,若簡、這簡、兀的曰阿堵。”又“殷中軍嘗至劉尹所”章“作爾馨語”下云:“爾馨,如此也。如馨、寧馨皆同。”又《賞譽》下“謝車騎問謝公”章“阿見子敬”下云:“阿音屋,發語詞,如古詩‘家中有阿誰’,《木蘭歌》‘阿耶’、‘阿妹’,王凝妻謝氏云‘阿大中郎’是也。後以爲親之之辭。”皆爲其例。此書爲時人所重,秦士鉉(1761—1831)《世説箋本》多有本其説者。平賀房父(1721—1792)評價此書“是其創造,可謂最難矣”(大江德卿《世説訂正序》引),亦平情之論。

　　大江德卿《世説訂正序》曾云:“事在草昧,多謬其宜也。”故後世糾正、訂補其書者往往有之。岡白駒又好勝心切,故勇於質疑,亦難免自以爲是。如《德行》“王戎云:太保居在正始中”章“將無以德掩其言”下云:“豈清言爲盛德所掩乎。”實未釋“將無”一詞,後恩田仲任(1743—1813)《世説音釋》云:“猶言無乃、得無之類,意以爲是,而不敢斷言也。”又《言語》中“劉琨雖隔閡寇戎”章“管張之才”下云:“按張當作趙,管仲、趙衰也。”實則“管張”分指管仲和張禄先生（即范雎）。又《政事》"王安期爲東海郡"章"綱紀推之"下云："執法推之也。"此處"綱紀"乃官名，即州郡主簿，非動詞。又《方正》下"桓大司馬詣劉尹"章"可鬥戰求勝"下云："此暗中其不臣之心也。"桃井源藏（1722—1801）《世説新語補考》更正其説云："言如此地當以文雅相待也，何可以武暴求勝邪？蓋譏桓温無文雅也。《觿》云'此暗中其不臣之心也'，謬矣。"又《品藻》下"郗嘉賓問謝太傅"章"正爾有超拔"下云："爾，指辭，猶其也。晉人語也。"不知"正爾"爲一詞，焉能分别釋之。岡白駒其人性褊急，又好勝人，如譏諷太宰春臺（1680—1747）學問淺陋，深詆服部南郭（1683—1759）之校刻《蒙求》，撰《孟子解》又抨擊孟子，自以爲是之情溢於言表，故每每引起非議，亦難免貶之過甚者，《先哲叢談》卷七云："龍州著書甚多，……《左傳》《荀子》《史記》《世説》四部'觿'，多謬妄臆説。世乃謂'白駒四孤石栗'。四音失，觿此譯孤石栗，俗謂過失爲'四孤石栗'。"借"四觿"之名諧"過失"（しくじり）之音，可謂"善爲謔兮，不爲虐兮"。

二　《世説新語補雞肋》

《世説新語補雞肋》二卷，釋文雄著。

釋文雄（1700—1763），丹波國（今京都府）桑田郡窪村人，俗姓中西，名文雄，字僧谿、谿然，號無相、尚絅堂主人。十四歲赴京都，入了蓮寺。之後轉至江户（今東京），住傳通院學舍，近於紫芝園，遂就太宰春臺（1680—1747）學和漢經籍，兼修唐音。有志於《韻鏡》研究，通音韻學。享保十一年（1726）春返回京都，住了蓮寺，晚年入住千光寺。享年六十四歲。文雄内外學兼擅，著述亦豐，此書之外，尚有《磨光韻鏡》二卷、《磨光韻鏡後編字庫本圖》二卷、《磨光韻鏡指要録》、《翻切伐柯編》二卷、《磨光韻鏡餘論》三卷、《韻鏡律正》、《廣韻字府》、《古今韻括開合圖》一卷、《三音正譌》二卷、《字彙莊岳音》十二卷、《釋門字統》百卷、《經史莊岳音》一卷、《九弄弁》、《因明入正理論科註》一卷、《專雜甄陶篇》一卷、《非出定後語》、《六合釋纂註》一卷、《和字大觀鈔》二卷、《連歌茶談》五卷等。

就文雄注釋《世説新語補》之學術淵源言，荻生徂徠（1666—1728）影響其弟子太宰春臺，春臺又影響文雄。徂徠爲其門生木下公達（1681—1752）所擬《示木公達書目》，即列有《世説新語補》，屬"吾黨學者必須備坐右，不可缺一種"之類。蓋此書目乃蘐園派學者所共循，非限於一人。故其門下雖有以服部南郭（1683—1759）爲首之詩文派、以太宰春臺爲首之經義派之別，然二人皆曾講授《世説補》。文雄爲春臺門人，此書可貴處，首在於保存徂徠、春臺有關《世説補》之遺説，隱然勾畫出一列講授系譜。其徵引徂徠説者三則，皆與升、斛、斗等量器有關。引春臺説者，内容較爲廣泛。但不以文字解説爲主，除《企羨》第一章"松喬之在霄漢"下引春臺曰"松喬恐倒"外，其餘多評論人物及其行徑。如《方正》上第十九章"不可以先王法服，爲伶人之業"下引曰："嵇康而有是子乎？"《賢媛》第卅三章下引曰："如尼所云，二婦人故無優劣，然張氏自是婦人本相。"《任誕》上第六章注"徑往哭之"下引曰："阮籍母死不哭，而哭其鄰女，非人哉！"《紕漏》第三章"一見便覺有異"下引曰："育長本以色見愛，故有後日之衰。古人云：以色交者，色衰而交絶，信哉！謝在杭謂晉人大抵色交，豈不有所見乎？"鹿鳴樓藏本《世説新語補》抄録諸人按語、批注，中有太宰春臺九則，亦可參看。文雄又徵引同門渡邊蒙庵説七則，且在初次徵引時略作説明："蒙庵渡邊友節，名操，遠州濱松人。"案渡邊生卒年不詳，僅知卒於寶曆（1751—1764）中，年七十餘，可大致推斷爲 1683—1756 間。現存其著述目録無與《世説新語補》有關者，故此處所存遺説彌足珍貴。文雄此書撰寫時間亦不詳，據今本大江資衡（玄圃，1729—1794）跋語："右《世説雞肋集》二卷，依無相上人之原本謄寫焉，始於丁丑，成於壬午寶曆十二年。"大江爲岡白駒門人，亦奉徂徠學説，且爲當時書法名家。丁丑即寶曆七年（1757），抄録一書，無需五年，故頗疑文雄此書始撰於寶曆七年，殺青於十二年，大江隨成隨抄，故字跡不一。由此亦可推論蒙庵卒於寶曆七年前，文雄書中引其遺説，且特爲數語小傳，亦含紀念之意。

　　此前日本人同類著作，僅有岡白駒《世説新語補觿》。白駒好勝人，對太宰春臺出語不敬，故文雄爲此書，貶斥白駒説者不遺餘力。考其書涉及《觿》者凡四十則，除第一、第四十兩則屬客觀引用者外，其餘三十八則皆予駁斥，且語氣峻烈。或云"可笑"，或云"妄也"，乃至"迂解之甚矣"，"拙矣哉"，"不解文理之甚矣"云云，可謂情見乎辭。讀此書者，當袪除其意氣之言。又此書引用他人之説，凡覺未安者，往往以"雄按"或"按"另立其説，共計二十七則，往往是其新意所在，尤堪注意。如《言語》第十"有千里蓴羹，但未下鹽豉耳"下云："千作十，蓴作蕙，非。未下《晉書》作末下，地名也云，雄按：非也。是但陸誇言也，吳中無羊酪，武子不知尊，故徒相誇詡耳。言尊滿千里，作羹則甚美味，叩其羊酪者，似尊未作羹者，故云未下鹽豉耳。是以色形相似者戲言耳，實豈然乎？尊羹淡味，何如羊酪美味乎？"此句歷來爭議甚多，文雄亦可備一説。又如《賞譽》上第卅五"袁宏作《名士傳》云云"下雄按："已下蓋臨川自注，後人以爲本文也。言王參軍或有作三參軍之説，故《世説》載二説，今斷之注云云。《名士傳》應前説，趙家有此本者，蓋作三參軍之本也，應後説。《觿》據《名士傳》而存後説者，妄也。又所謂此本者，謂東海王書者，亦非矣。東海王書出孝標注，不于臨川也，矧東海王書標四人，非三參軍。"堪稱讀書細緻。

　　全書分乾坤二卷。坤卷專在字句解釋，上文已略舉其特色。乾卷屬通論，共二十目。"一類書"，列舉書中所涉《世説》類著作六種；"二歷代通覽"，舉朝代帝名，自秦至元；"三字例"，列舉字體俗寫及正誤；"四點例"，例舉其書訓點、讀法（音讀或訓讀）；"五音例"，注釋一百十五字本音及假借音；"六別見"，列舉四十六事分見書中卷數及頁數；"七釋名部備"，計帝子諸王六十四人，浮屠氏二十二人，公卿士庶人數衆多，乃分"宮音"二百六十九人，"商音"二百十二人，"角音"百五十五人，"徵音"二百五十九人，"羽音"八十五人，複姓五十三人，婦女四十三人，共一千一百四十二人，分注其時代、字號、職官等；"八官爵"，列舉諸職官名；"九書目"，列舉書中所援據者，共四百八十餘部；"十佳境"，摘録書中人物精彩語句；"十一山水"，摘録書中描寫山水之句；"十二雪月"，摘録書中與雪月相關之句；"十三松竹"，摘録書中寫松竹之句；"十四楊柳"，摘録書中楊柳描寫；"十五琴棋"，摘録書中有關琴棋之事；"十六酒杯"，摘録書中酒事；"十七馬牛"，摘録書中馬牛之事；"十八飛禽"，摘録書中與飛禽相關事；"十九品目姿操"，摘録書中品評人物用語，分清慎、才學、操行、惆懷、風雅、名聞、姿貌、機辯、悖德、貧陋、童婦；"二十方言"，以文雄之見，"俗語謂之方言，局乎一方，不通萬國者也"，有時代、地域、身份之別，坤卷皆有所釋，又集中於此，以便瀏覽。其未有把握者則特爲注明，如"官爵"下云："當問於識者正之。"

　　江户時代頗有著名學問僧，撰述亦多，如獨庵玄光（1630—1698）、無著道忠（1653—1745）、廓門貫徹（？—1730）等，其中既受荻生徂徠影響，又有禪門本身傳統（儘管較微弱）。但在京城緇界，此風不盛。太宰春臺早歲客游平安京（今京都），所見當時俗習，住持寺院者“無慮數百人”，“求其識文字者，僅僅屈指耳，雖謂之無有可矣”，故推許文雄“特異於群輩，寺務之暇，猶以文字爲閑課，尚矣哉”（《覆文雄上人書》，《春臺先生文集後稿》卷十四），并爲其《磨光韻鏡》撰序。以此而言，釋文雄堪稱京城緇林之翹楚，堪與他方學問僧相頡頏者也。

三　《世説新語補考》

《世説新語補考》二卷，桃井白鹿著。

桃井白鹿（1722—1801），石見（今島根縣）安濃郡人，名盛，字茂功、子深，號白鹿、百川。本姓坂根，後出爲桃井東源之養子。入昌平黌，從林大學頭榴崗（1681—1758）學，學業大進，每至聖堂講解經書。寶曆七年（1757）仕松江藩任儒臣，爲藩校文明館教授。享年八十。除此書外，另著《大學獨斷正文》一卷、《大學獨斷或問》一卷、《大學獨斷》一卷、《中庸管窺》二卷、《中庸管窺或問》一卷、《論語一斑》、《孟子蠡測》一卷、《荀子遺秉》二卷、《管子抄標註》、《揚子法言增注》十卷、《讀禮記》、《劉向説苑考》二卷、《書臆》、《易經國字解》、《典謨臆斷》、《白鹿詩文集》等。

據本書自序，桃井氏自少時即好《世説新語補》，時有考證，積案盈箱。中年任松江藩出雲（今島根縣）教授，門人往往私抄流傳。桃井深恐以訛傳訛，遂加以補正，成書二卷，題名《世説新語補考》。書成後攜至東都（今東京），由京師書林刊行。然考其學術淵源，則受林榴崗之影響亦不可輕忽。《世説新語》爲林氏家學，其本人早於寶永元年（1704）即“設許多品題以擬《世説》，名曰《本朝世説》”（《本朝世説序》），桃井從林氏學，好《世説》進而有所考據，亦順理成章之事。

此書作者籍貫及撰寫之所皆在中部地方性區域，由此而産生一特殊意義，即顯示地方學風已受江户學風之影響。澁井太室（1720—1788）嘗比較關東與關西之學異同，指出關東學風“治經者寡，修辭者衆，大抵文章則《軌範》、《文範》、明諸家，詩則于鱗所選唐詩、《明七才子絶句解》，史則左氏、司馬，典故則《世説》、《蒙求》。具多奇之，鄉談誇之，方伎眩之。相傳曰，某精唐詩，某熟《世説》，某嫻于鱗尺牘，進聽其講説，退搜其訓注，童習白紛，以求一語之所出與一字之所據。有不得則不惜時日，不憚行露，必窮而止矣。

以此成家,一大異事也"(《讀書會意》卷中)。又云:"古以經立家,今以《世說》、《蒙求》、滄溟尺牘、于鱗《唐詩選》、明七才子詩立家。"(同上注)由此可見,《世說新語》乃關東之學尤爲重視之一書。且能以注釋該書而自成一家,無需依賴儒家經典。然桃井成書後,仍需攜至江戶出版,并期待傳播四方。其《序》云:"至東都,示諸同志曰:'若得諸賢之剗定,梓以公於世,則於寒鄉乏書爲妄語兒所欺者,有小補乎?'咸曰:'善。'"其未及完善者,期待他日有所補葺。日後果有《補遺》一卷,惜未得見。

《世說》一書,"文多微辭,語有深意,或用瑣言稗說與當時稱謂,并難以意裁臆決",而此前評註者,在中國則"芸廬、麟州之徒,間有所發明,不過十之一二",在日本則有"岡氏摘其難通曉者爲之解,名曰《觽》。觽之所以解結也,而有結未解者,又不能無治而夢之"(後藤世鈞《序》)。故桃井此書對劉應登(號雲廬)、王世懋(號麟州)之說,頗有辨析;對岡白駒之書,尤多駁正。惟其文氣較沖和,不似文雄之語多譏刺。

本書分上下二卷,首有後藤世鈞《序》及《自序》,後有中村文輔及那波師曾(1727—1789)跋,惟那波氏跋文撰於寶曆壬午之秋,此書初刻於壬午三月,則該跋當爲後來印刷時增補。自"德行上"至"賞譽下"爲上卷,自"品藻上"至"仇隟"爲下卷,頗採《漢書》、《後漢書》、《三國志》、《資治通鑒》、《文選》諸書之注,以及字書、韻書、文集、筆記等爲之考。其中辨駁文字尤堪注意。涉及岡氏《觽》者凡一百五十八則,最初徵引全稱"岡白駒《世說新語補觽》",其次稱"岡白駒《觽》",以下皆簡稱《觽》。如《言語》篇袁宏感歎"江山寥落,居然有萬里之勢"之"居然",《觽》解作"高蹲貌",誠爲誤釋,桃井據《詩經》"居然生子"朱熹注:"居然,猶徒然也。"頗得其情。又如《政事》篇言王導"三捉三治,三休三敗",向無的解,《觽》云"三捉三治,謂執政收賢也。周公一沐三捉髮,導相元、明、成三世,故假三捉以言。三休未詳。"桃井考云:"按此本稱王導政務寬恕,能不理事耳,非禮賢請休之謂也。捉,捕人也。《法華經》'窮子驚愕,稱怨大喚:我不相犯,何爲見捉'是也。治,治事之治。休,宥也。《書呂刑》'雖休勿休'是也。敗,豎儒幾敗乃公之事之敗。蓋言三捕罪人則三宥之,三治事則三敗之也。"此釋亦牽強。又如《文學》篇形容二王"輒嫛如生母狗馨",亦頗爲難解。《觽》云:"嫛,搖扇也。生,熟之反。母狗,牝狗也。牝狗善視人面,始來於生家者特甚,故以況焉。馨,晉人以爲語辭。言兩王都無所關,只輒搖扇視人面而已。"桃井考云:"'嫛'古與‘澀’通，又舉止羞澀也。生，謂不馴熟。蓋言兩王如欲言而不能言，其狀如生母狗也。《觿》讀‘嫛’爲《少儀》‘不嫛’之‘嫛’，似亦通者。然生母狗方視人面，有如欲言而不能言之狀耳，未有搖扇之狀，則終爲不通矣。”其說可參。亦有《觿》本不誤，《考》反誤之者。如《文學》篇殷浩言“康伯未得我牙後慧”，《觿》云“言康伯天性俊拔，纔開口便曉解，非得我齒牙論，而後曉解也”。《考》作“按此言康伯頗能清言，然未得我牙後之慧也，味在‘牙後’二字”，如此則殷浩之意不在稱美而在微諷，與原本上下文不合。又有《觿》、《考》兩誤者，如《言語》篇劉注云“管、張之才”，《觿》以爲“張當作趙，管仲、趙衰也”，《考》以爲“張當作狐，轉寫之誤。管狐謂管仲、狐偃也。《魏略》：劉廙寫劉表牋‘未有管狐桓文之烈’”。皆改文釋義。案張即張禄（范雎），秦昭王相，故與管仲（齊桓公相）並稱。然通觀全書，一如中村文輔跋云：“澀險難會，雖古人所不強解者，常比類校證，得通快者亦不寡。”堪爲攻《世說》之一助。其書在後世亦頗有影響，恩田仲任（1743—1813）《世說音釋》多採其說。

四　《世説鈔撮》

《世説鈔撮》二卷，釋大典著。

釋大典（1719—1802），近江（今滋賀縣）人，法名顯常，字大典，號梅莊、蕉中、北禪。京都相國寺臨濟宗學僧，出家後廣涉佛乘，又從宇野明霞（1698—1745）學儒家經典。通經史，善文章。天明元年（1781）奉幕府之命赴對馬島，與朝鮮通信使詩文往來。享年八十三歲。著《詩語解》、《詩家推敲》、《文語解》、《皇朝事苑》、《初學文談》、《昨非集》、《北禪文草》、《北禪詩草》、《唐詩礎續編》等。關於《世説新語補》，大典有著作多種，除《世説鈔撮》四卷外，尚有《世説鈔撮補》二卷、《世説鈔撮集成》十卷、《世説匡謬》二卷，最後一種乃以日語爲之。

據該書自序，大典對《世説》本有一二箋釋，辛巳（1761）夏游浪華（今大阪），住木村世肅（1736—1802）家。木村乃富商，好文愛藝，結交廣泛，其“蒹葭堂”爲當時著名文藝沙龍。木村亦喜讀《世説》，“而患其勾棘，未有明解也”（《跋》），大典乃“與講究斯書”，“就其簡帙益考證之，併向所箋釋，遂成《鈔撮》四卷”（《序》），時在寶曆壬午（1762）仲秋。“鈔撮”之意，在《品藻》

下“鈔撮清悟”注有數義，一謂掇拾，此劉辰翁説；一謂摘録，用劉向《別録》“鈔撮要義”語；一“謂其小也”，用《文心雕龍》語；一謂剪裁。以《世説》品藻用語視之，“鈔撮”不如“超拔”。本書以“鈔撮”命名，蓋取“謂其小也”之意，“不賢識小”，旨在自謙。

　　大典爲當時著名詩僧，其詩多用《世説》典故。同時，其注釋《世説》，亦多用詩句，且多引詩文評類著作。如《言語》上注“漁陽摻檛”，據《後漢書》本傳李賢注，謂“檛及檛並擊鼓杖也”，又引王僧孺詩“散度《廣陵》音，參寫《漁陽》曲”自注“參音七紺反”云：“後諸文人多用之。據此詩意，則參曲奏之名，則檛字入於下句，全不成文”。並加辨證云：“余謂僧孺所咏，乃詩家剪裁之辭耳，非分摻檛云爾。其所謂擊鼓之法，即爲曲奏耳。賢説未當。”《豪爽》“滕達道私就狹邪飲”注，引樂府《長安有狹邪行》曰“狹邪不容車”，又引蔣一葵《唐詩選注》：“狹邪，秦中路名，此謂花街柳巷也。”然亦有不必引而強引者，如《言語》中“諸名士共至洛水戲”引古詩“遊戲宛與洛”，頗無謂；又《文學》下“語檛腳人”下引白居易詩“小奴捶我足，小婢捶我背”，不僅以唐證晉，且無所詮解。又《文學》下“宋文帝嘗問”章涉“頓悟漸修”，大典以唐代禪宗南頓北漸釋後曰：“此自禪家唐時事，不可以解斯章”。以後證前之忌，並非不知。惟通觀全書，此類情形實未能避免。引詩文評著作如《文心雕龍》、《文章緣起》、《石林詩話》、《詩藪》、《詩學大成》等，亦爲其特色。作爲僧人，有關佛教注解自應本色當行。如《言語》下“馮當世知并”章“一種公案”注，先引《碧巖集序》，繼而按曰：“大抵禪家勘辨學者，節角浵訛，抉發造詣，猶官府斷獄事也，‘一種公案’言未得平也。”《文學》中“三乘佛家滯義”章云：“滯義，言難通也。此章言諸人聽支演三乘判出分明，皆自謂三乘之理可通。及支既下坐，諸人相共覆説，乃復爲兩不爲三，亂支之意也，故雖支弟子，不盡得支之意也。”

　　大典《鈔撮》以解析原書難解處自任，故其書價值亦多在此，如《文學》下“謝萬作《八賢論》”章末句“我亦作，知卿當無所名”，王世懋云：“此語難解，似謂我亦算作相知者，然不能爲卿名也。”乃斷作“我亦作知卿，當無所名”。大典云：“此蓋言我亦試作斯論，因知卿之當無所名稱也，謂難定優劣之論也。王解未明。”又“桓宣武北征”章末句“當令齒牙間得利”，王世懋云：“此語最深難解。”大典云：“言使我霑官禄，則才益得展也。如王解則‘當’字不通。”再如《規箴》下“郗太尉晚節好談”章末句“冰衿”二字，王世懋云："'冰衿'二字未解。"大典云："'冰衿'當是'冰喋'，謂不能出言也。《臨濟録》'冷喋喋地'，亦言不能出聲也。"其説雖未必皆是，然頗具參考之用。

此書亦間有對劉注之糾正，如《言語》上"何平叔云"章注引"秦丞相《寒食散論》"，大典曰："秦丞相當作秦承祖。《隋書・經籍志》有秦承祖《本草》六卷、《藥方》四十卷。傳未考。"又有對原本校勘者，如《言語》中"孫子荆年少"章下："《古世説》見《排調》下。"所謂《古世説》，即指劉義慶《世説新語》。又《賞譽》上"王劉聽林公"章"復東聽"下："《古世説》'東'作'更'，是也。"

另有可貴者，乃其書保存他人之見解，有不見於其他文獻者。如《德行》上"謝石奴請吳"章，《文學》中"衛玠總角時"章皆引片孝秩（1723—1790）説，按片山名猷，字孝秩，號北海，越後新潟人。受學於宇野明霞，獨傳其學，深受器重，與大典誼在同門，"相交四十年如一日"（《北海先生片君墓碣銘》）。木村世肅嘗從孝秩學漢學，故孝秩所説《世説》兩則，有可能出自木村轉述。

解釋語辭，尤其重視口語，乃當時《世説》注之共性，此在大典雖不突出，也不例外。如《德行》上"華子魚從會"章下："按'將無'有二義：如此所謂猶言豈無也；它如將無同，猶言應無也。此書往往有之，須以是二義看。"《言語》中"桓南郡問謝"章"以無用爲心"下："無用猶言無爲也，隱顯爲優劣，言以隱顯生優劣之跡也。……六朝以來，語動靜言出處也，即所隱顯也。"亦有未能解者，往往説明之。如《棲逸》"阮步兵嘯聞"章"哂然有聲"下："哂音義未詳。"又《輕詆》上"舊目韓康伯將肘無風骨"下："將肘未詳。"《鈔撮》只是大典對《世説》之最早注釋，其後踵事增華，續有新撰，故宜將其諸書連貫而讀。

五　《世説鈔撮補》

《世説鈔撮補》二卷，釋大典著。

釋大典，傳見前書解題。

於江戸時代日本學界而言，"《世説》、《蒙求》二書，出入古今，包羅典實，裒英揭芳，可以爲屬比之具"，故初學文者，往往用力於斯二書。惟《世説》“辭簡而旨藴，間艱險叵通”（大典《鈔撮補序》），所以注釋該書者往往一而再、再而三。大典之《世説鈔撮》已於寶曆十三年（1763）梓行，繼而又有續注，門人五瀨田君孝（永）對此書亦有同好，遂就其請，整理爲二卷，於明和八年（1771）編成。每卷之後又有“追補”數則，當爲編次已定，續有所考，遂附於卷下。明和九年付梓。

　　桃井氏《世説新語補考》刊行於寶曆十二年，大典《鈔撮》雖刊行於次但未及參考，此書乃大量引用，其中卷上 92 則，卷下 25 則，共 117 則。又略引《世説新語補觿》，卷上 4 則，卷下 5 則，共 9 則。引用方式多作“見《考》”或“解見《觿》”，亦偶有辨正。如卷下《寵禮》“謝萬與太傅”條“履板而前”案曰：“《觿》、《考》皆以爲躡履執手板，然余則謂‘板’應謂階梯之‘板’。”尤可注意者，其門人田君孝亦曾注釋《世説》，未有流傳，在此書中得到較多保存，計卷上 43 則，卷下 61 則，共計 104 則。除徑引其説者外，亦間有不同意見，則直陳己説。如卷上《德行》“梁伯鸞少孤”條“舉案齊眉”下，田氏引楊慎《丹鉛總録》，以爲“案”實指“碗”，“若是案卓，何能高舉”。大典曰：“余謂孟光所舉，蓋是食卓。古者食皆獨卓，與吾邦所用同，其制不大，何難舉之有？用修蓋以後世共一卓食者議之，過矣！”又《賞譽》上“王汝南既除”條“博措閒雅”下，田氏注：“博，博射之博；措，舉措也。”大典曰：“余謂博猶寬也，言雍容不迫。”又卷下《假譎》“魏武少時”條“有偷兒賊”下，田氏注：“連下‘青廬中’三字爲一句。”大典曰：“余謂審文勢，四字一句，‘青廬中人皆出觀’爲一句，賊謂作賊也。”其説皆是。田氏意見在後世亦受到重視，如平賀房父（1721—1792）《世説新語補索解》便引用 12 則，當據本書轉引。本書成於《鈔撮》之後，對前書有所更正，亦理所當然，如卷上《文學》中“裴成公作《崇有論》”條“即以王理難”下云：“言他人若以夷甫所言之理難裴，則不能屈裴也。前解謬矣。”又《識鑒》“琅琊王元長”條注“帝疾融先”下云：“帝即昭業。疾，惡（去聲）也。前解太謬。”然亦有後解反不及前解者，如《方正》下“王、劉與桓公”條“伊詎可以形色加人不”下云：“前解謬矣。‘人’字或訓‘身’，指桓公身也。”“伊”即桓公，桓公又焉能自己以形色加於己身？而《鈔撮》的解釋是：“形色與聲色意同。此言渠寧可以形色加之人乎？‘不’字只作‘乎’義看，它亦有之。”此處“不”用於句尾，實同“否”，以表疑問，與文義亦相合，前解不誤。又有對前人注解加以引申者，如《雅量》上“嵇中散臨刑”條注“詭隨之民”下：“《大雅·民勞》：‘無縱詭隨。’注：‘詭人

之善，隨人之惡。'余以爲詭謂邪僻也，隨，隨意之隨。"亦有提出異議者，如
《雅量》下"庾太尉與蘇峻戰"條"此手那可使著賊"，劉辰翁評點以句意"謂
此箭若著賊，則亦當應弦而倒矣。謬喜其射藝之工，以悦安之"，大典曰：
"如劉解，則當曰'那得'，不當曰'那可'。余以爲'著'猶'在'也，言如此射
手，如在賊兵，則吾殆不免也。"亦有參考價值。又有一時未能考索者，已往
往加以説明，若爲人物則云"傳未考"，若爲事物則云"不詳"，若爲文義則云
"文義未詳"或"不知何謂"，共計 17 則，頗合"知之爲知之，不知爲不知"之
古訓。

六　《世説鈔撮集成》

　　《世説鈔撮集成》十卷，釋大典著。

　　釋大典，傳見前書解題。

　　《世説鈔撮》梓於寶曆十三年（1763），隨後，大典又撰成《世説鈔撮補》
二卷，對此前遺漏有所補益。但他仍筆耕不已，繼續考索。據本書自序稱：
"丁丑之歲，余以官命遠客馬島，散職無事，異方無交遊，乃迺暇點撿課，毛
生、楮生襄事，遂成《集成》十卷。"案丁丑之歲，或在文化十四年（1817），或
在寶曆七年（1757），前者大典已謝世，後者則時在《世説鈔撮》寫作之前，皆
不相合。故此所謂"丁丑"，實爲"辛丑"（天明元年，1781）之誤。此年大典
奉幕府之命，赴對馬島以町庵爲輪番僧，事簡人閑，遂將以往考索所得，匯
總爲一。又參考桃井白鹿《世説新語補考》，編纂《世説鈔撮集成》十卷，惟
公開梓行已在寬政六年（1794）。

　　此書特色，與前者《鈔撮》大致類似。詩文評著作如《文心雕龍》、《詩
品》、《韻語陽秋》等皆在徵引之列。又如引用詩句以作釋文，亦在在有之。
如《德行》上"范巨卿爲荆州刺史"章注"宿於下亭"下云："李白詩：'小子別
金陵，來時自下亭。'羅隱詩：'山雨霏微宿上亭。'蓋驛亭有上下之稱，猶長
亭、短亭也。"《賞譽》下"謝公領中書"章"謝公傾目"下云："梁簡文詩：'少年
年紀方三六，含嬌聚態傾人目。'"《術解》"王大將軍"章"行船打鼓"下云：
"杜詩'打鼓發船何郡郎'，《注解》：'凡下峽之船，必擊鼓爲節，聽前船鼓聲
既遠，後船始發，恐相值互觸，必致損壞。'"按此所謂《注解》當指仇兆鰲《杜
詩詳注》，仇《注》曾引《語林》此條爲證注杜詩，大典復引杜詩反證《世説》，

亦同例也。

　　最具特色者有二：一爲徵引《世説新語補考》，通檢全書，有近六十則之多。多數以徵引代替自身論證，且有特別表彰桃氏者，如《政事》“陶公性檢厲”章“超兩階用之”，大典云：“桃氏《考補》云：‘超二級用之也。’且有引據可證，深慚向之鹵莽。”表彰之際亦更正其舊説。然亦有對前人加以辨正者，如《文學》中“殷中軍見佛經”章注“身版色黃”下云：“岡氏《觿》云：‘服，音半，肉也。’《考》云：‘當作腹。’並未明。按版通胖，大也。《大學》‘心廣體胖’。”惟中國流傳諸本，“版”皆作“服”。又如《品藻》下“明帝問謝鯤”章“一丘一壑”下，先引《考》據《文海披沙》而云“謝幼輿語蓋有所本也”，後加按語，復據《漢書敍傳》班嗣語爲其淵源。又如《寵禮》“謝萬與太傅”章“履板而前”下：“《觿》、《考》並爲躡履執手板，然余謂板是板道也，萬既無衣幘，那得有手板。”又《鈔撮》曾徵引片孝秩（1723—1790）二説，此書亦予以更正，但略其名姓。《德行》上“謝石奴請吳隱之”章“牽犬賣之”下云：“賣以當經營也。或以爲牽犬來賣，豈有它婢之來賣犬者哉？”“或以爲”云云即片山之説；又《文學》中“衛玠總角時”章“無膏肓之疾”下云：“膏肓出《左傳》，謂沈痼也。此言但以理義不通爲病，尋輒消釋，其胸襟洞徹，必無凝滯於物之患。”此綜羅片孝秩説，注釋更趨簡明。二爲對《鈔撮》之補充改正。如《德行》下“陸曉慧爲晉熙王長史”章“未嘗卿士大夫”，《鈔撮》云：“《貞觀政要》卷一注：秦漢以來君呼臣以卿，敵對相對亦爲卿，蓋貴之也。”此書更改爲：“按當時率爲狎昵之稱，非尊稱也。”《言語》上“何平叔曰”章，《鈔撮》已更正劉孝標注“秦丞相”爲“秦承祖”，然云“傳未考”，此書則據《名醫傳略》引《醫説》云：“秦承祖者，南宋人也，性耿介，有決斷，精於方藥，當時稱之爲上手。”惟所謂“南宋”當作“南朝宋”或“劉宋”。《文學》中“謝鎮西少時”章“未過有所通”下云：“通猶經也。按《簡傲篇》劉璠游詣故人，主人未通，便坐問答。蓋謂賓主禮辭曰通，前解誤矣。”然亦有原本或是，改而未必是者，如《文學》下“謝萬作《八賢論》”章“我亦作知卿”下云：“五字一句，言我亦爲能知卿者。前解謬。”按《鈔撮》斷句，乃“我亦作，知卿當無所名”，似謂我亦作《八賢論》，深知其中甘苦，故知卿難定優劣之名目。亦有少數條目，《鈔撮》所釋有誤，《集成》再釋依然有誤者，如《賞譽》上“王、劉聽林公講”章“鉢釪後王何人也”句，《鈔撮》云：“此段未有明解。……余謂此蓋王初聽林公講，觀衆僧結舌注耳，嘲之云‘兇物’。及再往聽之，乃心服曰：彼皆自是鉢釪家，其解理誰後我者，而其傾心林公如是耶，即所以深嘆美之也。"頗致迂曲。《集成》乃謂："言鉢釪家之王，何以後人也？"更是望文生義。實則此所謂"王何"，乃指王弼、何晏，蓋讚美支道林爲僧家之善談者，如名士中之王弼、何晏也。又有少量條目與《鈔撮》雷同，當爲删汰未盡所致者。

又據大典於付梓前補記，"斯書本聚合《鈔撮》及《補》以爲一部，及上梓，書賈輩患其浩繁多費，……因止採録所追考，以附前書之後，覽者併按可也"。故此書與其前書之關係，乃並列而非替代者，讀者宜參看之。

（作者單位：南京大學域外漢籍研究所）

域外漢籍研究集刊　第十四輯
2016 年　頁 35—50

和刻本《世説新語補》的三種手批本

稻田篤信 撰　　李由 譯

一　引言

　　《世説新語》是五世紀南朝宋臨川王劉義慶所作,記載了竹林七賢、王羲之等東漢、魏晉名人的逸事逸聞,是廣爲人知的中國古典名著。而明代的王世貞則以宋元人物故事對其進行增補,撰成《世説新語補》,是書也被刊行。不過,在中國,相較於《世説新語》,人們對《世説新語補》的評價較低,如近人張心澂《僞書通考》即將其看作明代衆多僞託著名文人的續撰書之一①。然而,此書在我國卻比《世説新語》更加流行。我國不僅保留了此書的許多明清版本,而且元禄七年(1694)還刊行了和刻本,安永八年(1779)又刊刻了和刻本的"校正改刻"本。正如大田南畝所説:"自昔菅原道真、空海,《世説》(按、指《世説新語》)行久。近世王弇州(世貞)補本(《世説新語補》)大行,古《世説》廢矣。"(恩田仲任編《世説音釋》跋之要旨)提起《世説》,人們一般想到的是《世説新語補》。

　　和刻本《世説新語補》的元禄版及安永"校正改刻"版,皆由京都林九兵衛刊行。如下文所示,該和刻本的内題(正文卷首題,以下稱卷首題)被冠以對日本近世影響甚大的李卓吾之名,題作"李卓吾批點"。但是,作爲和刻本底本的明版李卓吾批點本,具體是怎樣一個版本? 安永版又是如何對元禄版進行校正改刻的? 這些問題現在還不清楚。

---

　　①　張心澂認爲此書是在明代作僞風習下產生的一種託名王世貞的僞書。見氏著:《僞書通考》,商務印書館,1962 年,頁 1073。

在我國傳存的漢籍中,包括和刻本在内,有許多被人在書眉、行間等處添加了批注的本子。和刻本《世説新語補》的傳本中也不乏其例。至今爲止,筆者所注意到的本子是與那波魯堂、中井履軒、石島筑波、秋山玉山、服部南郭、太宰春臺、千葉芸閣、尾藤二洲等人有關的手批本①。本文將介紹載有那波魯堂、石島筑波、秋山玉山等人批注的本子,并以之爲線索,試探和刻本的底本及校正改刻問題。

二　那波魯堂

載有那波魯堂之説的手批本是元禄版和刻本,今藏關西大學圖書館增田涉文庫。關於此本,增田涉《雜書雜談》有如下論述:

> 按照此本《世説新語補》的序文所述,此書是由明人王世貞在劉孝標所注劉義慶《世説新語》、明何良俊《語林》的基礎上,取捨删定的,由李卓吾批點,張文桂校注,之後加上返點、送假名,刻成了和刻本。手頭的這一本中每頁皆有手批手注,參考他本,對刻本正文、注解、評點中的誤字、脱字進行了校勘。此外,板框外的餘白處以及粘貼的浮簽上也密密麻麻地寫有其他注解。這些批注出自何人之手? 仔細看來,其中稱岡白駒爲“先生”,並有“魯堂云”的字樣,故此本當是那波魯堂或其同門的本子。②

那波魯堂,名師曾,字孝卿,號魯堂。享保十二年(1727)生,寬政元年(1789)九月十一日没,年六十三。阿波藩藩儒。

魯堂與其弟拙古堂奥田松齋一起,以《左傳》學爲世所知。此書之外,

---

① 　與那波魯堂、石島筑波、秋山玉山等人有關的《世説新語補》手批本,詳見下文所述。此外還有:中井履軒批注本《李卓吾批點世説新語補》二十卷,此本爲元禄版和刻本,有中井履軒雕題,藏大阪大學附屬圖書館懷德堂文庫;昌平坂學問所、尾藤二洲舊藏本《世説新語補》兩種,皆爲清刻本,藏於國立公文書館内閣文庫。

② 　引文是對增田涉文章主旨的概括,可參氏著:《雜書雜談》,東京:汲古書院,1983 年,頁 139—142。關西大學圖書館增田文庫藏本(LM2—は—36)的登録書名作《世説新語補》,下文將要提到的東京大學東洋文化研究所藏本(子部—小説—雜事—4)書名作《李卓吾批點世説新語補》(亦是其封面題名)。

不見其對《世説新語補》感興趣的記載。在竹治貞夫的撰述中,《那波魯堂》一章也無一語提及《世説》①。筆者以爲,如增田涉所述,批注中引用了魯堂的老師岡白駒的《世説新語補觽》,這當是受到老師的影響吧,在魯堂的身邊,應該舉行過針對《世説新語補》的閲讀討論會。

　　爲了揭示和刻本的概貌,謹將此書的書志事項列述如下:

　　《世説新語補》,大本二十卷十册。枯葉色無花紋封面,封面上無題簽,第一册封面以墨書"世説壱"作標題,其他僅標册數。四周單邊。版面分爲兩層,上層刻每行六字的批點與批釋。下層爲正文,九行十八字,無界。注小字雙行,行十八字。版心作"批點世説補卷一　　一"。白口。

　　正文之前有序、凡例、附釋名、目録等如下(不加標點,添入公元紀年):

　　(一)世説新語補序　嘉靖丙辰(1556)季夏琅琊王世貞譔　秣陵蔡拱日書(三葉、無界、五行九字);

　　(二)世説新語序　萬曆庚辰(1580)秋吳郡王世懋譔(三葉半、有界、五行十一字)/乙酉(1585)初春世懋再識(半葉、無界、十行二十五字);

　　(三)刻世説新語補序　萬曆丙戌(1586)穀日沔陽陳文燭玉叔撰(三葉、有界、六行十三字);

　　(四)李卓吾批點世説新語補舊序二首　五月既望梓成耘廬劉應登自書其端是爲序/嘉靖乙未(1535)歲立秋日也吳郡袁褧撰(二葉、無界、九行十八字);

　　(五)世説舊題一首舊跋二首　高氏緯略/紹興八年(1138)夏四月癸亥廣川董弅題/淳熙戊申(1188)重五日新定郡守笠澤陸游書(三葉、無界、九行十八字);

　　(六)何氏語林舊序二首　辛亥(1551)四月之望文徵明書/長洲陸師道撰(四葉、無界、九行十八字);

　　(七)李卓吾批點世説新語補凡例十則(二葉、有界、九行十八字);

　　(八)附釋名(八葉、有界、九行十八字);

　　(九)李卓吾批點世説新語補目録(三葉、有界、九行)。

　　至(九)爲止的三十葉,版心所記葉號連續。此外,從"(四)李卓吾批點

---

　　①　參竹治貞夫:《近世阿波漢學史研究》第三章《那波魯堂》,東京:風間書房,1989年,頁137—299。

世説新語補舊序二首”以下至目録部分，版面亦分爲上下兩層。

卷首題“李卓吾批點世説新語補卷之一”。其後第二行至第九行依次題“宋劉義慶撰”、“梁劉孝標注”、“宋劉辰翁批”、“明何良俊增”、“王世貞删定”、“王世懋批釋”、“李贄批點”、“張文柱校注”等八人之名。第十册卷末有署名“乙酉春三月既望琅琊王泰亨識”的“題世説新語補後”，第十册第二十卷末有刊記曰：“元禄七年甲戌八月之吉京東洞院通夷川上町林九兵衛梓行”。

關西大學圖書館藏本的里封上，摹寫了一些文字。現假設其爲魯堂所書，與上文引增田涉文一樣，爲了説明《世説新語補》的情況，謹將相關文字引録如下：

　　○王鳳州先生鑑定\李卓吾批點世説新語補\説補一編，清言妙緒，爲江左風流，紹述東京者，千萬世如一日也。一刻豫章，再刻吴郡，迄本堂三壽梨矣。海内賞音，如劉玄靖其人者，請具別眼，用拓大觀。
　　書林余圮孺梓。

“王鳳州先生鑑定”七字橫寫，“李卓吾批點世説新語補”分兩行縱書，“説補一編”以下的文字綴合上述（三）陳文燭“刻世説新語補序”中的語句，自然地變成了書肆的内容介紹。余圮孺是書肆。以上内容摹寫自一個明版的封面，魯堂將此明版看作是和刻本的底本。東京大學東洋文化研究所藏《李卓吾批點世説新語補》二十卷二十册中就有此封面（見下文）。

除以上引文外，還有以下五條文字：

　　○按、《世説新語》，宋臨川王義慶生長於晉末，采撫漢、晉以來佳事佳語所作，極精絶。序説曰：“僅唯三十六篇，世所傳釐爲十卷，或作四十五篇，更不及六朝。梁劉孝標，學既該博，又好異書，從注之，故引證特詳。劉辰翁又批之。”

　　○凡例曰：“劉氏注往往爲義慶補亡，是以顓古者並重。”

　　○《何氏語林》三十卷，明何良俊所編。類仿劉氏《世説》而作也。説詳《何氏語林舊序二首》。蓋“昉自兩漢迄於胡元，上下千餘年，正史所列，傳記所存，奇蹤勝踐，漁獵靡遺，凡二千七百餘事”云云。

　　○《世説新語補》，明琅琊王世貞所撰也。蓋王氏少時，得《世説新語》善本，好之甚，輒患其易竟，又以爲六朝諸君子即所持論風旨，寧無一二可稱者？最後得《何氏語林》，大抵規摹《世説》，而稍衍之至元末。

然其事詞錯出不雅馴者，刪定表彰，合爲一篇也。又，王世懋批釋之，李卓吾批點之，張仲立校注，爲全書。卓老批評視劉辰翁益加詳也。

　　○又、別《語林》，晉河東裴啓子所作也。事見十八卷二十四張，又見六卷六張。

除去最後一條，其意可概括如下：劉義慶采擇漢、晉以來佳事佳語撰成的《世説新語》，是一部莫可比擬的名作。是書三十六篇，釐爲十卷，或作四十五篇。梁劉孝標爲其作注，劉辰翁補其逸文，并作批校。何良俊《何氏語林》廣搜兩漢至元代的逸事，共集二千七百餘條。作《世説新語補》的王世貞在少年時代即對《世説新語》頗感興趣，然惜其太易讀盡。而《何氏語林》載有許多六朝至元末的君子的逸事，於是王世貞刪去《何氏語林》中缺乏雅致的内容，將其與《世説新語》合編爲一書，即《世説新語補》。之後，王世懋批釋，李卓吾批點，張仲立校注，使其成爲一部完整的著作。卓老的批評與劉辰翁相比，更爲詳細。

以上所引文字也是摘録前述《世説新語補》（一）～（七）的序及凡例中的重要語句作成的，應該是那波魯堂所寫的代替解題的内容吧。

最後一條指的是《世説新語補》卷十八第二十四葉左版、卷六第六葉右版的正文及注釋中有提及“語林”、“河東裴啓”之處。

增田涉的文章指出此本《世説新語補》的手批中引了岡白駒之説，除此之外，批注好引《萬姓統譜》也值得注意。出現了“余圯孺”版及王湛批點本的相關信息，也是此本的特色之一。

三　芰荷園校本

東京都立中央圖書館特別文庫室藏蜂屋文庫本《世説新語補》，是石島筑波在元禄版《世説新語補》上添加了批注的本子①。大本二十卷十册。濃縹色刷毛目紋封面。封面標題作“世説新語補　一　芰荷園校本”。有王世貞、王世懋、王世懋（再識）、陳文燭、舊序二首、舊題一首舊跋二首、何氏語林舊序二首等序跋，後面依次爲凡例、附釋名、目録、正文。卷首題、明人著者名、王泰亨的題後、刊記、版心（按：如：“德行　批點世説補卷一

---

① 東京都立中央圖書館特別文庫室藏蜂屋文庫本《世説新語補》，編號：特7693。

一”,“德行”二字墨書)等均與關西大學圖書館藏本相同。

此本第十册卷二十末葉右版有朱筆書:“此本與諸校本讐對三四然未有免紕繆芰荷園”,版面上層有“石正猗字仲綠號筑波又號芰荷園”的墨筆書。此外,題後之末有朱筆書“寶曆六丙子歲六月七日寫焉田惟孝”等字。芰荷園指的是石島筑波。

關於筑波,東條琴臺《先哲叢談續編》卷八“石筑波”中利用了筑波自撰的譜牒與年譜、鵜飼士寧所作的墓志銘(鵜孟一《筑波先生墓志銘》)以及江村北海的《日本詩史》等材料,介紹頗爲詳細①。故謹以此爲據,對筑波生平略述如下:

筑波,名正猗,字仲綠,筑波山人,又字子遊,號潁川,本姓尾見,通稱與右衛門。出自服部南郭門下。有《芰荷園文集》②。寶永五年(1708)八月八日生,父正數,母横山氏。自祖父正盛開始,世仕浜松本莊侯。不過,筑波在享保十五年(1730)二十三歲時,因議論當路人事,而不爲人所容,遂致仕,浪遊京、攝間。他遊歷了京攝、名古屋、江户,寬保壬戌(1742)在江户(今東京)駒入吉祥寺前講説。寶曆八年(1758)八月十七日病没,年五十一,葬駒入養昌寺。東條琴臺刻畫其形象曰:“狂誕放恣,嗜酒好客。快意劇談,發狂吐氣,旁若無人。”

日野龍夫《服部南郭傳考》曾十次提及筑波③。其中,享保十六年(1731)條引《蘐園雜話》,描述了筑波受市川團十郎、瀨川菊次郎、中村富十郎之托僞作蘐園社中書的事情,作爲可以表現筑波奔放性格的逸事。這裏的筑波是奇人傳中的人物。大略言之,筑波的行爲體現了不拘禮法的、風流任誕的蘐園風,而這樣的行爲遭到了時人的批評,被認爲是輕率浮薄的。然而,如果我們更近距離地觀察筑波,就會看到一個堅守節操、有著獨立不羈的氣骨的人物形象。他對《世説新語補》特别感興趣的原因,或許也正在

---

① 參東條琴臺:《先哲叢談續編》(一),東京:國史研究會,1917 年,頁 81—92;五弓雪窗編:《事實文編》卷三十九“《筑波先生墓志銘》鵜孟一”,《關西大學東西學術研究所資料集刊十一——三事實文編三》,吹田:關西大學出版·廣報部,1980 年,頁 43—44。

② 《芰荷園文集》有明和七年(1770)七月跋刊本,見收於《詩集日本漢詩》十四,東京:汲古書院,1989 年,頁 353—407。

③ 日野龍夫:《服部南郭傳考》,東京:ぺりかん社,1999 年,頁 238。

於此。

　　《蘐園雜話》載,筑波在駒入芰荷園以《唐詩選》《滄溟尺牘》爲教材進行授課。前者是李攀龍所編的名著,後者是其書簡集。此外,《蘐園雜話》還記載了筑波一面在閣書架上放置净瑠璃本,一面誦講漢籍的場景。高山大毅指出,當時像筑波這樣的漢學者,多選擇《世説》《唐詩選》《滄溟尺牘》作爲講授的教材①。作爲南郭的門人,筑波所講的《世説》應該是爲蘐園派所尊崇的《世説新語》吧。但是,《世説新語補》中也記載了魏晉以降的人物逸事,又有明人新的批點批釋,更適合講授。在芰荷園校本的批注中,有大量針對漢語的国字解風格的俗解,從中可以看到讓聽講者更容易理解的意圖,以及爲此而進行鑽研的痕跡。

　　芰荷園校本中有寶曆六年(1756)六月"田惟孝"的相關書寫,此人情況目前還不清楚。這則書寫發生在筑波生前,以此推測"田惟孝"大概是筑波的門人吧。

四　鹿鳴樓藏本

　　接下來要介紹的本子是一個自稱鹿鳴樓的人的家藏本。此本在安永版《世説新語補》上以朱筆、墨筆、藍筆添加了太宰春臺、服部南郭、秋山玉山、千葉芸閣等人的論説。雖然有些煩雜,但爲了説明與元禄版的區別,茲將安永版的書志事項列述如下。

　　大本二十卷十册。濃縹色雷文唐草封面。封面題"校正改刻世説新語補　五六"(第三册有題簽,題簽有粗、細兩層套框)。正文四周單邊。

---

① 參高山大毅:《〈滄溟先生尺牘〉の時代——古文辭派と漢文書簡》,《日本漢文學研究 6》,東京:二松學舍大學日本漢文教育研究プログラム,2011 年,頁 58。《世説》的流行與徂徠學、服部南郭的關係問題,可參考德田武:《〈大東世語〉論(その一)——服部南郭における〈世説新語〉》(《東洋文學研究 19》,1969 年)、《〈大東世語〉論(その二)——服部南郭における〈世説新語〉》(《中國古典研究 16》,1969 年)、《〈大東世語〉論(その三)——南郭の人間認識と美意識》(《中國古典研究 17》,1970 年)。德田武的論文中還引用了《文會雜記》卷二下的記事,即學問尚淺的南郭門人須讀《蒙求》《世説》《唐詩選》的事情(見《〈大東世語〉論(その二)——服部南郭における〈世説新語〉》,頁 16)。

（一）世説新語補序　嘉靖丙辰季夏琅琊王世貞撰　秣陵蔡拱日書（三葉、無界、五行九字）；

（二）世説新語序　萬曆庚辰秋吴郡王世懋撰（三葉半、有界、五行十一字）/乙酉初春世懋再識（半葉、無界、十行二十五字）；

（三）刻世説新語補序　萬曆丙戌穀日沔陽陳文燭玉叔撰（三葉、有界、六行十三字）；

（四）李卓吾批點世説新語補舊序二首　五月既望梓成耘廬劉應登自書其端是爲序/嘉靖乙未歲立秋日也吴郡袁褧撰（二葉、有界、九行十八字）；

（五）世説舊題一首舊跋二首　高氏緯略/紹興八年夏四月癸亥廣川董弅題/淳熙戊申重五日新定郡守笠澤陸游書（三葉、有界、九行十八字）；

（六）何氏語林舊序二首　辛亥四月之望文徵明書/長洲陸師道撰（四葉、有界、九行十八字）；

（七）題世説新語補後　乙酉春三月既望琅琊王泰亨識（三葉、無界、六行十三字）；

（八）李卓吾批點世説新語補目録（三葉、有界、九行）；

（九）李卓吾批點世説新語補凡例十則（二葉、有界、九行十八字）；

（十）附釋名（八葉、有界、九行十八字）。

從（四）“李卓吾批點世説新語補舊序二首”至目録部分，安永版與元禄版相同。此外，正文版面分上下兩層，上層刻每行六字的批語批釋，下層注小字雙行十八字，這一點也與元禄版相同。不過，在上層中有一些分界豎線，下層的正文爲有界、九行十八字，這就與元禄版有較大差異。安永版的刻字也經重雕，與元禄版不同。

卷首題“李卓吾批點世説新語補卷一”，其後第二行至第九行依次題“宋劉義慶撰”、“梁劉孝標注”、“宋劉辰翁批”、“明何良俊增”、“王世貞删定”、“王世懋批釋”、“李贄批點”、“張文柱校注”等著者名。第十册卷末有“重刻世説新語補跋　皇和安永己亥正月守山碕允明謹撰”（二葉、無界、六行十二字）。而原本處於元禄版第十册卷末的“題世説新語補後　王泰亨識”則被放在“重刻世説新語補跋”前。

在排列順序上，安永版與元禄版也有所不同。雖然，與元禄版一樣，安永版也有王世貞序、王世懋序、王世懋再識、陳文燭序、舊序二首、舊題一首舊跋二首、何氏語林舊序二首、凡例、目録、附釋名等,但是元禄版的葉號從(一)至(九)都是連續排號的,而安永版從(一)王世貞序至(三)陳文燭序的十葉連續排號,(四)至(六)的舊序舊跋等七葉連續排號,後序三葉、目録三葉、凡例二葉、附釋名八葉等項則各自分別排號。卷首題下著録的明代五人著者名與元禄版一致。版心作"批點世説補卷之一　　　一"。

　　第十册卷二十正文末尾有朱筆識語:"辛亥春以太宰南郭玉山三先生及芸閣先生考標寫了於小水街鹿鳴樓藏",有印曰:"一尺心"。識語謂寬正三年(1791)春,將太宰春臺、服部南郭、秋山玉山及千葉芸閣四人的考論標寫完了。

　　鹿鳴樓,其人不詳。《改訂增補漢文學者總覽》中,以鹿鳴爲號的是土肥鹿鳴。此人是江户時期的鳥取藩藩儒,文化十三年(1816)七十歲没,通稱周(秀)太郎,出自山田静齋門下。① 辛亥可能是寬正三年(1791)或嘉永四年(1851),如果鹿鳴樓是土肥鹿鳴的話,那麼辛亥當是寬正三年,其時土肥四十六歲。

　　此本有大量的批注,如果僅考察"按"、"云"、"曰"這種形式的按語、批語的話,可以看到:標明"純云"、"春臺云"、"太宰德夫曰"、"春臺曰"、"太宰曰"、"春臺按"的太宰春臺的按語共有九例;標明"服子云"、"服云"、"南郭曰"的服部南郭的按語共有四例;標明"玄之按"、"玄之曰"的千葉芸閣的按語共有十四例;其他還有"潛按"、"秋杞曰"各一例。未標名字而以"按"字開頭的按語最多,有七十餘例,這些應該是秋山玉山的論説吧。"秋杞"或許也是玉山吧。這些按語筆跡相同,皆爲同一人所寫。

　　由此推測,此本是在秋山玉山批注的基礎上采納了春臺、南郭等人的意見,同時加上了玉山的門人千葉芸閣的論説。玉山,名儀,字子羽,傳見德田武《江户詩人傳》②。千葉芸閣,字子玄,玉山門人,任古河藩藩主侍請,寬正四年(1792)没。

　　此本形成的經過及時間順序無法細考。日野龍夫《服部南郭傳考》寬延三年庚午(1750)南郭六十八歲條載,是年春,始與熊本侯細川重賢及其

----

　　① 長澤規矩也監修、長澤孝三編:《改訂增補漢文學者總覽》,東京:汲古書院,2011年,頁302。

　　② 德田武:《江户詩人傳》,東京:ぺりかん社,1986年,頁86—244。

儒臣秋山玉山(本年四十九歲)交游①,直至謝世(1759),十年間,南郭一直與玉山交往甚密。因此,暫且假設其間他們曾一起舉行過《世說新語補》的閱讀討論會。

五　觀濤閣藏版

安永校正改刻版中有一本稱爲觀濤閣藏版。此版東京都立中央圖書館特別文庫室、國立公文書館內閣文庫各藏一本,今以內閣文庫藏本爲例,窺其概貌②。

大本二十卷十册。濃縹色無花紋封面。封面題"校正改刻世說新語補一二(~十九廿止)"("止"字墨筆)。有題簽,位於封面左邊,外有粗、細兩層套框。里封作"騰龍源公定本　觀濤閣藏/世說新語補/千里必究不許翻刻　常陽　允明哲夫校"。

正文之前的內容構成是:王世貞序,王世懋序,王世懋再識,陳文燭序,劉應登、袁褧舊序二首,高氏緯略,董弅陸游舊題,文徵明、陸師道何氏語林舊序二首,凡例,目錄,附釋名。

卷首題"李卓吾批點世說新語補卷之一"。明人著者名與他本皆同。卷末有"重刻世說新語補跋皇和安永己亥正月守山碕允明謹撰"。有刊記作"元禄七年甲戌八月吉日/安永八年己亥正月吉日再刻/京東洞院通夷川上町/林九兵衛梓行"。里封上的"騰龍源公定本"、"觀濤閣藏"值得注意。

此後還有不稱觀濤閣藏版而僅保留京都林九兵衛刊記的安永版,原因不得而知。除此之外,立命館大學衣笠圖書館藏本的第十册後面的里封上有:"錦山柚木先生著/世說新語補系譜/附歷代帝王系譜全二册嗣刻製本売弘所京都間之町通御池上ル町林權兵衛/大坂心齋橋南壱丁目松村九兵衛/江户日本橋南三丁目前川六左衛門",由此可知,版木後來從林九兵衛

---

①　日野龍夫:《服部南郭傳考》,東京:ぺりかん社,1999年,頁348—349。
②　東京都立中央圖書館特別文庫室藏小室文庫本,編號:特7694,無刊記。內閣文庫藏本,編號308—167,有林九兵衛刊記。

手中流出，進入前川六左衛門之手①。此外，也有無林九兵衛刊記的版本（明治大學圖書館藏）。

安永版所附户碕允明跋文的大意是，王世貞對《世説新語》加以補訂，小美（王世懋）刻之於豫章，此後《世説新語補》版本衆多，其中以李卓吾的批點本最爲流行，本版（觀濤閣藏版）是松平賴寬苦心搜閲諸本、改而正之作成的，而户碕允明也參與了此版的校訂工作。

户碕允明，字子哲，號淡園，稱十太夫。生於常陸松川，文化三年（1806）十一月十四日没，享年八十三歲，墓在東京巢鴨的東福寺。允明是守山藩藩儒，出自平野金華門下。騰龍源公是磐城守山藩的藩主松平賴寬，觀濤閣是其書齋，他對荻生徂徠十分傾倒，是一個好學的大名。除了《世説新語補》外，他還參與了《論語徵集覽》等書的刊刻。日野龍夫《服部南郭傳考》中屢屢出現他的名字。根據松平賴寬次子、"守山公子松平賴融"的《淡園先生墓碣名》，可知允明共仕四代守山侯，前後六十餘年，雖然他屢次請求退隱，但均被慰留，可見他備受信賴②。

對於元禄、安永兩版正文、句讀、和訓、批釋的添削、改正改刻等問題，日後將予以細考。粗略觀之，安永版雖然在行格上忠實於元禄版，但如上文所述，安永版以略有些圓潤的、整齊的字體進行了重刻，正文加了行界，眉批部分添加了元禄版所没有的訓點，批注中也加入了新的内容。總體看來，安永版改變了元禄版的面貌，從中也可以窺測到允明的努力。

六　李卓吾批點本

和刻本《世説新語補》所收諸序跋中，王世貞之序作於嘉靖三十五年（1556），王世懋之序作於萬曆八年（1580），再識在序後，卷末王泰亨的後題作於萬曆十三年（1585），陳文燭之序作於萬曆十四年（1586）。從時間順序

①　參立命館大學衣笠圖書館藏本，編號：子—60，此本有"錦山柚木先生著《世説新語補系譜・付歷代帝王系譜》全二册嗣刻"的廣告。

②　見《關西大學東西學術研究所資料集刊十一——三事實文編三》卷四十二。前注高山大毅《〈滄溟先生尺牘〉の時代——古文辭派と漢文書簡》一文，對允明及其《尺牘彙材》亦有提及。

上考慮，可將元禄和刻本的底本看作是萬曆十四年（1586）本。

那麼，元禄和刻本所據底本的具體情況究竟如何？ 對於這個問題，現在還得不出什麼明確的結論，在此謹將一些線索列述如下，以備日後考察。

首先，前面提到關西大學圖書館藏本的里封上記載了一種"書林余圯孺"刊行的版本，東京大學東洋文化研究所藏《李卓吾批點世説新語補》二十卷二十册即是這種版本，關西大學藏本上的"王鳳洲先生鑑定"以下至"書林余圯孺梓"部分的語句均見於此本的里封。由於此本採用以薄紙包裹封皮製成里封的形式，里封上的魁星印及另一印章無法識讀。正文以前，有劉應登及袁褧舊序二首、董弅及陸游的《世説》舊題一首舊跋二首、文徵明與陸師道的《何氏語林》舊序二首，之後是凡例十則、目錄、附釋名。這些全部爲有界、九行十八字。也就是説，此本缺王世貞序、王世懋序、王世懋再識以及陳文燭序。

卷首題"李卓吾批點世説新語補卷之一"，其後第二行至第九行依次題"宋劉義慶撰"、"梁劉孝標注"、"宋劉辰翁批"、"明何良俊增"、"王世貞删定"、"王世懋批釋"、"李贄批點"、"張文柱校注"等八位著者名。正文有界、九行十八字，注小字雙行同，版心作"批點世説補卷一　　一"，與他本相同。第十册卷末無"題世説新語補後王泰亨識"。諸序及正文皆有淺色行界線。有李、劉、王三氏的批點。

其次是王能憲介紹的一種版本。王能憲《〈世説新語〉研究》第二章《〈世説新語〉的版本、箋注與批點》中，介紹了七種明代《世説新語補》系的版本，其中關於"萬曆十四年太倉王氏刻李卓吾批點《世説新語補》二十卷"，王能憲謂："此本卷首有焦竑序。……焦序後復有王世貞、陳文燭、王世懋序，又有劉應登、袁褧、董弅、陸游等《世説》序跋，以及文徵明、陸師道等《何氏語林》舊序。序後又有《凡例》十則，並附《釋名》。卷末有王泰亨後序。此本在日本亦頗爲流行，安永己亥刻本即據之翻刻。"①

焦竑即焦若侯，李卓吾之友，有《澹園集》四十九卷、《焦氏易林》、《焦氏筆乘》等，《焦氏筆乘》有和刻本，焦竑在我國也是十分有名的明代文人。安

① 王能憲：《〈世説新語〉研究》，南京：江蘇古籍出版社，1992年，頁76。王氏爲何限定在安永版本上，原因不明。是書還舉出東京大學東洋文化研究所藏余圯孺刊本（子部—小説—雜事—4），作爲七種版本之一，見頁77。

永版無焦竑序,若依據王能憲的敘述,安永版就是删去了焦竑序的版本。

管見所及,收録焦竑序的李卓吾批點本有兩種。一種是台灣大學中央圖書館所藏二十卷十册《李卓吾批點世説新語補》,書名蓋採自卷首標題。其中,以"世説補序"開頭、以"琅琊澹園焦竑撰書"結尾的文章即是焦竑的序①。

另一種是天津圖書館所藏明萬曆刻本《李于麟批點世説新語補二十卷附釋名一卷》八册。此本焦竑序後有王世貞、王世懋、陳文燭的序以及舊題舊跋,文徵明《何氏語林》舊序被删去,之後是釋名、凡例及目録。

此本的特點在於,卷首以"李于麟批點世説新語補卷之一"爲標題,並且直至第四册卷五,卷首題後的著者名中的"李卓吾"均被改刻成了"李于麟"。然而,卷五的尾題以下又皆作"李卓吾",甚至還有一些地方保留了剜改的痕跡,作"李□吾",這又是爲何呢?大概書坊從策略上考慮,覺得李卓吾自然是很有名氣的,不過同樣是"李",冠以當時更著名的李于麟之名,於銷售更爲有利②。此本封面上還有"劉須溪先生纂輯/世説新語補"、"梅野石渠閣梓"。"須溪先生"指的是劉辰翁,"石渠閣"蓋爲出版者,根據《中國古籍版刻辭典》,它是萬曆年間王世茂的室名。此人刻印了王世貞輯、酈道元補《匯書詳注》三十六卷以及李贄評《忠義水滸傳》百卷等③,這裏的"石渠閣"應該是王世茂吧。可見,收録了焦竑序的李卓吾批點本有一些不同的傳本,王能憲介紹的那本也是其中的一種。

---

① 台灣大學"中央"圖書館藏本的焦竑序與王能憲所引有異文。又,李劍雄點校、焦竑撰《澹園集》(中華書局,1999 年)所附李劍雄《焦竑年譜》及《焦竑著述小考》未提及此序所附的《世説新語補》。《年譜》中提到署焦竑編、有萬曆十九年焦竑序的和刻本《四先生文範》(寬保元年江户谷村豐左衞門刊本,見收《和刻本漢籍文集》第十五輯,東京:汲古書院,1978 年),認爲其是否出自焦竑之手,大有可疑。和刻本《四先生文範》有熊耳山人的題尾,其中提到服部南郭認爲此書有可能是他人利用"蕉生"(焦竑)的高名,僞託而作。《世説新語補》的焦竑序可能也是如此,與焦竑并無關係。無論如何,這裏暫且先對此序進行考察。

② 中國國家圖書館藏萬曆十三年張文柱刻本《世説新語補》的凡例("世説新語補凡例")與萬曆十四年刻本《李卓吾批點世説新語補》的凡例("李卓吾批點世説新語補凡例")完全相同,可見"李卓吾"之名有時會被附上,有時會被删去。

③ 《中國古籍版刻辭典(增訂本)》,蘇州:蘇州大學出版社,2009 年,頁 138—139。

另一條線索是國立公文書館所藏《李卓吾批點世説新語補》(編號：子
190－2)。此本正文前依次有：王世貞序、王世懋序、王世懋再識、陳文燭
序、凡例、目録、附釋名。卷首題"李卓吾批點世説新語補卷之一"，其後爲
"宋劉義慶撰"、"梁劉孝標注"、"宋劉辰翁批"、"明何良俊增"、"王世貞删
定"、"王世懋批釋"、"李贄批點"、"張文柱校注"。卷末有王泰亨《題世説新
語補後》。此本雖然匡郭略小，但版面與安永版和刻本甚似。不過，此本無
和刻本中的舊序舊跋，亦無焦竑序。

如上所述，僅從序文看，無論是元禄版，還是安永版，和刻本與明版李
卓吾批點本並不完全一致。而僅從開頭部分看，和刻本與諸明版李卓吾批
點本的眉批也不完全一致。可知和刻本、尤其是安永校正改刻本，利用了
李卓吾批點本以外的本子，廣集衆本，形成了新的批釋。

七　護園社中與《世説新語補》

以下對與《世説新語補》有關的人物作一些補充介紹①。

根據錢謙益《列朝詩集小傳》，陳文燭，字玉叔，沔陽人，嘉靖乙丑
(1565)進士，有《五嶽山房集》。據《江西通志》，劉應登，字堯咨，安城人。
據《列朝詩集小傳》，袁褧，字尚之，永之之兄，家有石磬齋藏宋刻書。文徵
明，《明史》有傳，著名書法家。陸師道，據《列朝詩集小傳》，長洲人，嘉靖戊
戌(1538)進士，《明史》有其傳。何良俊，字元朗，華亭人，除《何氏語林》外，
還有《四友齋叢説》。王世貞，字元美，太倉人，事見《明史·列傳一百七十
五》。王世懋，字敬美，嘉靖三十八年(1559)進士，世貞弟。據《列朝詩集小
傳》，李贄，字宏甫，晉江人。《明詩選》稱李贄字卓吾。張文柱，據《列朝詩
集小傳》，字中立，昆山人。

王世貞、李于麟(李攀龍)都是后七子的核心人物，更是受到荻生徂徠
及其門人推崇、學習的古文辭派的代表作家。焦竑，前文已述，《明史·文
苑傳四》有其傳。

那波魯堂姑且不論，岡白駒、石島筑波、秋山玉山、服部南郭、太宰春

---

①　以下對人物的介紹，參考了本次考察的三種手批本《世説新語補》上的諸家
批注。

臺、户碕允明、松平賴寬等對《世説新語補》感興趣的人，多與蘐園或蘐園派有關係。《世説新語補》對蘐園社中人來説，是與古《世説》同樣重要的著作。徂徠在爲其弟子木下公達所作的《示木下公達書目》中，給出了一份蘐園派學者桌邊必備、必讀書的目録，認爲這些書"黨吾學者必須備坐右，不可欠缺一種"，其中就有《世説新語補》①。

　　　　關於上述三種手批本各自的特點，以及那波魯堂、蘐園派等人對《世説新語補》的關注點，限於篇幅，此次僅略作介紹，日後再予詳論。

附記：

　　　　本文是日本平成二十四年（2012）度科學研究費補助金基盤研究（C）《近世日本的明清漢籍接受史研究——以〈世説新語補〉爲例》（課題編號：23520231）成果之一。在調查《世説新語補》傳本的過程中，相關收藏機構均給予了很多便利，首都師範大學周以量、南開大學劉岳兵、台灣大學太田登、台灣大學研究生董崇驊等先生也大力相助，謹在此對他們表示感謝。

　　　　　（作者單位：日本二松學舍大學；譯者單位：南京大學文學院）

譯者附記：

　　　　本文原載日本二松學舍大學《日本漢文學研究》第 8 號，承蒙本文作者及東亞學術總和研究所高山節也所長慨允，授權翻譯刊出，特此説明，并致謝忱。

――――――――――

① 　參見《荻生徂徠全集》第一卷，東京：みすず書房，1973 年，頁 537。此《書目》中未提《世説新語》，而列舉了《何氏語林》《萬姓統譜》，作爲"好古之士必須貯置備博"的書籍，即學問上想要更進一步的學者應當置備的參考資料。

域外漢籍研究集刊　第十四輯
2016 年　頁 51—69

《槐南集》未收詩考

——以《新文詩》中所載槐南詩爲中心

陳文佳

　　明治四十五(1912)年三月,漢詩人森槐南(1863～1911)之子森健郎編修、妹婿森川鍵藏校對的八册廿八卷《槐南集》,由東京文會堂書店刊刻發行。此書收録作者槐南自明治十四年(1881)春至明治四十四年(1911)一月逝世之前所作的古今體詩二千六百廿一首、詞九十六闋、小令二闋、南北曲二套,皆以創作年代順序排列。幾乎涵蓋了槐南一生的詩歌創作。據此書卷首槐南之子健郎所撰題記云:"辛巳至甲申,槩係手訂;乙酉以後,則及門諸弟子共相商訂,逐年編次。"可知明治十四年辛巳(1881)至十七年甲申(1884)期間的作品係由槐南親自編訂。《槐南集》中所收年代最早的作品,是明治十四年初,槐南十八歲時所詠的《雜擬》三首。不過,在此之前,槐南實已登上漢詩壇,並從事漢詩文創作活動。

　　槐南之父、幕末明治初期的漢詩人森春濤(1819～1889)所編選出版的《新文詩》百集(1875～1884)、《新文詩別集》廿八集(1876～1884,槐南參訂)、《新新文詩》十八集(1885～1886,槐南參訂,外未定稿一册)是於明治初期漢詩界發行時間最久,影響力亦最大的漢詩文雜誌。槐南以其字大來,及別號如掃雪山童、台洞小賓、台南小史、槐南小史等在《新文詩》系列上陸續發表有古今體詩二百六十三首、詞四十五闋、散文二篇、小令二闋、南曲一套及傳奇一種。涵括了自槐南十二歲至廿三歲時的詩文創作。其中不少作品未被收入其別集《槐南集》内。本文將在整理《新文詩》系列中所刊載的槐南詩文的基礎上,進而發掘其中未被《槐南集》所收録的佚作。

並結合當時的文獻資料,嘗試對這部分佚作不曾編入《槐南集》的原因作出
説明。

一　森槐南及其《槐南集》

森槐南原籍尾張國一宮(今愛知縣一宮市),生於名古屋。漢詩人森春
濤之子。名公泰,又以泰治郎之名行世。字大來,別號秋波禪侣、菊如澹人
等。師從鷲津毅堂、三島中洲等詩壇名宿。明治後期發起隨鷗吟社,爲當
時漢詩壇領袖人物。歷任宫内大臣秘書官、式部官等職。明治四十四年
(1911)病逝,享年四十八歲。作爲明治時代的漢詩人與古注學者,槐南著
述頗豐。筆者統計其作品列表如下:

1.《古詩平仄論》,寶書閣,1883 年 3 月。①

2.《唐詩選評釋》,新進堂,1892 年 10 月～1897 年 10 月。

3.《浩蕩詩程》,鷗夢吟社,1899 年 3 月。

4.《作詩法講話》,文會堂書店,1912 年 2 月。

(以上作品於槐南生前刊行)

5.《槐南集》,森健郎編,文會堂書店,1912 年 3 月。

6.《杜詩講義》,文會堂書店,1912 年 11 月。

7.《李詩講義》,文會堂書店,1913 年 6 月。

8.《韓詩講義》,文會堂書店,1915 年 1 月～1916 年 1 月。

9.《李義山詩講義》,文會堂書店,1914 年 1 月～1917 年 2 月。

10.《中國詩學概説》(槐南遺稿),神田喜一郎編,臨川書店,1982 年
1 月。

(以上作品於槐南故後刊行)

這其中,《浩蕩詩程》(一卷)與《槐南集》(廿八卷)均係詩集。《浩蕩詩
程》於明治卅二年(1899)三月刊行。卷頭有槐南識語,述及此書編纂之由
來云:

　　右戊戌七月罷官作。後隨春畝侯相歷遊清韓二國,得詩若干首,
編爲一卷,曰《浩蕩詩程》。

---

①　此處所舉槐南著作版本均係初版。

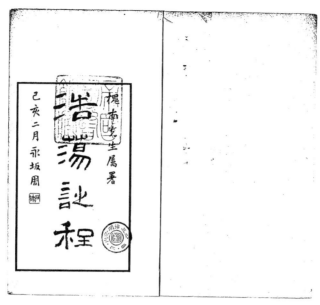

日本國會圖書館藏明治卅二年鷗夢吟社刊《浩蕩詩程》書影

　　較之《槐南集》,《浩蕩詩程》並不甚爲世人所熟悉。由槐南識語可知,《浩蕩詩程》收戊戌年、亦即明治卅一年(1898)七月至同年年末槐南遊歷中國、朝鮮(時爲大韓帝國)期間所詠的漢詩。而這一部分作品,亦被完整收入《槐南集》卷十八之中。

　　《槐南集》所收詩以古今體詩爲主,凡二十七卷,另有詞、曲百闋,合爲一卷。除末卷詞、曲合集以外,每卷卷首皆有紀年。《槐南集》作爲幾近囊括槐南生平詩歌創作的別集,對於考察其詩風的形成與演變具有重要的資料價值。筆者以立命館大學圖書館西園寺文庫所藏明治四十五年刊《槐南集》爲底本,簡要整理此書篇目內容情況如下。

　　○扉頁　槐南集題字(辛亥十月永坂周題)
　　○槐南集序(明治辛亥晚秋八十二叟中洲三島毅撰)
　　○槐南集目録
　　○題記(明治四十四年十月男健郎謹誌)
　　○本文

卷一　古今體詩一百十一首辛巳壬午

卷二　古今體詩七十三首癸未

卷三　古今體詩四十五首甲申（以上第一册）

卷四　古今體詩六十六首甲申

卷五　古今體詩七十首乙酉

卷六　古今體詩七十八首乙酉

卷七　古今體詩一百十七首丙戌（以上第二册）

卷八　古今體詩一百八首丁亥

卷九　古今體詩七十九首丁亥

卷十　古今體詩九十五首戊子

卷十一　古今體詩八十首己丑（以上第三册）

卷十二　古今體詩九十一首庚寅

卷十三　古今體詩一百十七首辛卯

卷十四　古今體詩九十三首壬辰

卷十五　古今體詩八十三首癸巳（以上第四册）

卷十六　古今體詩一百十六首甲午乙未

卷十七　古今體詩一百十八首丙申丁酉

卷十八　古今體詩九十五首戊戌（以上第五册）

卷十九　古今體詩一百首己亥庚子

卷二十　古今體詩八十七首辛丑

卷二十一　古今體詩一百二十六首壬寅（以上第六册）

卷二十二　古今體詩一百四十二首癸卯

卷二十三　古今體詩一百九首甲辰

卷二十四　古今體詩九十一首乙巳

卷二十五　古今體詩九十三首丙午（以上第七册）

卷二十六　古今體詩一百十五首丁未戊申

卷二十七　古今體詩一百二十三首己酉至辛亥

卷二十八　詞九十六闋曲小令二闋南北曲二套

〇牌記（以上第八册）

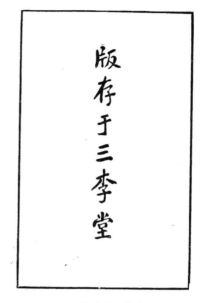

關於《槐南集》編修及刊刻之原委，槐南之子健郎於卷首撰有題記一篇。原文不長，茲援引於下：

　　先考槐南先生遺槖古今體詩，辛巳至甲申，槩係手訂；乙酉以後，則及門諸弟子共相商訂，逐年編次。別有詞及散曲合成一部，凡二十八卷。付諸手民，以傳于後云。明治四十四年十月男健郎謹誌。

由此可知，自明治十四年辛巳（1881）至十七年甲申（1884）四年間的作品係槐南親自編訂，其後的作品由其子健郎及弟子諸人共同編次。《槐南集》中所收錄的最早的作品，係明治十四年春，槐南十八歲時所詠《雜擬》三首。事實上，在此以前，槐南早已在其父春濤的影響下開始創作詩文，並發表於雜誌《新文詩》系列之上。

二　《新文詩》系列雜誌中所刊載的槐南詩文

由槐南之父、幕末明治初期的漢詩人森春濤所編輯、發行的《新文詩》

(1875～1884,計百集)、《新文詩別集》(1876～1884,槐南參訂,計廿八集)、《新新文詩》(1885～1886,槐南參訂,計十七集,外未定稿一册)系列漢詩文雜誌於明治初期的漢詩壇影響甚巨①。在春濤的鼓勵下,槐南先後以別號如掃雪山童、台洞小賓、台南小史、槐南小史,並其字大來等在《新文詩》系列雜誌上刊載了數量衆多的漢詩文作品。體裁涵括了古今體詩、詞、曲、散文、傳奇等等。其中創作年代最早的,係明治八年(1875)槐南十二歲時所詠七言絶句《雪朝早起》一首。此後至明治十九年(1886)槐南廿三歲爲止,共有三百余首(篇)作品載入《新文詩》系列之中。其中不少作品未被收入後來的《槐南集》内。筆者詳細檢閲日本國會圖書館、名古屋大學圖書館等多家機構館藏的《新文詩》系列雜誌中所刊載的槐南詩文,以刊發年月順序整理作品之題名、署名及體裁如下。

（一）乙亥（明治八年,1875）十二月至庚辰（明治十三年,1880）十二月間所刊作品
　　○明治八年(1875)
　　★第六集（乙亥十二月）葉九《雪朝早起》,掃雪山童泰二郎,七絶一首②

　　○明治十年(1877)
　　★第十五集（丁丑二月）葉十《湖上游春絶句》録一,台洞小賓泰二郎,七絶一首
　　★第十六集（丁丑三月至四月）葉十二《江上春興》,台洞小賓泰二郎,七律一首
　　★第廿四集（丁丑九月）葉八《夜坐聞鹿兒島捷報作》台南小史泰二郎,七絶一首

---

　　①　關於《新文詩》系列漢詩文雜誌的發行狀況、所刊詩文内容及其影響,請參考拙文《森春濤與〈新文詩〉系列》,載《名古屋大學中國語學文學論集》第 25 輯,2013 年 9 月,頁 1～21。
　　②　凡有★標記作品皆不爲《槐南集》所收（含散文、傳奇等文體）。有☆標記作品則部分未收入《槐南集》中。未有標記者皆爲《槐南集》所收。

　　★第廿八集（丁丑十一月至十二月）葉十《和裳川盆躰》,台南小史魯泰,七絶一首

　　○明治十一年（1878）
　　★第卅二集（戊寅二月）葉九《春夕》,槐南小史魯泰,七絶一首
　　★第卅三集（戊寅三月）葉八《南歌子・春夕》,槐南小史魯泰,詞一闋
　　★第三六集（戊寅六月）葉九《北仙侶一半兒・移居》,槐南小史魯泰,曲二闋
　　★第卅九集（戊寅八月至九月）葉九《贈友人菅生某》,槐南小史魯泰,七律一首
　　★第四十集（戊寅十月）葉十《偶題四首（西廂記・牡丹亭・臨川夢・療妒羹）》,槐南小史魯泰,七絶四首
　　★第四十二集（戊寅十二月）葉八《昭君怨・題畫蘭》,槐南小史魯泰,詞一闋
　　★第四十三集葉八《清三家絶句刻成,戲仿金元院本題之》,槐南小史魯泰,南曲一套

　　○明治十二年（1879）
　　★第四十六集（己卯二月至三月）葉十《讀桃花扇傳奇題其後》,槐南小史魯泰,七絶五首
　　★第四十九集（己卯六月）葉九《青山》,槐南小史魯泰,七律一首
　　★第五十集（己卯七月）葉八《夢說》,槐南小史魯泰,字大來,槐南號,散文一篇
　　★第五十一集（己卯八月）葉十《重讀桃花扇得二律》錄一,槐南小史魯泰,七律一首
　　★第五十三集（己卯十月）葉十《秋懷贈人》,槐南小史魯泰,七律一首
　　★第五十四集（己卯十一月）葉十《前題六首同蓉塘賦》錄一,槐南小史魯泰,七律一首
　　★第五十五集（己卯十二月）葉九《前題同蓉塘賦》其二,槐南小史魯泰,七律一首

　　★第五十六集（己卯十二月）葉十，《鈿郎花陰撊笛圖四首》録一，槐南小史魯泰，七律一首

　　○明治十三年（1880）
　　★第五十八集（庚辰一月）葉十《題小青圖》，槐南小史魯泰，散文一篇
　　★第六十五集（庚辰八月）葉十《仝前得山字》，槐南小史泰，七律二首
　　★第六十七集（庚辰十月）葉十《滿江紅》，槐南小史泰，詞一闋
　　★第六十八集（庚辰十一月）葉九《美人讀書圖歌》，槐南小史泰，歌行一首
　　★第六十九集（庚辰十二月）葉十《除夕》，槐南小史大來，七律一首
　　★別集十（明治十三年六月出版）葉一《讀水滸傳有感八首》，槐南小史魯泰，七律八首
　　★別集十葉七《題蔣召生空谷香傳奇後》，槐南小史魯泰，七律四首
　　★別集十葉八《題紅樓夢後》，槐南小史魯泰，七律四首
　　★別集十葉九《集桃花扇傳奇句》，槐南小史魯泰，七絕三首

　　（二）辛巳（明治十四年，1881）十二月至丁亥（明治二十年，1887）間所刊作品①
　　○明治十四年（1881）
　　第七十集（辛巳一月）葉十《元旦口號》，槐南小史泰，七律一首
　　第七十一集（辛巳二月）葉十《蒲團》，槐南小史大來，七律一首
　　第七十二集（辛巳三月）葉十《以鏡贈別》，槐南小史泰，七古一首
　　第七十四集（自辛巳五月至六月）葉二《仝上，余亦列席末，得侵》，槐南小史泰，七律一首
　　第七十五集（辛巳七月）葉七《聞蟲，鷗雨莊席上作短歌》，槐南小史泰，雜古一首
　　第七十六集（辛巳八月至九月）葉四《秋詞》，槐南小史泰，七絕四首

---

　　①　關於《新新文詩詩謄》一書後半部分所刊槐南詞的創作時期，根據《槐南集》卷廿八所收槐南詞的一部分題注，可以判知至《沁園春》爲止皆係明治丁亥（1887）以前的作品。詳見頁 65 注釋①。

○明治十五年（1882）

☆第七十九集（壬午二月）葉八《新春多暇，讀何必西廂題其後十首》，槐南小史泰，七絶十首①

☆第八十一集（壬午四月）葉九《憐春詞》，槐南小史泰，七絶四首②

第八十四集（壬午六月）葉七《小病讀明季雜書得六律》，槐南小史泰，七律六首

第八十五集（壬午七月）葉九《星河七月謠》，槐南小史泰，雜古一首

第八十六集（壬午八月至九月）葉十《髮繡净土曼荼羅，諸名流題詠殆遍，余復何言，乃戲題四截句于其後》，槐南小史泰，七絶四首

第八十七集（壬午十月）葉九《秋暮雜感》，槐南小史泰，七律二首

第八十八集（壬午十一月）葉九《孔雀東南行，題揚州十日記後》，槐南小史泰，歌行一首

第八十九集（壬午十二月）葉九《反箜篌引，送木下梅里赴任朝鮮，箜篌引一名公無渡河，朝鮮津卒霍里子高妻麗玉所作》，槐南小史大來，歌行一首

○明治十六年（1883）

第九十集（癸未一月）葉九《錢虞山初學有學集注活刷竣工，購一部貽蓉塘吟侶，媵以七律六首》，槐南小史泰，七律六首

第九十一集（癸未二月）葉十《梅影四律原三叠十二首》，槐南小史大來，七律四首

第九十二集（癸未三月）葉七《梅影叠韻八首》，槐南小史大來，七律八首

第九十三集（癸未四月）葉九《鉤里將軍行》，槐南小史大來，歌行一首

第九十四集（癸未五月至六月）葉八《日枝祠神絃曲三章》，槐南小史大

---

① 　《槐南集》卷一收録其中八首（第八首、第九首未收），題作《新春多暇，有以何必西廂彈詞索詩者，戲作八絶句》。明治四十五年三月東京文會堂刊《槐南集》，第一册，葉八～葉九。

② 　《槐南集》卷一收録其中二首（第一首、第四首未收），題作《春詞》。明治四十五年三月東京文會堂刊《槐南集》，第一册，葉十～葉十一。

來，七古三首

第九十五集（癸未七月）葉八《烈婦吟》並序，槐南小史大來，七古一首

第九十六集（癸未八月）葉九《銅日謠》，槐南小史大來，七古一首

第九十七集（癸未九月）葉十《薤歌行鳳凰引》，槐南小史大來，五古一首

第九十八集（癸未十月）葉九《十月五日先師鷲津毅堂先生忌辰，謹賦七律四章以代蘋蘩》，槐南小史大來，七律四首

★第九十九集（癸未十一月）葉五《滿江紅·秋懷次韻》，公泰森大來，詞一闋

第九十九集葉九《真間手兒奈事，山邊赤人高橋蟲麻呂以下，題詠頗多，今茲癸未仲冬，與諸同僚遊國府臺，過所謂真間浦舊地，有一祠，相傳手兒奈汲井處，井今存于祠傍，憑弔之餘，得七古一篇》，槐南小史大來，七古一首

第百集（癸未十二集）葉九《荊山三章，章五句》，槐南小史大來，七言五句三首

別集十七（明治十五年十月出版，槐南專輯）葉一《水調歌頭》，大來自題，詞一闋

☆別集十七葉一附《秋詞六首》，七絕六首①

★別集十七葉三《深草秋並序》，傳奇一種

○明治十七年（1884）

別集二十（甲申一月至二月）葉十《燈火讀書篇，奉和家大人倚竹書龕詩》，槐南小史大來，五古一首

★別集廿一葉十《題野崎元遺草》，甲申四月朔槐南森大來題後，七絕二首

別集廿二（甲申三月至四月）葉九《橋本蓉塘畫蘭歌》，槐南小史大來，歌行一首

---

① 《槐南集》卷一收録四首（第三首、第四首未收），題作《秋詞》。明治四十五年三月東京文會堂刊《槐南集》，第一册，葉十八。

　　別集廿三（甲申四月至五月）葉九《芳野行宮瓦研歌，爲關澤菴賦》，槐南小史大來，歌行一首

　　別集廿四（甲申七月）葉八《明星爛爛行》有序，槐南小史大來，歌行一首

　　別集廿四附二葉《賀新涼》，槐南小史大來，詞二闋

　　別集廿五（甲申八月）葉八《哭橋本静甫》，槐南小史大來，七律八首

　　別集廿五葉十《夏日寓感兼寄懷橋本静甫》，七律二首

　　別集廿六（甲申九月）葉九《今秋七月引》，槐南小史大來，雜古一首

　　別集廿七（甲申十月）葉八《十月五日毅堂先師三年忌辰，先是諸同人相謀，建碑墨陀，是日碑成，因會客于八百松樓，席上賦此，以抒感懷》，槐南小史大來，五古一首

　　別集廿八（甲申十一月）葉十《寒柳》，槐南小史大來，七律四首

　　○明治十八年（1885）

　　《新新文詩》第一集（乙酉五月）葉九附録《浣溪沙·雪夜夢醒》，大來，詞一闋

　　第二集（乙酉六月）葉八《卜算子·台山晚步口占》，大來，詞一闋

　　第三集（乙酉八月）葉七《乙酉七月送史館諸僚友，以命差遣各地，日下、田中、小倉三掌記，隨重野副長官赴關東八州》，大來，七律一首

　　第三集葉七《贈別三首》，七律三首

　　第三集葉八《臺城路七月三日紀事》，詞一闋

　　第五集（乙酉十月）葉九附録《遊榛名山紀行七十二韻》，大來，五古一首

　　第六集（乙酉十一月）葉九附録《題朝鮮人洪琴石書成三問夷齋廟詩後，爲鞍懸鶴峰作》，大來，七古一首

　　○明治十九年（1886）

　　第十四集（丙戌七月）葉八《綺羅香·湖上望東照廟》，槐南小史大來，詞一闋

　　第十七集（丙戌十月）葉十《疏影·菊影》，槐南大來，詞一闋①

―――――――――

　　①　《疏影·菊影》一闋亦載於《新新文詩詩賸》。

第十七集葉十一《古重陽夕懷舊有賦》，槐南大來，五古一首

第十七集葉十二《送同僚鞍懸鶴峰轉營林主事，赴任石川縣》，七古一首

第十七集葉十三《次鞍懸季敏養老山詩韻》，七絶四首①

★第十七集葉十四《詩話》大來手記，散文一篇

◎《新新文詩詩膡·茉莉園未定稿》（編集年月未記）②

《妙巍山紀遊詩八首》，大來，五古八首（此八首爲《槐南集》卷六乙酉稿收錄，明治十八年（1885）作）

《新正賦五七言律各一章》，槐南大來，五律一首，七律一首

《哀緬甸詞》，槐南大來，七律四首

《讀宇都木烈士遺草，悲感交集，因有慨乎時》，槐南大來，五古一首

《送西尾鹿峰罷職歸西京》，七古一首

《北條鷗所將遊清國北京，乃泛詠燕都形勝，繫以近事贈別四首》，槐南大來，七律四首

《三月二十日同晴峰鶴峰散策東台，晚飲醑春亭，以亭名爲韻，歷叙所見》，七律三首

《墨上看花作十絶句》，七絶十首

《南北兩都篇》并序，槐南大來，七古一首

《東台看花偶興三首，用醑春亭韻，似永阪石埭》，七律三首

《文部大臣森公招致都下名流，爲其尊人鶴陰先生八秩壽，恭賦此奉賀》，槐南大來，七律二首

《夏事八詠戲賦》，槐南大來，七古八首

《岐阜提燈歌，爲敕使河原鐵尾作》，槐南大來，七古一首

《謝杉山三郊送牽牛花》，槐南大來，七古一首

---

① 《古重陽夕懷舊有賦》一首、《送同僚鞍懸鶴峰轉營林主事，赴任石川縣》一首及《次鞍懸季敏養老山詩韻》四首亦載於《新新文詩詩膡》。

② 《新新文詩詩膡》爲多部詩膡稿合訂而成，且不記年月，故單列於此。又此集葉碼未經統一，標記情況複雜，此處省略記其葉數。

《秋夜感興八首》，七律八首

《古重陽夕懷舊有賦》，槐南大來，五古一首

《送同僚鞍懸鶴峰轉營林主事赴任石川縣》，七古一首

《次鞍懸季敏養老山詩韻》，七絕四首

《西郊紀遊詩》，五古十首

《暮秋作》，七律一首

《詩關風化，命題遣意不可不慎重，然專以此求詩便陋矣，今人好輕詆古人，於其出處之際稍有可議者，輒侈口集矢，不復問詩之工拙何如，尤爲可歎，顧予豈甘爲名教罪人者，惟不欲説隨園所謂大帽子話耳》，七律一首

《丙戌小春，田中內閣書記官長芭蕉庵招飲，奉和其重陽日與山縣大臣唱酬原韻以呈》，槐南大來，七律四首

《讀吉川元春傳，作長歌，兼題馬山陣圖，及其自書太平記後》，歌行一首

（以上爲《槐南集》卷七丙戌稿收錄，明治十九年（1886）作）

《丁亥新年作》，槐南大來，七律四首

《開春六日雪晚霽得月》七絕三首

《春雨柳橋酒樓苳崖公子招燕，席上作十絕句》，槐南大來，七絕十首

《潮野草堂歌爲田中遜卿作》併引，歌行一首

《送高橋掌記轉官赴北海道》，槐南大來，七律四首

《曼陀道人枉和春雨柳橋酒樓十絕，清麗芊眠，誦之芬芳滿口，爰用前韻，再寄風懷，所謂大巫在前，小巫氣沮，意期志媿，故不肯藏拙爾》，槐南大來，七絕十首

《春日湖山雜興十首》，七律十首

《故曆丁亥晚春，玉池仙館晤清人孫聖與，用其東遊詩韻以贈六首》，槐南大來，七律六首

《夢聞喁喁似是園花相語，覺而詩之，各系以一花》，七絕五首

《恭和田中內翰長，寄懷春畝相公，在夏島別業詩》，槐南大來，七律二首

《寄題品川顧問官，念佛庵次閣中諸公韻》，七律三首

《青山翰長有再寄春畝大臣詩，命予和之》，槐南大來七律四首

《送吉原謙山游奧州》,七古一首

《七月十一日作》,槐南大來,七律四首

《七月三十日舉兒,喜作五絶句》,七絶五首

《曉行湖上所見》,七律一首

《題畫》,七絶一首

《岐阜團扇歌,爲鐵瓦生作》,槐南大來歌行一首

《鍾秀樓圖,佐藤雙峰屬題》七古一首

《牽牛花》,七律一首

《黃牽牛花》,七律一首

《丁亥十月家大人自南游歸,未夾旬復有仙臺之行,率賦四律,志感一時,臨楮黯然,語無倫次》,七律四首

（以上爲《槐南集》卷八及卷九丁亥稿收録,明治二十年（1887）作）

《摸魚兒》,大來,詞一闋

《霜天曉角・題永阪石埭墨梅畫册》,大來,詞一闋

《沁園春・上日漫填》,槐南大來,詞一闋

《十二時・亡兒生日填此寫恨》,槐南大來,詞一闋

《賀新涼》,槐南大來,詞一闋

《多麗》,槐南大來,詞一闋

《釵頭鳳・小園留客》,槐南大來,詞一闋

《惜分釵・酒間戲作》,詞一闋

《春風嫋娜》,槐南大來,詞一闋

《齊天樂蟬》,槐南大來,詞一闋

《永遇樂》,槐南大來,詞一闋

《疎影・菊影》槐南大來,詞一闋

《定風波・玉池仙館話雨,尊前感贈》,槐南大來,詞一闋

《百字令》,槐南大來,詞十闋

《東風第一枝・灃上問梅》,槐南大來,詞一闋

《綺羅香》,槐南大來,詞一闋

《醜奴兒・采桑怨》,槐南大來,詞三闋

《沁園春》,槐南大來,詞三闋

《長相思》,詞一闋

《沁園春》,槐南大來,詞三闋①

《臨江仙》,槐南大來,詞一闋

《水調歌頭》,詞一闋

（以上爲《槐南集》卷廿八收録）

需要説明的是,筆者所考察的日本國立國會圖書館、名古屋大學圖書館等數家機構所藏《新文詩》系列雜誌原本,闕失《新文詩》第三十一集、第六十四集、第七十七集,以及《新新文詩》第十六集等數卷。此外,《新文詩》第七十三集、第七十七集、第七十八集、第八十集、第八十二集、第八十三集等卷皆有不同程度的闕葉情況。上述闕失部分中或仍有槐南詩文存留的可能。如果《新文詩》系列雜誌的闕失部分尚存於世並能得以重現,或許可以發掘出更多的槐南佚作。

統計上述作品可知,槐南於《新文詩》系列雜誌中共發表古今體詩計三百十一首(去重複之六首)、詞四十七闋(去重複之一闋)、散文三篇、小令二闋、南曲一套、傳奇一種。其中,除去因體例有別而未爲《槐南集》所收録的散文與傳奇兩種文體,共計有古今體詩五十五首、詞五闋、小令二闋、南曲一套未曾收録進《槐南集》中。且大多係明治十四年(1881)以前的作品。

三　未收入《槐南集》的原因

槐南於《新文詩》系列雜誌上所發表的詩、詞、曲等作品,不但體裁多樣,内容也極爲豐富。漢詩方面,槐南一生一直致力於近體、古體等各體詩的創作而不輟。與其父春濤相同,槐南長於吟詠七言絶句及律詩。而在詩的題材方面,則有詠物、即事、時事、題書(畫)、唱和、題贈、紀遊、詠史、悼亡

---

① 《沁園春》六首(包含前列三首)亦收入《槐南集》卷廿八内。詞牌名下注云:"丁亥五月二十六日新橋千歲樓,姚志梁招飲,酒間率塡。"由此可知係於明治二十年(1887)所作。也因此可以判斷,《詩賸》中所載的槐南詞,至《沁園春》六首止皆係明治二十年的作品。末尾《臨江仙》、《水調歌頭》二闋的創作年月雖無明確記録,考慮到《詩賸》的刊行時期等情況,則與上述作品同年創作的可能性極高。

等多方面的内容。這也從側面反映出槐南於漢詩創作上的用功之勤。

　　一般而言,詩人編輯别集,未收入早年作品,究其原因,一則是年代久遠,舊作湮滅不存,難以搜求。再則是因爲少年習作,晚年回顧,頗覺稚拙,或嫌語失雅正,因此不予收録。又或是二者兼而有之。承上文所述,《槐南集》前四卷係槐南於生前親自編訂,篇目選定應當皆出於槐南本意。此四卷收録作者自辛巳暨明治十四年(1881)至甲申暨明治十七年(1884)之間的詩作,明治十四年之前的作品悉未收入。而《新文詩》系列雜誌由春濤、槐南父子編選並出版,槐南本人或是其子嗣及門生應不難保有或收集。即或編輯《槐南集》時槐南早年手稿業已不存,參考《新文詩》而補録並非難事。因此這部分作品未被編入《槐南集》内當另有原因。

　　與槐南情況相似的是,春濤亦於生前編訂自己的詩集凡四卷並付梓刊行,春濤故後,又由其婿森川鍵藏就春濤遺稿抄録成詩集十六卷,與春濤所訂前四卷合而刊行,是爲二十卷的《春濤詩鈔》。① 而春濤於生前即已編訂刊行的《春濤詩鈔甲籤》,所收的正是其早年的作品。其中包括春濤十七歲初投鷲津益齋門下時所詠的處女作《岐阜竹枝》二首。春濤於漢詩創作上受父親春濤影響甚深,年少時便接觸並喜好香奩詩,十七歲時創作的漢文《補春天傳奇》,將清人陳碧城爲明代才女馮小青修墓一事敷衍開來,塑造出陳氏温柔多情的"情種"形象,表現出作者獨特的文學趣味與詩人氣質。② 槐南一生作詩,頗多述情述性之作,若以少年時所作稚拙淺白抑或語涉香奩而不予收録至别集之中,則目前尚無明確證據可以支撐。

　　筆者仔細檢閲《新文詩》系列雜誌中所刊詩文,注意到《新文詩》第八十一集中載有蓉塘漁史所撰《槐南詩集序》一文。文章開篇述及槐南取號之

----

　　① 　森川鍵藏所撰《春濤詩鈔》識云:"岳丈春濤先生《詩鈔》二十卷。其首四卷,自《三十六灣集》至《絲雨殘梅集》,既經先生手定,題爲《甲籤》。生前上梓,久行於世,而未及其他。令嗣槐南先生有續刻之志,亦未果而逝矣。於是親舊囑余卒其業。余既有瓜葛之親,義不可辭。乃就遺棄而鈔録,嗣成十六卷。每集小名既存,自《林下柴門集》至《老春癡後集》是也。前四卷一依其舊,絶無所變更。"名古屋大學藏明治四十五年東京文會堂刊《春濤詩鈔》,第一册,葉三一葉四。

　　② 　詳情請參考拙文《森春濤與陳碧城》,《域外漢籍研究集刊》第十三輯,中華書局,2016 年 5 月,頁 499—頁 516。

由來，並以東京都內名勝小西子不忍池的景致作比，描繪了槐南詩的藝術
特色，並給予其高度評價。而此文中首次提及《槐南詩集》一書的存在，尤
爲值得注意。茲引錄全文於下。

　　　余友森大來寓東台之南，因號曰槐南，以槐台音近也。東台古稱
忍岡，其下有巨浸焉，曰不忍池。後人比杭之西湖，稱小西湖或小西子
湖。湖蓋取之蘇東坡"澹妝濃抹兩相宜"之句云。大來以俊秀之才，傳
乃父春濤先生衣缽，妙齡以詩鳴于都下。故稱方今才子者，必稱大來，
猶稱東京勝地者，必稱小西湖也。今茲辛巳仲春，余與大來飲湖上長
酣亭，時春光和煦，湖光山色與樓臺亭榭掩映於花柳間，頗爲奇觀。既
而雨驟至，煙雲變幻、頃刻萬狀。樓臺亭榭與花柳之掩映者，盡在水墨
畫中，其景益奇矣。大來舉觴屬余，出其《槐南詩集》，使余評定之。披
而覽之，秀麗明媚，如樓臺花柳之狀者；黯澹空濛，如煙雲變幻者，莫一
不具焉。余謂大來曰："何子詩之酷與小西湖相肖也。"其秀麗明媚如
樓臺花柳之狀者，濃抹西子也；黯澹空濛如煙雲變幻者，澹妝西子也。
然是猶可學而能，而未足爲大來本色也。若夫感遇無題詩作，吊古傷
今，其調淒婉，其言哀切，使人一讀魂銷腸斷者，是捧心西子也。宜乎
大來獨專其美，而他人不能傚矉也。然之此稿謂之一幅西子真影，亦
何不可。余於是益信世之以大來之才與西湖之勝並稱者，其言不誣
也。昔人稱宋濂溪文如濂溪、歸震川文如震澤，蓋山水風土之涵養志
氣，無異師友薰陶之功。而雖大來亦不自知其詩之似小西湖也。大來
今年甫弱冠，而才氣俊秀如此，他日鍛鍊愈精，推敲益細，去雕飾而歸
澹泊，則其詩必將有神存乎阿堵中，如白描西子者矣。是余所預期大
來也。①

　　歷來研究者對於這篇序文未曾給予過注意。作者蓉塘漁史即漢詩人
橋本寧（1845～1884），寧字靜甫，蓉塘漁史（或曰蓉塘）乃其別號。京都人。
少時就學於古義堂，與西園寺公望爲學友。有詩集《蓉塘詩鈔》二卷二册，
明治十四年刊刻。蓉塘較槐南年長十八歲，二人係忘年之交，《新文詩》中
存有不少兩人唱和往來之作。蓉塘故後，槐南作《哭橋本靜甫》八首及《夏
日寓感兼寄懷橋本靜甫》二首以哀悼亡友。載於《新文詩》別集廿五號，《槐

---

①　　橋本蓉塘《槐南詩集序》，《新文詩》第八十一集，葉七。標點爲筆者所加。

南集》卷四亦有收。

　　《新文詩》第八十一集於明治十五年(1882)四月編輯發行,則橋本氏的這篇序文大約作於此前不久。據序文記載,明治十四年(1881)春,槐南與蓉塘於不忍池上宴飲之際,曾向蓉塘出示其詩集,以求蓉塘評定。蓉塘序文中所記載的書名作《槐南詩集》,與後來的《槐南集》名稱不同。從文意推測,當時槐南向蓉塘出示的詩集,當係手稿而非刊本。所謂"評定",應當有邀請蓉塘爲之作序的意味在内。從時間上來説,此處提及的《槐南詩集》與明治四十五年刊行的《槐南集》絶非同一部書。而蓉塘爲之作序的這部《槐南詩集》,就筆者目前所知,學界尚無人提及。因此書未曾傳世,故蓉塘爲之作序後,是否已付梓刊刻,目前已不可考。不過,時年十八歲的槐南已獨自編修詩集一事,可以確證。

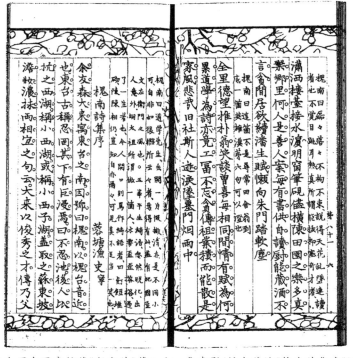

日本國會圖書館藏《新文詩》第八十一集書影(橋本蓉塘《槐南詩集序》)

　　承上所述,《槐南集》中所收作品始於明治十四年（1881）春①,而明治十四年至十七年這四年間的作品由槐南親自編訂。可以肯定的是,《槐南集》中不曾收入明治十四年以前的作品,當出於槐南的本意。槐南或是考慮到自己已於明治十四年編訂過《槐南詩集》,因此在編訂《槐南集》時決定不再重複收錄這部分作品。而槐南發表在《新文詩》系列雜誌上於明治十四年以後所作,且並未爲《槐南集》所收的數首詩詞②,由於編者係槐南之子健郎及諸門生,恐因原作手稿散佚而致漏編。今本《槐南集》作爲槐南別集,所收文體包含古今體詩、詞、曲等。而就《槐南詩集》這一題名來看,此書所收或僅限於古今體詩。《槐南詩集》的稿本或刊本雖然已不可見,不過此書的面貌,仍可以由《新文詩》第六號至第六十九號、以及《新文詩別集》第十號中所刊載的槐南詩窺見一斑。

結　語

　　明治十一年（1878）,槐南在成島柳北（1837～1884）主編的漢詩文雜誌《花月新誌》第四十七號、第四十九號上發表了《讀〈紅樓夢〉詠尤二姐》、《〈紅樓夢〉黛玉泣殘紅》兩首七言律詩。③　這兩首詩是槐南十五歲時所詠的作品,亦不爲後來的《槐南集》所收錄。筆者今後將擴大對《槐南集》未收詩作的調查範圍,力求完整蒐集槐南於明治初期創作,且在當時的漢詩文雜誌及藝文雜誌上發表的詩、詞、曲、散文等作品,並與《槐南集》詩目進行比對,以求裨補闕漏。

　　本文據筆者於 2015 年 10 月在國學院大學主辦的日本中國學會第 67 屆大會上所作的研究報告翻譯而成。

（作者單位：華東師範大學外語學院）

---

①　《槐南集》卷一《辛巳稿》開卷《雜擬》詩其一有"階下春悄悄"之語,可知作於春季。

②　計有詩八首、詞一闋。散文、傳奇不計。

③　《花月新誌》係成島柳北於明治十年（1877）一月創刊的文藝雜誌。一月三刊,由花月社發行。所載作品除柳北自己的詩文以外,菊池三溪、森春濤、信夫恕軒、高畠藍泉等人的漢詩文或和歌亦多有收錄。

朝鮮——韓國漢籍研究

域外漢籍研究集刊　第十四輯
2016 年　頁 73—86

《熱河日記》與《天主實義》

金明昊 撰　許放 譯

一　緒論

　　朝鮮王朝後期的大文豪、實學思想家朴趾源（號燕巖，1737—1805）是一名儒學者，同時他對佛道思想也有相當的興趣和造詣。我們從他中年以後所創作的散文中就可以發現不少佛經和《莊子》的影響。不僅如此，朴趾源對西學也抱有開放包容的胸襟，還把西學思想整合成自己思想體系的一部分。但是直至今日，學界並沒有很好地闡明這樣一個重要的事實。

　　現代研究者或者認爲朴趾源單純地排斥天主教，或者認爲他只對西方的科學技術感興趣①。實際上，朴趾源曾在 1780 年（朝鮮正祖四年，清乾隆四十五年）隨朝鮮使節團遊歷北京和熱河，歸國後他就創作了《熱河日記》。在此書中，他的確批判了天主教的教義。此後在擔任忠清道沔川郡守時期，他也曾認真考慮如何應對天主教所引起的種種問題，在這個時期的尺牘中也可以找到他反對西學的言論。但是如果我們仔細研究朴趾源文學思想的一個核心主題——友情論，就會發現利瑪竇（Matteo Ricci）的《交友論》對他的影響②。這條線索也告訴我們，對朴趾源産生影響的不僅有佛教和道教，還有西學思想。

　　就像朝鮮王朝後期的大部分進步知識分子一樣，朴趾源也曾經通過各

---

　　①　李元淳《朝鮮西學史研究》，首爾：一志社，1986 年版，頁 199—201。
　　②　李弘植《朝鮮王朝後期的友情論與利瑪竇的〈交友論〉》，載《韓國實學研究》第二十輯韓國實學學會，2010 年，頁 268、280。

種渠道閱讀西學書籍并在思想上深受影響。正祖(在位時間:1776—1800)時代,因爲天主教的問題而導致當時的政局日趨保守。純祖(在位時間:1800—1834)統治初期發生的"辛酉邪獄",更是使西學成爲學術研究領域的一大禁忌。在朴趾源離世後才編纂成書的《燕巖集》中,稿本中存在的西學相關内容被大量删改①。不僅如此,就像朴趾源接受佛道思想的方式一樣,他對西學思想也進行積極主動的吸收與改造,并將其納入自己的思想體系當中。因此,我們想要在他的文章中找到西學影響的線索並非易事。

本文將以《熱河日記》和利瑪竇的《天主實義》爲基本研究對象,考察西學思想對朴趾源的影響。朴趾源雖然在《熱河日記》中批判了天主教,但是他並沒有隱瞞自己曾經在北京遊覽天主教堂、走訪利瑪竇墓地。不僅如此,如果仔細研讀《熱河日記》中的《渡江録》、《山莊雜記·象記》等文章,我們就可以發現《天主實義》的潛在影響。

《天主實義》在 1603 年初次刊行於北京,是耶穌會傳教士利瑪竇用漢文撰寫的天主教入門書籍,目的是在中國知識分子階層中擴大天主教的影響。此後,該書在中國多個地方曾數次刊行,收録十九種漢文西學書籍的《天學初函》(刊刻於 1628 年)也收入此書。這部書在朝鮮文人中也廣爲流傳,例如李睟光(1563—1628)在《芝峯類説》曾經提到過該書,李瀷(1681—1763)也曾寫過《跋天主實義》。正祖登上王位之後,隨著天主教成爲社會問題的焦點,《天主實義》也在安鼎福(1712—1791)所著的《天學問答》等辟邪書籍中成爲主要的被批判對象②。本文將以《天學初函》所收録的《天主實義》爲基本分析文本,展開對主題的分析論述。

二　"好哭場論"與對厭世主義的批判

在《熱河日記·渡江録》七月八日條的前半部,朴趾源與同行的進士鄭珏展開了一次別開生面的討論。如果把這部分内容看做獨立成篇的散文,

---

① 金明昊《對〈熱河日記〉異本的再探究——以草稿本系列寫本爲中心》,《東洋學》第四十八輯,檀國大學東洋學研究所,2010 年,頁 6—10、15。

② 李元淳《朝鮮西學史研究》,首爾:一志社,1986 年版,頁 99—107。

我們可以將其命名爲"好哭場論"。①　在這篇散文裏,鄭珏問朴趾源看到遼東平原時爲什麼想要痛哭一場? 這是一種什麼樣的感情? 朴趾源回答説這種感情與嬰兒剛剛降生時的感受是一樣的。

> 問之赤子! 赤子初生,所感何情? 初見日月,次見父母,親戚滿前,莫不歡悦。如此喜樂,至老無雙,理無哀怒,情應樂笑,乃反無限啼叫,忿恨弸中。將謂人生,神聖愚凡,一例崩殂,中間尤怨,患憂百端,<u>兒悔其生,先自哭吊</u>。……②

這裏所提到的"兒悔其生,先自哭吊"的厭世主義人生觀其實就來自於利瑪竇的《天主實義》。③

在《天主實義》中,是由"中士"和"西士"的假想問答來提出這種人生觀的。利瑪竇在該書第三篇《論人魂不滅大異禽獸》中介紹了經院哲學的靈魂論,在開始介紹靈魂論之前他還對人世間的痛苦發出了一番議論。也就是説在第三篇的開頭部分,利瑪竇借中士之口指出人類雖然自稱爲萬物的靈長,但是實際上人類的一生比禽獸過得還要悲慘。禽獸一降生就能自立,根據本性來自由自在地滿足自己的慾望。與之相比,人類卻不能如此。

---

①　參見金明昊《關於〈熱河日記〉的文體——以"好哭場論"爲中心》,《朴趾源文學研究》,首爾:成均館大學大東文化研究院,2001 年版,頁 131—152。

②　朴趾源著《燕巖集》卷十一,《熱河日記·渡江録》七月八日條;朱瑞平校點《熱河日記》,上海書店出版社,1997 年版,頁 29。下劃線系引用者所加。

③　類似的觀點亦可見於晚明文人陳繼儒(1558—1639)的《福壽全書·静觀》。這裏也提到了"嬰兒落地,未笑先哭。豈非大造苦我以生,纔一出世,便入哭境乎? 嗣後笑事少,哭事多。到鐘鳴漏盡,畢竟大哭一場而散。非我哭人,即人哭我,往往來來,交相哭也。"這部分内容抄録在金魯謙(1781—1853)《性菴集》(首爾:國立中央圖書館收藏)卷八附録的《囈述》中。《福壽全書》從《小窗四紀》、《菜根譚》、《智囊》、《遵生八牋》等書中抄録了很多有益於修身和處世的前賢逸話或格言,這部書在朝鮮也廣爲傳播。與朴趾源同時代的韓致奫、洪義謨、丁若鏞等人都喜讀此書,所以朴趾源也極有可能讀過(參見《四庫全書總目》卷一百三十,子部四十三,《福壽全書》;韓致奫,《海東繹史》,中國書目録,卷三十七,交聘志五;洪奭周,《淵泉集》卷三十五,《伯父刑曹判書孝獻公府君家狀》;丁若鏞,《與猶堂全書》第一集,文集卷十四,《題藏上人屏風》)。需要説明的是,《福壽全書·静觀》與《天主實義》無關,這段文字其實抄自佛經。1870 年朝鮮僧人治兆在《清珠集·笑哭》(首爾:國立中央圖書館收藏)中就曾引用過相同的内容。

　　人之生也，母嘗痛苦，出胎赤身，開口先哭，似已自知生世之難。初生而弱，步不能移，三春之後，方免懷抱。壯則各有所役，無不苦勞。農夫四時，反土于畎畝；客旅經年，遍度于山海；百工勤動手足；士人晝夜劇神殫思焉，所謂“君子勞心，小人勞力”者也。五旬之壽，五旬之苦。…①

　　利瑪竇又借西士之口説：“凡有産子者，親友共至其門，哭而吊之，爲其人之生于苦勞世也。”與之相反“凡有喪者，至其門，作樂賀之，爲其人之去勞苦世也。”並且説該國的禮俗是“可謂達現世之情者也。”②

　　《天主實義》中的這種悲觀厭世主義人生觀對朝鮮文人李彦瑱（字虞裳，1740—1766）也産生了相當大的影響，李彦瑱與朴趾源有一定的交往。朴趾源爲了哀悼年少夭折的李彦瑱而創作了《虞裳傳》，在該文中介紹了李彦瑱所留下的幾首名詩。通過其中的《海覽篇》，我們可以知道李彦瑱提到了利瑪竇所繪製的世界地圖《坤輿萬國全圖》。詩云“坤輿内萬國，棋置而星列”、“地毬之同異，海島之甲乙。西泰利瑪竇，線織而刃割。”顯示出詩人接觸過利瑪竇的地圖和西學知識③。

　　不僅如此，李彦瑱在他的六言體組詩《衚衕居室》中吟詠到“兒墮地便啼哭，阿爸悶阿婆惱。雞生啄不待乳，犢生走不待抱。”這正是以《天主實

----

①　吳相湘主編《天學初函（一）》，利瑪竇《天主實義》，臺北：臺灣學生書局，1965年版，頁 422；朱維錚主編《利瑪竇中文著譯集》，復旦大學出版社，2007 年版，頁 23—24。“君子勞心，小人勞力”是《左傳·襄公九年十月》中知武子（荀罃）所説的話。與之類似，《孟子·滕文公上》中也提到“勞心者治人，勞力者治於人”。

②　吳相湘主編《天學初函（一）》，利瑪竇《天主實義》，臺北：臺灣學生書局，1965年版，頁 426—427；朱維錚主編《利瑪竇中文著譯集》，復旦大學出版社，2007 年版，頁 25。

③　《燕巖集》卷八，《虞裳傳》。李彦瑱的遺稿集《松穆館燼餘稿》中“地毬之同異”爲“地毬之非是”。“地毬之非是”指的是西方地圓説和中國天圓地方説的對立。“海島之甲乙”指的是對海島的甲論乙駁，具體所指似乎是四大洲説與五大洲説的對立，也就是中國在佛教的四大洲説屬於南贍部洲，而在西方五大洲説中屬於亞細亞洲。在《坤輿萬國全圖》的説明性文字中，利瑪竇介紹了地圓説和五大洲説，同時也批判了天圓地方説和四大洲説。“西泰”是利瑪竇的字。

義》第三篇開頭部分爲靈感進行的創作①。另外,詩人還寫道"造物寵我爲人,再拜謝天謝地。出萬象媚吾目,有萬聲樂吾耳。"②這同樣是以《天主實義》的相關内容爲靈感進行創作的。在《天主實義》第五篇中利瑪竇批判了佛教不許殺生的禁令,主張天主就是爲了人類使用而創造世間萬物的。同時還提到了"五色悦我目,五音娛我耳"、"故我當常感天主尊恩,而時謹用之"。③

　　與李彦瑱相似,朴趾源也受到《天主實義》很大的影響。這種影響不僅從"好哭場論"中能夠看出,在《熱河日記》中的名文《虎叱》里也可以找到一些線索。《虎叱》是朴趾源的作品④,但是在行文當中有多處來自於《孟子》、《周易》、《書經》、《詩經》、《禮記》、《史記》、《莊子》等中國古代典籍的文句,在文章的開頭部分還引用了王士禎的《香祖筆記》等清代文學作品⑤。《虎叱》中老虎對墮落書生"北郭先生"的非道德性進行聲討時,也是以《天主實義》爲依據的。

---

　　① 李彦瑱著《松穆館燼餘稿・衚衕居室》(第六十三首)。李彦瑱的老師李容休(1708—1782)也在《姨弟李孝先輓》中提到"兒生初墮地,開口便啼哭。爲知人間事,往往如是毒。"同樣是運用了《天主實義》中的典故。據傳爲鄭芝潤(1808—1858)的詩句"兒生便哭君知否,一落人間萬種愁。"也是來自於這一靈感。

　　② 李彦瑱著《松穆館燼餘稿・衚衕居室》(第八十四首)。

　　③ 吳相湘主編《天學初函(一)》,利瑪竇《天主實義》,臺北:臺灣學生書局,1965年版,頁505;朱維錚主編《利瑪竇中文著譯集》,復旦大學出版社,2007年版,頁53。《天主實義》第二篇也有如下内容:"宇宙之間,無一物非所以育吾人者。吾宜感其天地萬物之恩主,加誠奉敬之,可耳。"(朱維錚主編《利瑪竇中文著譯集》,復旦大學出版社,2007年版,頁22)。在李彦瑱讀過的《職方外紀》中,作者艾儒略也在該書的自序中提到"造物主之生我人類於世也,如進之大庭中,令饗豐醮,又娛歌舞之樂也。"(謝方校釋《職方外紀校釋》,北京:中華書局,1996年版,頁1)。

　　④ 現代的研究者也曾經提出過《虎叱》的作者應該是中國人的觀點,但是朝鮮時代的讀者卻把這篇文章完全看做朴趾源的原創作品。此説可參見俞晚柱(1755—1788)的日記《欽英》丙午年(1786)閏七月二十六日,十一月一日、二日、十四日條(首爾大學奎章閣影印本,1997年版,卷六,頁303,頁407—408,頁416)。

　　⑤ 《虎叱》的開頭部分引用了《香祖筆記》卷五的"虎爲西方猛獸"條。參看李學堂《有關熱河日記筆談的研究》,首爾:成均館大學碩士論文,2000年,頁27。

　　在這裏,老虎不僅譴責人類社會充滿了被劓鼻、刖足、黥面的罪犯,人類還製造出尖刀、長槍、大炮等武器來發動戰争,甚至用筆作爲武器來互相攻訐。最後斥責道"其相食之酷,孰甚於汝乎?"①

　　與此類似,《天主實義》第三篇開頭部分登場的"中士"在提出人類的一生其實比禽獸還要悲慘之後,也聲討了同族相殺的人類。

　　　　即宇宙之間,不拘大小虫畜,肆其毒具,能爲人害,如相盟詛,不過一寸之虫,足殘九尺之軀。人類之中,又有相害。作爲凶器,斷人手足,截人肢體,非命之死,多是人戕。今人猶嫌古之武器不利,則更謀新者益凶。故甚至盈野盈城,殺伐無已。②

　　就像文中所述,中士説出了人間生活的痛苦,同時利瑪竇借西士之口指出人間是禽獸的根據地,人類不可避免地要遭受一生的痛苦。另外,人間不過是人類暫時停留的地方,只有到了來世才能到達永生的天堂③。天主教認爲嬰兒降生時大聲啼哭是因爲人生的痛苦而悲傷不已。把人類的歷史看成殘忍殺戮史的厭世主義歷史觀,同樣是來自於主張否定今生、讚揚來世的天主教教義。

　　如果説李彦瑱在《衚衕居室》中全盤接受了《天主實義》的厭世主義人生觀,那麼朴趾源在《熱河日記》的"好哭場論"則只是把這種人生觀當做一個奇思妙想而已,而且還展開了批判和否定。

　　　　……此大非赤子本情。兒胞居胎處,蒙冥沌塞,纏糾逼窄,一朝迸出寥廓,展手伸脚,心意空闊,如何不發出真聲,盡情一洩哉!④

---

　　①　《燕巖集》卷十二,《熱河日記·虎叱》,朱瑞平校點《熱河日記》,上海書店出版社,1997 年版,頁 100。

　　②　吳相湘主編《天學初函(一)》,利瑪竇《天主實義》,臺北:臺灣學生書局,1965 年版,頁 422—423;朱維錚主編《利瑪竇中文著譯集》,復旦大學出版社,2007 年版,頁 24。"盈野盈城,殺伐無已"類似《孟子·離婁上》中的"争地以戰,殺人盈野;争城以戰,殺人盈城。"

　　③　吳相湘主編《天學初函(一)》,利瑪竇《天主實義》,臺北:臺灣學生書局,1965 年版,頁 427—428;朱維錚主編《利瑪竇中文著譯集》,復旦大學出版社,2007 年版,頁 25。

　　④　《燕巖集》卷十二,《熱河日記·渡江録》,七月八日條;朱瑞平校點《熱河日記》,上海書店出版社,1997 年版,頁 29。

　　朴趾源認爲嬰兒在降生的時候大聲啼哭並非因爲悲傷,而是因爲喜悦。也就是説,嬰兒啼哭並非因爲《天主實義》所主張的人生悲觀論,而是在母體中孕育十月,一旦來到寬闊無邊的世界,就會感受到解放的喜悦而放聲大哭,這才是嬰兒啼哭的真正原因。朴趾源通過這個例子批判了《天主實義》中的厭世主義人生觀,提出了在如遼東平原般廣袤無垠的世界上自由馳騁的樂天主義人生觀。這種主張實際上是以主張"生生不息"的朱子學世界觀爲基礎提出來的。根據朱子學的主張,這個世界就像"鳶飛魚躍"所體現出的"天理"一樣,世間萬物都是在按照本性而生機勃發地生活。朴趾源就是以朱子學"生生"世界觀爲依據,批判在當時文學創作思潮中出現的以模仿古典、生搬硬套爲能事的復古主義文風,强調文學創作應該適應現實世界的不斷變化、發展和多樣性的"創新"①。

　　在《虎叱》中朴趾源力主"夫天下之理,一也。虎誠惡也,人性亦惡也。人性善,則虎之性亦善也","自天所命而視之,則虎與人乃物之一也"②。當然,朴趾源在《虎叱》中借老虎之口聲討人類的内容也並非照搬《天主實義》,而是以朝鮮朱子學流派中,主張人物同性論的"洛論"爲基礎的③。

三　《象記》與對"天主創造萬物説"的批判

　　就像前文中探討利瑪竇《交友論》的影響時所涉及到的一樣,朴趾源總是在傳統朱子學的基礎之上對西學思想進行積極主動的吸納④。朴趾源

---

　　①　金明昊《朴趾源文學思想的性格——與朱子思想相關聯》,《朴趾源文學研究》,首爾:成均館大學大東文化研究院,2001年版,頁160—162。

　　②　《燕巖集》卷十二,《熱河日記·虎叱》;朱瑞平校點《熱河日記》,上海書店出版社,1997年版,頁99—100。

　　③　主張"人物性同論"的"洛論"是與主張"人物性異論"的"湖論"相對立的獨立學派,始於金昌協,爲李柬所繼承,得到了李縡和朴弼周的支持。李輔天是繼承金昌協學術傳統的學者,他既是朴趾源的岳父,又是朴趾源在學術上的良師。朴弼周與朴趾源的祖父朴弼均是堂兄弟,後來成爲朴趾源季父朴師近的養子。朴趾源非常崇敬以儒學光耀門庭的先祖朴弼周(《燕巖集》卷十,《與族弟準源書》)。

　　④　金明昊《朴趾源的友情論與西學的影響——以利瑪竇的〈交友論〉爲中心》,《古典文學研究》第四十輯,韓國古典文學會,2011年。

一方面認同《天主實義》强調人間的苦痛、揭露人生的黑暗,另一方面又拒絕接受這種完全否定現實社會的厭世主義人生觀。他是在以一種開放的姿態看待西學,而不是毫無批判的盲目尊奉。

因此,我們既不能忽視西學給朴趾源思想帶來的影響,也不能忘記朱子學才是他思想體系中最重要的基石。這一點我們可以從《熱河日記》的另外一篇名文《象記》中感受到。在這篇文章中,朴趾源諷刺并批判了"天"創造了世間萬物的説法。

> 噫!世間事物之微,僅若毫末,莫非稱天,天何嘗一一命之哉?以形體謂之天,以性情謂之乾,以主宰謂之帝,以妙用謂之神,號名多方,稱謂太褻,而乃以理氣爲爐鞴,播賦爲造物。是視天爲巧工而椎鑿斧斤,不少間歇也。故易曰:"天造草昧。"草昧者,其色皁而其形也霾,譬如將曉未曉之時,人物莫辨。吾未知天於皁霾之中所造者,果何物耶。麵家磨麥,細大精粗雜然撒地。夫磨之功轉而已,初何嘗有意於精粗哉?①

在這裏,把萬物的創造者"天"稱作"巧工"就談及了《天主實義》中有關天主的議論。就像同樣引用了《交友論》的《繪聲園集跋》等文章的行文方式,在《象記》中朴趾源也是把西學思想隱藏在字裏行間。

在《天主實義》第一篇中利瑪竇根據托馬斯·阿奎那的論證方法,指出天主不僅是宇宙萬物的主宰,也是世間萬物的創造者②。首先,既然樓台和房屋都成於工匠之手,那麼浩瀚無邊的宇宙就更不可能是自然形成的,因此一定存在作爲製造者的天主。其次,就像宮室一定是由"巧匠"來建造

---

① 《燕巖集》卷十四,《熱河日記·山莊雜記·象記》,朱瑞平校點《熱河日記》,上海書店出版社,1997 年版,頁 252。"爐鞴"這個詞在《燕巖集·熱河日記》之外的大多數《熱河日記》異本中都作"造化"。

② 托馬斯·阿奎那在《神學大全》中提出證明上帝存在的五種方法,利瑪竇用其中的第二種方法"因果證明"和第五種方法"目的證明"來論證天主就是宇宙的創造者。具體來説,就是在現象世界中,有一個動力因的秩序,而最初的動力因就是上帝。世界上一切事物(包括生物)都爲一個目的而活動,其活動總是遵循同一途徑,以求獲得最好的結果。所以,必定有一個有智慧的存在者——上帝。參見金善姬《中世紀基督教世界觀的儒教式變化》,梨花女子大學博士論文,2007 年,頁 98—106。

的,秩序井然、自成法度的宇宙萬物也一定是天主所創造的。最後,世間萬物雖然都是自生自滅,看上去與天主毫無關係。但是,萬物都是從各自種類的始祖派生而來,而這些始祖正是天主所創造的。就好像製作木器的人是工匠,而並非斧鑿。需要說明的是,利瑪竇還引用亞里士多德的四原因說,認爲天主是世間萬物的"作者(運動因)"和"爲者(目的因)"①。利瑪竇在論證天主是萬物創造者的過程中,數次使用了"匠人"這個比喻。

朴趾源在《象記》中並未使用"天主"一詞,使用的是"天",表達的是同一個概念。利瑪竇在《天主實義》中所說的"天主"是拉丁文 Deus(陡斯)的意譯,與儒家經典中的"上帝"是同義詞。他指出,如果不把"天"作爲物理學的自然存在來理解,而是作爲"上帝"來理解的話,就有必要對"天"表示尊敬。另外,"天"又是由"一"和"大"組成的會意字,暗示著天主是至高無上的存在。總而言之,也就是用"上帝"或"天"來代替"天主"②。

在《象記》中朴趾源用程子和朱子的學説對"天主創造萬物説"進行了有力的批駁。首先,在《象記》中出現的"以形體謂之天,以性情謂之乾,以主宰謂之帝,以妙用謂之神"就是程子的話③,《天主實義》中也同樣引用了

---

①　吳相湘主編《天學初函(一)》,利瑪竇《天主實義》,臺北:臺灣學生書局,1965年版,頁 384—392;朱維錚主編《利瑪竇中文著譯集》,復旦大學出版社,2007 年版,頁10—13。根據亞里士多德的觀點,世間萬物有四種原因,即質料因、形相因、運動因和目的因。在《天主實義》中這四個原因分別被表述爲"質者"、"模者"、"作者"和"爲者"。

②　吳相湘主編《天學初函(一)》,利瑪竇《天主實義》,臺北:臺灣學生書局,1965年版,頁 381,頁 415,頁 417;朱維錚主編《利瑪竇中文著譯集》,復旦大學出版社,2007年版,頁 9,頁 21—22。利瑪竇對"天"字的解釋來源於《説文解字》。1704 年教皇格來孟11 世頒布勅令,禁止把天主稱作"天"或者"上帝"。因此,在這條敕令頒布之後刊行的《天主實義》中"天"或"上帝"等表述都被刪改。參見徐宗澤編《明清間耶蘇會士譯著提要》,北京:中華書局,1989 年版,頁 144。

③　《伊川易傳》卷一,《周易上經》,"夫天,專言之則道也。天且弗違,是也。分而言之,則以形體謂之天,以主宰謂之帝,以功用謂之鬼神,以妙用謂之神,以性情謂之乾。"《二程粹言》卷下,"或問天帝之異。子曰:'以形體謂之天,以主宰謂之帝,以至妙謂之神,以功用謂之鬼神,以性情謂之乾。其實一而已。所自而名之者,異也。夫天,專言之則道也。'"

這句話。在《天主實義》第二篇中,中士説在朱子所注釋的儒家經典中把"帝"解釋成"天"、把"天"解釋成"理",程子則把朱子的話更加詳盡地解釋爲"以形體謂天,以主宰謂帝,以性情謂乾"。①

但是,朴趾源指出正是因爲儒家經典中用"乾"、"上帝"、"神"等繁多的概念來指稱"天",所以才出現了造物主——"天"創造了世間萬物這種説法②。他在文中諷刺道,如果把"天"看做"巧匠"的話,那麼"天"爲了創造天下萬物一定忙的不可開交吧。

另外,朴趾源還引用《周易·屯卦》中的"天造草昧"來反駁"天"是在一定目的下、秩序井然地創造了世間萬物這個觀點。爲了支撐自己的觀點,他還使用了一個"石磨"的比喻。就好像用磨盤磨出的麵粉並不均匀一樣,世間萬物也是在自身的無意識運動中自動生成的,並非是在上天的安排之下按照一定的標準而創造出來的。

這裏朴趾源用到的"石磨"比喻,也來自於程朱理學。朱子曾經説過"造化之運如磨,上面常轉而不止。萬物之生,似磨中撒出,有粗有細,自是不齊"。③ 在朱子之前,程子也曾經説過類似的話。

> 天地陰陽之變,便如二扇之磨。升降盈虛剛柔,初未嘗停息。陽常盈,陰常虧。故便不齊。譬如磨既行,齒都不齊。既不齊,便生出萬

① 吳相湘主編《天學初函(一)》,利瑪竇《天主實義》,臺北:臺灣學生書局,1965年版,頁416—417;朱維錚主編《利瑪竇中文著譯集》,復旦大學出版社,2007年版,頁9,頁21—22。

② 《天主實義》第二篇中批駁了以"太極"或"理"爲萬物起源的朱子學説,第四篇中則批駁了萬物成於"氣"的學説。根據亞里士多德的四因説,"理"和"氣"分別相當於"形相因"和"質料因",因此僅僅是萬物的内在原因。但是天主是萬物的"運動因"和"目的因",也是超越萬物的最初原因(第一原因:沒有原因的原因)。從這個邏輯來看,天主是以"理"和"氣"爲工具創造了世間萬物。

③ 《朱子語類》,北京:中華書局,1983年版,第1冊,卷一,頁8。另外,朱子對"游氣"(生成萬物之氣)也曾説過"正如麪磨相似。其四邊只管層層撒出,正如天地之氣,運轉無已,只管層層生出人物。其中有麄有細.故人物有偏有正,有精有粗。"(第七冊,卷九八,頁2507)。

變。故物之不齊,物之情也,而莊周强要齊物。然而物終不齊也。①

如前所述,朴趾源依據朱子學説對《天主實義》的萬物天主創造論進行了批判。《天主實義》中把創造世間萬物的天主比喻成"巧匠",而朴趾源把孕育天地萬物的大自然比喻成"石磨",也就是説世間萬物並非是在一定目的之下製造而成,就像前文所引用程子的話一樣,朱子學派是爲了批駁《莊子·齊物論》中萬物同等的道家相對主義思想世界觀而提出了石磨的比喻②。朱子學派曾經用這個比喻來説明"萬物不齊論",進而反駁道家的"萬物齊一論"。而在《象記》中,朴趾源則用這個比喻來反駁西學的萬物天主創造論③。

朴趾源雖然以開放的胸襟來對待西學和佛道思想,但是不論何時,他從來沒有離開過朱子學這個最重要的思想基礎。這一點,我們從與《象記》一起收錄在《熱河日記·山莊雜記》中的另一篇散文——《一夜九渡河記》中可以得到確認。在文中朴趾源記載了自己在一夜之間九渡大河,從驚險萬狀中得到新領悟的經歷。

> 吾乃今知夫道矣!冥心者,耳目不爲之累,信耳目者,視聽彌審而彌爲之病焉.今吾控夫,足爲馬所踐,則載之後車。遂縱靷浮河,攣膝聚足於鞍上,一墜則河也。以河爲地,以河爲衣,以河爲身,以河爲性情。於是心判一墜,吾耳中遂無河聲。凡九渡無虞,如坐卧起居於几席之上。昔禹渡河,黄龍負舟,至危也。然而死生之辨,先明於心,則龍與蝘蜓,不足大小於前也。伊川先生之渡涪,若是而已矣。舜入于

---

① 《二程遺書》卷二(上);《二程集》,北京:中華書局,1983年版,第一册,頁32—33。"升降"、"盈虛"、"剛柔"都是解釋"易卦"時用來説明萬物變化的常用詞彙。

② 另外,程子主張"事有善有惡,皆天理也。天理中物,須有美惡。蓋物之不齊,物之情也。但當察之,不可入於惡,流於一物"(《二程遺書》卷二(上);《二程集》,北京:中華書局,1983年版,第一册,頁17)。這個觀點也可以解釋爲在批判道家的主張,即善惡是主觀的、相對的。

③ 我們先不去討論基於托馬斯·阿奎那論證方法的"天主創造萬物説"的矛盾,其實朴趾源的駁論在邏輯上也並非無懈可擊。《天主實義》認爲天主只不過創造了世間萬物的始祖,此後則是一個萬物自生自滅的過程。所以朴趾源的諷刺表明他並沒有很好地理解利瑪竇的主張。另外,"石磨"的比喻也和"建築匠人"的比喻一樣有問題。石磨並不能自轉,所以還是留有餘地將最初的原動力歸結爲終極主體——天主。

　　大麓,烈風雷雨不迷,此無他,任之也。①

　　在這裏,朴趾源提出了只有"冥心者"才能真正悟道的主張。但是這裏所提到的關鍵詞——"冥心"到底意味著什麼,至今仍是衆説紛紜②。其實解答這個問題的線索就隱藏在上述引文中的劃線部分。朴趾源爲了説明"冥心"的境地,按禹、程子和舜的順序介紹了幾則古代故事。但是,劃線部分文字並没有出現在《燕巖集·熱河日記》中,只保存在韓國檀國大學淵民文庫收藏的幾種《熱河日記》早期寫本——"一齋本"、"綏堂本"、"多白雲樓本"中③。

　　需要注意的是朴趾源所引用的有關程子的故事。程子在左遷四川涪州時,乘船渡江遭遇風浪,船隻險些顛覆,船上的人都大聲驚叫號哭。但是程子卻依然像平時一樣"正襟端坐",有人問他爲什麼能夠這麼鎮定,程子回答説"心存誠敬耳"。④　也就是説,程子通過平時的"閉邪存誠"修養方法

----

　　①　《燕巖集》卷十四,《熱河日記·山莊雜記·一夜九渡河記》;朱瑞平校點《熱河日記》,上海書店出版社,1997 年版,頁 246。"昔禹渡河,黃龍負舟,至危也。然而死生之辨,先明於心,則龍與蝘蜓,不足大小於前也。"這段話源自《淮南子·精神訓》。禹在巡視南方時,遇到了危險而泰然自若一笑付之。説到"生寄也,死歸也。"並且"視龍猶蝘蜓"。因爲被禹的氣勢所震懾,龍便逃走了。涪江發源於四川省的岷山,在重慶與嘉陵江合流。舜的故事見於《書經·舜典》《史記·五帝本紀》《淮南子·泰族訓》等典籍。雖然大部分的經學家把原文中的"大麓"解釋成"大録",也就是"萬機之政"。但是司馬遷和注釋《淮南子》的高誘則解釋成"山麓",也就是爲了考驗堯和舜,故意讓他們身處險地。

　　②　總體來看,有如下四種觀點。① 認爲是超越"感性認識"的"理性認識"。② 認爲是不爲"先入之見"和"感性認識"所左右的主體式思考。③ 認爲是來自於《莊子》的"主客合一"、"物我一體"的心境。④ 與《華山記》中袁宏道的思惟方式産生共鳴的結果,也就是"恢復心靈的靈活性"的觀點。

　　③　在《熱河日記》的初期寫本《雜録·下》中這個部分已經被墨塗抹掉(參見檀國大學東洋學研究院編《淵民文庫所藏燕巖朴趾源作品筆寫本叢書》三,首爾:文藝苑,2012 年版,《雜録·下》,頁 310)。

　　④　這個故事出現在多種古代文獻之中。如邵伯溫《聞見録》卷十九;《二程外書》卷十二《傳聞雜記》;朱熹《伊洛淵源録》卷四,伊川先生,《遺事》;《性理大全書》卷三十九,諸儒一,《程子》;《古今事文類聚·前集》卷十七,《心存誠敬》;《山堂肆考》卷二十,《舟中危坐》;《丹鉛總録》卷十,《蜀之隱逸》等。

很好的調節好了自己的心態。

在《一夜九渡河記》的早期寫本中，朴趾源爲了説明"冥心"的深刻内涵，引用了禹、程子和舜的故事。但是，程子和禹的故事都是因爲身處船隻險些顛覆的險境而泰然處之。另外，舜是和堯、禹一脈相承的人物，程子與禹的故事不僅容易給讀者帶來重複的感覺，而且與渡江時遭遇危險的文章脈絡也沒有太多關聯。也許正是因爲這樣的理由，朴趾源爲了讓行文更加簡潔在修改文稿的時候删除了程子和舜的故事。但是，這樣的删改就導致後代的讀者很難知道朴趾源所説的"冥心"一詞就源自朱子學。

四　結論

朴趾源不僅對于佛道思想有濃厚的興趣，對於西學也抱有兼收並蓄的寬闊胸襟，但是這一事實至今尚未完全被揭示出來。僅從利瑪竇的《交友論》對朴趾源友情論所帶來的影響來看，我們還是非常有必要對他所受到的西學影響做進一步深入的分析。本文以《熱河日記》爲中心，探討了利瑪竇的《天主實義》給朴趾源帶來的影響。

《熱河日記·渡江録》中有一篇"好哭場論"，朴趾源提出在遼東平原應該大哭一場。文中提到的"兒悔其生，先自哭吊"，就是來自於《天主實義》的一種厭世主義人生觀。《天主實義》的厭世主義人生觀曾經在朝鮮文人中引起了廣泛的共鳴，我們可以通過李彦瑱的詩《衕衕居室》清楚地看到這一點。但是在"好哭場論"中，朴趾源只不過把這種人生觀看做一個奇思妙想而已，指出初生嬰兒大聲啼哭實際上是因爲能夠來到這個廣闊無邊的世界喜極而泣。這既是對《天主實義》厭世主義人生觀的批判，也展示出了朱子學的樂觀主義人生觀。

另外，在《熱河日記·象記》中朴趾源諷刺了"天"會像能工巧匠一樣按照一定秩序來創造萬物的説法，還用"石磨"的比喻來説明世間萬物其實是在沒有秩序的自生自滅。這是在批判《天主實義》的主張——把天主看做萬物的創造者"匠人"。爲了駁斥這個觀點，朴趾源援引朱子學説中的"石磨"比喻，來説明天地萬物都在按自己的方式自然生長。

就像我們通過《熱河日記》和《天主實義》的影響關係所看到的，朴趾源其實是在朱子學的思想基礎之上對西學進行主動的研究與吸收。在這一點上，他就與同時代的朝鮮文人表現出明顯的不同。也就是說，他既不是盲目地全盤接受或一味排斥西學，也不是單純的對科學技術感興趣。正是因爲他對於東西方思想的融會貫通，朴趾源才能在《熱河日記》中留下"好哭場論"、《象記》等傳世名文。

（作者單位：首爾大學人文學院國語國文系
譯者單位：中山大學國際翻譯學院韓國語系）

域外漢籍研究集刊　第十四輯
2016 年　頁 87—98

朝鮮朝《老乞大》漢語官話"質正"*

張　輝

　　關於朝鮮朝《老乞大》系列版本漢語官話語音問題的研究，很早就已經開始，尉遲治平《老乞大、朴通事諺解漢字音的語音基礎》①明確提出《老乞大諺解》和《朴通事諺解》所記録的漢字音是研究近代漢語語音的重要資料。李鍾九《〈翻譯老乞大・朴通事〉所反映的漢語聲調調值》②也從《翻譯老乞大・朴通事》所反映的漢語聲調調值角度深入探討了元代漢語官話問題。金基石《明清時期朝鮮韻書中的見曉精組字》③根據朝鮮韻書中的諺文注音資料，進一步指出《漢清文鑒》(1776)到《重刊老乞大》(1795)時期是近代漢語實現顎化的過渡期。金有景《讀李思敬〈漢語"兒"音史研究〉》④也結合《老乞大》進行了音韻學研究。金基石《近代漢語唇音合口問題與朝鮮對音文獻的諺文注音》⑤通過朝鮮對音文獻的諺文注音資料，考察近代

　　*　［基金項目］本研究受國家社科基金重大項目《東亞珍藏明清漢語文獻挖掘與研究》(項目編號：12&ZD178)、國家社科基金項目《朝鮮朝漢語官話語音"質正"制度研究》(項目編號：14XYY023)、吉林省教育廳"十二五"規劃重點社科研究項目《朝鮮朝漢語官話語音"質正"制度運行研究》、延邊大學博士科研啟動基金項目《朝鮮朝漢語官話詞匯"質正"研究》(項目編號：2011600－602015002)、第 58 批中國博士後科學基金等資助。

　　①　《語言研究》，1990 年第 1 期。
　　②　《古漢語研究》，1997 年第 4 期。
　　③　《民族語文》，1998 年第 2 期。
　　④　《語文研究》，1998 年第 4 期
　　⑤　《延邊大學學報(哲學社會科學版)》，1999 年第 2 期。

漢語脣音的合口問題，得出近代漢語聲母後的[u]介音是一個過渡音，它是隨著聲母的展脣性和央後元音變爲前元音的過程中消失掉的，而這個變化大約是在《翻譯老乞大・朴通事》（十六世紀初）以前發生的結論。裴銀漢《也談明代的上聲連讀變調現象》①也認爲韓國古代資料記載了上聲連讀變調的問題。朱星一從《〈翻譯老乞大・朴通事〉左側音看近代漢語入聲》②則明確了《翻譯老乞大》和《翻譯朴通事》是朝鮮王朝早期最廣泛使用的兩本漢語會話教材，書中每個漢字下有兩種韓文注音，分爲左音和右音，認爲這兩種注音都反映中國北方現實語音，並以左音爲依據，對當時中國北方入聲韻的真實面貌進行了討論。張玉來《朝鮮時期所傳習的明代漢語官話的語音性質》③也進一步分析指出，朝鮮時代的譯音材料是朝鮮學者在以燕都爲中心的北方地區聽聞的加上自己的理解而記錄下來的北京地區和全國各地人民的官話之音，它並不一定跟具體哪個方言對應，但都是有人操用的所謂官話。張衛東《"近代漢語指代詞的音變都不怎麼合乎規律"嗎？》④則利用《老乞大》等語音文獻，指出近代漢語的語音及其音變是有其規律的。從前輩學者的研究來看，都注意到了《老乞大》等系列標音文獻的官話性質，但始終缺少有從官方制度角度的歷時的綜合性的對此問題的系統分析，以及其所反映的五百年來，漢語官話音韻的層次的問題。作爲對其研究的補充，本文擬對上述問題進行一些討論。

一　《老乞大》與朝鮮朝漢語官話語音質正制度

（一）《老乞大》是朝鮮朝漢語官話語音質正制度的系列成果

《老乞大》（下文簡稱《老》）及其系列版本，是朝鮮朝漢語官話語音質正制度的成果。關於朝鮮朝漢語官話質正制度及相關問題的研究，李無未、張輝《朝鮮朝漢語官話質正制度考論——以〈朝鮮王朝實錄〉爲依據》⑤、張

---

① 《中國語文》，2000 年第 2 期。
② 《古漢語研究》，2000 年第 2 期。
③ 《語言研究》，2005 年第 2 期。
④ 《深圳大學學報（人文社會科學版）》，2013 年第 1 期。
⑤ 《古漢語研究》，2014 年第 1 期。

輝等《14 世紀末至 20 世紀初東亞國際通語——漢語之應用》①、《古朝鮮漢語教科書〈老乞大〉口語會話課本文體來源探析》②、《朝鮮宣祖朝漢語官話質正制度研究》③、《朝鮮朝漢語聲調標記"質正"》④有所論述，並在質正制度及語音標記質正研究方面取得了一定的研究成果，此不贅述。"質正"即質詢、辨明、就正之義。《朝鮮王朝實錄》世宗 56 卷 14 年（1432 壬子/（宣德）7 年）5 月 14 日（辛未）條有載："今謝恩使之行，宜遣崔致雲，質正律文。"指世宗在派遣謝恩使朝聘明朝時，崔致雲先行入京依《大明律》質詢、質正朝鮮法律條文。如此，朝鮮朝所說"質正"，即"咨詢疑難以就正"。可以說，目前所見《老》有 12 個版本都是經過類似的這種"質正"而形成的。

（二）關於《老乞大》之名稱問題

關於《老》名稱之由來，一直也是學界爭論的焦點，一說"乞大"即"契丹"轉音，意指中國，"老乞大"就是"老中國"，相當於我們現在說的"中國通，也有說應爲"老朋友"等。關於這一問題，韓國古代文獻記載中其實也早有解讀。

1. 老乞大乃所撰之人姓名稱。據《承政院日記》英祖 18 年 10 月 4 日（1742 年乾隆（清/高宗）7 年）條：

> 尚迪曰："法講罷後，仍爲漢學講，事甚未安矣。"上曰："有前例，何不可之有？《老乞大》御覽卷入來乎？"俊一曰："入來矣。"上曰："何以謂《老乞大》乎？"周鎮曰："以所撰之人姓名稱之也。"

看來，關於此書名稱之由來，朝鮮英祖大王也是十分感興趣。從君臣對話來看，《老》是轉寫此書者的名字。下面還有一條證據。

2. 老乞大，人名云矣。據《承政院日記》英祖 17 年 7 月 11 日 1741 年乾隆（清/高宗）6 年條：

> ○辛酉七月十一日巳時，上御資政殿。上曰："何以謂老乞大耶？"在魯曰："老乞大，人名云矣。"上曰："彼人語時必搖頭搖手，何也？"楝曰："漢語音有清濁高低，故言語時，自然如此矣。"

---

① 《延邊大學學報（社會科學版）》，2014 年第 2 期。

② 《昆明學院學報》，2014 年第 4 期。

③ 《雞西大學學報》，2015 年第 9 期。

④ 《古漢語研究》，2016 年第 1 期。

3.似近於通事。英祖 17 年 2 月 15 日(1741 年)乾隆(清/高宗)6 年條有載：

> 上曰："老乞大之名何謂也？明履曰,似近於通事之稱也。"上曰："春秋中弛侯射而不燕者,即鄉飲酒射會之禮,非武備之射乎？"明履曰："乃人主之親用射禮者也。"上曰："乃周禮之大射禮,而五禮儀則依憑以成矣。"諸臣以次退出。

可見,英祖對《老》名稱問題也是充滿疑惑,從目前發現的材料來看,他曾三次提出"老乞大之名何謂也？"的疑問。從對此的回答來看,韓國古代文獻對"老乞大"的解讀與今天我們的認知還是不盡相同,更傾向是一個代稱,一個人的名字或通事的一般稱謂。

二　《老乞大》漢語官話語音"質正"

(一)元本《老乞大》漢語官話語音"質正"

根據以往學者的研究,元本《老》成書於元代或元末明初。陳高華《舊本〈老乞大〉書后》認爲①：舊本《老》可以明確斷定其成書時代相當於中國的元代末年。梁伍鎮《論元代漢語〈老乞大〉的語言特點》②認爲：1998 年初在韓國發現的純漢語文《老》比較完整地反映了元代漢語的特點,其語言與崔世珍編纂《翻譯老乞大》時所參考的所謂"舊本老乞大"基本相似,應推測爲反映《老》初期版本的漢語。夏鳳梅《〈原本老乞大〉詞語釋義三則》③認爲《老》是舊時高麗人爲學習漢語而編寫的非常重要的課本,是研究當時北方漢語的最直接的材料。此書最早刊行於元代,隨著時間的推移和學習的實際需要,在以後的幾個世紀曾經多次修訂(質正)和重刊,但因爲元代時朝鮮朝《訓民正音》(1445)尚未問世,沒有語言標記,亦無法討論語音"質正"問題。但關於詞匯和句法的"質正"還是存在的,我們會另文詳述,此不贅述。

---

① 《中國史研究》,2002 年第 1 期。
② 《民族語文》,2000 年第 6 期。
③ 《古漢語研究》,2006 年第 3 期。

（二）明本《老乞大》漢語官話語音“質正”

從新發掘的材料來看，因爲“事大先務”之原因，朝鮮朝在明代至少有過兩次刊行《老》的記録，分別發生在世宗朝（1434）和世祖朝（1458）。一據《實録》記載：世宗 64 卷，16 年（1434 甲寅/（宣德）9 年）6 月 21 日（丙寅）4 條：

> ○頒鑄字所印《老乞大》、《朴通事》於承文院、司譯院。此二書，譯中國語之書也。

按照文獻記載，朝鮮銅活字名爲“鑄”字，十三世紀開始鑄字印書。記載稱：1234 年晉陽公（宰相）崔怡（1195－1247）於 1239 年重雕鑄字本《南明征道歌》，其前鑄字本則應早於此本。韓國現存最早鑄字本是 1377 年清州牧興德寺印的金屬活字本《白雲和尚抄録佛祖直指心體要節》，現存巴黎國立國書館。如果從這個角度來看的話，《老》書的鑄版印出至少已經在十五世紀初開始，這爲該書的後續重鑄和連續印刊提供了基礎，也進一步佐證其官方性、官話性。

另據《實録》世祖 11 卷，4 年（1458 戊寅/（天順）2 年）1 月 19 日（戊寅）1 條：

> ○戊寅/禮曹啟：“講習漢訓，事大先務，但書册稀小，學者未易得觀。請姑將《朴通事》、《老乞大》各一件分送黃海、江原兩道，刊板送於校書館，印行廣布。”從之。

那麼朝鮮朝又是如何對《老乞大》的語言進行質正，其語言基礎來自哪呢？下面我們具體看一下於此相關的人物和事件。

1. 戴敬刪改《老乞大》

1480 年侍讀官李昌臣，曾奉朝鮮朝成宗之命，向頭目戴敬“質正漢語”，戴敬是赴朝使團中的一位頭目。從《實録》記載來看，其依據明代官話刪改過當時朝鮮朝應用的漢語《老》，刪改（朝鮮朝則將之稱爲“質正”）原因則在於“與今華語頓異”。據《實録》成宗 122 卷，11 年（1480 庚子/（成化）16 年）10 月 19 日（乙丑）3 條有：

> ○御畫講。侍讀官李昌臣啟曰：“前者承命，質正漢語於頭目戴敬，敬見《老乞大》、《朴通事》曰：‘此乃元朝時語也，與今華語頓異，多有未解處。’即以時語改數節，皆可解讀。請令能漢語者，盡改之。曩者領中樞李邊，與高靈府院君申叔舟，以華語作爲一書，名曰《訓世評

話》,其元本,在承文院。"上曰:"其速刊行,且選其能漢語者,删改《老乞大》、《朴通事》。"

上述材料中,明確《老》書的漢語"質正"一方面有中國赴朝使者的參與(頭目戴敬),又有"能漢語者"的參與。值得注意的是,這一時期華語書《訓世評話》之語言更與中國當時官話較爲接近,所以成宗另"其速刊行"。那麼,此材料中的《老》,應爲元朝時期版本。

王克平《朝鮮使臣在明朝的文學交流》①考證發現,明成化二十二年(1486),李昌臣以質正官的身份赴明,奉命搜求《蘇文忠公集》,遍求北京也没有買到。李昌臣回國時路經遼東,"偶逢進士前知縣邵奎,與之語,因求蘇集"。奎即迎入藏《公集》,偶遇的邵奎卻拒收書錢、相贈以爲紀念,二人還飲酒賦詩,以絶句相唱和。從李昌臣質正官的身份來看,主要就以質正漢語爲務,《老》之言語亦難免會受到邵奎之影響,此不贅述,另文專論。

2.葛貴"質正"《老乞大》

1483 年葛貴以都監郎廳房貴和從頭目的身份到達朝鮮,並根據朝鮮朝官方的要求校正《老乞大》語言。值得注意的是,上文提到過,朝鮮朝漢語質正的人爲"頭目戴敬",可見朝鮮朝對漢語"質正"人選的選擇並非是隨機的。據《實錄》成宗 158 卷,14 年(1483 癸卯/(成化)19 年)9 月 20 日(庚戌)7 條載:

> ○先是,命迎接都監郎廳房貴和,從頭目葛貴,校正《老乞大》、《朴通事》。至是又欲質《直解小學》,貴曰:"頭目金廣妬我,疑副使聽讒,故我欲先還,恐難讎校。若使人謝改正《朴通事》、《老乞大》之意,以回副使之心,則我亦保全矣。"

文獻中有提及葛貴"恐難讎校"的原因在於"副使聽讒,故我欲先還",可見當時中國高級別使臣是不允許這類漢語"質正"行爲,這也就解釋了選擇"頭目"群體的一個原因。"都監郎廳"應爲專撑,中國文獻較爲鮮見,朝鮮有文獻"迎接天使都監都廳儀軌"的記載,或爲對中國來使的特定稱謂。

3.赴燕"質正"《老乞大》

我們發掘的材料也從另一個側面證明了張玉來觀點的正確性(詳見上文),洪啟禧、邊憲質正《老》,金昌祚則"使之於赴燕後,質正於彼人而來"且

---

① 《南京師大學報(社會科學版)》,2014 年第 1 期。

要對二書"一體厘正"。也就是説,質正官對《老》漢語的"質正"同時具有隨機性。據《承政院日志》純祖 37 年 7 月 11 日 1761 年乾隆(清/高宗)26 年條記載:

　　　　○辛巳七月十一日辰時,上御思賢合。出舉條洪啟禧曰,《老乞大》改修後,《朴通事》一體厘正事,頃承下教矣。即今譯官中,習於漢語者,無過於金昌祚、邊憲,《老乞大》則既令邊憲老修正,《朴通事》則付之金昌祚,方始出草矣。金昌祚當往於今年節使之行,使之於赴燕後,質正於彼人而來,依《老乞大》例改刊,何如? 上曰,依爲之。出舉條諸臣退出。

這裏比較清楚的説明了《老》漢語質正與刊行的關系,即先有朝鮮朝質正官赴華質正漢語,後有新版《老》刊行,具有明顯的制度性和官方性。此處就有實證"金昌祚當往於今年節使之行,使之於赴燕後,質正於彼人而來,依老乞大例改刊"究其"質正"之原因,汪維輝《〈重刊老乞大〉對〈老乞大新釋〉的修改及其原因相關分析》①則認爲,朝鮮英祖時期金昌祚、邊憲用清代官話重新加以解釋的《老乞大新釋》(1761 年新釋)。後來認爲這個版本使用的是過於低俗的語言。到了正祖時期,李洙等人重新用雅語加以修訂,出版了《重刊老乞大》(1795)。汪文指出李泰洙有類似的看法:"《老乞大新釋》和《重刊老乞大》只相差 34 年,二書在語言上没有什麽根本的不同,其中的差異主要反映修改者文字風格的不同。"汪維輝也曾推測,"也許是正祖覺得前代英祖時改編的《新釋》太過口語化,有失雅正,所以才有必要重修,因爲在短短的三十幾年間語言的變化不至於大到要把全書再重改一遍。"這實際上也是《老》書經制度運行,國家官方層面不斷"質正"刊行的又一證據。

三　漢語《老乞大》歷時質正的官話性質

《老》與朝鮮朝官方的漢語官話教育與人才培養關系極爲密切,從目前所見材料來看,都反映出《老》語言性質更爲接近官話,這與朝鮮朝當時的"事大國策"有密切關系,可以説是朝鮮朝官方政治需要的結果,也是朝鮮

---

① 　《語文研究》,2015 年第 2 期。

朝漢語官話質正制度運行追求的目標和任務。

(一)從世宗培養官話翻譯人才的司譯院要求學員傳寫誦習《老乞大》來看其官話性質

朝鮮世宗朝爲了培養翻譯人才,傳寫誦習漢語官話,譯院牒呈啟"請令鑄字所印出《老乞大》。據《實錄》世宗 20 卷,5 年(1423 癸卯/(永樂)21 年)6 月 23 日(壬申):

> ○禮曹據司譯院牒呈啟:"《老乞大》、《朴通事》、《前》《後漢》《直解》、《孝經》等書,緣無板本,讀者傳寫誦習,請令鑄字所印出。"從之。

(二)從世祖承文院自九品升八品條件檢察節目來看《老乞大》的官話性質

爲"事大"服務,明確漢語官話人才的遷轉與罷職規定,並不斷完善。據《實錄》世祖 20 卷,6 年(1460 庚辰/(天順)4 年)5 月 19 日(甲午):

> ○吏曹啟:"承文院職掌漢訓、吏文,所任匪輕,而勸課之法未盡,故本院官吏慢不勤業。其檢察節目,請依啟目後條件。
>
> 一,本院官員内,除副校理以上遞差無常人外博士以下,擇年少聰敏者除職,至五六年去官,久於其職用心習讀,則漢學可能精熟。今後自九品升八品,《老乞大》、《朴通事》,自八品至去官者,《直解小學》、《至正條格》等書習讀置簿,每四仲月,都提調、提調按簿講三處,俱略以上者,隨例遷轉,若一處粗通者,依殿最中等例勿遷,通略以上者,升授其職,不通者,啟聞罷職。

這種漢語官話考核制度一直延續在朝鮮朝時期,並且在成宗朝"命校正廳,添録《大典》"成爲定例制度。從成宗承文院官員升階考核看《老乞大》官話性質。據《實錄》成宗 5 卷,1 年(1470 庚寅/(成化)6 年)5 月 8 日(乙酉):

> ○吏曹啟:"承文院博士以下,初以年少聰敏者,擇差五、六年而後去官,故用心習讀,則漢學可能精熟,只緣賞罰不嚴,專不動學。今後自九品,升八品,則《老乞大》、《朴通事》;自八品,升七品,則《直解小學》、《至正條格》等書習讀,逐日置簿,每當四仲朔,都提調合坐,上項所讀書,三次考講,俱略以上,隨例遷轉;粗通者,依殿最中等例,勿遷;不通者罷黜。"從之。命校正廳,添録《大典》。

以上材料可見,漢語《老》的"質正"與學習都是爲了中朝官方層面的溝通服務的,所以《老》的語言基礎應爲官話性質,但由於當時中國官話的混亂性,和"質正"活動的隨機性,就導致了當前我們對其基礎方言來源判斷的多結論性,但其主體應爲官方官話性質。

(三)從成宗司譯院漢學四等取才時要求背誦《老乞大》看其官話性質。

司譯院作爲朝鮮朝培養翻譯人才的重要機構,其取才的重要依據,就是《老乞大》。據《實錄》成宗 10 卷,2 年(1471 辛卯/(成化)7 年)5 月 19 日(辛卯)條：

> ○禮曹啓："《大典》内:'司譯院漢學四等取才時,四書、《小學》、《老乞大》、《朴通事》中,抽試三書;《四書》則臨文,《小學》、《老乞大》、《朴通事》則皆背誦。'若《老乞大》、《朴通事》帙少可誦,《直解小學》背講爲難。今後請春、夏等,講一、二卷;秋、冬等,講三、四卷,分卷試取。蒙學,《高難加屯》、《皇都大訓》、《王可汗》、《守成事鑒》、《御史箴》卷帙多,故前此,臨文講試。今《大典》,並在寫字之列,須得背誦後,可以寫字。此五書,固難成誦,恐因此廢而不學。請依前例,臨文試取。"並從之。

(四)從成宗時期《老乞大》作爲譯官取才的必讀書目來看其官話音性質。

成宗朝"譯官取才",需要"以漢語讀音後"爲重,並且"《老乞大》等書,背誦後反複詰問"。明顯是培養翻譯官的要求,可想而知也是官話學習。據《實錄》成宗 282 卷,24 年(1493 癸醜/(弘治)6 年)9 月 1 日(壬辰)2 條：

> ○譯官取才,講論經史,先問深意,不問漢語字訓,至如《老乞大》、《朴通事》等書,只令背誦,不問其義,甚爲不可。今後四書經史,以漢語讀音後,方問注疏深意,《老乞大》等書,背誦後反複詰問。一、倭、女真學取才,只令寫字,故舉子徒習字畫,提調只憑字畫而考之,語音則全不講問,其入格者不知一語而受祿,欺罔朝廷甚矣。今後三學,亦以其語翻譯《老乞大》、《朴通事》,取才時,講問兼用寫字,則兩全而無弊。一、《譯語指南》只錄名物,未盡其詳,其日用常語,亦皆分類添入,倭、女真之語,亦依漢語作指南,令初學之士習之。

成宗朝規定："譯官取才,講論經史,先問深意,不問漢語字訓,至如《老乞大》、《朴通事》等書,只令背誦,不問其義,甚爲不可。"且"《老乞大》等書,背誦後反複詰問"、"今後三學,亦以其語翻譯《老乞大》、《朴通事》,取才時,講問兼用寫字,則兩全而無弊。"朝鮮朝譯官赴京(中國時)極爲通事官,負責官方溝通的翻譯任務。

四　研究之價值

（一）利用朝鮮漢語文獻《承政院日記》、《實録》對《老乞大》質正情況進行考察，有助於正確理解《老》各版本官話語言所代表時代的漢語官話面貌，明確這一資料對研究當今漢語普通話的形成歷程、歷史層次及漢語官話的發展脈絡具有價值。各種版本《老》的漢語官話語言隨著制度運行不斷質正，記録了十四世紀中葉至十八世紀末期這四百多年間漢語官話發展演變，這就對現代漢語普通話的形成過程研究具有獨特的價值。《老》約五百多年的質正活動，讓我們看到對近代漢語演變過程的鮮活記録及元、明、清時期的演變軌跡，對於近代漢語演變規律認識有價值。目前，《老》研究正在形成《老乞大》學，對其“質正”問題的研究，對近代漢語官話歷史研究，漢語與朝鮮語接觸研究都具有價值。

（二）對膠遼官話等北方官話研究具有價值。《燕行録》等韓國資料記録了相關路線和在遼東地區受到接待、及遼東書院等情況。這些材料對東北和膠遼官話等方言的研究具有獨特的語料價值。尉遲治平根據史料《李朝實録》和《明實録》，指出申音記録的是官話音，崔音記録的是遼陽音。崔和申皆有質正官經歷，資料中也多有遼東質正的記録。朝鮮朝質正活動由於受到統治者的觀念及時局影響，出現過斷檔的情況，但總體來説卻是一直保持的。在成宗和中宗統治時期是比較注重質正問題的。由於朝鮮時期質正語音來源的不同，在語音文獻的標注中，就出現了一些混亂，如“左右”“今俗”等。另外我們發現，明代以後的質正活動少了。由於戰亂，中宗時期，質正活動有過中斷。關於質正官廢省的問題，歷代王朝都有討論，明宗以後更爲激烈。我們發現這些質正資料中都提及了遼東這一地區，説明朝鮮漢語教科書和工具書的語音來源必定會受到東北語音的影響。爲明清東北官話語音研究提供線索。

此外，我們新發掘的材料《稗官雜記》卷二也有記載：“崔同知世珍，精於華語，兼通吏文，屢赴燕質習，凡中朝制度、文物，靡不通曉，嘗撰《四聲通解》、《訓蒙字會》以進，又奉教諺解《老乞大》、《朴通事》等書。”可見和東北遼東方言有密切關系。通過對《老》官方“質正”的歷史考察，可以了解到元末明初北方口語情況，以及北方口語在近代漢語史上的發展演變層級及其語音來源，十四至十八世紀漢語變化發展情況。官方質正後形成的《翻譯老乞大》和《翻譯朴通事》，是在朝鮮王朝早期最廣泛使用的兩本漢語會話課本。詳細記録當時中國官話語音的真實面貌。這就對漢語官話語音史研究有重要參考價值，這也是朝鮮朝漢語官話語音質正制度研究的又一成果。

（作者單位：延邊大學漢語言文化學院、中國社會科學院）

域外漢籍研究集刊　第十四輯
2016 年　頁 99—122

略論朝鮮時代朱子語錄註解書的學術價值

尹昭晶

　　中國文獻一經傳入周邊國家,便迅速地在當地流傳,尤其是代表中國主流思想的儒家文獻。儒家典籍傳入朝鮮、日本等國後,對其造成了深遠的影響,伴隨這種影響的是這些文獻被大量的抄寫和刊刻,許多經典又經過當地學者的注解和闡發。

　　集理學之大成的朱熹是儒家學者中的典型代表人物,也是一個博學多才的學者。朱熹以博學多聞的才識,融儒、釋、道於一體,把居中國文化主導地位的儒家文化發展到一個新的歷史階段。朱熹的著作於南宋傳入朝鮮,經過兩百多年的發展,形成了以李滉(字退溪)的退溪學派與李珥(字栗谷)的栗谷學派爲代表的朝鮮朱子學。朱熹語錄是朱子文獻的重要組成部份,也是研究朱子學、理學、思想史的重要材料。《朱子語類》傳入朝鮮的時間是成宗七年(1467)五月乙卯,乃謝恩使鄭考常從中國歸來時所獻之物。《朱子語類》在朝鮮的發行時間爲 1544 年,稱"中宗本",其後宣祖、仁祖、孝宗、英祖、高宗年間皆有刊刻[1]。

　　朱子學在朝鮮得到了繼承,也有所創新和發展,尤其體現在退溪學派與栗谷學派的成就。然而朝鮮學者早期對朱子學的研究大多集中於朱子文集與經傳註釋,對朱子語錄的研究起步相對較晚,最大的原因即是朱子

---

　　① 參藤本幸夫《朝鮮における〈朱子語類〉——それた如何に扱われたか——》,《富山大學人文學部紀要》第五號,1981 年。又參駱娟《〈朱子語類〉四字格詞語研究》第 8—11 頁,上海師範大學 2011 年碩士論文。以上可參潘牧天《論中國文獻的國際交流及影響——以朱熹語錄爲例》,《東亞文獻研究》2012 年第 12 輯。

語録爲語録體文獻,其中多有朝鮮文人難以理解的南宋俗語,閲讀語録的難度遠甚於文言。最早爲《語録解》作注的是李滉(1501—1570)與柳希春(1513—1577),其中包括李滉的《註解書節要記疑》、《庸學釋義》與柳希春的《朱子語類箋解》、《詩書釋義》,可惜這些著作都已亡佚。現存最早的朝鮮時期對朱子語録作註解的著作是《語録解》,孝宗八年(1657)鄭瀁(1600—1668)彙集李滉、柳希春的註釋編輯刊行了此書,緊接著顯宗十年(1669)南二星(1625—1683)又受王命在弘文館刊行了修訂本《語録解》。1919年白斗鏞《註解語録總覽》集合《語録解》與《小説語録解》、《吏文語録》的合編,其中第一部分即南二星《語録解》的修改本。

　　《語録解》主要收録了一千多個朱子語録中的口語俗語以及不易解讀的語詞,分別以詞語音節歸入"一字類"至"六字類"。鄭瀁《語録解》由《語録解》正文、《漢語集覽字解》和《附録》構成,共計1182條;南二星就後二者中的詞目分別按音節歸入"二字類"至"四字類"并删除了部分詞目,共計1050條;白斗鏞在南二星《語録解》的基礎上又增加了部分詞目,共計1193條。

　　《語録解》作爲朝鮮語録註釋的一手材料,真實反映了明代朝鮮學者研究朱子語録的實況,其中保留了許多不見於中國文獻的訓釋材料,從中也可以看出中韓兩國學者對語言的認識差異。

一　李滉、柳希春《語録解》訓釋概況

　　鄭瀁《語録解》中存有部分李滉、柳希春所作的語録詞語訓釋,極有可能是引用李滉筆記與《語録字義》,一般提示爲"眉訓"、"溪訓",比較幾種《語録解》,南二星不僅没有增加一條退溪、眉巖的訓釋,反而删去了幾條①。一方面反映了《語録解》已充分採用了退溪、眉巖的俗語訓釋成果,另一方面也反映了《語録解》逐漸走向自成體系的成熟化道路,當然也有可能南二星對退溪、眉巖的故訓并没有那麼重視。我們從《語録解》中輯得"眉訓"46條,"溪訓"23條,如下表所示:

---

　　①　以下表格的文獻版本出處爲首爾大學奎章閣韓國學研究院所藏本嘉藍古495.1709—J466e。

註解書中所載的柳希春訓釋（眉訓）

詞目	《語録解》所引釋義（鄭瀁本）	計
底	그런거시。	1
也	亦也，猶也。	2
他	彼也，又某人也。	3
却	還也。	4
這	此也。	5
没	無。	6
去	舍此事爲彼事之意。	7
那	彼也。	8
恰	適當之辭。	9
便	即也。	10
渠	呼彼之稱。	11
了	在末句者事之已畢爲了。	12
劄	著也。	13
管	捻攝也。	14
似	亦扵也。	15
當	去聲則抵當也。	16
价	爾也。	17
消	須也。	18
摺	뎝단마리라。	19
等	待也。	20
趂	쁘로。	21
將	持也。	22
合下	初也。	23

續表

詞目	《語録解》所引釋義（鄭瀁本）	計
一截	截其半而爲一截。	24
單提	獨飌也。	25
伶俐	分明也。	26
那裏	一彼處一何處。	27
仡疊	堅定。	28
關子	只是關。	29
撞着	衝着也。	30
提撕	提而振之也。	31
打疊	克己也。	32
怎生	何也。	33
甚麽	何等。	34
提掇	掇亦提也。	35
到頭	到，極也。	36
唤做	稱其爲此也。	37
硬寨	堅植意。	38
麄糟	雜穢也。	39
斷置	決斷處置也。（《語録解》曰：恐誤。猶弃也。）	40
擔閣	揮弃。	41
一項	猶言一條。	42
放住	置也。	43
奈何	猶言處置也。	44
便是	亦即也。	45
入門款	凡罪人被鞫而入門第一供事也。	46

註解書中所載的李滉訓釋（溪訓）

詞目	《語錄解》所引釋義（鄭瀁本）	計
理會	찰오다。	1
打疊	疊字與大典疊鐘之義恐相似。	2
索性	ᄀ장。	3
公案	귀글월。	4
下梢	내죵。	5
領畧	猶言ᄆᆞᆷ애담다。	6
家事	呂伯恭"打破家事"。朴君案云俗指器皿爲갸ᄉ，此是漢語。	7
頭當	다힐ᄃᆡ，疑다ᄃᆞ른ᄃᆡ。	8
提掇	잡드러。	9
胡亂	어즈럽다。	10
隴侗	不分明也。	11
分疎	猶發明也。	12
打破	텨ᄒᆞ여ᄇᆞ리다。	13
角頭	ᄒᆞᆫ굿티라。	14
檃括	正木之器。	15
四到	四方至也。	16
擲撲	擲，韻書作搋，急聲如也。投擲之勢。撲亦打也。擲撲不破，言牢固也。	17
官會	猶今楮貨。	18
大小	猶多小。	19
着摸	대혀잡드러。	20
寄生	겨ᅀᆞ사리。	21
一副當	一件也。	22
極好笑	ᄀ장우옵다。	23

從表中釋義來看，李滉與柳希春對語錄的註解主要有以下特徵與

差別：

　　1.從數量上來説，《語録解》引用的柳希春訓釋是李滉訓釋的兩倍，這也能看出李滉和柳希春的訓釋同時存在的情況下收録李滉的訓釋，柳希春所作的語録訓釋的數量相較李滉爲多。

　　2.二者都採用了韓文和中文混合訓釋，但相較柳希春而言，李滉所用的古韓文訓釋更多，柳希春訓釋的"古韓文訓釋條目/總條目"比爲"3/46"，而李滉訓釋則爲"13/23"，李滉韓文訓釋條目的數量超過中文，可見二者使用中文的習慣差別。

　　3.以舊時文言訓釋今時口語，如柳希春以"亦""猶"訓"也"；以"彼"訓"他"；以"此"訓"這"；以"無"訓"没"；以"彼"訓"那"；以"即"訓"便"；以"爾"訓"你"；以"待"訓"等"；以"獨舉"訓"單提"；以"何"訓"怎生"；以"何等"訓"甚麽"；以"稱其爲此"訓"唤做"。李滉訓釋中未見這種情況。

　　4.從二者共同訓釋的條目"提掇"，柳希春所訓爲"掇亦提也"，李滉所訓爲"잡드러(抓住)"。柳希春指出"掇"義同"提"，二者同義並列，義即"提"，其訓釋方式是簡單的指出疑難，點到即止，與中國雅詁舊訓一脈相承。李滉以"(잡다)抓住"釋之，首先體現其爲了方便朝鮮學者理解而以本國語訓釋的訓釋思想，也可見其訓釋方式更通俗顯豁。

　　退溪、眉巖訓釋的區別亦可反映二者學術思想與學術經歷的區別。李滉開創退溪學派，對理學著作的整理研究主要成果爲《朱子書節要》等，但更主要的成就是對原始朱子學發展與創新。柳希春的主要成就在於小學，曾撰有《千字類合》等，在朱子著作的整理與箋注上成就卓然，曾作有《朱子語類箋解》等，且曾於萬曆三年六月奉王命校刊《朱子語類》。柳希春重文獻考訂箋註而繼承了朱子學，李滉重思想義理闡發而發展了朝鮮朱子學，二人的學術思想亦體現在對語詞的註解上。

二　《語録解》與語言研究

　　"五四"以前，文言文被認爲是雅的，白話文被認爲是俗的。傳統語言學主要以先秦兩漢的文獻材料爲研究對象。隨著"五四"以後白話由不登大雅之堂到升堂入室取代了文言文的正宗地位，傳統語言學的研究也衝破爲經學服務的藩籬，開闢了研究漢魏以來古白話俗語詞的新領域，取得了令人矚目的豐碩成果。

　　一般而言,書面語多崇尚典雅,往往排斥口語,而朱熹講學時尤其是師生課堂討論時出於方便彼此理解的需要,往往多用接近口語的通俗白話,形成一種既非純粹口語又非一般文言的特殊語體。朝鮮時代語録註解書在某種程度上反映了當時文人的口語,彌補了這一時期其他漢語典籍中方俗口語材料的不足,提供了研究漢語實際語言變化的寶貴材料,或多或少爲我們研究宋代的方俗口語詞提供了某些線索,從中既可見朱子門生當時所記的原生態口語語料,還可探討探討古今漢語的發展演變①。

　　《語録解》對於語言研究的價值主要有以下幾個方面:

　　1.保留了豐富的詞義,既有承上古而來的舊義,也有宋代新産生的新義,形成了多層次的詞義網絡。如:

　　　　Z一底:當處也。或作的,又그런거시,眉巖訓。(1a—2)

　　　　N一底:當處也。或作的,又그런거시,眉巖柳希春訓也,後凡云眉訓此。○根底也,又與地同,又語辭。(1a—2)

　　　　B一底:當處也。或作的,又그런거시,眉訓也。根底也。又與地全,又語辭。(1—17)②

　　鄭瀁《語録解》指明三義:1.實詞義"當處也",以雙音詞訓解單音詞。2.虛詞"底"同"的"。3.……的樣子;……的狀態(그런거시)。南二星《語録解》又增加三義:4.實詞義"根底也"5.虛詞義"與地同"6.不表具體意義的"語辭"。

　　"當處也"即承受重量的地方,與中國古代字書"下"的解釋角度不同,此義産生於先秦。"根底也"猶言"基礎;根基",是由中古表示實在的"底子"義引申出的帶有理學意味的新義。"底"與"地""的"同,宋代以前未見結構助詞"的"的用例,"底"的"的"義爲唐宋以來的新義。"그런거시"義爲"……的樣子;……的狀態",詞典多不及此義。《朱子語類》例如:

---

　　①　　徐時儀:《〈朱子語類〉詞彙研究》,上海古籍出版社 2013 年版,第 96 頁。
　　②　　本文引用《語録解》一般將鄭瀁、南二星、白斗鏞三本一起引用以示區別(若三本沒有區別,則引其中一本),分別以 Z、N、B 代表,條末括號中表示頁碼,如(1a—18)表示第 1 版 a 面第 18 條,(14b—4)表示第 14 版 b 面第 4 條,下同。

氣質是實底;魂魄是半虛半實底。(3,40)①

又如《朱子語類》中有"解"1451例,《語録解》中也收有許多與"解"相關的詞語。如:

Z一解:아다。(1a—18)

N一解:아다。〇解糧解銀押解皆輸到卸下之意也。(1b—7)

《語録解》謂"解"有二義,一爲"知道,明白(아다)"義,二爲"輸到卸下"即"押送"義。鄭瀁僅釋有"知道"義,南二星又增補"押送"義。

《朱子語類》中"解"表"知道,明白"義的用例如:

今人讀書,看未到這裏,心已在後面;纔看到這裏,便欲舍去了。如此,只是不求自家曉解。須是徘徊顧戀,如不欲去,方會認得。(10,166)

讀書,且從易曉易解處去讀。(14,249)

表"押送"義的用例如:

正試既優,又有舍選,恩數厚,較之諸州或五六百人解送一人,何其不平至於此!(109,2703)

《語録解》中又收有"會解":

Z一會解:아다。(11b—17)

《語録解》謂"會解"爲"知道(아다)"義。《語録解》又有"解教":

Z一解教:버서브리다。恐誤。(7b—7)

N一解教:버서브리다。〇教字疑或語辭。(11a—8)

"버서브리다"義猶漢語"解除,脱去",鄭瀁似引用了他人的説法,認爲"恐誤"。南二星指出"버서브리다"應爲解釋"解","教"或爲"語辭"(虛詞),《朱子語類》未見"解教"。宋代"解教"多指"能讓"義,"解"有"能夠"義,"教"猶"使、讓"。如:

心娘自小能歌舞,舉意動容皆濟楚。解教天上念奴羞,不怕掌中飛燕妒。(宋柳永《樂章集·木蘭花》)

霖霖滴滴未休休,不解教儂不白頭。却把窮愁比秋雨,猶應秋雨少於愁。(宋楊萬里《誠齋集·秋雨歎十解》)

---

① 本文所引《朱子語類》爲王星賢點校《朱子語類》,《理學叢書》,中華書局1986年版。括號中所標表示卷數與頁碼,下同。

江鄉梅熟雨如傾，茅屋低頭困鬱蒸。小小悶人人莫厭，解教禾稼勃然興。（宋袁燮《絜齋集‧梅雨》）

《語録解》中還有"解免"：

　　Z—解免：버서ᄇ리다。（9b—22）

《語録解》以韓語"버서ᄇ리다"（與"解教"條釋義同）解釋"解免"，"解""免"在"免除，消除"義上並列成詞。《朱子語類》有1例"解免"：

　　左氏見識甚卑，如言趙盾弒君之事，却云："孔子聞之，曰：'惜哉！越境乃免。'"如此，則專是回避占便宜者得計，聖人豈有是意！聖人"作《春秋》而亂臣賊子懼"，豈反爲之解免耶！（83，2150—2151）

此處"解免"謂"開脱，解除罪責"。① 又有"解停"：

　　Z—停解：休官。（25a—4）

　　N—停解：休官。○停其俸，解其任。（28b—6）

鄭瀁解釋"停解"爲"休官"，南二星進一步解釋曰"停其俸，解其任"。② 此處"解"爲"免除，解除"義。《朱子語類》無"停解"例。又有"解息"：

　　Z—解息：解鞍息馬。（26b—1）

鄭瀁《語録解》"解息"爲"休息"義，南二星删去此條。據鄭瀁"解鞍息馬"的釋文看起將"解"解釋爲"解開，脱下"，似有牽强，《漢語大詞典》認爲"解（xiè）息"之"解"通"懈"。③ 《朱子語類》無"解息"例。《語録解》中還收有"解額""得解""失解"等有關科舉的詞：

　　Z—解額：解，使遣去之意。額數也。（8b—22）

　　N—解額：○秋闈鄉試之額數也。（13a—5）

　　Z—得解：得參鄉試。（11b—20）

　　N—得解：得參鄉試。○解義見上。（17b—6）

　　Z—失解：見屈於鄉試。（12a—1）

"解額"、"得解"、"失解"之"解"均爲"鄉試"之義。鄭瀁在"解額"中解釋"解"爲"使遣去之意"（即"解送"）而解釋"解額"爲"額數也"，考唐制舉進士者皆由地方解送入試，後世遂稱鄉試第一爲"解元"，故鄭瀁特別指出

---

① 　《漢語大詞典》"解免"收有"逃脱，避免""解職，免職""解勸"三義，未及此義。

② 　《漢語大詞典》"停解"僅有"謂擔任職務"義。

③ 　《漢語大詞典》"解（xiè）"條并未參見"解息"。

"解"爲"使遣去之意"故後指鄉試。南二星認爲"解"之"解送"義與"解額"無關,故删去"解"的解釋而補充"解額"的解釋爲"秋圍鄉試之額數也。"《朱子語類》有"解額"11例:

　　或曰:"解額當均否?"曰:"固是當均。"……因説混補,曰:"頃在朝時,趙丞相欲行三舍法。某曰:'……看來只均太學解額於諸路,便無事。如今太學解額,七人取兩人。便七人取一人也由我,十人取一人也由我,二十人、三十人、四十人取一人也只由我。而今自立箇不平放這裏,如何責得人趨'!"(109,2695)

　　欲革奔競之弊,則均諸州解額,稍損太學之額。(109,2698)

　　因言今日所在解額太不均。(109,2698)

　　或言太學補試,動一二萬人之冗。曰:"要得不冗,將太學解額減損,分布於諸州軍解額少處。"(109,2698)

　　坐間出示理會科舉文字,大要欲均諸州解額,仍乞罷詩賦,專經學論策,條目井井。(109,2698)

　　諸州解額,取見三舉終場最多人數,以寬處爲準,皆與添上。(109,2701)

　　某常説均解額,只將逐州三舉終場人數,用其最多爲額,每百人取幾人,太學許多濫恩一齊省了。……若均解額取人數多,或恐下梢恩科數多,則更將分數立一長限。(109,2702)

《朱子語類》未見"失解",有1例相關的"得解":

　　政和間,嘗令天下州學生習大晟樂者皆著衣裳,如古之制,及漆紗帽,但無頂爾。及諸州得解舉首貢至京師,皆若此赴元日朝。(91,2325)

例中"得解"指獲得鄉薦資格,即獲得應進士試的資格,但《語類》例中似未成詞。《語録解》釋"得解"爲"得參鄉試",似應釋作"通過鄉試"爲確。

　　Z一未解有父:見《大學》九章小註"尋常"釋。《語録》"解"字爲아다ᄒ거니와,以此"未解"之"解"釋之,豈可謂아다ᄒ리오。凡用"解"字"會"字處雖難以方言的寀解得,只是 그이리그리도외믈 謂之解라ᄒ니,亦謂之會。(21b—7)

《朱子語類》未見"未解有父",惟《四書大全・大學章句大全》中有1例:

《詩》云："其儀不忒,正是四國。"其爲父子兄弟足法,而后民法之也。《詩·曹風》"鳲音尸鳩"篇忒差也。問："父子兄弟足法而後民法之,然堯舜不能化其子,周公不能和兄弟。是如何?"朱子曰:"聖賢是論其常,堯舜周公是處其變,如不將天下與其子,而賢便是能處變得好。若周公不辟管叔,周如何不亂?是不得已著恁地。而今且理???傶?常底。今未解有父如瞽瞍,兄弟如管蔡,未論到變處。"(明胡廣《四書大全·大學章句大全》)

檢《朱子語類·大學三·傳九章釋家齊國治》論及相關問題:

問："齊家、治國之道,斷然'是父子兄弟足法,而後人法之'。然堯舜不能化其子,而周公則上見疑於君,下不能和其兄弟,是如何?"曰:"聖人是論其常,堯舜是處其變。看他'烝烝乂,不格姦',至於'瞽瞍底豫',便是他有以處那變處。且如他當時被那兒子恁地,他處得好,不將天下與兒子,却傳與賢,便是他處得那兒子好。若堯當時把天下與丹朱,舜把天下與商均,則天下如何解安!他那兒子如何解寧貼!如周公被管蔡恁地,他若不去致辟于商,則周如何不擾亂!他後來盡死做這一著時,也是不得已著恁地。但是而今且去理會常倫。而今如何便解有箇父如瞽瞍,有箇兄弟如管蔡。未論到那變處。"賀孫。(16,359)

《語類》中"而今如何便解有箇父如瞽瞍"在《大學章句大全》中被改寫爲"今未解有父如瞽瞍",《語録解》中"未解有父"即如此而來。從《語録解》的釋義我們可以看出,當時朝鮮學者難以解釋"解"的"能夠"義,但指出了其與"會"義相同。

檢《語録解》釋"會"爲"知道,明白(아다)"、"知也"。"解"、"會"的能夠做某事之義即是由"知道,明白"引申而來。《語録解》仍然將"解"、"會"的"能夠"義解釋爲"明白",也反映了漢語俗語在唐宋時將變未變的中間狀態,這種情況仍然在朝鮮學者的漢語認識中保留。

《語録解》釋"解"主要有"知道,明白"、"免除,解除"、"押送"、"鄉試"、"能夠"等義,訓釋了一批以"解"爲語素構成的詞語,保留了"解"豐富的詞語搭配與詞義。然而同時我們也可以看到《語録解》多收有不見於朱熹語録的詞語,也收了許多不辭之詞,未能指出"jiě""jiè""xiè"三音實爲三詞,釋義中也難免有隨意申發之弊。

　　2.保留了大量的同義詞,漢語同一意義往往由許多詞表示,這些詞構成了同義類聚的網絡,《語録解》中保留了豐富的同義詞。上文所述"解"有"知道,明白"義,《語録解》中表此義的還有"會"和以"會"爲語素構成的一批詞語。如:

　　　　Z一會:아다。(2b—10)

　　　　N一會:아다。○흐디위두디위,謂之一會二會。(3b—2)

　　《朱子語類》有"會"3466例。如:

　　　　子路粗暴,見事便自説是曉會得。(24,588)

　　　　聖人以一貫語之,曾子便會,曰:"忠恕而已矣。"(27,681)

　　《語録解》又有"理會":

　　　　Z一理會:헤아리다,又싱각다,又아다,又츨호다,又省察也。行於爲皆曰我知也,會也,溪訓,**찰오다**,又理,脉也。會,知也。(5b—5)

　　　　N一理會:헤아리다,又싱각다,又아다,又츨호다,又省察也。(7b—10)

　　《朱子語類》有"理會"2263例。如:

　　　　子貢聞此别無語,亦未見得子貢理會得,理會不得。(27,679)

　　　　此數段是聖人"微顯闡幽"處。惟其似是而非,故聖人便分明説出來,要人理會得。(29,731)

　　《語録解》還有"會去":

　　　　Z一會去:아다。(11b—9)

　　　　N一會去:아다。○去,語辭。(17a—9)

　　《朱子語類》"會去"連用25例,但未見成詞者。鄭瀁釋爲"아다",南二星進一步指出"去,語辭"。《語類》"會去"有兩種情況,一種是"能夠去做某事"或"即將要去做某事",如:

　　　　今人有在這裏不安了,在那裏也不會安。心下無理會,如何會去思慮?(14,278)

　　　　它説是人生有一塊物事包裹在裏,及其既死,此箇物事又會去做張三,做了張三,又會做王二。(126,3032)

　　另一種是"理會去"連用。如:

　　　　今只是要理會道理。若理會得一分,便有一分受用;理會得二分,便有二分受用。理會得一寸,便是一寸;一尺,便是一尺。漸漸理會

去，便多。（9,157）

　　今世又有一般人，只道飽食暖衣無外慕，便如此涵養去，亦不是，須是一一理會去。（94,2402）

以上"理會去"爲理解、領會下去之義，《語録解》所釋"會去"或指此種情況，然"會去"不辭。《語録解》中另有"會解"、"領會"：

　　Z一會解：아다。（11b—17）

《朱子語類》無"會解"例。

　　Z一領會：領略仝。（16a—15）

《朱子語類》有"領會"6例。如：

　　自今觀之，夫子只以一貫語此二人，亦須是它承當得，想亦不肯説與領會不得底人。（27,679）

　　其人聰敏，能算法，看經世書，皆略略領會得。（100,2554）

《語録解》中表"知道，明白"義的還有"領略"、"領略將去"：

　　Z一領畧：아다，猶言ᄆᆞᆷ애담다，溪訓。（6b—8）

　　N一領略：아다，猶言ᄆᆞᆷ애담다，溪訓。○猶言領勒大概也。（9b—4）

　　Z一領畧將去：領，會也。畧，取也。（20b—10）

《朱子語類》"領略"例如：

　　讀書，第一莫要先立箇意去看他底；莫要才領略些大意，不耐煩，便休了。（11,191）

　　聖人以一貫語之，子貢尚未領略，曰："然。非與?"是有疑意。（27,681）

　　以此知聽説話難。須是心同意契，纔説，便領略得。（27,699）

南二星釋"領略"爲"領勒大概"，恐是據上舉首例之語境而釋，考察其他"領略"用例，多表"領會、明白"義，並未見程度高低。《語録解》"領略將去"將"領、略"分釋，恐亦不妥當。

前文已敍《語録解》將表示"能夠"的"解"與"會"並舉，仍然理解爲虛化之前的"明白"義，《語録解》對"會"的解釋亦有相同情況，如"真箇會底"與"真箇會底意"：

　　Z一真箇會底：未詳。（20a—10）

　　N一真箇會底：**진짓안다**。○猶言真是知本。（36a—10）

　　B一真箇會底：**진짓안다**。猶言真是知本。**참아다**。（37—7）

　　Z一真箇會底意：會，理會之會，兼知行意。진실로니회홀쁘디라 ○底，本也。**진실로 本 意를 안다。**(22a—3)

　　"真箇會底""真箇會底意"不見《朱子語類》，見於《四書説約・大學》中引朱熹言論：

　　　　《康誥》曰："克明德"。《大全》："朱子曰：'此克字雖訓能，然比能字有力，見人皆有是明德而不能明，惟文王能明之。克只是真箇會底意思。'"(明顧夢麟《四書説約・大學》)

　　檢《朱子語類・大學四或問上・傳一章・然則其曰克明德一段》有語義相近一條：

　　　　問："'克明德'，'克，能也'。《或問》中却作能'致其克之之功'，又似'克治'之'克'，如何?"曰："此'克'字雖訓'能'字，然'克'字重於'能'字。'能'字無力，'克'字有力。便見得是他人不能，而文王獨能之。若只作'能明德'，語意便都弱了。凡字有訓義一般，而聲響頓異，便見得有力無力之分，如'克'之與'能'是也。如云'克宅厥心'，'克明俊德'之類，可見。"僩。(17,386)

　　《朱子語類》僅有"真箇會"之語：

　　　　問"克明德"。曰："德之明與不明，只在人之克與不克耳。克，只是真箇會明其明德。"節。(16,315)

　　《四書説約・大學》將以上兩條語録整合。《朱子語類》中"真箇會"是"真的能夠"義，《語録解》將"真箇會底意思"中截取"真箇會底"、"真箇會底意"立目，且對其解釋爲"真是知本"，保留了"會"由"明白"虛化爲"能夠"的將變未變的狀態。

　　又如《語録解》解釋"解"有"押送"義，《語録解》中表示詞義的還有"押"：

　　　　Z一押：如今押領人以去。(3b—3)

　　　　N一押：如今押領人以去。○着署亦曰花押。(4b—8)

　　　　Z一押下諸司：如今押領人以去。(20b—5)

　　　　N一押下諸司：如今押領人以去。○諸司 를거느리다(36b—10)

　　《朱子語類》中"押"共有 57 例，表"押領人以去"義的如：

　　　　符秦也曾如此來，人皆是戀京師快活，都不肯去，却要遣人押起。(86,2221)

後來區處每月版帳錢，令縣官逐人輪番押來，當日留住，試以公事。(106,2655)

向在湖南收茶寇，令統領揀人，要一可當十者，押得來便看不得，盡是老弱！(110,2705)

《朱子語類》未見"押下諸司"。《晦庵集》中可見1例：

今雖有此一人之訴，朝廷亦合審其虛實，押下諸司，再令審覈，則其教誘資給誣罔之罪必將可得。(《晦庵集·與趙帥書》)

3.《語録解》對唐宋以來的俗語作有精到的解釋，其釋義對近代漢語詞彙研究有借鑑意義。如《語録解》有"太瀾飜"條：

Z—太瀾飜：言放肆。鴻洞如波瀾翻動也。(19b—6)

《朱子語類》無"太瀾翻"，但"瀾翻"4見：

某嘗説，陸子静説道理，有箇黑腰子。其初説得瀾翻，極是好聽，少間到那緊處時，又却藏了不説，又別尋一箇頭緒瀾翻起來，所以人都捉他那緊處不著。(64,1586)

如禮儀，須自一二三四數至於三百；威儀，須自一百二百三百數至三千；逐一理會過，都恁地通透，始得。若是只恁懸虛不已，恰似村道説無宗旨底禪樣，瀾翻地説去也得，將來也解做頌，燒時也有舍利，只是不濟得事！(117,2829)

東坡雖是宏闊瀾翻，成大片滚將去，他裏面自有法。今人不見得他裏面藏得法，但只管學他一滚做將去。(139,3322)

上例中"瀾翻"皆形容言辭滔滔不絶、漫無邊際，第二例中上文要求學生做學問要扎扎實實，不能"懸虛不已"，"瀾翻"即指滔滔不絶、反反復復地説禪理，其實并没有從實處著手，只是無宗旨地空談；隱含有不務實、懸虛義。

"瀾翻"本義爲水波翻騰、水勢洶湧。《爾雅·釋水》、《説文·水部》："瀾，大波爲瀾。"《説文新附·羽部》："翻，飛也。"《文選·木華〈海賦〉》："翻動成雷，擾翰爲林。"李善注曰："翻，動皃。"《六書故·地理三》："游波旁薄者爲瀾。孟子曰：'觀水有術，必觀其瀾，日月有明，容光必照焉。'言觀其游波而可知其洪流也。波之旁游爲瀾，浪之怒撞爲濤，俗言瀾翻是也。"可見"瀾翻"本義應指水勢翻騰洶湧。唐歐陽詢《藝文類聚·水部下·湖》："宋孝武濟曲阿後湖詩曰：……驚瀾翻魚藻，頹霞照桑榆。”①此處“瀾翻”連用，尚未成詞。李賀《巫山高》：“大江翻瀾神曳烟，楚魂尋夢風颷然，曉風飛雨生苔錢。”②《佩文韻府•一先韻》“大江翻瀾”作“巴江瀾翻”③，此似是“瀾翻”表水勢兇猛的最早用例。又宋•李綱《望江南》：“雲嶺水，南北自分流。觸目瀾翻飛雪浪，赴溪盤屈轉瓊鈎。嗚咽不勝愁。”蘇軾《徐君猷挽詞》：“一聲冰鐵散巖谷，海爲瀾翻松爲舞。”

　　“瀾翻”由波瀾洶湧引申爲言辭滔滔不絶貌。韓愈《記夢》：“夜夢神官與我言，羅縷道妙角與根。挈攜陬維口瀾翻，百二十刻須臾間。”④“挈攜陬維口瀾翻”即指提攜四隅，口若懸河，滔滔不絶。宋羅濬《寶慶四明志》卷九《郡志九•敘人中•先賢事跡下•僧釋》：“或笑其憨，而試之以隱奧，辯駁瀾翻，旨趣超卓。”洪邁《夷堅丙志》：“遂道舊所習經，及誦所爲文，瀾翻出口，元不經意。”元吳萊《讀涑水司馬公和金陵王半山烘虱》：“禦寇近道翁，縱此瀾翻口。”清徐珂《清稗類鈔•著述類》：“至善評小説者，則推金人瑞，筆端有刺，舌底瀾翻，亦爽快，亦敏妙，鍾惺、李卓吾之徒望塵莫及矣。”

　　又引申作筆勢雄放，如宋何薳《春渚紀聞》卷六《東坡事實•牛酒帖》：“獨畢少董所藏一帖，醉墨瀾翻，而語特有味。”

　　“瀾翻”又由不務實、懸虛引申指虛妄，而有了抵賴、耍賴的詞義。《六書故•人四》：“讕。洛干切。又去聲。瀾翻不伏實也。或作讕。”《説文•言部》：“讕，詆讕也。讕，讕或從閒。”段玉裁《説文解字注》録作“抵讕也。”又注曰：“抵各本作詆。誤文三王傳。王陽病。抵讕置辭。師古曰：‘抵，距也。讕，誣諱也。’文帝紀韋注曰：‘讕，抵讕也。’按：抵讕，猶今俗語云抵賴也。”可見“瀾翻”又同“讕”，有“不伏實”義，即抵賴、耍賴，文獻中未見“瀾翻”表此義⑤。

---

　　①　見文淵閣《四庫全書》本《藝文類聚》卷九。

　　②　《文苑英華》“大江”作“巴江”，見《三家評注李長吉歌詩》，上海古籍出版社1998年版，第142頁。

　　③　見清康熙五十年武英殿本《佩文韻府》卷十六下。

　　④　錢仲聯集釋《韓昌黎詩繫年集釋》，上海古籍出版社2007年版，第652頁。

　　⑤　“瀾翻”的考釋見潘牧天《〈晦庵先生朱文公語録〉研究》，上海師範大學2013年碩士論文第167—168頁。

《語録解》解釋"瀾翻"爲"言放肆。鴻洞如波瀾翻動也",先解釋其在使用中可指没有約束,繼而指出其得義於如波瀾翻動般虚無縹緲、漫無邊際。既訓明正解,又開闡語源,可謂良詁。

4.《語録解》多收有反映宋代社會文化與制度的詞語,對宋代文化詞研究有所啓發。如:

> 今人不肯做工夫。有先覺得難,後遂不肯做;有自知不可爲,公然遜與他人。如退産相似,甘伏批退,自己不願要。(8,136)

"退産"與"批退"是兩個有關宋代制度的詞,《語録解》釋之曰:

> Ｚ一退産:中原人買賣財産必告官質文,故若欲退其産亦呈於官而受其批然後退之,故曰批退。(15b—6)

馮青考證"批退"指交易行爲中對優先權的放棄。宋代的優先購買權制度規定業主將典賣事項告知優先權人,優先權人在法定期限内表明是否買受或承典,親鄰如果不願購買,應該在規定的期限内向業主作出答覆,稱爲"批退"①。《語録解》對"退産"與"批退"的解釋簡單明瞭,容易接受。又如:

> Ｚ一書會:如云文會,聚會讀書之處。(13b—9)

《朱子語類》"書會"有3例:

> 直卿又許了鄉人館,未知如何。若不能留,尤覺失助。甚恨鄉時不曾留得伯量相與協力!若渠今年不作書會,則煩爲道意,得其一來爲數月留,千萬幸也!(84,2192)

> 《吕氏家塾記》云,未立三舍前,太學只是一大書會,當時有孫明復、胡安定之流,人如何不趨慕!(109,2692)

> 安卿今年已許人書會,冬間更須出行一遭。(117,2833)

《語録解》認爲"書會"猶如文會,是聚會讀書的地方,大致是對的,但宋代"書會"有特指鄉里私塾的意思,《語類》數例皆指此。

三　《語録解》與辭書編纂與修訂

語文辭書是高度語言修養的産物,具有體現民族標準語的根本性質。

---

① 　馮青《〈朱子語類〉詞語研究》,南京師範大學 2010 年博士論文,第 32—33 頁。

詞彙研究與語文辭書編纂有著密切的關係。詞彙是語文辭書的原始材料，也是語文辭書研究的對象。語文辭書的編寫以詞彙研究爲基礎，同時又反過來推動詞彙研究的深入。①

《語録解》作爲對朱子語録語詞解釋的註釋書本來就具有專屬辭典的雛形，南二星的修訂本《語録解》更有辭典化的趨勢，如其中有許多條目互相參見。如：

骨董：雜也。○義見三字類（指"閑汩董"條）。（14b—13）

曲拍：猶曲調節拍。○解見三字類"大拍頭"。（18b—8）

分定：得失之分定。○"分"義見上"分外"註。（23a—10）

鶻圇：團圓爲一不分析之狀。○與三字類"鶻圇棗"之義相近。（24a—2）

没巴鼻：다힐듸업다。○恐似無頭無尾，義見二字類（指"巴鼻"條）。（34a—10）

《漢語大詞典》是迄今爲止最具權威性的歷史性漢語語文辭書，但也有從收詞、立義項到義例搭配、書證時代完整性等許多不足與缺點，②需要進行修訂以進一步完善。《漢語大詞典》第二版的編纂工作已經開始，③《語録解》本身以及其反應的《朱子語類》中的大量近代漢語詞彙、口語詞彙以及俗、俚語是編纂與修訂辭書極好的語料來源。以下略舉數例說明其對《漢語大詞典》修訂的價值。《語録解》所收詞可補《漢語大詞典》未收的條

---

① 徐時儀：《〈朱子語類〉詞彙研究》，上海古籍出版社 2013 年版，第 634 頁。

② 《漢語大詞典》是上世紀八十年代由上海、江蘇等五省一市四百多位專家參加編纂，歷時十八年完成的一部古今並收、源流並重的詞典，收字約二萬二千個，收詞語約三十七萬條，堪稱前無古人，爲迄今爲止最具權威性的歷史性漢語語文辭書，也是我國最後一部用手工制卡編纂的大型語文詞典。《漢語大詞典》的出版惠澤整個學術界，尤其是語言研究工作者，意義重大，但由於編纂過程中受到種種主觀意識和客觀歷史因素的制約，也留有很多不足與缺點，關於《漢語大詞典》編纂過程、不足以及造成這些不足的原因，可詳參虞萬里《〈漢語大詞典〉編纂瑣憶》，《辭書研究》2012 年第 2 期，第 10—15 頁。

③ 2012 年 12 月 10 日《漢語大詞典》（第二版）編纂出版正式啟動會議在北京人民大會堂召開，《漢語大詞典》第二版將於 2015 年開始出版，2020 年完成，全書分 25 册約 6000 萬字。

目。如：

　　　　Ｚ─推鑿：穿也，鑿也。（9b─19）

《朱子語類》無"推鑿"例。其他文獻例如：

　　　　邕州取丹砂盛處推鑿，有水銀自然流出。（宋黄震《黄氏日鈔‧桂海虞衡志》）

　　　　占曰：玉藏石中，待推鑿而後出，玉爲器用必雕琢而始成夢。（宋邵雍《夢林玄解‧吞玉大吉》）

《語録解》釋"推鑿"爲"穿，鑿"，上舉二例皆爲"鑿穿"義，《漢語大詞典》可增收。又如：

　　　　Ｚ─零細：猶箇箇也。（7b─19）

《朱子語類》有"零細"2例：

　　　　格物，是零細説；致知，是全體説。（15，291）

　　　　神宗一日聞同易庫零細賣甚果子之類，因云："此非朝廷之體。"（130，3097）

《語録解》釋"零細"爲"猶箇箇"，從《語類》例看爲零散細碎義，《漢語大詞典》可增收。

《語録解》的釋義也可補《漢語大詞典》未及的義項。如：

　　　　Ｚ─落草：기은딕落ᄒ다。（16b─21）

　　　　Ｎ─落草：기은딕落ᄒ다。○도적의무리에드다。（24b─16）

南二星《語録解》解釋"落草"有"落入中間（기은딕落ᄒ다）"、"進入賊窩（도적의무리에드다）"二義，《朱子語類》有"落草"3例：

　　　　世間也只有這一箇方法路徑，若才不從此去，少間便落草，不濟事。（40，1037）

　　　　大抵看文字，不恁地子細分别出來，又却鶻突；到恁地細碎分别得出來，不曾看得大節目處，又只是在落草處尋。（55，1309）

　　　　看書且要依文看得大概意思了，却去考究細碎處。如今未曾看得正當底道理出，便落草了，墮在一隅一角上，心都不活動。（121，2929）

徐時儀指出《朱子語類》中"落草"的詞義應爲"偏離正路，陷入歧途"，由此引申而有"到山澤之地與官府爲敵"義①。"陷入歧途"即《語録解》所

────────────

①　徐時儀：《〈朱子語類〉詞彙研究》，上海古籍出版社2013年版，第415—416頁。

釋“陷入中間”義。《漢語大詞典》“落草”僅有“入山林與官府爲敵”、“謂嬰兒出生”兩個義項,可補“陷入中間”義。

　　　　Z—閣手:縮手不前也。疑袖手意。(26b—7)
　　　　N—閣手:縮手不前也。(30a—14)
　　《朱子語類》没有“閣手”。其他文獻例如:

　　　　廣明中,妖巢揭竿以犯帝闈,遂俾翠華有西南之狩。梁鄭周秦之甲皆閣手,無所敵。(宋祝穆《事文類聚》著楊夔《湖州録事參軍新記》)

　　　　獨掃千人之陣,諸學士閣手避之。(宋方岳《秋崖集·中書令管城子毛穎進封管城侯加食邑制》)

　　《語録解》釋“閣手”爲“縮手不前”,上例正合詞義,猶言心生怯意,不敢向前。《漢語大詞典》僅有“手閑擱著。形容一事不做”義,未及此義,可補。《語録解》爲明代文獻,其本身亦可資《漢語大詞典》提前書證。如:

　　　　N—底:當處也。或作的,又 그런거시,眉巖柳希春訓也,後凡云眉訓此。○根底也,又與地同,又語辭。(1a—2)

　　《漢語大詞典》“根底”第一義爲“基礎;根基”,引清《二十年目睹之怪現狀》爲首證,較《語録解》爲晚。又如:

　　　　Z—囑咐:당부ᄒ다。(23b—21)

　　“당부ᄒ다”即今之“囑咐”義。《漢語大詞典》所引首證爲清《紅樓夢》,可以《語録解》補之。

四　《語録解》的不足

　　《語録解》在語言研究、辭書研究等方面皆具很高的價值,但也存在一定的不足,如其名爲朱子語録的註解,但收詞多有不見於《語類》者;其所收詞目多有不成詞者,甚至截取了許多不合理的短句;其釋義上也有隨意申發的問題,如釋“解息”爲“解鞍息馬”,雖亦合“休息”之義,但可見其訓解之隨意性。又如:

　　　　Z—没巴鼻:다힐ᄃ᷇업다(19b—2)
　　　　N—没巴鼻:다힐ᄃ᷇업다○恐似無頭無尾,義見二字類。(34a—10)
　　　　B—没巴鼻:느러가지못ᄒ다다힐ᄃ᷇입다,恐似無頭無尾,義見二字類。

(35—4)

　　Ｚ—巴鼻:다힐듸,잡을듸,《語類》"没巴没鼻"未詳。(6b—19)

　　Ｎ—巴鼻:다힐듸,잡을듸,《語類》"没巴没鼻"未詳。○漢語禽獸之尾謂之尾巴,此謂巴,即尾也,鼻即頭也,似是無頭無尾之義。又一説大蛇謂之巴,曾見漢人遇大蛇,用小箠一打其鼻便死,所謂巴鼻,恐是要切處之意。(9b—14)

《朱子語類》有"没巴鼻"、"無巴鼻"、"没巴没鼻"。如:

　　人生都是天理,人欲却是後來没巴鼻生底。(13,224)

　　如人處事,但箇箇處得是,便是事事歸仁。且如腮也要糊得在那裏教好,不成没巴鼻打壞了!(53,1284)

　　看來無妄合是"無望"之義,不知孔子何故使此"妄"字。如"無妄之災","無妄之疾",都是没巴鼻恁地。(71,1800)

　　此出《史記・春申君傳》,正説李園事。正是説無巴鼻,而有一事正合"無妄之災"、"無妄之疾"。亦見得古人相傳,尚識得當時此意也。(71,1801)

　　《詩》之興,全無巴鼻,振録云:"多是假他物舉起,全不取其義。"後人詩猶有此體。(80,2070)

　　這樣處,却説得無巴鼻。(83,2160)

　　又,"成風聞季氏之緣,乃事之"。左氏記此數句,亦有説話。成風没巴鼻,事他則甚?(83,2163)

　　如此講書,如此聽人説話,全不是自做工夫,全無巴鼻。(116,2791)

　　不要將一箇大底言語都來罩了,其間自有輕重不去照管,説大底説得太大,説小底又説得都無巴鼻。(117,2821)

　　若是如此讀書,如此聽人説話,全不是自做工夫,全無巴鼻。(121,2928)

　　有數般皆某熟讀底,今揀得也無巴鼻。(122,2954)

　　彪居正德美記得無限史記,只是不肯説,只要説一般無巴鼻底道理。(132,3184)

　　蜀中有趙教授者,因二蘇斥逐,以此摇動人心,遂反。當時也自響應,但未幾而哲宗上仙,事體皆變了,所以做得來也没巴鼻。(133,

3185)

　　某常謂,此道理無他,只是要熟。只是今日把來恁地看過,明日又把來恁地看過,看來看去,少間自然看得。或有看不得底,少間遇著別事沒巴沒鼻,也會自然觸發,蓋爲天下只是一箇道理。(120,2892)

以上例中"沒巴鼻"、"無巴鼻"、"沒巴沒鼻"指沒根據、沒來由、沒道理,但"巴鼻"一詞的來源難以把握。可能是"把柄"的音轉。來由即根据。宋陳師道《後山詩話》:"熙寧初,有人自常調上書,迎合宰相意,遂丞御史。蘇長公戲之曰:'有甚意頭求富貴,沒些巴鼻便奸邪。'"《水滸傳》第四五回:"這廝倒來我面前又說海闍黎許多事,說得個沒巴鼻。"《古今小說‧裴晉公義還原配》:"那吏部官道是告敕、文簿盡空,毫無巴鼻,難辨真僞。"鄭澉《語録解》亦指出《語録》"沒巴沒鼻"未詳,南二星補充"恐似無頭無尾","漢語禽獸之尾謂之尾巴,此謂巴,即尾也,鼻即頭也,似是無頭無尾之義。又一說大蛇謂之巴,曾見漢人遇大蛇,用小箠一打其鼻便死,所謂巴鼻,恐是要切處之意"。此論看似有理,也可見南二星對鄭澉"未詳"的詞語的苦心探索,但實非確詁。"巴鼻"是"把柄"的音轉,指可以抓取指出,"無巴鼻"、"沒巴鼻"則沒有可依據處,故指沒根據、沒來由,黎錦熙引用"朝鮮某氏之《朱子語録註解》"即《語録解》之釋文,并指出"此則大有詁經家之風味焉"①。

然而在古代訓詁學隨意申發的大環境下,加之朝鮮學者不解中國俗語,能夠嘗試對漢語俗語進行探索已殊爲不易,而且這種訓解正體現了朝中兩國之間對漢語認識的差異,也反映了宋元間漢語白話的變化的狀態。

五　結語

《語録解》的研究還對許多方面有其價值,如《語録解》中有大量的古韓文,是研究古代韓語與韓國語演變史的珍貴材料,針對這方面韓國已有部分相關研究,但可拓展的空間還很大。有的古韓文現難以確詁,可用已知

---

　　①　黎錦熙《"巴"字十義及其'複合詞'和'成語'》,《黎錦熙語言文字學論著選集》,北京師範大學出版社 2002 年版,第 184—189 頁。

的《語録》詞語的詞義和《語録解》的解釋反推其中古韓語，作爲古韓語研究的參考。另，鄭瀁《語録解》、南二星《語録解》與白斗鏞《註解語録總覽》中的《語録解》部分之間相差數百年，正是韓語演變的重要時期。如"底"條"未解有父"條中鄭瀁本"그이리그리도외믈"至白斗鏞本已改爲"그일이고리되옴을"，反映了韓語書寫形式的改變。

另外《語録解》雖不常引用中國文獻，但亦偶見引用儒家經典、詩歌、韻書、醫書、時人之説等，其所引的文獻亦有與傳世文獻不同之處，如：

　　　N—泥：音녜，걸리다。○杜詩"致遠思恐泥"之泥也。（6a—7）

"致遠思恐泥"句不見杜集，杜甫詩集、唐詩選本"致遠思恐泥"皆作"致遠宜恐泥"，句出杜甫《解憂》。此句異文可爲研究杜詩者提供一例異文，頗具文獻價值。

註解書中所加的註音還可供研究當時的語音之用，而《語録解》各本保留了一大批有當時特色的異體字，可見漢字在明代朝鮮學人群體中的傳承與演變，反映了宋、明漢字外傳的過程，在漢字傳播史和古朝鮮漢字用字研究方面皆具價值。將朱子語録各時代傳本與《語録解》中用字進行整理與比較，能夠集中體現宋、元、明、清以至現代的中韓兩國的用字情況。《語録解》的字形多與漢魏至唐的法書、碑版以及佛經寫卷的用字一脈相承，但也有個別罕見於中國文獻的如"宷（實）"、"伂（擊）"、"伏（佛）"等，可略窺朝鮮時期對漢字的吸收與創新之一斑。

隨著朱子文獻傳入朝鮮、日本，朱熹思想對兩國産生了深遠的影響，朱子文獻亦得到極大的重視，《朱子語類》亦受到相應的重視。承繼李滉、柳希春爲語録所作註解，《語録解》的刊行對於語録研讀具有開創性的意義，此後許多大規模的註解著作相繼看出，如李宜哲《朱子語類考文解義》對《語類》一百四十卷中大量詞句作有解釋。除此之外，朝鮮學人對朱子著作的解釋著作還有《朱子大全劄疑》、《朱子大全劄疑輯補》、《朱子言論同異攷》、《朱書講録》、《朱書講録刊輔》等，這些都應該引起中國學者的重視。

朱子語録註解書的研究價值不僅僅停留在語言研究、辭書研究等，更能夠促進東亞朱子學的研究，其對朱子講學語録研究、《朱子語類》整理和研究、韓國的朱子學研究、朱子學在中韓發展的同調與異趣、韓國朱子學的價值取向與創新、朱子學在韓國的興衰、朱子學對東亞的影響及其與現代社會發展的關係、朱子學的東方文化意義、朱熹思想蘊涵的東亞文明與文化的精華内核、朱熹思想在東亞文明和當今社會中的現實意義和發展趨勢等多方面研究都有可資借鑒的學術意義,這些也是我們研讀語録註解書以及其他朱子文獻所應發掘的價值取向。

（作者單位:韓國交通大學東亞研究所）

域外漢籍研究集刊　第十四輯
2016 年　頁 123—134

論《海東辭賦》的編撰

趙俊波

　　《海東辭賦》是朝鮮時期的一部辭賦選本,一共收録作家二十七人,辭賦作品五十八篇,所收作家均按出生年代排序,首列李奎報,末爲申最,從高麗一直到朝鮮中後期,時間跨度很長。編者金錫胄(1634—1684)生活於朝鮮顯宗、肅宗時期,是著名的政治家、文學家,今存《息庵遺稿》,含“遺稿”二十三卷、“遺稿補遺”一卷、“別稿”兩卷。

　　此書在學術史、文學史上均有重要地位。李家源先生以爲,在仁祖至英祖之間的這一段時期中,“若言及此學(指辭賦學)之業績,則當爲金錫胄所編選之《海東辭賦》”①。今人如韓國學者金震卿等也曾探討過此書在文學和文獻方面的價值②。

　　但由於資料缺乏等原因,目前對此書編撰情況的討論尚不充分。因此,本文擬從金錫胄《海東辭賦序》入手(序文見金錫胄《息庵遺稿》卷八),查閱史書、文集等方面的記載,結合金錫胄本人的生平經歷、文學思想等,對這一問題作初步的探討。

---

　　① 李家源著,趙季、劉暢譯:《韓國漢文學史》第十一章《浪漫主義》,南京:鳳凰出版社,2012 年,頁 358。
　　② 김진경:《『해동사부(海東辭賦)』의 수록(收録) 작품(作品) 양상(樣相)과 편찬(編纂)의 지향성(志向性)》,한국한자한문교육학회《한자한문교육》,2007 年,第 18 期。

一　編撰時間

據序文所言，此書是“前夏解職居閑”時，“爲諸從輩所要”而編寫的。那麼，具體是哪一年？“諸從輩”又是何人？

根據《朝鮮王朝實録》的記載，可知金錫胄入仕之後，曾四次賦閑在家，分别是：

顯宗 4 年（1663）11 月己丑——顯宗 5 年（1664）10 月辛巳，因上書勸諫而被罷修撰之職；顯宗 8 年（1667）閏 4 月辛丑——顯宗 10 年（1669）7 月壬辰，丁母憂；顯宗 12 年（1671）3 月乙未——顯宗 14 年（1673）5 月辛巳，丁父憂；肅宗 9 年（1683）8 月庚子辭官，10 月庚子還朝，還朝後僅有爵位“清城府院君”，次年（1684）9 月丙寅，才重任兵曹判書，半個多月後的 9 月癸未即亡故①。

同時，金萬基所寫的《右議政清城府院君金公墓誌銘並序》和《奮忠效義炳幾諧謨保社功臣以政府右議政兼兵曹判書清城府院君金公諡狀》非常詳細地記載了金錫胄的仕宦經歷，其中所提到的居家賦閑，也正是這四次。金萬基是編者的好友、同事，熟悉其生平行事，所作的記述當然值得信從。可知金錫胄居閑時間，確如以上所説。

此外，一些旋免旋任的次數很多，因爲免職與重新起用之間的時間往往只有一兩個月，所以不能算作真正意義上的罷官。

（一）不可能編於後三次罷官期間

這四次之中，首先可以排除第四次。因爲此次賦閑期間，僅經歷了肅宗十年的夏天，而本年秋天編者即亡故。由序文中“前夏解職居閑”編成此書的記述，可知序文作于書成後之次年。那麼，假使此書編于肅宗十年夏天，那麼序文之作就要重起作者于九泉之下了。

剩下的三次之中，第二和第三次丁憂期間也不大可能。丁憂期間，不應從事有關詩、樂的活動。這種習俗的理論淵源來自於《禮記》、《論語》、

① 分別參見《顯宗改修實録》卷十、十一、十七、二一、二三、二七，頁 260、312、471、584、655、748，《肅宗實録》卷十四下、卷十五下，頁 459、462、514、516。東京：學習院東洋文化研究所影印本，昭和三十八、三十九年（1963、1964）。

《朱子語類》等典籍中的相關記載。所謂詩，包括詩、銘等各種韻文文體，賦也不例外。這種規矩延續數千年之久，影響了整個古代文學創作，如歐陽修、蘇軾等人皆如此。當然，也有作家在居喪期間手癢賦詩，但這畢竟不能作爲常態①。

儒家經典和朱熹的理學在韓國影響非常大，朱熹《楚辭後語》還直接影響到《海東辭賦》的編撰（參見下文），所以處於丁憂期間，編者不會有編撰賦集的意願。同時，編者出身名門（其五世祖金湜爲大司成，金錫冑言及家世，常提及金湜，以此爲榮；其祖金坽曾爲領議政，其父金佐明曾爲兵曹判書，其曾外祖申欽也曾爲議政），身世顯赫，如果違制，何以自立于士林？所以，不管從内心的意願還是從外在的限制來看，在居喪期間，金錫冑都不會編撰賦集。

而且，如果真是在丁憂期間所編，那麽按照常理，文中通常會有"丁憂居閑"之類的明確表述，而非如序文中籠統地説成"解職居閑"。

（二）應編於第一次罷官期間的顯宗五年夏

排除了後三次，那麽就剩下第一次了。第一次居閑期間，只有顯宗五年（1664）經歷了夏天，是書最有可能編於此時。

到底是不是這樣呢？金錫冑《祭内弟紀明文》給我們提供了一個證據。據此文所述，其舅父的兒子申進華（字紀明）於上年即顯宗四年（1663）拜其爲師，隨其習作辭賦②。而且，當時跟隨金錫冑學習的可能還包括申家諸多子弟。序中説此書爲"諸從輩"所邀而編成，所謂"諸從輩"，正指外家申氏的這些從弟們。那麽，編撰時間在顯宗五年，也就可以理解了——原來這是出於教學需要。

---

①　參見黄强《中國古代詩歌史上的千年約定——"居喪不賦詩"習俗探析》，《文學遺産》，2015 年第 1 期，頁 170—181。

②　金錫冑《祭内弟紀明文》："而汝之治詞賦、受文字於吾者爲七年。"《申弟進華墓誌銘》："紀明於余，外從弟也，嘗問學於余。""申生紀明，名進華……生於仁祖乙酉，死于庚戌閏二月初六日。"所謂"庚戌"，在 1670 年。上推 7 年，即 1663 年。見金錫冑《息庵遺稿》卷一八、二三，民族文化推進會編、漢城景仁文化社出版"影印標點韓國文集叢刊"第 145 輯，1997 年，頁 438、538。以下所引韓國文集皆出此本，統一簡稱爲"韓國文集叢刊"。

　　金錫冑爲什麽要教授包括申進華在内的申家諸子弟呢？這和他與舅父申最的密切關係及申家諸舅父的早逝有關。

　　金錫冑與舅氏尤其是四舅申最感情甚深。金錫冑曾拜申最爲師，習文作賦①，受其影響最大，也最敬愛②。然而，舅氏一門例多短壽。《祭春沼先生文》中提及諸舅父之短命："吾舅氏五人，其季先歿，伯罹匪辜，叔又飄泊於滇海千里之涯，飽毒霧以劘骨，卒身命之不支。"其五舅先亡，伯舅申冕于孝宗二年（1651）被杖斃，四舅申最于 1658 年病故。同輩之中，申最之子、和金錫冑情感最深的表弟申儀華也於 1662 年病故。

　　申最在罷官期間曾從事教授工作。受其影響，在罷官期間，金錫冑也以授徒爲榮③。其詩文明確提到的從學者就有表弟申進華等人。而鑒於與舅父一家的親密關係，在舅父們相繼離世後，教導表弟們也應當成了金錫冑自覺而義不容辭的責任。

　　作爲學生之一的申進華，其父即金錫冑的三舅申炅。如上舉《祭内弟紀明文》所言，顯宗四年，申進華已開始追隨金錫冑學習辭賦，申進華之弟申光華此時十八歲，正是求學之年，應和其兄一樣，也在金錫冑門下。此時申炅尚在世，其二子已拜金錫冑爲師，而截至本年，金錫冑至少有三位舅父已經亡故，所以，應當還有不少失去父親的表弟也拜金錫冑爲師學習，這正符合序言中"爲諸從輩所要"而編撰此書的敘述。

----

　　①　如金錫冑《題史記拔萃》曾言隨申最學習《史記》。見金錫冑：《息庵遺稿》卷二一，頁 481。

　　②　金錫冑《祭春沼先生文》自稱"門人、甥侄"，又説："我視先生，如視先妣；先生視我，亦譬己子。導我迪我，義篤恩摯。猶母之慈，亦師之誼……小子受恩于先生之謂何，而能不愴恨而曾欷。警我之惛者，其師之嚴；鞠我之蒙者，其母之慈。江閣之秋，策我以鴻雁之篇；雲樓之冬，賦我以白雪之詞。"所以在後者死後，金錫冑曾爲其寫墓誌銘，並前後兩次寫祭文，多年之後再過其墓時，又寫下《謁春沼先生墓文》，字裏行間，難掩哀傷；又爲其文集作序，高度評價申最的文學才華，並刊刻印行之。見金錫冑《息庵遺稿》卷一八，頁 436。

　　③　申最以教授爲榮，當時多有從學者，如金錫冑《沈生伯衡傳》就提到："申公諱最……時罷官居閑，喜教授。伯衡既至其門，遂與林川趙顯期、清風金錫冑、平山申儀華諸人相切劘爲文辭甚驩。"金錫冑最爲敬重這位舅父。見金錫冑《息庵遺稿》卷九，頁 259。

金錫冑此時年僅三十一歲,有沒有任教的能力呢? 答案是肯定的。從其本人經歷看,少時學賦,已得到申最的稱讚①,也被堂兄弟們所喜愛②;其後的顯宗三年(1662),又以《天地設位而易行於其中賦》參加增廣殿試而被錄取。所以其本人在賦學方面的才能堪爲人師。

由以上幾點來看,顯宗四年冬天,金錫冑被罷職。因與舅家特別是四舅申最關係親密,又受申最授徒的影響,所以在舅家許多表弟失去父親的情況下,金錫冑開始教授申氏"諸從輩"。於是,在次年即顯宗五年的夏天,編者出於教學的需要而編成此書。序文中所說的"前夏解職居閑"、"爲諸從輩所要",正指此事。

二　編撰目的

《海東辭賦》的編撰目的有二:一是展示海東文教的興盛,二是爲科舉考試服務。

首先,作者編撰此書,是想以此展示海東文教的興盛。

這從其序言可以看出來。作者充滿自豪感,以爲海東辭賦源遠流長:佯狂麥秀之作,實在《懷沙》、《哀郢》之前;傳至後世,其流浸遠,名家名作衆多。

因此,作者"遍閱古今諸家辭賦",試圖在這衆多的作品中,選擇佳制,編選出一本能反映海東辭賦水準的選本來,展示海東文教的興盛,即序言末所說的:"以見夫左海文明之區,數千里之遠,數百代之下,尚亦有宗依屈宋、踵躡班揚,非楚而楚,有足觀者云爾。"對這一目的,序言中已有明確表述,因此毋庸贅言。

其次,作者編撰此書,還有爲科舉考試服務的目的。其書針對性明確,而不僅是泛泛地提供辭賦選本。序言中沒有說明這一點,但事實的確如

---

①　金錫冑《內弟權知承文院副正字申君墓誌銘》:"至壬辰首夏,余春糧東出,謁先生于白雲樓上,因進余所爲詞賦數篇以求教。先生謂曰:'此間亦有文通彩筆手。'"可見申最曾高度評價金錫冑等二人之賦。見金錫冑:《息庵遺稿》卷二三,頁539。

②　金錫冑《祭從弟可億文》:"且汝之生也,常有喜于吾文。"金可億亡故於1657年,年18歲。見金錫冑:《息庵遺稿》卷一八,頁431。

此，因此以下稍作闡述。

　　其一，金錫冑本人不太喜歡科舉之文，但本書中有好幾篇具有科舉文体的特點。

　　經與各自文集相對比，可以發現，《海東辭賦》中有三篇作品是科場之作，分別是：金麟厚《七夕賦》①、李安訥《東門柳賦》②、趙希逸《龍門賞雪賦》③。另有兩篇是課作，即李安訥《鳳凰翔於千仞賦》④、張維《雪賦》⑤。課作是平日檢驗學子成績時的作業。由於作者身爲學生，平時的寫作練習均以科考爲目標，所以其作品的文體特點應與科舉之作相同。如果把兩篇作品也算進去，那麼此類作品一共有五篇，占到全書的 9%。考慮到當時高麗、朝鮮辭賦作品的總量已非常大，而此書又僅僅選入五十八篇，所以每一篇的入選都是非常慎重的。因此，對編者來説，9% 的比例已經不算小了。

　　但另一方面，金錫冑卻比較輕視科舉和科舉之文。他有濃厚的重道輕文的思想，曾告誡友人，學習科舉詩賦，目的在於功名；但功名到手，就應得魚忘筌，轉而學道：

　　　　作賦比雕蟲，壯夫所不爲。雄也逼屈騷，悔之言若茲。況不及雄者，小技真可嗤。邦家取進士，較藝以賦詩。詞場誇觜距，磨礪各見奇。唯先利其器，努力宜孜孜。然當決科止，豈必淫文詞。結筌在求魚，得魚筌可遺……人生穹壤間，最貴在倫彝。苟使道已高，不妨身逾卑。卓立能砥行，尤宜遜厥辭。直內敬爲要，主一慎莫差……懿哉紫

―――――――――

　　① 參見下文。又，當時流傳金麟厚赴舉時，聞"秋風颯而夕起，玉宇廓而崢嶸"之賦，於是"以此取科"。此賦正是《七夕賦》。見洪翰周《智水拈筆》卷五"妖狐怪鬼"條，蔡美花、趙季主編：《韓國詩話全編校注》，北京：人民文學出版社，2012 年，頁 8331。

　　② 李安訥《東岳先生文集》卷二五《東門柳賦》題下注："萬曆戊子秋進士初試魁。"韓國文集叢刊第 78 輯，1996 年，頁 512。

　　③ 趙希逸《竹陰先生集》卷一本賦題下注："辛丑年監試會試奪魁。"韓國文集叢刊第 83 輯，1996 年，頁 112。

　　④ 李安訥《東岳先生文集》卷二五《鳳凰翔於千仞賦》題下注："弘文館月課代人作。"韓國文集叢刊第 78 輯，1993 年，頁 505。

　　⑤ 張維《溪谷集》卷一本賦題下注："課作。"韓國文集叢刊第 92 輯，1996 年，頁 18。

陽箴，允矣聖門規。豈譬徒事末，勞勞鑢肝脾。①

科舉之作多駢儷，而駢儷之作卻容易走上重視文采而削弱倫道的歧途，所以他在告誡同宗後輩時，又説："徒文或類俳，於道乃爲細。未若先理義，不期麗而麗。"②又批評董份之作"然辭或傷於駢偶"③。

既然認爲科舉文體無益於道，徒文類俳，但爲什麼《海東辭賦》中又選了好幾篇科舉作品呢？原因很簡單，本書編撰目的之一，就是爲科舉服務的。

這也從另一個方面證明了第一部分的相關觀點，即：本書是出於教學目的而編的，編于金錫胄教授諸從弟期間。

其二，後人也視此書爲科舉而編。《東國通志·藝文志》將此書歸爲"表賦"類，和《儷文程選》、《東人科體表賦詩論十二篇》、《八角律賦定式》等科舉用書編在一起，其敘論説：

> 東國學士大夫朝賀事大，皆用表箋，而於科試，兼取詩、表、古賦以廣其□乃□以。後來之程式纖微，粗諺輕儇而決裂，始無以復古矣！李晬光曰："詩賦有入題、鋪敍、回題等式，尤與文章家體樣全別，故雖得決科，遂爲不文之人。豈非愈下之末？失哉！"今録其數家之選，冀異日之或反于古者。④

可見，包括《海東辭賦》在內的此類書均爲科舉用書，爲廣大準備參加科舉考試的學子提供範文。

而且，金錫胄是個高明的選家，曾編選過《古文百選》、《唐百家詩删》等，廣受好評，那麼在編選辭賦時，怎能將五篇"不文"的作品也選進來？合理的解釋是，本書帶有爲科舉考試服務的性質。

---

① 金錫胄《送韓同年肯世之南原覲外氏》，金錫胄《息庵遺稿》卷二，頁131。

② 金錫胄《贈同宗金子文、子昂兄弟》，金錫胄《息庵遺稿》卷二，頁132。

③ 金錫胄《謝李擇之借示董學士份泌園全集書》，金錫胄《息庵遺稿》卷八，頁235。

④ 《東國通志·藝文志》，張伯偉編：《朝鮮時代書目叢刊》據太學社本影印，北京：中華書局，2004年，頁2748。

三　文體選擇

《海東辭賦》一共五十八篇,從題稱上看,賦四十四篇,辭或騷五篇(含《續招》),哀辭四篇(《哀秋夕辭》、《哀朴仲説辭》、《哀黄秋浦辭》、《哀鷹文》),弔文、祭文兩篇(《弔義帝文》、《祭東淮申公文》),七體一篇(《夢喻》),雜文兩篇(《逐魍魎文》、《譴魃文》)。值得注意的是,本書辭、賦混同,同時選入哀辭、弔文、祭文、雜文,文體界定較爲寬泛。尤其是選入弔祭類作品,即便站在古人的角度,這種做法也不多見①。

古人對文體的認識經歷了一個從籠統到細緻的階段,對賦體的看法也是這樣。漢人辭賦不分,魏晉騷別于賦,唐宋以後,賦分古、律,明代《文體明辨》等更明確劃分古、俳、律、文等體。至於弔文、哀辭、祭文等,在後世尤不與賦混同。

從文集的編撰看,《文選》已分賦、辭、騷爲三,《元文類》中賦、騷異類,這些書在當時的朝鮮都是非常流行的,金錫胄也必然讀過。另外,今存許多韓國古代别集中,"辭"與"賦"分合没有定準,但有相當一部分别集是將二者分列的。至於弔文、祭文、哀辭、雜文等,在中、韓古代文集的編纂中更不與賦雜糅。如《文選》分列賦、設論、弔文等,《唐文粹》分列古賦、文(含弔文、祭文及哀辭等),《宋文鑒》分列賦、哀辭、祭文、答問等,《元文類》將賦、騷(辭)、祭文、哀辭、雜文分列。明人的《文章辯體》、《文體明辨》除"賦"之外,也都有"弔文"、"哀辭"、"祭文"、"七"類。

可見,在後世文體細别的趨勢下,金錫胄這種做法顯得有些反其道而行之了。那麽,爲什麽會這樣呢?筆者以爲,這是受了朱熹《楚辭後語》的影響。

朱熹《楚辭後語》以晁補之的《續楚辭》、《變離騷》爲基礎,選入作品五十二篇。其中除了辭之外,還包括賦、詩、歌、弔、操、雜文等。金錫胄書中的文體,也多見於朱書:二書均同時選入辭、賦;金書中有弔祭文,朱書中則

---

① 如趙纘韓《哀鷹文》,其《玄洲集》將此作編入"祭文"中;申欽《哀黄秋浦辭》,其《象村集》將其歸入"哀辭"類;李敏求《祭東淮申公文》,其《東州先生文集》歸入"祭文"類。以上諸作,均被《海東辭賦》視爲辭賦而收入。

有柳宗元《弔萇弘文》、《弔樂毅文》；金書中有雜文兩篇，朱書中也有柳宗元《乞巧文》、《憎王孫文》等。此外，朱、金之書均同時選入辭、賦。從具體的作品看，朱書中有《歸去來兮辭》，金書中也有《和歸去來兮辭》。

從金錫胄本人的作品看，他對《楚辭後語》是相當熟稔的。其《沈生伯衡傳》中惋惜沈伯衡早夭，將其比爲《楚辭後語》中收錄的邢居實："昔者邢居實以二十七死，沈生則以二十一死，其年之短于居實又六歲，而其文之所就已如此，則其才與居實或過焉而無不及。"最明顯的是《海東辭賦序》中以荆軻易水歌爲海東辭賦的源頭之一，並論述其風格説："至於慶卿易水之曲，又是朱夫子所稱之爲'悲壯激烈，非楚而楚'者也。"視《易水歌》爲辭賦，與《楚辭後語》相同；所引朱熹之言，正見於《楚辭後語》①。可見金錫胄在編撰本書時，頭腦中先有朱熹《楚辭後語》的影子在。

朝鮮科舉考試，以《楚辭後語》爲重要參考範本②。金錫胄本人長於科舉試賦，所以很自然地有這種看法。這也從側面證明了本文第二部分的觀點，即本書的編撰目的之一，是提供一本科舉用書。

四　作家和作品選擇

(一)作家選擇

書中所選作品，多屬申氏及與申家關係密切的人，這也印證了第一部分的相關論點：即本書爲申家子弟而編。

本書作家按時代先後順序排列，以申欽爲界分爲前後兩個時期。之前的十五位作家，皆卒于申欽出生前，申欽無由結交，所以本文不予討論。

申欽之後的作家共十二位（包括申欽在内），除慎天翊之外，其它十一位作家皆與申欽一門關係密切，或互相唱和，或爲對方寫祭文、挽詞，或爲

---

①　朱熹：《楚辭後語·易水歌第三》，上海：上海古籍出版社，1979 年，頁 221。

②　參看張佳《朝鮮時代擬賦研究》上編第二章第二節"《楚辭後語》與擬賦對象的選擇"，頁 38—45，南京大學 2014 年博士論文。

對方文集作序,其中李敏求和申翊聖(申欽之子)還是兒女親家①,此類人占到全書後半部分總人數的92%。若以作品數量而言,後半部分作品共三十六篇,此類人的作品達到三十四篇,占到95%。

更爲明顯的是,書中不僅選入了李敏求祭祀申翊聖的《祭東淮申公文》,而且還選了申欽和申最各自三篇作品,占後期作品數量的17%,占全書總數量的10%。其中申欽、申翊聖、申最分別是編者的外曾祖父、外祖父和舅父。雖然舉賢不避親,但此舉也可謂毫不避嫌。

那麼,作品選擇爲什麼會有這種過於明顯的傾向呢,難道就不擔心衆口嘵嘵嗎? 唯一的解釋是,此書原本專爲申氏子弟而編,所以也無傷大雅。這也進一步證明了第一部分的觀點,即:本書是爲教導申氏子弟而編撰的,確認了這一點,按第一部分的推論,就可以確認本書的編寫時間確在顯宗五年夏。

所選諸人之中,值得注意的是許筠。此書在《思舊賦》等五篇作品之下,均系以"亡名氏"之稱。經仔細檢閱,可以發現,這五篇作品的作者都是許筠。原來,許於光海君十年(1618)以謀反罪名被處死。金錫胄編撰此書,時在顯宗五年(1664),上距許筠之卒僅隔四十六年,所以書中不便出現其名。值得注意的是,由此也可見《海東辭賦》一書的編撰態度之客觀、嚴謹:編者不以人廢言,只注重作品的優劣;而且相當大膽,收入了許筠的五篇作品,其數量之多,僅次於張維(七篇),和李敏求同等。

(二)作品選擇

雖然此書的編選不乏私意,但仍然難掩光芒。書中選錄了一些文學水準較高的作品,表現在以下幾個方面。

---

①　許筠、申欽爲同事,交往密切,且後者曾爲前者文集作序,見許筠《惺所覆瓿稿》卷一九《己酉西行記》:"(四月)十四日,玄翁來訪,出所作鄙集序以示,獎詡太過,媿不克當。"(韓國文集叢刊第74輯,頁295。)李春英文集由申欽作序,李安訥、鄭弘溟文集由申翊聖作序;李安訥、趙希逸、張維、鄭弘溟、李敏求、趙纘韓均爲申欽寫挽詞或祭文;鄭弘溟、張維還爲申欽集作序;鄭弘溟、李敏求、趙纘韓等與申翊聖之間多有往來唱和之作;李敏求、申翊聖通家交好,李爲後者寫祭文,爲其文集作序,又爲其四子申最寫墓碣銘,兩人還爲兒女親家(見申翊聖《樂全堂集》卷一三之《亡室貞淑翁主行狀》,韓國文集叢刊第93輯,頁358—359)。以上材料見諸各人文集,此處不一一列舉。

　　首先，《海東辭賦》中有七篇作品同時見於《東文選》：李奎報《夢悲賦》、《祖江賦》與《春望賦》，李穡《閔志辭》、《觀魚台賦》與《礎賦》，李崇仁《哀秋夕辭》。《東文選》奉成宗之命編撰，帶有官方性質。編者徐居正文才出衆①，所以其書"採擇之精非前人之所及"②，編選水準很高。《海東辭賦》作爲私人編選之作，其中七篇作品與《東文選》吻合，可謂英雄所見略同。

　　其次，某些作品，在當時或後世有不少次韻之作。如李奎報《春望賦》，有任相元次韻之作；李穡《觀魚台賦》，有徐居正、金宗直、文敬仝、金兑一、李黿、南國柱等人的次韻之作；金馹孫《秋懷賦》，有周世鵬、南國柱的次韻之作；金馹孫《感舊游賦送李仲雍》，有金垓的次韻之作；李崇仁《哀秋夕辭》，有嚴昕的次韻之作；申欽的《歸田賦》，有申最的次韻之作。可見這些作品的巨大感召力。

　　再次，某些作品得到時人或後人的高度評價。如南孝温《玄琴賦》，申欽以爲："南秋江《玄琴賦》足爲國朝詞賦之冠……余讀之未嘗不潸然。"③閔齊仁《白馬江賦》"一時膾炙"④，得到"滿堂縉紳齊聲嗟賞"，"大播東方"⑤。金麟厚《七夕賦》被試官李荇稱賞，"以爲人與辭俱如玉"，其賦連同其它二賦"至今爲東人傳誦"⑥，"膾炙人口"⑦。鄭弘溟《瑞石山賦》，張維贊

---

①　明使祁順就曾稱讚説："先生在中朝，亦當居四五人内矣。"見金安老《龍泉談寂記》，《大東野乘》第二册卷一三，東京：朝鮮古書刊行會，明治四十二年（1909），頁 276。

②　《國朝人物志》卷一，見趙季輯校：《足本皇華集》附一，南京：鳳凰出版社，2013年，頁 1807。

③　申欽《晴窗軟談》卷下，見其《象村稿》卷五二，韓國文集叢刊第 72 輯，1993 年，頁 345。

④　閔鼎重《老峰集》卷八《五代祖考崇政大夫……總管府君行狀》，韓國文集叢刊第 129 輯，1996 年，頁 189。

⑤　洪重寅《東國詩話匯成》第十二卷，蔡美花、趙季主編：《韓國詩話全編校注》，北京：人民文學出版社，2012 年，頁 3158

⑥　洪重寅《東國詩話匯成》第十三卷，蔡美花、趙季主編：《韓國詩話全編校注》，頁 3184。

⑦　佚名《東國詩話》卷上，蔡美花、趙季主編：《韓國詩話全編校注》，頁 10112。

其“閎奇踔厲，氣焰可畏”①。姜希孟《養蕉賦》，許筠曾稱其“極好”②。張維《弔箕子賦》，尹鑴稱這是自己續作的直接動機：“幽居無事，偶閱溪谷稿，得其中《弔箕子賦》者，即步姜編修皇華韻者也。予讀之有感，遂爲之續次焉。”③金宗直《弔義帝文》，成涉高度評價此作：“其格似柳州，我東無其匹。若以《後語》論之，則不下於《弔萇弘文》，黄太史之《毀壁》當讓一頭。”④

　　總之，《海東辭賦》大量選入了佳作名篇，品質較高，所以在後世也影響頗大⑤。鑒於其在賦學史上的重要地位，此書仍有待學界的進一步的研究。

（作者單位：四川師範大學文學院）

---

　　① 張維《題瑞石山賦後》，見其《溪谷集》卷三，韓國文集叢刊第 92 輯，1996 年，頁 70。
　　② 許筠《惺叟詩話》，《惺所覆瓿稿》卷二五，韓國文集叢刊第 74 輯，1996 年，頁 360。
　　③ 尹鑴《白湖先生文集》卷一，韓國文集叢刊第 123 輯，1996 年，頁 20。
　　④ 成涉《筆苑散語》，蔡美花、趙季主編：《韓國詩話全編校注》，頁 3649。
　　⑤ 參見金起東《〈海東辭賦〉解題》，金錫冑《海東辭賦》。漢城：太學社，1992 年。

域外漢籍研究集刊　第十四輯
2016 年　頁 135—148

尹廷琦《詩經講義續集》釋《詩》方法闡微 ＊

付星星

朝鮮儒者尹廷琦(1814—1879),字奇玉,號舫山,海南人,是朝鮮時代
(1392—1910)晚期著名的學者。尹廷琦因爲南人的身份受限不能出仕,遂
放棄仕途,終身不應科舉,遊覽山水,作詩遣懷,有文集《舫山先生遺稿》傳
世。尹廷琦的《詩經》學思想主要體現在《詩經講義續集》一書中,本文以
《詩經講義續集》爲主探析尹廷琦的《詩經》學方法論特色。

一　《詩經講義續集》的成書

《詩經講義續集》署名曰"外孫男尹廷琦謹述"①,記載的是尹廷琦自幼
年至青年時期受教於外祖父丁若鏞時所獲得的關於《詩經》的釋義。因爲
丁若鏞著有《詩經講義》,所以該書名爲《詩經講義續集》,蘊含承接前著
之意。

尹廷琦自幼受教於丁若鏞,他説:"余自孩提,周旋公之膝下,親受誘掖

　　＊　基金項目:本文爲 2014 年國家社會科學基金一般項目"朝鮮半島《詩經》學史研
究"(項目編號:14BZW025)階段性成果。貴州大學人文社會科學科研項目一般項目
"姚際恆《詩經通論》研究"(項目編號:GDYB2014008)階段性成果。本論文受貴州大
學—孔學堂中華傳統文化研究院經費資助。
　　①　尹廷琦《詩經講義續集》,韓國成均館大學校大東文化研究院編《韓國經學資料
集成》,第 83 册,成均館大學校出版部 1995 年版,頁 3。

訓導。余年二十三而公歿,伊後虹橋永斷,學業無由琢磨,至此滅裂。"①丁若鏞於純祖十八年(1818)從貶所回到京畿道,尹廷琦於此年跟隨丁若鏞學習,直至丁若鏞逝世。祖孫感情深厚,以致後來尹廷琦將普及與發揚丁若鏞茶山之學視爲己任,他所著之《詩經講義續集》也與丁若鏞密切相關,他述著書緣由云:

> 《詩經講義》十二編,《補遺》三編,茶山公所述也。……同治年戊辰,僑居南充,偶閲《講義》,恍若聲欬之復承,千古遂邈,不覺涕洟之交也。講義之體,唯問是對,問所不及,不敢旁濫。則遺秉滯穗,不無掇拾者,故謹效管見。又是年公年三十時所對也,晚年雖有所悔,一者仰對不可追改,此則間附己意,合爲十一卷,名之曰《續集》。極知余僭妄,然此亦可爲紹述公之緒餘耶否。②

正祖十五年(1791),丁若鏞以六十日的時間回答正祖《詩經》條問八百餘條,丁若鏞對限時與限題情況下完成的《詩經》條對存有遺憾與不滿之處,於純祖八年(1808)對這些條對作了修改删削的工作,并在每條條對之前冠以正祖的條問,命名爲《詩經講義》(以下簡稱《講義》)。丁若鏞貶謫之後潛心學術,對於《詩經》的理解也與早年條對正祖提問時有相異之處,他評價自己在《講義》中的條對云:"今而見之,純是兒聲。今欲改撰,則當時御評,條條有之,不可改也。"③這種學問上的變化讓"本欲於先聖先王之道,鞠躬盡瘁,死而後已"④的丁若鏞感到憾恨。尹廷琦承教於丁若鏞的晚年時期,深刻地體會丁若鏞學問的變化之處,他在丁若鏞逝世三十多年之後重讀《講義》,在聲欬復承之餘,對"彼有遺秉,此有滯穗"⑤之四處散落的丁若鏞晚年《詩經》學思想進行重新整理,并貫之以自己對《詩經》的思考,遂撰成《詩經講義續集》(以下簡稱《續集》)一書。

---

①　尹廷琦《詩經講義續集》,頁 3。

②　尹廷琦《詩經講義續集》,頁 3—4。

③　丁若鏞《(增補)與猶堂全書》第一集卷二十,《答仲氏》書,韓國景仁文化社1970 年版,頁 431。

④　丁若鏞《詩經講義補遺》,《韓國經學資料集成》第 79 册,韓國成均館大學校出版部 1995 年版,頁 501。

⑤　《詩經·小雅·大田》,朱熹《詩集傳》,上海古籍出版社 1958 年版,頁 157。

　　《續集》前有總論、國風論,然後按照《詩經》的順序對需要解釋的詩篇進行解釋;《續集》解釋詩篇,只列篇名,不附詩篇原文,具體解釋詩篇或探討詩旨、或分析詩篇章句字詞。

二　從傳統注疏復歸《詩經》文本

　　朝鮮時代尊奉朱子學說,在《詩經》研究上也以朱熹《詩集傳》爲中心,如權近、李滉、金鍾後、李瀷等學者都圍繞《詩集傳》提出自己的詩學主張。尹廷琦的《詩經》研究呈現出從傳統注疏回到《詩經》文本的解釋傾向。尹廷琦重視文本在解釋中的重要性,從詩文本出發探尋詩旨,如《衛風·考槃》:

> 考槃在澗,碩人之寬。獨寐寤言,永矢弗諼。
> 考槃在阿,碩人之薖。獨寐寤歌,永矢弗過。
> 考槃在陸,碩人之軸。獨寐寤宿,永矢弗告。

　　關於此詩的解釋,《詩序》云:"刺莊公也。不能繼先公之業,使賢者退而窮處。"①朱熹《詩集傳》云:"詩人美賢者隱處澗谷之間,而碩大寬廣,無戚戚之意,雖獨寐而寤言,猶自誓其不忘此樂也。"②尹廷琦對此詩的解釋與《詩序》和《詩集傳》相異,其云:

> 考槃之"澗"、"阿"、"陸"不一,其地則非隱處之室,乃成其槃桓之志也。溪澗而暢叙幽情,以寬鬱懷,此謂碩人之寬也。"薖"恐是止憩之意。登丘阿而舒懷,暫所止憩也。"軸"者,車軸也。車以行陸,所以於陸而曰軸也。陸者,平地也。時或逍遥於澗,時或止憩於阿。若其所居之室,則在於平地也。……獨寐寤,謂無論寤寐而獨處也。蓋此賢者寤寐獨處矣,時或至澗而晤言,時或登阿而嘯歌,皆槃桓自適之意。還室而在陸,則軸也,遂乃止宿也。③

　　尹廷琦立足詩文本,根據詩中"澗"、"阿"、"陸"地點的不一,判定"澗"、"阿"、"陸"不是賢者穩定的隱居住所,否定《詩集傳》"賢者隱處澗谷之間"的解釋。他認爲《考槃》不是寫賢者隱居之樂的詩而是敘述賢者藉助山水

---

① 孔穎達《毛詩正義》,北京大學出版社 1999 年版,頁 220。
② 朱熹《詩集傳》,頁 35。
③ 尹廷琦《詩經講義續集》,頁 115—116。

消解抑鬱懷抱獲得獨樂自適之感的詩：即賢人於心中有鬱結之時，或出遊山澗抒懷，或登山嘯歌，待心意愜然之後駕車歸家的歷程①。尹廷琦不迷信舊說，他從分析詩篇文本所得來的解釋與《詩序》、《詩集傳》所代表的傳統註疏不同，體現了他對《詩經》文本獨立的思考。

　　另外，對於一些在詩旨上較難確定的詩篇，《續集》在參考成説的情況下，也以分析詩文本爲主，并在部分詩篇的理解上提出新的見解。如《唐風‧揚之水》：

　　　　揚之水，白石鑿鑿。素衣朱襮，從子于沃。既見君子，云何不樂！
　　　　揚之水，白石皓皓。素衣朱繡，從子于鵠。既見君子，云何其憂！
　　　　揚之水，白石粼粼。我聞有命，不敢以告人。

　　《唐風‧揚之水》，舊説爲昭公微弱，曲沃桓叔强盛，國人欲歸曲沃的詩。如《詩序》云：“刺晉昭公也。昭公分國以封沃，沃盛强，昭公微弱，國人將判而歸沃焉。”②《詩集傳》云：“晉昭侯封其叔父成師于曲沃，是爲桓叔。其後沃盛强而晉微弱，國人將叛而歸之，故作此詩。言水緩弱而石巉巖，以比晉衰而沃盛，故欲以諸侯之服從桓叔于曲沃。”③《續集》云：“此其聞命不

---

①　按：此詩尹廷琦在以上文本分析的基礎上，將此詩三章末句之“永矢弗諼”、“永矢弗過”、“永矢弗告”與《小雅‧隰桑》之“中心藏之，何日忘之”相比照，并將《孝經》、《禮記》注中對《隰桑》詩句的理解轉移到《考槃》詩之末句。最後得出，此詩三章之上三句敘獨樂其樂也，下一句敘愛君之意。尹廷琦云：“爲此詩者，即《隰桑》賢者之同類也。《隰桑》之卒章曰：‘心乎愛矣，遐不謂矣，中心藏之，何日忘之。’《孝經》引之云：‘進，思盡忠者，遐不謂矣之謂也；退，思補過者，中心藏之之謂也。’《表記》孔子又引之云：‘事君欲諫，不欲陳。’陳《註》曰：‘諫者，止君之失；陳者，揚君之失也。我有愛君之心，欲諫其過，胡不言乎，心乎愛矣，遐不謂矣。事君欲諫，縱未得進諫，亦藏於心而不忘，但不以語他人耳，不欲陳。’今此詩旨旁照可驗也。其曰‘永矢弗諼’者，退思補過，藏心而不忘其君也。‘永矢弗過’者，進思盡忠，必欲進諫而止君之失，自誓以納君無過也。‘永矢弗告’者，中心藏之，不以語人而揚君之失也。蓋賢者雖有愛君欲諫之心，疏而在野，無由見君王之面，進諫無路，故終乃永矢以不告也。然則三章皆上三句獨樂其樂也，下一句愛君之意也。”尹廷琦《詩經講義續集》，頁116—117。
②　孔穎達《毛詩正義》，頁383。
③　朱熹《詩集傳》，頁69。

告，爲之秘隱而眩纈之也"之詩①。尹廷琦認爲《揚之水》爲桓叔强盛，其與晉人締結爲内應之事鑿鑿可見，但是聞命的人不將此事告與他人，反而以粼粼的水紋加以掩飾。尹廷琦在具體的解釋上與《毛傳》、《鄭箋》、《詩集傳》等存在諸多的差異，下以"揚之水"、"白石鑿鑿"、"皓皓"、"粼粼"爲例。

　　"揚之水"，《鄭箋》云："激揚之水，波流湍疾，洗去垢濁，使白石鑿鑿然。興者，喻桓叔盛强，除民所惡，民得以有禮義也。"②《鄭箋》以揚之水激揚洗垢爲喻，讚揚桓叔的功業。《詩集傳》釋"揚之水"云："言水緩弱而石巉巖，以比晉衰而沃盛。"《詩集傳》釋揚之水爲緩弱之水，以水緩石巖比喻晉衰沃盛。可見《鄭箋》與《詩集傳》的解釋均與曲沃之盛强有關，但解釋卻完全不同。《續集》云："水之激揚而横流汎濫者，曲沃之盛强也。"③尹氏直接以揚之水爲激揚横流之水來象徵曲沃盛强，其解釋與《鄭箋》、《詩集傳》相異。

　　"鑿鑿"，《毛傳》釋云："鮮明貌。"④《詩集傳》釋爲："巉巖貌。"⑤《續集》釋"鑿鑿"與《毛傳》同，但是《續集》對"白石鑿鑿"的理解卻與《毛傳》迥異，孔穎達疏《毛傳》云："言激揚之水……洗去石之垢穢，使白石鑿鑿然而鮮明，以興桓叔是德，政教寬明。"⑥尹廷琦云："鑿鑿，鮮明貌。水中之白石照見而鑿鑿者，桓叔締結之跡昭然可見也。"他理解"白石鑿鑿"爲桓叔締結之事昭然可見，據丁若鏞《詩經講義補遺》可知，此處"締結"爲桓叔締結晉人作爲内應之事⑦。

　　"皓皓"，《詩集傳》無釋，《毛傳》云："潔白也。"⑧《續集》云："則非徒水中之鑿鑿，乃露著其白也。"尹廷琦不從顔色上加以解釋，而是賦予"白石皓皓"以象徵的功能，寓示締結之事昭然可見。

————————

① 尹廷琦《詩經講義續集》，頁 199。
② 孔穎達《毛詩正義》，頁 383。
③ 尹廷琦《詩經講義續集》，頁 199。
④ 孔穎達《毛詩正義》，頁 383。
⑤ 朱熹《詩集傳》，頁 69。
⑥ 孔穎達《毛詩正義》，頁 384。
⑦ 丁若鏞云："桓叔密締晉人，令作内應，故不敢以告人。"《詩經講義補遺》，頁 539—540。
⑧ 孔穎達《毛詩正義》，頁 384。

"粼粼",《毛傳》云:"清澈也。"①《續集》云:"粼粼者,水石之搖漾而波紋
亂纈,鱗鱗然堆疊者也,粼粼漾纈,則皓鑿之色盪亂而不分明。"②他理解爲
水波粼粼之下,白石之"鑿鑿"與"皓皓"顯得盪亂而不分明。"粼粼"形容聞
命而不告人,爲之掩藏甚至故意眩人耳目以致看不清事情的真相。尹廷琦
通過分析詩篇字詞所得出的關於此詩的解釋在中朝《詩經》學史上都具有
獨創性,豐富了《詩經》的解釋内容。

三　以《詩》證《詩》

尹廷琦的《詩經》研究還注意尋繹詩篇之間的關係,將《詩經》中具有相
同主題的詩篇聯繫在一起互相解釋,此在朝鮮半島《詩經》學史上甚爲罕
見,開拓了《詩經》解釋的面向。

如《魏風·陟岵》,此是孝子行役不忘其親,登山以望父、母、兄,并設想
父母兄長之辭的詩。此詩之特點是隨着思念對象的變化,詩句涉及的地點
也隨之變化,即"陟彼岵兮,瞻望父兮"、"陟彼屺兮,瞻望母兮"、"陟彼岡兮,
瞻望兄兮"。對於這些變化的地點,"岵"、"屺",《毛傳》分別解釋云:"山無
草木曰岵。"③"山有草木曰屺。"④"岡",《毛傳》無釋。"岵"、"屺",《詩集傳》
的解釋與《毛傳》同⑤。"岡",《詩集傳》云:"山脊曰岡。"⑥尹廷琦云:

> "岵"、"屺"、"岡"蓋以山形高下之等差,以喻父母兄之倫序,若《王
> 風·葛藟》之"滸"、"涘"、"漘"也。⑦

《葛藟》詩爲流離失所之人離開家族鄉里的哀歎,詩句根據稱謂的不同
而變化所涉之地點。詩云"綿綿葛藟,在河之滸。……謂他人父"、"在河之
涘,謂他人母"、"在河之漘,謂他人昆"。《葛藟》之"滸"、《毛傳》云:"水厓曰

---

① 孔穎達《毛詩正義》,頁 384。
② 尹廷琦《詩經講義續集》,頁 199。
③ 孔穎達《毛詩正義》,頁 367。
④ 孔穎達《毛詩正義》,頁 368。
⑤ 朱熹《詩集傳》,頁 65。
⑥ 朱熹《詩集傳》,頁 65。
⑦ 尹廷琦《詩經講義續集》,頁 183。

潛。”①《詩集傳》云：“岸上曰潛。”②“涘”，《毛傳》云：“涘，涯也。”③《詩集傳》云：“水涯曰涘。”④“滸”，《毛傳》云：“水陳也。”⑤《詩集傳》云：“夷上洒下曰滸。”《毛傳》與《詩集傳》的解釋就訓詁而訓詁，並未對“岵”、“屺”、“岡”和“潛”、“涘”、“滸”作意義上的區分。尹廷琦根據《陟岵》、《葛藟》二詩在感情基調上均屬於離鄉懷親，在《陟岵》詩“岵”、“屺”、“岡”不同地點的解釋上，以《葛藟》篇字詞的變化作爲内證，指出詩篇中變化的地點喻示著家族倫理的等級秩序，賦予了原本單純的方位名詞以禮樂文化的象征意義。

再如《小雅·沔水》，這是勸兄弟朋友自持以免禍之詩，尹廷琦解釋此詩云：

> 此戒宗族朋友以免禍之詩。世亂讒勝，禍患將迫賢者，所以憂也。《小宛》之戒及禍則曰：“有懷二人”、“無忝爾所生”。君子之當亂世，不能明哲保身，横罹讒禍，則忝辱所生，誠能思父母，則當念亂而慎之也。小人不蹟，讒構轉劇而禍色迫至，所以“載起載行”，而不可忘慮也。《小宛》曰：“各敬爾儀”，此詩之“我友敬矣，讒言其興”即一意也。⑥

《小雅·小宛》，兄弟相戒以免禍之詩。尹廷琦根據《沔水》與《小宛》在詩旨上有相同之處，在《沔水》詩的闡釋中採用了《小宛》詩中相應的詩句作爲解釋的證據。同時，尹廷琦在釋《小宛》的時候，也引用《沔水》詩中的相應的詩句，如他説：“‘有懷二人’，懼或忝辱於父母也。《沔水》以鴥隼比小人而遂云：‘嗟我兄弟，邦人諸友，莫肯念亂，誰無父母？’即同其旨義也。……‘各敬爾儀’是相戒免禍之言也。……‘各敬爾儀’即《沔水》卒章‘我友敬矣，讒言其興’之意。”⑦尹廷琦運用具有相同主題意義的詩篇及詩句來互相參證，溝通詩篇之間的聯繫，讓單一的詩篇處於詩篇群中，以達到舉一反三的釋《詩》效果，還可以更準確地探明詩人的主旨。

---

①　孔穎達《毛詩正義》，頁 265。
②　朱熹《詩集傳》，頁 46。
③　孔穎達《毛詩正義》，頁 265。
④　朱熹《詩集傳》，頁 46。
⑤　孔穎達《毛詩正義》，頁 266。
⑥　尹廷琦《詩經講義續集》，頁 361—362。
⑦　尹廷琦《詩經講義續集》，頁 407—408。

尹廷琦以《詩》證《詩》還存在不著注明詩篇篇名者,他直接引用或者化用他篇的詩句來解釋詩篇,如《周頌·清廟》:

> 於穆清廟,肅雝顯相。濟濟多士,秉文之德。對越在天,駿奔走在廟,不顯不承,無射於人斯!

此詩是祭祀文王之詩,《詩序》云:"祀文王也。周公既成洛邑,朝諸侯,率以祀文王焉。"①《詩集傳》承《詩序》之説,并無異議。此詩之難點在於對"不顯不承,無射於人斯"的解釋。下文以《毛傳》、《鄭箋》與《續集》的解釋相比較:

> 《毛傳》云:顯於天矣,見承於人矣,不見厭於人矣。②

> 《鄭箋》云:諸侯與衆士,於周公祭文王,俱奔走而來,在廟中助祭,是不光明文王之德與? 言其光明之也。是不承順文王志意與? 言其承順之也。此文王之德,人無厭之。③

> 《續集》云:"不顯"者,文王之德"不大聲以色",則不爲形迹之顯著也。今而既没,則"神之格思,不可度思",此其神道之弗睹弗聞,而爲"不顯"也。"對越"、"駿奔"皆是秉文德之人,則文王之德雖不可見形迹,豈可以神道之,"不顯"而不爲承奉乎? 於乎不忘,而人皆慕悦承奉,以其德無所厭斁也,此之謂"不顯不承"。"無射於人斯"而實與"不顯亦臨,無射亦保"之義相合也。④

《毛傳》、《鄭箋》、《續集》對於"不顯不承,無射於人斯"的解釋,可以下表呈現:

《清廟》詩句	《毛傳》	《鄭箋》	《續集》
不顯	文王精神顯於天。	助祭者光明文王之德。	文王之德不爲形迹之顯著。
不承	助祭者承文王之事。	助祭者承順文王志意。	人皆慕悦承奉文王之德。
無射於人斯	文王之德,不爲人厭。	人無厭文王之德。	不顯亦臨,無射亦保。

---

① 孔穎達《毛詩正義》,頁 1279。
② 孔穎達《毛詩正義》,頁 1282。
③ 孔穎達《毛詩正義》,頁 1282—1283。
④ 尹廷琦《詩經講義續集》,頁 724。

"無射於人斯",《毛傳》、《鄭箋》都解釋爲文王之德不爲人厭棄。"不顯不承",二者的解釋差異較大:《毛傳》意謂文王的精神光顯於天,奔走助祭者承事文王①。《鄭箋》意謂助祭之人宣揚文王之德,并順承文王之志意。孔穎達對《鄭箋》與《毛傳》之異同亦有所疏解②。

《續集》的解釋與《毛傳》、《鄭箋》相異。"不顯",尹廷琦解釋爲文王之德具有不著於形跡的特徵,并引用《大雅·皇矣》"不大聲以色"來描述不顯的具體狀態,其對"不大聲以色"的理解採取的是《詩集傳》"言其德之深微,不暴著其形迹"③的解釋。尹廷琦再引《大雅·抑》篇之"神之格思,不可度思",來證明文王逝世以後,其德升爲"神道"如"鬼神之妙,無物不體,其至於是,有不可得而測者"④。"不承",尹廷琦認爲文王之德不爲人們所厭棄,人們都願意奉承文王之德。"無射於人斯",《毛傳》、《鄭箋》皆解釋爲對文王之德的不厭棄。《續集》則以《大雅·思齊》"不顯亦臨,無射亦保"釋之。《詩集傳》釋"不顯亦臨,無射亦保"云:"雖居幽隱,亦常若有臨之者,雖無厭射,亦常有所守焉。"⑤《續集》引《思齊》詩句,但是所用的是《詩集傳》的解釋,其要傳達的意思是文王之德雖然不可觀其形,不可聞其聲,但是卻無處不在,因此需要保持內心自守而無所厭倦,強調的是內心的修養。⑥

---

① 孔穎達《疏》云:"以文王精神已在於天,光顯文王,是顯於天也。此奔走助祭,是承事文王,故見承於人也。不見厭於人者,由文王之德美,不爲人厭,所以諸侯、多士奔走助之,結上助祭之意也。"《毛詩正義》,頁 1283。

② 孔穎達《疏》對《鄭箋》更改《毛傳》之意進行解釋云:"此言奔走在廟,主述祭時之事,無取於在天,故以爲光明文王之德,承順文王之意。光明文王之德,雖亦得爲顯之於天,但於文勢直言人所昭見,不當遠指上天,故易《傳》也。此文王之德,人無厭之,即是不見厭於人,與《傳》同也。"《毛詩正義》,頁 1283。

③ 朱熹《詩集傳》,頁 186。

④ 朱熹《詩集傳》,頁 206。

⑤ 朱熹《詩集傳》,頁 183。

⑥ 按:尹廷琦的解釋與《毛傳》等傳統的解釋不合,但卻與清方玉潤《詩經原始》中所引元人胡一桂《詩集傳附錄纂疏》之解釋有很多的相同之處。參方玉潤《詩經原始》,中華書局 1986 年版,頁 576—577。

四　從語言學角度釋《詩》

尹廷琦還從語言學的角度釋《詩》,主要表現在關注《詩經》之習語、隱語、古語、反語等方面,以下以隱語與習語爲例。

(一)以習語釋《詩》

《詩經》中存在諸多具有固定意義的詩句,即習用套語,簡稱習語。《詩經》中的"采蘩祁祁"必定與"歸"相連:如《豳風·七月》:"春日遲遲,采蘩祁祁。女心傷悲,殆及公子同歸。"再如《小雅·出車》:"倉庚喈喈,采蘩祁祁。執訊獲丑,薄言還歸。""喓喓草蟲,趯趯阜螽"必定與"未見"、"既見"君子的兩種感情相聯。如《召南·草蟲》:"喓喓草蟲,趯趯阜螽。未見君子,憂心忡忡。亦既見止,亦既覯止,我心則降。"再如《小雅·出車》:"喓喓草蟲,趯趯阜螽。未見君子,憂心忡忡。既見君子,我心則降。""陟彼北山,言采其杞"與"王事靡盬"相聯,如《小雅·杕杜》:"陟彼北山,言采其杞。王事靡盬,憂我父母。"再如《小雅·北山》:"陟彼北山,言采其杞。偕偕士子,朝夕從事。王事靡盬,憂我父母。"整理并分析《詩經》中的習語對於正確理解詩意是很有必要的。

尹廷琦從語言分析的角度認識到《詩經》中存在習用套語的表達方式。以"束薪"爲例,《唐風·綢繆》:"綢繆束薪,三星在天。今夕何夕? 見此良人。子兮子兮,如此良人何!"《續集》云:

> 薪與芻、楚蓋有婚合之義,故《漢廣》詩之"錯薪"、"刈楚"言於"之子于歸"也。薪是木之小者,必會合而纏束之,芻、楚亦然,有似男女之會合結婚,綢繆束之即其義也。男女之貞正婚合,則必束白茅以取潔精。《召南》之白茅純束,有女如玉。《小雅》之"白華菅兮,白茅束兮"是也。至若薪楚之雜木,芻刈之雜草,非若白茅之潔精,以比淫男淫女之糾合,非正耦之貞正,不過爲薪與芻楚之雜賤也。①

又《小雅·車舝》,《續集》云:

> "束薪"固比之婚姻,《唐風》之"綢繆束薪"是也。②

---

① 尹廷琦《詩經講義續集》,頁 202。

② 尹廷琦《詩經講義續集》,頁 487。

《周南·漢廣》云:"翹翹錯薪,言刈其楚",《召南·野有死麕》云:"白茅純束",《小雅·白華》云:"白華菅兮,白茅束兮",《唐風·綢繆》:"綢繆束薪。"尹廷琦根據各詩篇的詩旨,推斷"薪"與"楚"有婚合之意。當代學者張啟成教授指出《詩經》婚戀詩中的"析薪"是娶妻的象征,而"束薪"則是夫妻和合的象征①。可見尹廷琦將"束薪"作爲《詩經》中婚姻習用表達方式的探索具有導夫先路的意義,開創了從語言學的角度研究《詩經》婚戀用語的先河。

(二)以隱語釋《詩》

隱語是一種不直接表達意思的語詞,它與隱喻、借喻近似,但又有所不同②。聞一多先生說:"隱語古人只稱作隱,它的手段和喻一樣,而目的完全相反,喻訓曉,是借另一事物來把本來說不明白的說得明白點;隱訓藏,是借另一事物來把本來可以說得明白的說得不明白點。"③《詩經》中存在以"隱語"的方式來表達意思的語詞,如有關婚姻的詩常用"魚"、"飢"、"雲"、雨"等隱語來表達。聞一多先生在《説魚》中詳細論證了"魚"作爲隱語在《詩經》中具有特殊的表達功能④。在古代中朝《詩經》學史上很少有學者發現《詩經》中具有隱語的特色,海東尹廷琦是從隱語研究《詩經》的先行者。

尹廷琦從隱語的角度釋《詩》,以"雨"爲例。如《衛風·伯兮》,該詩是婦人思念久從征役的丈夫的詩。詩第三章云:"其雨其雨,杲杲出日。願言思伯,甘心首疾。"尹廷琦解釋詩中的"雨"到:

> 夫婦相合,則陰陽之和合而遂雨也,故望夫之歸而曰"其雨其雨"也。夫之不歸,猶雨之不來,則乃曰"杲杲日出"也,杲日即不雨也。既東而出日,自東此又懷思之切也。⑤

尹廷琦認爲此處的"雨"非自然界之雨,而是詩中的隱語,具有夫婦和合之意。思念丈夫的女子期待著與丈夫的相會,但是明艷的太陽則昭示著

① 張啟成《詩經風雅頌研究論稿新編》,學苑出版社 2011 年版,頁 265—267。
② 張啟成《詩經風雅頌研究論稿新編》,頁 276。
③ 聞一多《詩經研究》,巴蜀書社 2002 年版,頁 66。
④ 聞一多《詩經研究》,頁 83—84。
⑤ 尹廷琦《詩經講義續集》,頁 130—131。

她的期盼的破滅。當代學者張啟成教授亦將此詩中的雨理解爲象征男女歡愛的隱語①。

再如《齊風·敝笱》：

敝笱在梁，其魚魴鰥。齊子歸止，其從如雲。

敝笱在梁，其魚魴鱮。齊子歸止，其從如雨。

敝笱在梁，其魚唯唯。齊子歸止，其從如水。

此詩，《詩序》云："刺文姜也。齊人惡魯桓公微弱，不能防閑，文姜使至淫亂，爲二國患焉。"《詩集傳》云："齊人以敝笱不能制大魚，比魯莊公不能防閑文姜，故歸齊而從之者衆也。"②《詩序》、《詩集傳》以此詩爲魯文姜歸齊國并與齊桓公淫亂之詩，但均未對"雲"、"雨"在詩篇中的特殊意義加以闡釋。尹廷琦在《詩序》、《詩集傳》的解釋背景之下，重點闡釋"雨"在詩中的特殊意義，其云：

陰雨之象，以喻男女之媾合。水從雲，下而爲雨。齊襄、文姜男女淫合，故取象於是也。首章而曰"雲"者，文姜之始歸齊而陰穢之凝聚爲雲也。二章而曰"雨"者，陰穢之凝聚者交合而和解，即雲之爲雨也，於是乎男女構精而耽慕之情悦解也。卒章而曰"水"者，雨下而水，遂乃滂沱也，於是乎淫穢之浹洽而快瀉也。此雖以從之衆多而言之，若其取義於雲情雨態，勘字立文乃詩人之妙處也。③

尹廷琦將"雨"作爲男女媾和之隱語，他將"雲"、"雨"、"水"都作"雨"意向的延伸，讚揚詩人措辭立言之高妙，借隨從之多如雲、如雨、如水來隱喻文姜歸齊私會齊桓公的醜陋行爲。

《邶風·谷風》，此詩是婦人爲夫所棄，以敘其悲怨之詩。詩首章云："習習谷風，以陰以雨。"尹廷琦解釋云：

夫婦之合，多取陰雨。以其陰陽和而爲雨，夫婦和而家道成也。《易·小畜》上九取夫婦之象，則曰："既雨既處"；《睽》上九之婚媾曰："遇雨，吉。"即是也。④

---

① 張啟成《詩經風雅頌研究論稿新編》，頁 276。

② 朱熹《詩集傳》，頁 61。

③ 尹廷琦《詩經講義續集》，頁 172。

④ 尹廷琦《詩經講義續集》，頁 70。

朱熹《詩集傳》云："言陰陽和而後雨澤降,如夫婦和而後家道成。"①尹廷琦"陰陽和而爲雨,夫婦和而家道成也"是對朱熹的讚同,他不同於朱熹的地方在於將詩中的"雨"作爲"夫婦之合"特定用語,汲取了《周易》陰陽相合生雨的思想資源。

尹廷琦以《周易·小蓄》和《周易·睽》兩卦來解釋《谷風》也是很恰當的。他説:"《易·小畜》上九取夫婦之象,則曰:'既雨既處'"。《小蓄》卦上九爻辭曰:"既雨既處,尚德載。婦貞厲,月幾望,君子征凶。"②上九爲陽爻,六四爲陰爻,陰陽相合則爲雨,呈現出既雨既處的吉祥狀態。作爲陰爻的六四爻在小蓄卦中處於統治地位,有陰爻壓迫陽爻之象,故朱熹解釋爲"陰加於陽,故雖正亦厲"。程頤《周易程氏傳》曰:"婦貞厲,婦謂陰。以陰而畜陽,以柔而制剛,婦若貞固守此,危厲之道也。安有婦制其夫,臣制其君,而能安者乎?"③《谷風》詩中的妻子雖有黽勉治家的功勞,但卻有怒訴丈夫不良的過激行爲,這對於妻子和丈夫的勸誡極爲深刻。

尹廷琦再以《周易·睽》來解釋此詩,其云:"上九之婚媾曰:'遇雨,吉。'"《睽》上九爻辭云:"睽孤,見豕負塗,載鬼一車。先張之孤,後説之弧,匪寇,婚媾。往遇雨則吉。"④

上九與六三爲正應,本應不孤,但是六三被初九、九三兩個陰爻牽制,不能與上九順利呼應,致使上九短時間出現孤獨之狀。另外,上九居睽卦之終,以陰爻居上位,又在離卦之上,離爲火,説明上九過於暴躁苛察,以至於多疑煩憂,難與六三形成正應,反而懷疑六三,鄙視厭惡六三爲負泥之

---

① 朱熹《詩集傳》,頁 21。

② 朱熹注釋此爻曰:"蓄極而成,陰陽和矣,故爲既雨既止之象。蓋尊尚陰德,至於積滿而然也。陰加於陽,故雖正亦厲。然陰既盛而亢陽,則君子不可以有行矣。其占如此,爲戒深矣。"朱熹撰,朱傑人、嚴佐之、劉永翔主編《朱子全書》,第 1 冊,上海古籍出版社 2010 年版,頁 40。

③ 程頤《周易程氏傳》,中華書局 2011 年版,頁 57—58。

④ 朱熹解釋云:"睽孤,謂六三爲二陽所制,而己以剛處明極睽極之地,又自猜狠而乖離也。見豕負塗,見其汙也。載鬼一車,以無爲有也。張弧,欲射之也。説弧,疑稍釋也。匪寇,婚寇,知其非寇而實親也。往遇雨則吉,疑盡釋而睽合也。上九之與六三。先睽後合,故其象、占如此。"朱熹撰,朱傑人、嚴佐之、劉永翔主編《朱子全書》,第 1 冊,頁 65。

豕,并無中生有猜測六三如載滿一車之鬼。鬼本無形之物,喻示上九不宜
妄生事端。好在物極必反,睽極必合,上九疑六三爲寇仇,先是開弓欲射,
後來發現六三非寇仇,乃爲己之正應,如男性配偶,乃婚配之好逑,所以放
下弓矢。消除猜疑,陰陽相應,而降甘雨,呈現出夫婦和諧的美好狀態。
《谷風》首章曰:"習習谷風,以陰以雨。"正是"陰陽和而後雨澤降,如夫婦和
而後家道成"①的形象表述,蘊含夫妻之間應該消除猜忌之意,如睽卦之上
九與六三的相合,而後方見一門之内其樂融融的景象。可見,尹廷琦以《周
易》來解釋詩篇,不僅指出"雨"是詩人表達夫婦和合的隱語,還以《周易》的
哲學思想揭示出《谷風》詩篇所蘊含的夫婦之道。現代學者聞一多先生、張
啟成先生認爲"雨"是《詩經》中夫婦歡會的隱語,但均未將此一隱語的根源
推溯到《周易》所代表的先民取象于自然界的思維方式。尹廷琦的研究在
中朝《詩經》學史上具有積極的意義,同時展示出運用《周易》解釋《詩經》的
獨特魅力。

　　　　　　　　　　　　　　　(作者單位:貴州大學文學與傳媒學院)

---

① 　朱熹《詩集傳》,頁21。

域外漢籍研究集刊　第十四輯
2016 年　頁 149—166

19 世紀崔瑆煥的《性靈集》編撰及其意義

韓　東

　　《性靈集》是 19 世紀朝鮮文人崔瑆煥（1813—1891）編撰的詩歌選集，此集的編撰歷經 4 年之久，於 1858 年最終完成並刊行於世。《性靈集》共計 20 卷，分爲正編、續集、補遺、續集補遺 4 個部分，全集收錄“全詩”5850首，“摘句”3498 聯。對於這部詩歌選集前輩學者已有論説，但是經過細讀，這部內容龐大的詩歌選集有待討論的問題還有不少。比如，《性靈集》一直被認爲是中國歷代詩歌選集，但是此集的明代與清代部分還收錄有朝鮮詩人的詩歌；又如，《性靈集》清代部分中大量直接抄錄了袁枚《隨園詩話》中收錄的詩歌，這一現象没有被發現，其背後的原因更是無人提及。實際上，《性靈集》的編撰不僅代表的是崔瑆煥個人的詩歌審美，它也是 19 世紀朝鮮詩壇詩學價值取向的代表，同時還是清代“性靈派”詩學影響朝鮮詩壇的體現。因此，對崔瑆煥編撰《性靈集》①的過程與意義進行討論是很有必要的。

一　《性靈集》編撰的緣起

　　對於詩歌選集的研究，有一個問題無法回避，那就是作者究竟是在什

---

① 　現在已知的《性靈集》版本有 10 種，分别藏於韓國的國立中央圖書館、延世大、奎章閣、澗松美術館、嶺南大、高麗大、啟明大、全南大、慶北大、翠菴文庫、雅丹文庫。本文所用的版本是韓國國立中央圖書館所藏本。圖書番號（일상고 3715—68），全文無頁碼。以下引用《性靈集》時，不再注明出處。

麽情況下編撰的呢？關於《性靈集》的編撰問題也要從這裏談起。《性靈集》的編撰者崔瑆焕雖是"中人"出身的下級武官，但是他對詩歌卻情有獨鍾，他與當時生活在漢陽的"閭巷詩人"們往來頻繁，韓國學者鄭雨峰可能是著眼於這一點，認爲崔瑆焕的《性靈集》編撰是受到閭巷詩人張混編撰《詩綜》的影響①。但是這種推測有這樣幾個問題：首先，張混的《詩綜》是中國歷代詩選集，而崔瑆焕的《性靈集》中除了漢魏至清乾隆時期的中國歷代詩歌之外，另選有朝鮮的詩歌；其次，與《詩綜》的精英主義選詩原則不同，崔瑆焕的《性靈集》中收録了大量女性詩人與小人物的詩歌；最後，崔瑆焕的《性靈集》有一個張混《詩綜》中没有的特點，那就是他抄録了袁枚《隨園詩話》中的大量詩歌。基於以上三點，鄭雨峰的説法顯然是站不住腳的。

事實上，崔瑆焕的《性靈集》編撰與袁枚（1716－1797）的《隨園詩話》在朝鮮後期詩壇的傳播有關。袁枚的詩話集自刊行之日起就風靡一時，袁枚自己就曾説到："余刻詩話尺牘二種，被人翻刻，以一時風行，賣者得價故也，近聞又有翻刻隨園全集者。"②由於袁枚的名聲在當時的詩壇十分突出，就連朝鮮人也曾積極購買過袁枚的詩文集，如蔣敦複就在其《隨園軼事》中記述到："高麗使臣李承熏、洪大榮等奉使來華，讀先生集競相傾倒，各以重金購數十部，歸國分贈儕輩。"③所以，18 世紀末期－19 世紀初，當袁枚的《隨園詩話》正編與補遺相繼傳入朝鮮後，在朝鮮也掀起了一場閱讀與學習的"熱潮"。這一時期朝鮮文人開始大量引用與抄録《隨園詩話》中的内容。我們可以把這種現象分爲三類：一類是引用袁枚《隨園詩話》的内容；一類是抄録《隨園詩話》中的詩論與詩歌；一類是化用《隨園詩話》中的詩論。這裏要討論的便是第二類情況。18 世紀末期，朝鮮文人李鈺曾編撰《百家詩話鈔》，雖名爲百家詩話，卻實爲一家詩話，即該書内容完全抄録於

---

① （韓）鄭雨峰：《19 世紀性靈論的再照明—以崔瑆焕的性靈論爲中心》，《韓國漢文學研究》35，2007 年，第 419～439 頁。

② 袁枚著顧學頡校點：《隨園詩話》補遺卷 3，北京：人民文學出版社，1960 年，第 630 頁。以下《隨園詩話》的徵引都用此本，不再一一注明。

③ 蔣敦複著《隨園軼事》，王英志編，《袁枚全集》第八册，江蘇古籍出版社，1993 年，第 50～51 頁。

袁枚的《隨園詩話》①。那麼李鈺爲什麼要抄録《隨園詩話》呢？李鈺有一部名爲《俚諺》的詩集，這部詩集與《百家詩話鈔》一起收録在《藝林雜佩》中。《百家詩話鈔》抄録了大量袁枚《隨園詩話》中反對"詩教觀"與"溫柔敦厚"詩歌創作風氣的詩論與描寫真情的詩歌，所以説，李鈺抄録《隨園詩話》的現象實際上反映了他對袁枚主張的"真情"觀的認同與提倡。而以女性的口吻真實的描寫男女之間情感的《俚諺》，便是李鈺在詩歌創作實踐上所做的回應。如果説李鈺的《百家詩話鈔》中抄録的內容是以詩論爲主、詩歌爲輔，並且數量不大的話。那麼崔瑆煥的《性靈集》不僅專抄《隨園詩話》中的詩歌，而且其抄録的數量比李鈺的《百家詩話鈔》要多很多。下表便是崔瑆煥《性靈集》中抄録《隨園詩話》中詩歌的情況：

	正編	續集（歷代名媛）	補遺（歷代摘句）	續集補遺（歷代名媛摘句）
共計	4880 首	970 首	2548 聯	950 聯
清代	1316 首	217 首	1090 聯	365 聯
引用《隨園詩話》	494 首	98 首	634 聯	70 聯

　　從上表中，可以看到《性靈集》雖收録了漢魏至清乾隆時期的歷代詩歌，但是清代的詩歌無疑是其重點，清代"全詩"的收録數量超過四分之一（26％），而"摘句"的收録數量更是超過了三分之一（41％）。同時，清代詩歌中直接抄録《隨園詩話》的"全詩"數量超過三分之一（33％），而"摘句"的數量更是幾乎達到二分之一（48％）。這至少説明了一個問題，那就是崔瑆煥在編撰《性靈集》時，袁枚的《隨園詩話》是其最主要的抄録對象，並且《性靈集》的構成是以《隨園詩話》中的詩歌爲主體的。崔瑆煥曾在《性靈集序》中如下説到：

　　　　古人之性，即我之性，古人性之所好，即我性之所好。以古人之性道古人之所好，直不過如是也，以我之性道我之所好，亦直不過如是也。是古人之所言者，即我之言也，豈可以不經我口遂謂之非我之心

---

　　①　詳見張伯偉：《李鈺〈百家詩話鈔〉小考》，《域外漢籍研究集刊》第 3 輯，中華書局，2007 年，第 49～59 頁；童嶺：《百家詩話鈔溯源小考》，《古代文學理論研究》33，華東師範大學出版社，2011 年，392～404 頁。

哉？ 然則我心之所合者，固我之言也，我心之所不合者，非我之言也，
取其所合之言而以爲我言，則其言之發爲文章者，即亦我之文章也。
其誰曰不然？ 此我性靈集之所以撰也。①

　　崔瑆焕的這段話又談到了兩個問題：一是爲什麽要編寫詩歌選集；二
是編選的原則是什麽。首先，崔瑆焕作爲下級武官，雖曾編輯友人詩集傳
世，但他自己並未有詩集作品，所以崔瑆焕首先强調自己爲什麽要遴選他
人的詩歌編撰成集。那就是他認爲人雖不同，但"性情"卻相通，他人詩歌
中能夠代表與抒發自己"性情"的詩歌，也就相當於是自己所作的詩歌。其
次，他人的詩歌中風格與題材多樣，《性靈集》中只選擇符合自己抒發"性
情"原則的詩歌，在這裏，崔瑆焕道出了他要打破傳統詩歌選集的模式，選
擇突出"自我"特色的編選方式。結合《性靈集》中大量抄録袁枚《隨園詩
話》這一情況來看，崔瑆焕實際上是選擇符合《隨園詩話》中收録詩歌的風
格而進行編選的，而且，他把這些詩歌所代表的創作理念，作爲自己對詩歌
創作的宣言。所以，崔瑆焕的《性靈集》編撰是與李鈺編撰《百家詩話鈔》的
動機是一脈相通的。那就是，希望通過抄録《隨園詩話》來表達自己的詩歌
主張。

二　《性靈集》的采詩觀與《隨園詩話》的影響

　　崔瑆焕在編撰《性靈集》時，袁枚的《隨園詩話》起到了主體作用，那麽
崔瑆焕編撰《性靈集》時的采詩原則以及《隨園詩話》的影響關係究竟如何
呢？ 這裏我們將從編選的範圍、對象、風格三個方面來探討這一問題。

　　其一，"門户須寬，採取須嚴"。袁枚在《隨園詩話》中曾對自己選詩的
態度這樣説到："選詩如用人才，門户須寬，採取須嚴。能知派別之所由，則
自然寬矣；能知精采之所在，則自然嚴矣。余論詩似寬實嚴，嘗口號云：'聲
憑宫徵都須脆，味盡酸鹹只要鮮。'"②概括起來就是"門户須寬，採取須
嚴"。崔瑆焕在《性靈集序》中寫道："是集始自漢魏以至於今，猶之承頌雅

---

①　崔瑆焕：《性靈集序》，《性靈集》。
②　袁枚：《隨園詩話》卷 7，同上，第 222 頁。

國風之後,故先秦以上古逸詩集概不録也"①,可見此集遴選範圍之廣大。但是這麼廣範圍的編選詩歌,崔瑆焕有没有一個基本原則呢？崔瑆焕曾說:"是集也,專主性靈而後格調、舍氣魄,是固我之性有所相近者也,是固爲我之詩集也。"②以此可見,《性靈集》中詩歌所囊括的時代雖廣,但是"性靈"是其選擇的重要標準。同時崔瑆焕這種重"性靈"而輕"格調"的思想與袁枚"但添一份氣格,定減去一分性情"③中的精髓一脈相承。但是《性靈集》中真正體現袁枚"門户須寬,採取須嚴"原則的不是詩歌的時代之廣,而是崔瑆焕不拘於門户偏見,在突出性靈詩人詩歌的同時,還對其他各個流派詩人的詩歌進行選録。比如,崔瑆焕對明清時期的各詩派代表人物的詩歌選録情況如下:

性靈派:袁枚:五古 12 首、七古 3 首、五律 3 首、七律 4 首、五絕 15 首、七絕 5 首、五排 1 首、六絕 3 首,計 46 首。

趙翼:五古 13 首、七古 2 首、五律 2 首、七律 4 首、五絕 18 首、七絕 8 首、七排 1 首、六絕 4 首,計 52 首。

復古派:李夢陽:七古 1 首、五律 2 首、七律 1 首、五絕 2 首,共計 6 首。

李攀龍:七古 1 首、五絕 2 首、七絕 1 首,計 4 首。

王世貞:五古 1 首、七古 4 首、五絕 2 首、七絕 1 首,計 8 首。

唐宋派:唐順之:五律 1 首,七律 1 首,計 2 首。

竟陵派:鍾惺:五古 2 首、五律 2 首,計 4 首。

譚元春:五古 1 首、五律 1 首、五絕 1 首,計 3 首。

格調派:沈德潛:五律 2 首、七律 1 首、五絕 1 首,計 4 首。

神韻派:王士禛:五古 2 首、七古 2 首、五絕 15 首、六絕 3 首,計 22 首。

肌理派:翁方綱:五古 3 首、七律 2 首、五絕 10 首、七絕 2 首,計 17 首。

---

① 崔瑆焕:《凡例》,《性靈集》。

② 崔瑆焕:《性靈集序》,《性靈集》。

③ 袁枚:《隨園詩話》卷 3,同上,第 66 頁。

　　明代以來，詩學中的"門户"習氣日趨嚴重，不同派别之間相互攻訐，詩歌創作走向偏激。袁枚對這種詩學觀念是極力反對，他曾對"門户之見"的陋習批評道："前明門户之習，不止朝廷也，於詩亦然。當其盛時，高、楊、張、徐，各自成家，毫無門户。一傳而爲七子，再傳而爲鍾、譚，爲公安，又再傳而爲虞山，率皆攻排詆呵，自樹一幟，殊可笑也。凡人各有得力處，各有乖謬處，總要平心静氣，存其是而去其非。"①這種詩學精神也體現在他的采詩觀上，如他曾説："《三百篇》中，貞婬正變，無所不包；今就一人見解之小，而欲該群才之大，於各家門户源流，並未探討，以己履爲式，而削他人之足以就之，二病也。分唐界宋，抱杜尊韓，附會大家門面，而不能判别真僞，採擷精華，三病也。"②所以袁枚雖提倡"性靈"，但是他反對選詩者盲從門户之見，不能很好的吸取不同流派詩歌的精髓。崔瑆煥在編選《性靈集》時，顯然受到了袁枚的影響。他將自己的選集直接命名爲"性靈集"，可見他對"性靈"詩歌的推崇，他在《性靈集》中大量收録清代性靈派袁枚與趙翼詩歌的原因也在於此。但是《性靈集》也包含了不少與性靈派的詩歌創作主張不同的其他流派代表人物的詩歌，數量雖少，但是也足見他只要是能凸顯"性靈"的詩歌，他都摒棄門户之見予以收録的原則。

　　袁枚的"門户須寬，採取須嚴"采詩觀對崔瑆煥的影響，還體現在對詩歌題材的選擇上。比如袁枚極力批判儒家的"詩教觀"，並對"温柔敦厚"的創作風格大爲不滿，這種思想同樣反映在他的采詩觀上。他説："動稱綱常名教，箴刺褒譏，以爲非有關係者不録，不知贈芍采蘭，有何關係？而聖人不删。宋儒責蔡文姬不應登《列女傳》，然則十七史列傳，盡皆龍逢、比干乎？學究條規，令人欲嘔，四病也。"③傳統詩歌選家鄙視"情詩"的價值，所以對於有違"詩教"主旨的"情詩"大都不録。但是，袁枚認爲不應該以詩歌的題材來決定詩歌的價值。比如他説："詩如天生花卉，春蘭秋菊，各有一時之秀，不容人爲軒輊。音律風趣，能動人心目者，即爲佳詩，無所爲第一、第二也。"④在這裏，袁枚打破了"温柔敦厚"的詩學權威，認爲不同的題材

---

① 袁枚：《隨園詩話》卷 1，同上，第 2 頁。
② 袁枚：《隨園詩話》卷 14，同上，第 465～466 頁。
③ 袁枚：《隨園詩話》卷 14，同上，第 466 頁。
④ 袁枚：《隨園詩話》卷 3，同上，第 52 頁。

都有其自身的價值,只要是能真正的抒發"性情",並能讓讀者産生共鳴的詩歌都是好詩,他們的價值是不分優劣的。袁枚這種不以題材,或者風格來決定詩歌價值優劣的詩學觀與采詩觀也影響了崔瑆焕的《性靈集》編選。比如,對於不同詩歌題材與風格的取捨態度,崔瑆焕如下説到:

> 燈夕花朝,批閲古人卷。有寫景者,有言情者,有正直者,有婉媚者,有俊秀者,有博大者,有玄遠者,有真率者,有鬼怪者,有雕刻者,有奥峭者,有倔强者,有俳諧者,有富麗者,有芬芳悱惻者,有瑰瑋璀璨者,以至司空表聖所謂二十四品者,萬狀畢陳,眩我之心目。然未必皆合於我之性情矣,其或遇我之性相近者,則自然舞蹈之既而感歎之,繼而恨不爲我之有,中心魂疊者,亦屢日矣。①

以上是崔瑆焕對自己批閲古人詩卷,並抄録古人詩歌時的心態描述,從中我們可以發現,崔瑆焕首先是肯定了詩歌存在多種多樣的的題材和風格;其次,自己在選録詩歌的時候,並不是以題材與風格來決定取捨,只要是能炫其心目者,他都會收録其中。所以,在《性靈集》中收録詩歌的題材囊括了"山水景物詩"、"閨怨詩,香奩詩"、"題畫詩"、"懷古詠史詩"、"送別詩"、"懷人悼亡詩"、"生活瑣事詩"、"應酬詩"等多種題材。但是,這其中"閨怨詩,香奩詩"的比重不小,這與傳統的詩歌選集中輕視"情詩"的現象有所不同,這些"情詩"皆合於崔瑆焕對詩歌抒發"性情"的認識,所以收入《性靈集》中。如"當壚十五鬢堆鴉,稱體單衫淺碧紗。玉盞勸郎拼醉飲,更無花好似儂家。(候光第,《山塘竹枝詞》)";又如"淚滴門前江水滿,眼穿天際孤帆斷。只在郎心歸不歸,不在郎行遠不遠。(陳浦,《商婦怨》)";再如"送郎下揚州,留儂江上住。郎夢渡江來,儂夢渡江去。(邵帆,《竹枝》)"。以上三首詩歌均抄録自袁枚的《隨園詩話》,這些詩都是描寫男女之情,其語氣纏綿悱惻,情意真摯濃烈,崔瑆焕將這些詩歌收入集中,體現了他對"情詩"價值的肯定,以及在選詩時能做到"門户須寬,採取須嚴"的原則。

其二,"寧濫毋遺"。袁枚的采詩觀與傳統選詩者有所不同,他不受"精英主義"的束縛,注重一些小人物的詩歌。"姚姬傳太史言:國初有懷寗逸老汪梅湖先生,隱居不仕,詩格甚高,而本朝諸采詩者,竟未收録。"②袁枚

---

① 崔瑆焕:《性靈集序》,《性靈集》。
② 袁枚:《隨園詩話》補遺卷4,同上,第650頁。

對選詩家不選汪梅湖詩歌的態度就是他與傳統選詩家的差異所在。對於袁枚來說,詩壇名宿的詩歌固然重要,但是對於一些小人物的詩歌也不能忽視。另外,選詩者還要考慮到詩歌的傳承問題。袁枚説:"采詩如散賑也,寧濫毋遺,然其詩未刻稿者,寧失之濫,已刻稿者,不妨於遺。"①這裏的"寧濫毋遺"並不是毫無原則的濫選,而是要強調摒棄偏見與精英主義的思維,盡可能的從詩歌保存與流傳的角度編選詩歌。所以,在袁枚的《隨園詩話》中我們是可以看到他收録的許多女性以及名不見經傳的小人物的詩歌。但是,這種收録方式,對於傳統選詩家來説就是太"濫",袁枚就這個問題如下反駁到:

> 人有訾余《詩話》收取太濫者。余告之曰:"余嘗受教於方正學先生矣,嘗見先生手書《贈俞子嚴溪喻》一篇云:'學者之病,最忌自高與自狹。自高者,如峭壁巍然,時雨過之,須臾溜散,不能分潤;自狹者,如甕盎受水,容擔容斗,過其量則溢矣。'"善學者,其如海乎?②

> 俗稱女子不宜爲詩,陋哉言乎! 聖人以《關雎》、《葛覃》、《卷耳》,冠《三百篇》之首,皆女子之詩。第恐針黹之餘,不暇弄筆墨,而又無人唱和而表章之,則淹没而不宣者多矣。③

袁枚認爲選詩應避免"自高"與"自狹",因爲這兩種思維會人爲造成詩歌的疏漏,並且缺乏對詩歌的公正評價與接受。同時,袁枚以《詩經》中開篇即收録女子之詩爲依據,強調應當重視女性詩人的創作價值,以及提倡應當保存與流傳的理念。崔瑆煥的《性靈集》編選便受到了袁枚"寧濫毋遺"思想的影響,比如在《性靈集》中,崔瑆煥除了抄録王安石、高拱等政壇名人,以及李白、杜甫、蘇軾等詩壇老手以外,還大量抄録畸士、賤工、商人、青衣、紅粉、方外、歌妓、僧侶等名不見經傳的小人物的詩歌。這其中女性詩歌的數量又占到相當大的比重。正如上面圖表中所顯示的那樣,《性靈集》中女性詩人"全詩"的數量幾乎達到五分之一(19%),而"摘句"的數量遠遠超過三分之一(37%),這足見崔瑆煥對女性詩歌的重視。這其中特別是一些並不出名且早亡、自焚詩稿詩人的詩歌也被崔瑆煥收録在《性靈集》

---

① 袁枚:《隨園詩話》補遺卷8,同上,第773頁。
② 袁枚:《隨園詩話》補遺卷4,同上,第656頁。
③ 袁枚:《隨園詩話》補遺卷1,同上,第590頁。

中，如《隨園詩話》補遺中有關於十三歲女子金兌的記述。“蘇州桃花塢有女子，姓金名兌字湘芷者，諸生金鳳翔女也，年甫十三。有人録其《秋日雜興》云：“無事柴門識静機，初晴樹上掛蓑衣。花間小燕隨風去，也向雲霄漸學飛。”“秋來只有睡工夫，水檻風涼近石湖。卻笑溪邊老漁父，垂竿終日一魚無。”①在崔瑆焕的《性靈集》續集之六中就收録了金兌《秋日雜興》中的第二首。又如《隨園詩話》卷2中有關於高竹筠女的記述。“竹筠女子早卒，自焚詩稿，僅傳其《宮詞》云：“中官宣詔按新筝，玉指輕彈別恨聲。恰被東風吹散去，君王乍聽未分明。”②在崔瑆焕的《性靈集》續集之六中也收録了《宮詞》詩，只不過把作者誤記爲姚益鱗。像這些早亡，以及並未流傳的詩歌，在以往的詩歌選集中是不被選録的，但是崔瑆焕深受袁枚影響，收録了大量這一類的詩歌。崔瑆焕在《性靈集》凡例中説到：“歷代詩人有名手而見漏者，有不甚表著而見録者，只看其詩之果合於此選體制也，未其人之知名與否所不拘。”③這顯然是他對自己大量收録女性詩人以及小人物詩人詩歌的一種“辯解”。當然，這種“辯解”的背後卻反映他對女性詩人的認可，以及袁枚“寧濫毋遺”采詩觀的接受。

　　其三，“清新、風趣”。袁枚反對詩壇的復古主義，因而摒棄復古主義所帶來陳腐詩風，他認爲“若今日所詠，明日亦可詠之，此人可贈，他人亦可贈之，便是空腔虚套，陳腐不堪矣”④。爲了解決這一問題，袁枚大力提倡“風趣”的創作詩風，他甚至認爲“風趣專寫性靈”⑤，可見袁枚對於詩歌創作中“風趣”的重視。由於袁枚注重“風趣”，因此在《隨園詩話》中收録了許多具有風趣風格的詩歌，而這些詩歌又大都被朝鮮人崔瑆焕收入了《性靈集》中。比如在《性靈集》五集卷六中收録了下面兩首詩歌：

　　　　相看只隔一條河，鵲不填橋不敢過。
　　　　作到神仙還怕水，算來有巧也無多。

　　　　　　　　　　　　　　　　　　——燕以均，《詠七夕》

① 袁枚:《隨園詩話》補遺卷2,同上,第609頁。
② 袁枚:隨園詩話》卷2,同上,第60頁。
③ 崔瑆焕:《凡例》,《性靈集》。
④ 袁枚:《隨園詩話》卷1,同上,第19頁。
⑤ 袁枚:《隨園詩話》卷1,同上,第2頁。

誰家庭院自成春,窗有莓苔案有塵。

偏嗜關心隣舍犬,隔牆猶吠折花人。

——李菀,《廢園》

　　袁枚在《隨園詩話》中就曾評價《詠七夕》"詩極風趣"①,而《廢園》"尖新"②。燕以均《詠七夕》的主題是耳熟能詳的牛郎織女故事,但是以近乎"戲謔"的口吻描述這一古老話題時,原本的悲傷內涵被重新賦予了風趣的意象,其詩風不再陳腐。李菀的《廢園》本是描寫廢棄庭院的場景,因爲活用了"狗吠"與"折花人"這個場景,而把春天裏荒廢庭院的景象用一種不同於俗套的手法很好的展現出來。崔瑝焕選錄這些詩歌,反映了他對這種詩風的認同,也體現了他對袁枚所提倡的"清新、風趣"理念的接受。《性靈集》清代詩歌部分大量收錄了袁枚在《隨園詩話》中所稱讚"清新、風趣"的佳詩,而這些詩歌歷來不被朝鮮選詩家重視,崔瑝焕這種擺脫傳統"詩教"與"温柔敦厚"詩歌觀念的采詩觀,顯然是受到了袁枚《隨園詩話》的影響。

三　《性靈集》的編撰與 19 世紀朝鮮詩壇的動向

　　《性靈集》的編撰不僅僅體現了朝鮮文人在采詩觀上的變化,它還從一個側面反映了 19 世紀朝鮮詩壇的動向。具體來説,這體現在以下兩個方面:

　　其一,它體現了朝鮮文人擺脫明代公安派袁宏道的影響,轉而開始對袁枚性靈詩學的接受。18 世紀以來,朝鮮詩壇上出現了批判復古主義,提倡"創新"詩風的思潮,這一詩學革新運動的出現,緣於 17 世紀以來,朝鮮詩壇在學習明代"前後七子"復古風氣下,詩歌創作走向模仿與剽竊的問題日益凸顯,因而 17 世紀後期開始,金昌協、李用休、李德懋等朝鮮詩人舉起批判復古主義的大旗。但是,在這一過程中,朝鮮文人的創新理念不同程度的受到了明代公安派袁宏道的詩學理論的影響,比如,用兵法的"善變"來説明文學發展過程中的"變"的本質,在這一基礎上接著闡釋"古今"的變化,來説明詩學創作中復古的不當性,抵制復古主義中"厚古薄今"的價值

---

①　袁枚:《隨園詩話》補遺卷 10,同上,第 827 頁。

②　袁枚:《隨園詩話》卷 13,同上,第 444 頁。

觀,以及用人人面貌不同的比喻,來驗證詩歌創作不必異口同聲,強調突出
自我個性①。因此,如果説 18 世紀的詩學革新運動中,朝鮮文人受到中國
詩學影響的話,那麼明代公安派的袁宏道無疑影響最大。

　　但是,隨著朝鮮文人接受袁宏道詩學的進一步深入,對其詩學中的問
題,也開始了反省。因爲袁宏道的"獨抒性靈"詩學理論中強調"信心而出,
信口而談"與"非從自己胸臆流出,不肯下筆",這導致了袁宏道詩學中盲目
創新問題的顯現。對於深受袁宏道影響的朝鮮詩壇來説,盲目創新的詩風
又成爲了繼批判復古主義之後的新的批判對象。比如 18 世紀前期詩人李
夏坤在《洪滄浪詩集序》中如下説到:

　　　　三淵學益博,眼益高,膽益壯,其詩愈變而愈奇愈新。又其聲氣光
　　焰,足以鼓舞一世,故後進之士莫不奔趨下風,奉其緒言,以爲金科玉
　　條。……間有一二語爲三淵所獎與,便已岸然自大,以真正詩人自命
　　曰:"我善新語,善奇語,善峭語。"及觀其詩,則尖纖破碎、狹陋迫促,全
　　乏意味,真氣索然,真嚴儀卿所謂下劣詩魔入其肺腑者也,錢受之所謂
　　鬼氣幽兵氣殺者,不幸近之矣。②

　　三淵金昌協深受公安派袁宏道的影響,所以其詩歌創作求"新"求
"奇",在反對復古,提倡創新詩風的大背景下,金昌協的詩學理論與創作風
格深受後來詩人的推崇。因而在朝鮮詩壇上一度出現了以追求"奇"與
"峭"的思潮。李夏坤認爲這種詩風不僅没有品味,而且堪稱"詩魔"。因
此,18 世紀的朝鮮詩壇在接受創新理論提出反對復古的同時,也出現了對
盲目創新進行反思的思維。又如朴趾源對弟子朴齊家詩歌中出現的盲目
創新問題,提出了激烈的批評。

　　　　朴氏子齊云年二十三,能文章,號曰楚亭,從余學有年矣。其爲文
　　慕先秦兩漢之作,而不泥於跡,然陳言之務袪,則或失於無稽;立論之
　　過高,則或近乎不經。此有明諸家於法古創新,互相訾謷而俱不得其
　　正,同之並墮於季世之瑣屑,無脾乎翼道而徒歸於病俗而傷化也,吾是

　　①　(韓)姜明官:《公安派與朝鮮後期漢文學》,首爾:昭明出版社,2007,110～398 頁。
　　②　李夏坤,《洪滄浪詩集序》,《頭陀草》,《韓國文集叢刊》191,韓國民族文化促進
會,1997 年,第 508 頁。

之懼焉。與其創新而巧也,無寧法古而陋也。①

在這裏朴趾源對朴齊家不受復古主義的影響,改變模擬古人的創作風格表示了肯定。但同時,由於朴齊家在創新時,有過於極端的傾向,其詩歌出現了"無稽"與"不經"的問題,朴趾源告誡自己弟子如果創新走向這種境地,那麼其結果還不如"復古主義"。對於朴趾源來説,盲目的創新主義,其弊端與復古主義無異。就在朝鮮詩壇對復古與盲目創新這兩種思潮進行反思之際,18世紀末期,打破"門户觀念"與"偏激主義"的袁枚詩學理論伴隨著《隨園詩話》在朝鮮的傳播,逐步取代袁宏道在朝鮮詩壇創新詩學運動中的地位,因爲袁枚的詩學具有明顯的"通達"精神,他對創新的闡釋擺脱了袁宏道的"棄古"轉而選擇了"化古"的手段,他的這一創新理論深受19世紀朝鮮詩人的追捧,其中活躍在19世紀詩壇的金正喜以及趙熙龍、鄭芝潤等受其影響最大②。19世紀朝鮮詩壇的這一變化也體現在崔瑆焕的《性靈集》編撰中,比如明代部分的詩歌中崔瑆焕對公安派袁宏道的詩歌雖有收録,但是也僅僅是收録了8首③,這與收録袁枚詩歌46首的現象形成鮮明對比,這説明到了19世紀中葉,袁枚所代表的詩學理念已經被朝鮮文人所接受,且取代了18世紀以來公安派袁宏道的詩壇地位。

其二,《性靈集》的編撰也反映了19世紀朝鮮文人"文學自覺"意識的加强。如前文所述,由於内容龐大,一般研究者没能仔細翻查,誤認爲《性靈集》是一部中國詩選集,其實在明代選集部分收録了朝鮮詩人17人的30首詩歌,清代選集部分也收録了朝鮮詩人的1首詩歌。其具體情況如下:

　　　明代選集部分:鄭夢周(五律1首),申叔周(五律1首),徐居正
　　(七絶1首),崔應賢(七絶1首),成俔(七古1首),金訢(七絶1首),南
　　孝温(七絶1首),申從漢(七絶1首),鄭之升(七絶1首),金浄(五古1

---

① 朴趾源,《楚亭集序》,《燕巖集》,《韓國文集叢刊》252,韓國民族文化促進會,2000年,第14頁。

② 詳見韓東,《19世紀秋史與中人弟子的袁枚詩學受容》,《韓國民族文化》58,2016年,第135~170頁。

③ 《性靈集》中"公安三袁"的詩歌收録情況如下:袁宗道(五古2首、七律1首),袁宏道(五古1首,五律1首、七律1首、五絶3首、七絶2首),袁中道(五律1首、七絶1首)。

首、五絶 1 首),申光漢(五絶 1 首、七絶 1 首),崔慶昌(七古 1 首),李達(七律 1 首),林悌(五絶 1 首),姜克誠(五絶 1 首),許筠(五古 1 首),許景樊(五古 1 首、五律 1 首、七律 1 首、五絶 3 首、七絶 1 首)

清代選集部分:崔瑆焕(五律 1 首)

如果説收入大量女性與小人物的詩歌是崔瑆焕《性靈集》的一大特點,那麼在以中國詩歌爲主體的選集中插入朝鮮文人的詩歌現象,又是《性靈集》不同於同時期朝鮮人編撰詩歌選集的地方。這種編選方式實際上代表了崔瑆焕的詩學觀,那就是只要是體現"性靈"的詩歌,就不分階層、性別以及國別。崔瑆焕這種把朝鮮詩歌的價值與中國詩歌一樣對待的心態實際上是 18 世紀以來,朝鮮詩壇上所宣導的"朝鮮風"運動在詩選集領域的延伸。"朝鮮風"運動始於朝鮮文人批判詩學領域上出現的復古主義,但是隨著這種批判走向深入,朝鮮文人領悟到要擺脱復古的束縛,寫出"新"的詩歌,就不僅是簡單的摒棄抄襲中國詩句的情況,還要在"用典"、"語言"以及"素材"上擺脱中國模式,體現朝鮮自身的風土人情。比如金萬重對朝鮮詩人在詩歌中盲目使用中國詩語與典故如下説到:

> 今我國詩文,捨其言而學他國之言,設令十分相似,只是鸚鵡之人言。而閭巷間樵童汲婦,咿啞而相和者,雖曰鄙俚,若論真贋,則固不可與學士大夫所謂詩賦者同日而語。①

以上内容常被作爲朝鮮文人提倡與肯定民謡的引文出現,其實細細品味會發現,金萬重所强調的士大夫的詩歌價值不如民間婦女、兒童所作詩歌是有一個大前提的,那就是這些所謂的士大夫的詩歌創詩沿襲了中國詩歌創作模式,即是説從詩歌的立意、編排、語言都是模仿甚至抄襲中國,所以這些脱離了朝鮮實際情況的詩歌,顯然比不上那些以朝鮮的語言習慣來真實的描寫朝鮮風土人情的詩歌。在他看來,即使這些詩歌的語言没有那麼高雅,甚至還有些鄙俚,但是其價值絶不低於士大夫的詩歌。金萬重的思想裏面實際上體現了一種擺脱中國詩歌權威,肯定與提倡朝鮮詩歌價值的意識。這種意識也就是詩歌創作過程中的"文學自覺"。在這種"文學自覺"意識下,一部分朝鮮文人開始在詩歌創作中另闢蹊徑,不再受中國傳統模式的束縛。比如 18 世紀後期文人李德懋的詩歌創作就是這樣,對於李

---

① 金萬重著,洪寅杓譯注:《西浦漫筆》,一志社,1987 年,第 157 頁。

德懋遭受的非議,其好友朴趾源如下回應道:

> 今懋官朝鮮人也,山川風氣,地異中華,言語謠俗,世非漢唐,若乃
> 效法於中華,襲體於漢唐,則吾徒見其法益高而意實卑,體益似而言益
> 僞耳。左海雖僻,國亦千乘,羅麗雖儉,民多美俗,則字其方言,韻其民
> 謠,自然成章,真機發現……若使聖人者,作於諸夏,而觀風於列國也,
> 考諸嬰處之稿,而三韓之鳥獸草木,多識其名矣,貊男濟婦之性情,可
> 以觀矣,雖謂朝鮮之風可也。①

朴趾源這裏明確而强烈的表達了對李德懋的支持,他認爲朝鮮與中國
的風土人情與語言習慣都不一樣,如若一味的效仿中國,其詩歌不僅"卑"
而且"僞",只有使用朝鮮的語言習慣才能寫出真正反映朝鮮的詩歌。這
裏,朴趾源還以《詩經・國風》爲例,認爲李德懋的這些詩歌就是反映不同
於中國風情的"朝鮮之風"。可見,朝鮮後期的詩壇上出現了主張擺脱中國
詩歌的絶對權威,肯定與提倡符合朝鮮自身風土人情的詩歌創作。《性靈
集》的編撰就體現了這種"文學自覺",並且崔瑆焕似乎是把這種思想發揮
到了極致,因爲正如上面所列舉的那樣,他除了把朝鮮詩歌與中國詩歌一
起收録之外,甚至還收録了自己的一首五言律詩,而且這也是清代部分收
録的唯一一首朝鮮文人詩歌,這種詩歌編選方式恐怕在詩歌編選史上都是
少見的。②

四　結語

崔瑆焕《性靈集》的編撰體現了 19 世紀朝鮮文人對袁枚《隨園詩話》的
接受與運用,《性靈集》中的選詩態度反映了崔瑆焕對袁枚的"門户須寬,採

---

① 朴趾源:《嬰處稿序》,《燕岩集》,《韓國文集叢刊》252,韓國民族文化促進會,
2000 年,第 110 頁。

② 崔瑆焕可能正是感受到了自己編選的獨特之處,因而在自己的五言律詩前
添了如下一段小注:"先大父菊隱公有郊外一聯云:'日出棲鴉散,孤村生白煙',先考
雲樵公有一聯云:'山空雲地滿,野闊水浮天'。但俱逸全篇,故集中不載,惟二聯誦在
人口。余懼日久而失傳,今郊外之行,因其境而得其情以二聯足之"崔瑆焕,《性靈集》
四集卷之三。

取須嚴”、“寧濫毋遺”以及“清新，風趣”的采詩觀的受容。特別是因爲受袁枚的影響，崔瑆焕打破了以往“精英主義”式傳統選詩觀，關注起了女性詩人以及小人物詩人的詩歌價值，這種精神對朝鮮後期文人擺脱傳統詩學的束縛，以及促進詩人群體的發展有著重要的意義。同時，《性靈集》的編撰還體現了進入19世紀後，袁宏道的“偏激”詩學在朝鮮詩壇上受到排斥，袁枚的“通達”詩學理念逐漸深入人心，朝鮮詩壇的發展進入了一個嶄新的時代。最後，《性靈集》中將朝鮮詩人與中國詩人的詩歌一同收録的現象，反映崔瑆焕延續了18世紀以來朝鮮文人主張擺脱中國詩歌創作的絶對“權威”，提倡朝鮮“文學自覺”的精神。總之，通過研究崔瑆焕的《性靈集》，有助於瞭解袁枚《隨園詩話》在朝鮮詩壇的傳播與影響，也可以窺探19世紀朝鮮後期詩壇價值取向。

（作者單位：南昌大學人文學院中文系）

越南漢籍研究

域外漢籍研究集刊　第十四輯
2016 年　頁 167—186

《越南漢文燕行文獻集成》解題補正[*]

何仟年

　　復旦大學與越南漢喃研究院影印《越南漢文燕行文獻集成》(以下簡稱
集成)，收越南漢文燕行文獻七十九種，嘉惠士林，居功甚偉。《集成》於每
部著作之前，皆作有解題，介紹作者生平仕履，考證作品年代本事，於學者
幫助不小。其未愜鄙懷處，大端有三：一，越南抄本書寫習慣與中國不同，
故文字偶有不識或錯認，如《華程消遣集》卷首序者應作阮㑪，《北使佳話》
中與阮直同使明朝者爲鄭鐵長，"㑪"字"鐵"字解題皆以空格代之；二，因越
南典籍難覓，解題僅就書立論，難免失誤，或當考出者而未能；其三則因急
於成文，思慮未周，或徑以越南文回翻至漢文，不暇據漢文原書稍加辨證。
此或百密一疏，當草創之際，概未能免。余近輯錄中越間贈和詩作，於《集
成》多有賴焉，因思北宋邢昺儒者逢時之言，而欲有所補益之，遂草成此文。
愚者之一得，尚祈讀者方家教正之。

馮克寬《使華手澤詩集》(第一冊)

　　解題曰：馮克寬《使華手澤詩集》，見《周原雜詠草》(A. 2805)。前有汪
鈍夫序，序稱《梅嶺使華詩集序》。另一本(VHv. 188)題《梅嶺使華手澤詩
集》，汪鈍夫序題《梅嶺尚書毅齋馮克寬使華手澤詩集敘》，實同篇也。二書
所收亦大致相同。

　　* 本文研究受國家社科基金項目"古代中越贈和詩的整理與研究"(15BZW081)資
助。

仟年案：二者實同一書之不同抄本，各有佚失。《使華手澤詩集》字跡潦草，然皆使華作品，數量較多。《梅嶺使華手澤詩集》字較工整，但所收燕行作品實僅祝明帝萬壽詩，與朝鮮李芝峰、金羊居士、琉球使臣唱和詩。惟其中進明帝萬壽節詩三十一首及與朝鮮金羊居士唱和詩爲前者不載，亦可寶貴。《梅嶺使華手澤詩集》亦雜抄他詩，題《自述》、《陳朝狀元自賀生子》、《黎朝天姥探花尚書阮貴德逢洪水送各處丞憲府縣官》。《自述》語氣似馮克寬所作。後二首未知來源，更有《明朝李先生百咏詩》敘貧居情景，實一百一首。難以確定是否明人之作，抑越人游戲擬作。《集成》另收馮克寬《旅行吟集》（AB.447）一部，漢文喃文相雜，未題作者。解題據《與滕尹趙侯相見趙尹名邦清乙未科進士》（后十字應爲題下注）一詩尾注，考知作者姓馮，又以趙邦清任滕縣令在萬曆二十一年至二十六年（1593－1598），此時出使中國之馮姓，即馮克寬。可謂用力甚勤。但《使華手澤詩集》中即有此詩，題《與滕侯趙尹相見》，文字並同。故不必遠稽地志，遽定其爲馮氏之作可也。然《旅行吟集》雖收馮氏詩作，亦闌入阮忠彥詩，《江州旅次》、《采石憶青蓮》等既見于潘輝汪編《介軒詩集》，而不見于《使華手澤詩集》，即其明證。本書文字又多誤，蓋爲俗手所鈔，然亦能補前二書之缺。

陶公正《北使詩集》（第一册）

解題曰：《北使詩集》（VHv.2166）不分卷，著者陶公正（1639－?），陽德二年（1673）以副使身份出使清朝。德元二年（1675）轉刑部右侍郎。

仟年案："德元二年"（1675）應爲陽德四年之誤。

阮宗窒《使華叢詠集》（第二册）

解題曰：《使華叢詠集》（A.1552）爲阮宗窒乾隆七年壬戌至十年乙丑（1742－1745）第一次以副使身份出使中國期間所作詩作的結集。據諸序，本書前集成於乾隆八年癸亥夏，時阮宗窒初抵金陵。後集初稿成於乾隆九年甲子夏，時阮氏自北京返抵金陵。補充稿則成於乾隆十年乙丑以後，時阮氏已歸國。全書釐定成編似在乾隆三十九年甲午至四十二年丁酉（1774－1777）間，時阮宗窒已辭世。此解題之説也。

　　仟年案：胡士棟序作于戊戌（1778）金陵，述及甲午年（1774）宗窒之子居正以全稿請序，時胡氏辭焉。丁酉（1777）胡氏奉使，宗窒故吏阮廷鍊充本次行人，居正因又托詩稿前後二集囑其錄梓，且寓書請胡作序。《使華叢詠前集》張序署"乾隆八年（癸亥）望日金陵張漢昭卓山甫題于石頭城舟次"。序中謂"集中自出境以來由粵西湖廣江右直抵金陵，凡數千里"，而集中詩亦至《題小孤山》《采石懷青蓮》止。是前集只是阮氏自廣西至南京時作品。《前集》李半村（采琳）序曰："癸亥（1743）秋客金陵，寓高子可亭齋中，得與使君聚晤，相與酬唱，始閱叢詠前集。"又，"甲子（1744）秋，使君回轉金陵，出叢詠後集，囑于余。"又，"今戊辰（乾隆十三年，1748）奉使歸國，先首重任，復由中夏舟次金陵，使君見訪于高子處，及過淮陰，余始登舟會晤，抵渴悰，竝同叢詠兩集閱得窺全豹。"故李半村之序，在阮宗窒第二次使程歸途至淮陰，李半村爲作者第一次出使之前後二集所題。所謂前集即阮氏至金陵時作品，後集乃自金陵至北京又回至金陵時作品。《使華叢詠後集》有署乾隆甲子年秋七月金陵張漢昭序，曰："去秋七月，使君由金陵入貢天朝，余曾賦詩以贈之。今回帆重想，倏忽一載。…使君北上，歷淮陽、山左，始達京畿，往來數千里"，"余向也弁于篇首，兹復序于集後。"是張序作于第一次回程抵金陵時。故後集中詩題亦多爲金陵北上又南旋之地名。後集李半村序署"乾隆十三年歲在戊辰仲秋之杪淮陰李半村采琳拜題。"其中謂："癸亥秋余客金陵，安南使舟適至，獲交副使舒軒阮先生"，"今戊辰仲秋，使舟經淮，先生已正使矣。余亦登其舟，握手語舊…復行滕（謄）示余叢詠後集，乃使君歸國辰續著，余前所未寓目也。"是李采琳二序皆作于阮宗窒第二次出使時，已見叢詠全豹，序文並未分前集後集，今二序分置于前集後集者，刊刻時所置。而張漢昭序則原有前集後集之分。然自金陵至瀟湘廣西之作，亦有二十九首增入後集中。此則張氏未曾寓目，而李采琳第三次相見獲睹全豹者。如《秋晚旅懷》曰："維舟小立楚江湄"，《天邊歸雁》曰"湘江霜月愁孤戍"，又有《長沙晚眺》、《衡山旅次》、《旅中閒詠》二十四首注謂"乙丑仲春中浣，回寧明州。"書末有《旅次述懷曲》，"兒童笑迎無別物，平寧兩字帶將回"等語，是已入南境。但本書所見中國人品題者，尚有衡山歐陽旺、武昌高正堂、王雲翔、江南詩客卓山氏、欽差翰林禮部郎中鄭璧齋（原誤作壁齊，《乾隆甲子使華叢詠》作璧軒）、湖南王居士、胡秀才。湖南王居士應即附贈答諸律之"長沙城內居士王允猷"，胡秀才應是贈詩之"湖南秀

才"某,下詩和作題"即走筆答廷松",則其名爲胡廷松。贈答諸律按入華順
序編排,所存自出國至金陵之來程,交往詩人除王居士胡秀才外,尚有王雲
翔、張漢昭(卓山氏)、李半村,無鄭璧齋、歐陽旺二人,因原本末有缺頁,鄭
璧齋署銜欽差禮部郎中,則應是一路伴隨人員,回程詩作之評品當即此二
人所作。據此,綜合三書(《乾隆甲子使華叢咏》《使華叢詠集》《使程詩
集》),舒軒使華作品,已基本完整。另,《使程詩集》(VHv—1170)雖前部殘
闕,所存爲《華程叢詠後集》之《渡黄河偶作》以後,以此部分與《後集》相校,
互有參差者不過數首,次序基本相同。第二次使華時,李采琳序曰獲窺全
豹,故當時已有定本,亦即胡士棟序稱阮居正請付梓之本。解題所謂釐定
成編在作者卒後之説,並無實據。

黎貴惇《桂堂詩彙選》(第三册)

　　解題曰:《桂堂詩彙選》(VHv.2341)二卷。作者黎貴惇,字允厚,號桂
堂。景興二十一年(1760),由翰林院侍讀充副使出使中國。本書目録末
題:集内二卷,長短篇什五百十四首,而通觀全書所收,三分之二的詩作,是
清乾隆二十五年至二十七年(景興二十一年至二十三年)黎貴惇以甲副使
身份出使中國期撰寫的。

　　仟年案:此次北使,正使爲刑部侍郎陳輝泌字愛春,副使爲翰林院侍
講黎貴惇字允厚、翰林院待制鄭春澍字作霖。使部於乾隆庚辰二月二十
五日入關,第三年壬午正月二十八日出關,詳見清查禮《銅鼓堂遺稿》。
北使之由,本書收查禮詩注曰:"己卯爲安南職貢之期,閏六月適遭國儲
薨,准許二禮並一體。"桂堂爲越史上一大學者,除解題所録著作外,另編
《全越詩録》,保存前代漢文詩,其於越南文學,如《文選》之於梁前詩文,
可謂如無此書,黎中興以前詩史,幾爲空白。其著《大越通史》全書已殘
佚,但其中《藝文志》(A.1389)收書名六十九種,越南早期文獻之吉光片
羽,由此得見,而後世潘輝注《經籍志》實祖述此書,惟稍作發明而已。其
餘著作,或存或佚,可參見今人書目。燕行集成所收文字多有難辨者,應
用別本校覈。阮綿審《倉山詩話》曰:"黎桂堂貴惇負聰明文章盛名,然集
中少有合作。嘗奉使燕京,進詩云,漢家皇帝賢天子,齊國陪臣賤有司。
句亦難得。"所引詩句即出自該書。綿審之言雖似唐突,如就其實而言,

亦不爲過。

胡士棟《花程遣興》(第六册)

　　解題曰:《花程遣興,(A.515)》作者胡士棟,藝安瓊流還厚人。

　　仟年案:藝安當作乂安,瓊流多作瓊瑠(或琉),還厚當作完厚。范廷琥《雨中隨筆》曰:"完厚公專以氣魄爲主,"即此人。《北使佳話·胡士楊》即作瓊瑠完厚。原書題《花程遣興》,署"副使瑤亭胡隆甫原橐"。"華"越南抄本常作"花"。自序稱"掇輯僅百餘篇",考之現存數目,則本書尚爲完帙也。存本書法娟秀工整,但錯字甚多,未加校理。自序曰:"余承乏(之)丁酉(1777年)貢(貞)部副使,戊戌孟春起,仲秋達燕京,季冬奉旨回國,己亥季秋始至京。"敘其使事始末甚悉。據書末御賜詩謝啓,此行使部正使爲武陳紹,副使即胡仕棟(棟)、阮仲璠。而正使于初夏病故。故詩有《挽大陪臣(臣陪)》曰:"皇華兩度贐周詢,淵德耆年更幾人。共羡邦交閒玉帛,詎知僊骨厭風塵(塵風),"云云。病逝者當即武陳紹。《皇朝文獻通考》卷二九六記乾隆四十三年(1778),維禟遣陪臣正使胡士棟、副使阮仲鐺(下文作璠)入貢。是陳紹卒後,乃以胡爲正使。詩集分紀行與投贈之作。據書末收律詩《座師潁(頻)城侯桂堂黎先生惠贈》,胡士棟爲黎貴惇弟子。

黎侗《北行叢記》(第六册)

　　《北行叢記》(VHv.108)不分卷,漢喃研究院阮朝鈔本,敘作者隨黎昭統君臣來華事。《叢記》後本附作者遺文,今所見惟二篇。書中曰,"又奉問委員詰問,答之詞最多,已略編別集。",則作者另編有此時詩文,當入所附遺文中,今所存亦殘本也。侗生于黎朝末葉,西山阮氏構亂,建元光中。黎末帝維祁避亂入廣西境。清人始顧宗藩之義,以孫士毅南下,納維祁於河內,旋敗績,維祁等復來奔。乾隆帝懲前之衄,欲懷柔阮氏以存大體,遂拘維祁等于桂林,又散處其隨臣,使居于京、蘇、皖、川以分其勢,而以維祁爲都統,安插黎侗等入安南營、火器營中。維祁因復國未成,加其獨子殤歿,牢愁殊甚,遂薨于北京。侗因不願薙髮改服,被囚于獄中,境遇最可慘痛。嘉慶即位,守成避事,故於八年末下旨願歸國者聽之。而西山阮氏已亡,于黎故臣而言,國仇家恨已不當及于新朝。黎佪等遂以嘉慶九年(1804)奉故主骸骨回國。《北行叢記》即紀在華交涉事。集成解題以嘉慶五年歸越,誤。正文記事至嘉慶八年(1803)十月,時尚未歸國,但已有眉目。故文中有"如此則十五年仰荷含容"之語。潘叔直《國史遺編》嘉隆三年八月:"故黎長派侯允佑,以黎帝之喪還自清。又曰:佑自清,…回住大同寺爲僧,有佛祖容爲初弟子,皇王許作舊閒民之句,年五十五矣。"同年九月:"盜殺黎允佑。"嘉隆三年當1804年。案,安南君臣來華,即昭統亦薙髮改服受官,其遺臣乃能以綱常自期,效申包胥秦庭之泣,矢志不渝,可謂威武不能屈,雖與日月争光可也。清人乃曰:"爾等徒以綱常二字,希(稀)其狡詐,搖動人心,欲變我天朝定局耶?"丁迓衡等則謂:"我等讀聖賢書,所學何事? 其肯爲衛律之言,以取子卿之罵。"此以夷狄視清人明矣。《嘯亭雜録》卷九《安南四臣》曰:"乾隆己酉,福文襄王既受阮光平降,乃遷安南故王黎維祺(當作祁)宗族入京,入鑲黄旗漢軍旗分。其陪臣黎佪等四人不肯薙髮改服,上怒置諸獄中。及今上即位,命移居火器營,四臣歡然就道,吟詠不輟。"越南范富庶《懷安南四君子》:"《楚庭耆舊遺集》載乾隆時,南海縣人刑部主事顏懍恪有懷安南四君子詩,我南黎末時,黎佪、鄭憲等四人以國事來,與中州士夫往還,多見推許。"(見《蔗園詩集》卷四)《叢記》中又記清刑部郎中金姓者,"見敘情粘在壁,看之而嘆息"。是清人稍有人心者,亦許安南遺臣爲君子也。其人名見于載籍者,黎佪、黎值、鄭憲、李嘉猷,即四君子也,復有黎輝理、阮茂稱、李秉道、阮晭、潘啓德、丁迓衡、范如松、阮國棟、黎允全、阮嚴、杜率、吴舒、鄭德、范曰廣、陳守拙、閉阮俤、阮樂山等。涉其事者,越書中《北行叢記》外,又有《樂山詩集》、《回程略紀曲》。

潘輝益《星槎紀行》(第六册)

　　解題曰:《星槎紀行》一卷,收入《裕庵吟録》(A.603),列爲第二卷。作者潘輝益。時西山阮氏滅黎氏逐清人而有其國,然亦希圖獲清廷册封。《星槎紀行》所收即潘輝益在乾隆五十五年(1790,庚戌)那一次特殊的歷史背景下出使清朝期間所賦詩。

　　仟年案:據書後潘輝益之子潘輝洞題跋,其書曾經刊刻。此爲鈔本,書末有"秘書署檢討黎世鐈黎春邃承寫"字樣,則此爲阮氏朝廷所鈔,尚爲完帙。此行實潘氏爲西山阮惠使華,故鄭重其事。同行者有武輝瑨、段浚、吳爲貴,見紀行內文。《大南實錄正編第一紀》卷四,世祖十一年(乾隆五十五年,1790)曰:"西賊阮文惠使人朝清。初,惠既敗清兵,又稱爲阮光平求封於清,清帝許之。復要以入覲,惠以其甥范公治貌類己,使之代。令與吳文楚、潘輝益等俱,清帝醜其敗,陽納之,賜賚甚厚。惠自以爲得志,驕肆益甚。"即此行之背景。其使程自廣西入廣東,入江西,經湖北河南,入直隸,止於熱河,再返北京。與通常使程經廣西湖南不同。書末有署衡山歐陽借評,評語曰:"使君詠唱諸題,寫景則工鍊如畫,陶情則襟懷逼真,沉著痛快似少陵,高華流利似太白。其詩題吟咏,簡古有法,非深於書卷,在所不易幾也。"稱作者爲使君,及衡山地名,則歐陽某似爲中國人。

武輝瑨《華程後集》(第六冊)

原解題:《華程後集》(A.700)不分卷。本書不避時字,而避任,當鈔于阮前。綜合推考,本書所收,當爲武輝瑨第二次出使中國時之詩作。此番出使,時間在西山朝光中三年(乾隆五十五年,1790),任務是扈從新受封安南國王的阮光平入清覲見乾隆皇帝。而一同擔任伴使的,則是吏部侍郎潘輝益和翰林待制段浚。故詩中多有途中與潘侍郎段翰林唱和之作。

仟年案:乾隆令阮主親自來朝,而越史記其狡獪,以甥代之。書中有多首所謂應制者,實應所謂阮主之制,如《應制題滕王閣並引》,序曰:"余隨駕進覲,得臨此。"又曰:"奉督憲要國王命賦一章,將銘于石以記此遊。余喜,因援筆立成以獻。"據此,則此類詩皆代其國王應清人索題。然又有詩曰:"是月廿一,奉特宣至御座旁,以兩次遠來慰問,親酌玉杯賜飲,喜成。"遠來二字,當是乾隆帝口氣。

段浚《海煙詩集》(第七冊)

仟年案:《海煙詩集》(A.1167)作者段浚,解題未注其生卒年。據集中《答倍陽驛店主》"塵網依違四十春",《秋月》詩"我形我影共成雙,四十年來伴小窗",及出使時間,則約生于1750年。西山朝光中三年(清乾隆五十五年,1790)以翰林待制充使部員,隨禮部尚書潘輝益、工部尚書武輝瑨等出使清朝,三人皆有北使詩集傳世。阮朝建立以後,浚累官秘書署直學士,封海派侯。集中詩題多與武輝瑨詩相同,如詠秋組詩,贈裴應繩等,是在同一場合下所作。至橫州時遇回國越使阮希文,至武昌時庭遇吳契自燕回,此時中越交往之頻可知。又有《海翁詩集》(A.2603)鈔本不分卷,與海煙詩集凡詩部分則次序篇目相同,所不同者,除傳抄偶異之外,翁本多二篇記文,即《從幸萬壽山》及《岳陽樓賦》。

吳時任《皇華圖譜》(第七册)

《皇華圖譜》(A.2871)不分卷,西山朝吳時任撰。此書當爲1793年,阮光纘繼位之景盛元年,來華求封時所作。書前有陳含瑃誌文一篇,敘此書作者版本。

仟年案:本書小引曰:"癸丑春皇上龍飛之初年也,某奉充求封使,二月二十日起程,二十七日過關,五月八日抵燕,其月二十日回國,九月秋至京。凡經粵楚宋魏鄭趙燕之墟,計程一萬二千二百餘里,來時又多一倍。宵征夕發,不已于行,不比前度賦金陵題赤壁之從容也。"據此,吳氏出使亦不止此次。其書編詩順序前後程相混,故有注曰:"回程作",又《渡黄河歌辭》下又有《再渡黄河歌辭》也。集中贈和不多,蓋行程緊迫,需於五月望前及清帝未啓鑾幸熱河之先入觀,奉領勅書回國。故下文有《夜行》之詩。其詩有題《觀異説反唐傳》,注謂,"內地有白虎邱遺事,記唐睿宗旦及王后所生,反正後斬武后及張六郎之黨,名曰異説反唐傳"。是此書爲作者在華所購,越人來華喜購小説之又一證也。

西山朝佚名《使程詩集》(第八册)

解題曰:《使程詩集》(A.1123),內封題潘清簡著(1796—1867)。……細考本書使者途中所遇清朝人之生平經歷,多有與潘氏出使之年份不合者。如集內現存贈予沿途地方長官之詩作《贈廣西巡撫陳大人》、《贈定州知州郭守樸》二首,經考,道光十二年(1832)在任之廣西巡撫爲祁姓,同年在任之定州知州則爲王仲槐。郭守樸(民國二十三年《定縣志》卷九作"郭

守璞")任定州知州的時間爲乾隆五十六年至六十年(1791—1795),則詩中
所涉陳姓廣西巡撫爲乾隆五十五年至五十九年(1790—1794)間在任的
陳用敷。綜合推考,此次出使的時間應該在乾隆五十六年至五十九年
(1791—1794)之間,其時正當越南西山朝,而《使程詩集》之作者並非潘清
簡無疑,其他則待考。

　　仟年案:觀集中有詩題《和李憲喬》,吳時任《皇華圖譜》有詩題《書示伴
送李憲喬》《送短送李憲喬回寧明》,吳詩注曰:"憲喬舉人,見授柳城知縣,
就船筆問",而此集中《和李憲喬》注曰:"在柳城",又吳集中有《過關留贈潘
御史武工部吳協鎮諸公二律》,此集有《贈工部侍郎》,爲未出關前留別相贈
之作,都有工部之稱。二書中詩常題詠同一地,如此集中有《登母子山感
作》,吳集中有《登母子山》,二集皆有《過宋狀元馮京故宅》詩,但内容不同,
是此書作者爲吳時任同時入華使者無疑,吳出使在 1793 年,與上述考證亦
相合。全書以時間爲序,然亦有紊亂。其行程爲自廣西入湖南北上至河
南。其詩《圓明殿夜直謁見》爲在北京作,後當即回程。來程有《未登黃鶴
樓過漢江有感》,回程即有《登黃鶴樓》,爲其明證。據《回關喜賦》"往還圓
得九冰輪"一語,使程歷時凡九月。其書題使程詩集,其實不確。實作者別
集,使程中題詠占其太半故也。《贈武短送薛爺》後當已回程。後詩《謁二
青洞》,則已在越南諒山境。

吳仁静《拾英堂詩集》(第九册)

　　解題曰:吳仁静(約 1763—1813),字汝山,嘉定人。自言祖籍浙江山陰
縣(《客中雜感》夾注),而史稱其先世廣東人(《大南正編列傳初集》卷十
一),未詳孰是。

　　仟年案:本書現存印本一種,實有殘佚。標 22 頁有詩題《澳門旅寓春
和堂書懷》,與 23 頁不相連屬。細考越南文獻,可知吳仁静其實是投越之
華人而非華裔。《大南正編列傳初集》本傳:"吳仁静,字汝山,其先廣東人。
南投嘉定。"其中"南投"之主語,既可定爲其先祖,亦可定爲吳仁静本人。
《拾英堂集》裴楊瀝序曰:"汝山兵部大人,負中州英氣,來遊我越,方其天造
雲雷,自許馳驅,以輔成大業。"據序中"辛未春大人奉特旨泹驊,存(案,裴
楊瀝字存成)時備驊學"的話,裴楊瀝曾爲吳之下屬,其言應可信,所謂負中

州英氣一語,意爲吳本是中州人,而來越定居。故吳在廣東時,詩中常有漂泊之感,不類在越數世之華人。來華之中國人後裔,如李文馥、范富庶、潘清簡等人,從未如此。集中《僊城旅次》,"悲歡離合向誰陳,落落風塵萬里身;《同陳俊何平赤下舟雜詠》,"飄蓬斷梗共悠悠,空戴南冠萬里愁。"越人來華公幹,不當有此。同書陳濬遠序署"嘉隆五年歲次丙寅蒲月吉日中浣廣東順德簡圃陳濬遠拜書",鈐"順德陳氏"、"濬遠"二印。序曰:"丙寅之三月,予到越南,主於故人兵(紙壞,缺二字,當爲"部吳")侯家,吳侯出詩草兩帙示予,且囑予曰:(缺二字)爲我序之。"集中有《留別陳濬遠》,其中謂,"一遇留青眼",此吳在廣東與陳相識之初。如吳本越人,至粵東公幹,陳一見遂至越南相隨,寓於其家,稱其爲故人,與情未合。至于吳仁靜詩中自注爲浙江人,亦好理解,浙江爲其祖籍,吳氏遷居廣東亦當不止一世,從越南追述則在廣東,吳氏以粵人自居,自認遠祖,則定在浙江。吳仁靜詩名甚盛,《大南正編列傳》:初(鄧德)述在嘉定,鄭懷德、吳仁靜、黎光定、阮香等聞有詩名,皆師事之,其嘉定詩學之盛,始於此。又黎光定傳:"(光定)與鄭懷德,吳仁靜相友善。立平陽詩社,推揚風雅,四方才學多從遊焉。"越南阮氏起於南方,類於蠻夷,漢文化較北方爲落後,故河仙之作及鄧鄭吳黎等人被視作南方文明之肇始。《拾英堂詩集》所收詩,據陳濬遠序,"其一則作於奉命訪黎之日,其一則作於縛盜入貢之年。"《大南實錄第一紀》卷十,戊午十九年(1798),六月,"以翰林院侍學吳仁靜爲兵部參知,奉國書從清商船如廣東探訪黎主消息,仁靜既至,聞黎主已殂,遂還。"此即訪黎之所由起。時阮福映與西山阮氏相鬭,欲聯合黎氏,並離間西山與清人之關係。而吳本華人,熟悉華言,故可充探訪之任。至于縛盜入貢,事在嘉隆元年(1802),"以鄭懷德爲户部尚書充如清正使,吳仁靜爲兵部右參知,黄玉藴爲刑部右參知,充副使,齎國書品物,並將所獲清人錫封僞西册印及齊桅海匪莫觀扶、梁文庚、樊文才等乘白燕、玄鶴二船,駕海由廣東虎門關投遞總督覺羅吉慶,以事轉達。"因此,《拾英堂詩》所收詩,並非如解題所云除開非燕行詩,"其餘均作於嘉隆元年",究其致錯之故,乃在未明陳序"奉命訪黎"之史實。大約而言,《説情愛》以前,爲戊午訪黎時所作,其活動在澳門汕頭(仙城)佛山(赤下)一帶,多與中國當地人如陳濬遠、張稔溪、黄奮南、符磻溪、劉三哥、劉照等人唱和。《壬戌年孟冬使行廣東水程往廣西和鄭艮齋次笠翁三十韻》並以後至《湖廣歸舟途中作三十韻》爲壬戌出使北京途中所作。

《咏長派侯髮》之後爲在越南時作品。

黎光定《華原詩草》(第九册)

　　解題曰:《華原詩草》(A.779)不分卷,漢喃研究院藏明命三年(道光二年,1822)刻本,與吴仁静《拾英堂詩集》合訂。黎光定(1759－1813),字知止,號晉齋。此次使事爲嘉隆元年十一月至次年十二月間(1802－1803),任正使,與副使黎正路、阮嘉吉請封。書有吴時位等人評語。

　　仟年案:評論者原但作吴澧溪、阮素如。吴指時位,素如指阮攸。此次使部之行,《大南實録正編第一紀》嘉隆元年十一月,"以兵部參知黎光定爲兵部尚書,充如清正使,吏部僉事黎正路、東閣學士阮嘉吉充甲乙副使。先是帝既克北城,移書兩廣總督臣,以事轉達清帝,令復書言,我國既撫有安南全境,自應修表遣使請封。其前使部鄭懷德等令轉往廣西,俟請封使至,齊進燕京候命,正路等以聞。帝命光定等齎國書品物往請封,且請改國號爲南越。"故此行與阮朝關係甚大,阮嘉吉《珥河曉發》詩謂"九千地軸從初步,萬代王基在此行"是也。

阮嘉吉《華程詩集》(第九册)

　　解題曰:華程詩集(A.2530),作者阮嘉吉,號迪軒,生卒年不詳。嘉隆初以乙副使前往中國。原書封面下注嘉隆乙丑仲冬,實應作嘉隆元年壬戌。該書不涉回程,以答中國文人許州進士許世封詩止,故或爲殘編。許世封于黎光定《華原詩草》中作孫世封。

　　仟年案:此書凡涉中國人,皆見黎光定詩中。作孫世封是。孫世封號森圃,嘉慶壬戌進士,有《森圃存稿》。《清詩匯》收其詩。其人亦見吴仁静贈詩。此行回程阮嘉吉實有作品,如《回程喜賦》即標明回程時作,後接《到邯鄲直隸短送李分府話別送所作遊南天門詩因依韻以復》,此李分府即黎光定集中之李奉瑞,再後有《宿許州進士許世封惠送森圃存稿二册並詩二絶求和因書以答》三首,自直隸至許州,正是回程,故不可謂回程無詩,更不可疑爲殘卷。吴仁静、黎光定同在使部,回程詩皆少于來程,此亦情理之必然。

武希蘇《華程學步集》（第九册）

解題曰：《華程學步集》（A.374）作者武希蘇，號澹齋，阮朝唐安慕澤人。嘉隆二年（1803）清封阮福映爲越南國王，次年，清使如越册封。三年（1804），阮朝遣使致謝，並修貢職。此武希蘇等使華之由來。

仟年案：此次使華，《大南實錄正編第一紀》嘉隆三年，“以黎伯品爲刑部參知，充如清正使，陳明義、阮登第充甲乙副使，且進癸亥乙丑二貢。”據范琥贈序，武希蘇此行充使部録事，越南使部中除正使，甲乙副使三人外，有録事等職。解題引詩題《梧江舟次酬贈鹽道官師爺玉聖基》，玉作王。中國本有玉姓，不當改作王。

吴時位《枚驛諏餘》（第九册）

解題曰：《枚驛諏餘》（A.1280），作者吴時位，生卒年不詳，吴時任之弟。據“家兄癸丑上新樓，迨我今來十七秋”，又據潘輝注《華程續吟》詩注，定此次出使在嘉慶十四年（嘉隆八年己巳，1809），爲賀嘉慶五旬萬壽。

仟年案：書名作“枚驛”者，“枚”爲“梅”字之俗寫。作者卒年亦可考。吴時位，越史中或作吴位，越南稱名時常省中間字。《大南實錄正編第二紀》，明命元年十二月（1821年），“如清正使吴位卒于南寧府。”是其卒年，亦可見其二次來華。解題考據出使時間稍嫌迂曲，且謂使部爲賀壽恐不確。集中《謁二青崗》序：“己巳春，以使命道經諒山。”，據《大南實錄正編第一紀》嘉隆八年三月，“命吏部參知阮有慎充如清歲貢（原注：丁卯己巳二貢）正使，廣平該簿黎得秦、吏部僉事吴位充甲乙副使。原注：行人九人，録事二、書記四、調護一、通事二、隨人十五人。”集中詩題《渡珥河》序曰：“是日護送貢渡珥河，陳兵兩岸，接遞貢品。”是此次使事在己巳，使事爲例行朝貢明矣。今抄本當有殘闕，所記行程至武漢止。

阮攸《北行襍録》(第十册)

解題曰:北行襍録(A.1494)漢喃院藏鈔本。阮攸(1765—1820)字素如,號清軒。攸兩度以正使使華,嘉隆十二年(嘉慶十八年,1813)納貢,及明命元年(嘉慶二十五年,1820)求封。此書作于第一次使華時。

仟年案:《大南實録正編第一紀》嘉隆十二年二月,"以廣平該簿阮攸爲勤政殿學士,充如清歲貢(辛未癸酉二貢)正使,吏部僉事陳雲岱、阮文豐充甲乙副使。"此副使之職名。其詩所紀行止頗爲淆亂,自廣西至湖湘,北上至河南河北,又接安徽潛山、昭明太子分經石臺(宿松)、桃花潭(涇縣)至于徐州。越南使臣入華,道路必由清人預定,並有長送短送伴隨,乾隆四十六年(1781)前由武昌入江至南京沿運河北上,後由陸路北上湖北河南河北。阮氏行程,不當解爲往返途程不同之故。或許此類詩乃阮攸憑空擬作,或爲後人僞詩闌入,皆不可知。

丁翔甫《北行偶筆》(第十册)

解題曰:《北行偶筆》(VHv.1468)不分卷,漢喃院藏鈔本。丁翔甫,生平不詳。據書序,作者嘉隆十八年(嘉慶二十四年,1819)充賀壽使如清,賀嘉慶六十大壽,次年季春,結集並作序於廣西太平州回程時。

仟年案:此丁翔甫,見于書前序,題"古驥溪亭丁翔甫使程詩集"。正文題《北行偶筆》。丁翔甫應即丁翻,《大南實録正編第一紀》嘉隆十八年三月,"以廣南記録阮春晴爲勤政殿學士充如清歲貢(丁丑己卯二貢)正使,廣南督學丁翻爲東閣學士,南策府阮祐玶爲翰林侍讀充甲乙副使。"翻有飛翔意,故名翻字翔甫。後漢虞翻即字仲翔。原序曰:"己卯春,某自廣南召回充賀壽使,以閏四月過關。"亦與實録相合。惟實録以使事爲例貢,而翔甫作賀壽。以情揆之,正使與當事人記載皆不當誤,貢期及嘉慶庚辰六十大壽亦合,集中亦有作者賀萬壽詩,或此次使行爲歲貢與賀壽合爲一部歟?

潘輝注《華軺吟録》（第十册）

　　解題曰：《華軺吟録》（A. 2041）二卷，作者潘輝注。明命六年（道光五年乙酉，1825）擢侍讀，充如清甲副使。明命十二年（道光十一年，1831）復北使來華。此書爲其第一次使華時所作。書有何巽甫序。

　　仟年案：何巽甫，即何宗權，爲明命時重要文人。《大南實録正編第二紀》明命五年甲申十月，"遣使如清，授黄金焕爲禮部左參知充謝恩正使，吏部郎中潘輝注爲鴻臚寺卿，户部郎中陳震爲太常寺少卿，充甲乙副使。"同時以黄文權等充歲貢（辛巳乙酉二貢）使如清。七年記其還。所謂謝恩，因明命三年清遣潘恭辰來越南諭祭阮福映，並册封福晈。越史中所謂邦交禮成也。《華軺吟録》跋謂"大人復于癸酉春，叩恩命而馳沃甞，躡大家之芳躅。"癸酉乃乙酉（1825 年）之誤。潘氏第二次使華，在明命十一年（1830）十月，"遣使如清，以吏部左侍郎黄寊充正使，廣安參協張好合改授太常寺少卿、翰林編修潘輝注陞授侍講，充甲乙副使。"十三年四月記其還。潘輝注二次使華之時間職銜具載如是。何宗權序題龍飛丙戌嘉平穀旦，丙戌爲1826 年，故以本書爲第一次使華時所作，不誤。本書收作者詞作八首，詞調爲更漏子、西江月、浪淘沙、惜分飛等。越南作者於詞學頗不留意，唯王子阮綿審可稱大家，其餘作者寥若晨星。余曾作文，考證目録中及現存之越南詞作，而未及此，當據補之。

潘輝注《華程續吟》（第十二册）

　　解題曰：《華程續吟》（A. 2042）是阮朝明命十二年（1831）潘輝注第二次以副使身份北使中國時的詩集。此前道光五年（1825）潘輝注已有過一次使燕經歷，並撰有《華軺吟録》、《輶軒叢書》。本書收詩一百二十七首（自序言一百二十六首），有潯州知府孫世昌序，贈和詩在卷末。

　　仟年案：本書實爲完帙。此行目的據作者自序，"慶壽巨典，原係衣裳盛會。"又詩中有《恭進賀聖壽節詩章》，其中曰"五旬初紀仙齡"，是爲道光賀五十萬壽。集成同册《夢梅亭詩草》解題，考證張好合（夢梅）與潘輝注同在使行中，張爲甲副使，潘爲乙副使，是。二人集中同載張好合哭陶煦詩亦可證也。此行正使,據《大南實錄》正編第二紀卷六十九明命十一年,遣使如清,以吏部左侍郎黃寔充正使,…張好合、潘輝注充甲乙副使,可知也。潘氏自序曰:"至燕之日,始知中朝因有事警,悉罷諸外國賀使,獨是日南冠帶翱翔于圓明同樂間。""雖弗獲東南同文之好,而不至勞薜縢爭長之談。"解題考證基本可信,但如以何侯爲中國人,實誤,查何侯贈詩在越人贈行中。何侯者,疑即何宗權。

張好合《夢梅亭詩草》(第十二册)

解題曰:《夢梅亭詩草》(A.1529)不分卷。作者張好合,阮朝明命十二年(1831)、紹治五年(1845)兩度出使中國。詩草中《客中春日以北城菊花酒送同部乙副使翰林潘侍講》詩與潘輝注《華程續吟》中《張侯送贈城北菊花酒並詩依韻答復》所附原詩相同,使途中與中國官員之交往又相同,故可定爲詩草實與潘輝注《華程續吟》同爲充賀壽使臣時所作。

仟年案:本書題《夢梅亭詩草》,則本爲張氏別集,越南文人極重燕行之作,常平居無詩,而使程中則詩興大發。故詩草中燕行之作占其大半,前佚名《使程詩集》即是。除明命十二年此次使華外,《大南實錄》正編第二紀卷二百十八,明命二十一(1840)年十月,以阮廷賓爲賀壽正使,潘靖、陳輝璞爲副使,以黃濟美爲歲貢正使,裴日進、張好合爲歲貢副使;正編第三紀卷四十六,紹治五年(1845),以張好合…充如清正使,范芝香…王有光充甲乙副使。故張好合出使中國見載籍者實有三次。

李文馥《閩行襍咏》(第十二册)

解題曰:《閩行襍咏》(A.1291)不分卷,作者李文馥(1785－1849),字鄰芝,號克齋,河内永順人。其祖先原籍福建漳州府龍溪縣。明清之際移居越南。《閩行襍詠》爲作者明命十二年(1831)夏,奉命駕瑞龍大船,護送失風海上的中國官眷陳棨等回福建,記錄在中國見聞的詩作。

仟年案:《廈門志》卷八《越南》亦記此次行程:"道光十一年六月,越南國王遣其臣工部郎中陳文忠、禮部員外郎高有翼送前故彰化縣知縣李振青眷屬及遭風難民回籍,至廈門。船名"瑞龍",桅三節、布帆;衛尉黎順靖帶兵百餘名。所載貨物，肉桂、砂仁、燕窩、沉香、象牙、犀角、黄蠟、白錫、烏木、錦紋木、白糖、蝦米、魚乾、白兔皮。人皆束髮，官則烏紗、圓領、角帶，禮貌恭順，亦通文墨；兵丁服短衣、舵水人等服黑短衣，衣有領。總督孫爾准入奏，降旨嘉獎，賞賚有差；照例給與鹽菜飯食銀兩、修船銀一百六十兩，許貿易。十二月，回國。"案，李文馥六次出使中國，留下多部書稿。第一次在1831年辛卯護送中國人李振青、陳榮回至福建，著《閩行雜詠》。同行者有陳文忠、高有翼；第二次在1833年癸巳，護送遭風兵弁至廣東，中途去澳門一次，著《粵行吟草》。同行者爲汝伯仕、黄炯；第三次來粵在1834年甲午，護送因風失途的廣東水師船只回粵，著《粵行續吟草》。同行者有阮德文；第四次使粵在1835年乙未，因押解水匪至廣東，著《三之粵集草》和《仙城侣話》。同行者爲杜俊大、陳秀穎；第五次使華在1836年丙申，因察訪公派遭風船艘聲息，泊于澳門，著《鏡海續吟草》。同行者有黎瑤甫、胡養軒；第六次使華在1841年辛丑，起因爲紹治元年向清告哀，著《周原襍詠草》、《使程遺録》、《使程志略草》、《使程括要編》。同行者爲阮德活、裴輔豐。閩行之由，本書記載甚悉，《舟簇詒難員陳榮》詩注："伊以監生候補巡檢，伊妹夫彰化縣令李進士振青，振青率攜其母妹若甥搭船浮海歸，遭風泊於平定鎮新鳳邑洋分。蒙恩給銀錢衣服，命官駕船護送回閩。"陳榮，生卒年不詳，浙江海寧人，字洛如，擅書法。李振青字松吟，本籍貴州。道光六年(1826)任臺灣府淡水撫民同知。今《閩行襍咏》鈔本有署梅峰潘霖卿鳳、恒岳鄭思台、杭州繆蓮仙艮評。繆艮號蓮仙，李文馥到廣東時，繆艮遊幕于朱桂楨府中。朱道光十一年(1831)任廣東巡撫加督察院右副都御史。紹介李繆之交者則爲術士劉文瀾，李遂參與廣東文人之聚會，號中外群英會。繆氏應請爲其閩行集作序。其始末余曾詳考待刊。鄭思台則越人，與作者爲同年，見書中《附思台擬題萬安橋並束》，潘霖卿越人，作者朋友蓋即輯訂《桂堂詩彙選》者。李文馥在福建結交文人如周凱、來錫蕃、黄宅中、翁叔裴、許原清等，今見於《廈門志·國朝職官》。又案，李文馥入華六次，結交中國人士名姓存者几四十人，縱橫聯絡數十年，其中如覃溥（荔仙）者，未見文馥著作，但後阮思僩入華時，有詩《寄贈湘潭覃荔仙》，注曰："荔仙三十年前遊廣東，與李隣芝文馥相遇，詩酒更佳。是日登舟，携所著《四照堂詩集》見贈。"中越交往可謂彬彬盛矣。

范芝香《郿川使程詩集》(第十五册)

解題曰:《郿川使程詩集》(A.251)不分卷,作者范芝香(? —1871),於紹治五年(1845)、嗣德五年(1852)兩次出使清朝。《郿川使程詩集》即首次使華時作品。此次爲例行賀節,范芝香爲第一副使,正使爲張好合,第二副使是王濟齊。

仟年案:所謂第一副使第二副使應作甲副使乙副使,此蓋爲從越南文回翻至中文所致。范氏兩次使華及同行者,均見于越南正史。《大南實錄正編第三紀》卷四十六,以張好合…充如清正使,范芝香…王有光充甲乙副使。《大南實錄正編第四紀》卷八,嗣德五年一月,命二部使如清,潘輝泳充答謝正使,劉亮、武文俊副使。范芝香充歲貢正使,阮有洞、阮惟充甲乙副使。解題謂王濟齊,實爲王濟齋之誤,原書已誤作濟齊。濟齋,乃有光別號。

阮思僩《燕軺詩文集》(第二十册)

解題曰:《燕軺詩文集》(A.199)不分卷,漢喃研究院藏鈔本。本書是阮朝嗣德二十一年(清同治七年,1868)阮思僩出使清朝時的詩文合集。詩集名《燕軺詩草》,分上下兩卷。有李文田序,未署年月,及同治八年(1869年)吳仲嗣序。

仟年案:此次貢使,馬先登《護送越南貢使日記》:"同治戊辰秋,國王阮遣其陪臣禮部侍郎翰林院直學士黎峻,鴻臚寺卿阮思僩,侍讀學士黃並,攜同五品行人八員,賫犀角象牙沉香肉桂翡翠孔雀燕窩等物,航海入貢。"是阮思僩爲副使,職銜爲鴻臚寺卿。其時中越使節已中斷多年。故雲麓詩曰:"我使不出疆,今已十六年。豈不懷周行,道遠多烽(蜂)烟。"李文田與阮思僩在北京頗多交往,牽連廣東江蘇人甚多,可據《如清日記》及《燕軺筆錄》考得其實。李序中又謂"君方束裝,言旋故國",是必離京時所作,故李氏爲雲麓所題序,徑定其爲1869年可也。至于吳仲嗣者,抄本正文原作"燕軺詩草敘,滇西吳嗣仲春谷氏",于嗣仲二字間作倒乙符號,故解題作者定爲吳仲嗣。實本作吳嗣仲,倒乙符號,爲抄者誤加。吳嗣仲,

字春谷，雲南保山人，清道光已亥舉人，歷官湖北光化棗陽等縣知縣，升
陸安同知，襄陽府知府，署荆襄鄖道，曾續修《沅州府志》。嗣仲序據"今
年夏黎蓮湖阮雲麓黄雲亭奉使回國，假道湖湘，而余適官斯土。"則作于
任湖南時。

范熙亮《北溟雛羽偶録》（第二十一册）

解題曰：《北溟雛羽偶録》（A.245），書前有清同治十二年（1873）鄂疆縣
吏袁璞序。

仟年案：鄂疆即湖北，非縣名。袁璞爲袁瓚之誤，原抄已誤作璞。袁瓚
亦爲阮綿審《倉山詩集》題序，其序末鈐"廉叔""臣瓚私印"二印。瓚字草體
與璞字相近。同治十二年亦誤，應爲同治十一年（1872），原署"同治十二年
歲在壬申孟春之月鄂疆縣吏奉賢袁璞廉叔甫撰並書"，同治十二年爲癸酉，
非壬申，十二乃十一之訛。《倉山詩集》袁瓚序亦題"歲次壬申春正月江南
奉賢袁瓚廉叔甫拜撰並書."，二序皆駢體，《倉山詩集序》應亦爲袁瓚所書。
袁瓚，清咸豐前後人，撰《青南輿頌》、《黄梅縣志》。是可見《倉山詩集》袁序
是范熙亮此次携來中國時請人題書。又，此次正使解題未考，據《再送越南
貢使日記》序："因上次接使，謬溢東里有辭之譽，故於本屆之入貢也，辱承
憲注，復膺是役。…壬申春三月馬先登自識。"又記三使之名：工部侍郎阮
有立，光禄寺少卿范熙亮，鴻臚寺少卿陳文準。則此次正使阮有立，乙副使
爲陳文準。《北溟雛羽偶録》中也屢見其名，如《次懦夫春風元韻》、《泛湖次
正使阮年兄元韻》，又有《次正使懦翁靈渠元韻》，稱懦夫爲懦翁，並非字誤，
乃一般習慣。阮有立此次使華在别書中作同治十年（辛未），實爲同一次，
因跨年而記載不同，河南返程時有《元旦就道》詩可知也。《越南阮學士集
經史論》湘陰李氏同治十三年刊本，王闓運序曰："同治十年越南貢使阮有
立携其從父越南國學士阮交所撰十三經集句史論，"此十年是來程，其所歷
年月馬先登日記記載甚悉。

裴文禩《萬里行吟》（第二十一册）

解題曰：《萬里行吟》（VHv.869），作者裴文禩（1832—?）字殷年，號珠

江。嗣德二十九年（1876）以辦內閣事務充丁丑貢部正使職務出使中國。有北使詩文集《萬里行吟》《燕槎吟草》。又有唱和集《中州酬應集》、《雉舟酬唱集》。

仟年案：解題謂爲《萬里行吟》題序之綏理郡王名阮綿寅，誤。綏理郡王是阮綿寅，然明命王子中確有名綿寅者。關于裴氏之卒年，越書如《越南漢學科舉登科錄會要》皆作未詳。按《大南實錄正編第四紀》卷六十九，嗣德三十六年一月，"清國布政使徐延旭與統領黃桂蘭、趙沃將營兵抵北省，延旭派主事唐景崧將勁兵往劉團住次籌辦，又委桂蘭、趙沃往慈山相視形勢，分兵屯紮，殷年遞禮物款贈。"則裴殷年于 1883 年仍在世，並與中越抗法事。裴珠江與中國人唱和最多，然其中亦有佚失未存者，如《中州酬應集》收張秉銓札中謂"篇中如大海廻風生紫瀾步押原韻均行不可階，妙格自然"，所引詩句已不見《萬里行吟》《中州酬應集》《雉舟酬唱集》等集。另有署裴文禩《大珠使部唱酬》者，實即《中州酬應集》，書名乃撮首篇"大陪臣珠江"之二字，文義不通，乃後人誤題。

阮述《每懷吟草》（第二十三冊）

解題曰：《每懷吟草》（A. 554）二卷，作者阮述（1842－？）字孝生，號荷亭。嗣德三十三年（1880）任如清歲貢正使，三十五年歲末（1883 年初）再充副使，與刑部尚書范慎遹往使天津商討對法事宜。著作除本書外，尚有與范慎遹合撰的《建福元年如清日程》。本書是光緒六年（1880）阮述以正使身份使清時的作品。然本書卷一《明江登舟因紀》至卷末、卷二《黃河早泛》至《濟湘喜賦》等爲他作闌入。

仟年案：本次使事，于庚辰秋九月出發，至第三年壬午春清明後歸國。據卷二《萬壽慶節奉于午門拜賀禮成恭紀》，乃爲光緒賀辰。但實際則欲請清人救援。其《即事》其二曰："壯遊人盡侈輕肥，欲效乘槎事已非。遠海驚看牛馬及，同盟誰念輔車依。衛禽唧石空嗔恨，越鳥（島）巢南敢倦飛。聞樂不妨重拜教，秦庭應爲賦無衣。"其義甚明。解題以本書卷首序爲陳啓泰作，蓋以爲篇首唯有一序，有誤。篇首有黃自元序一篇，原抄本誤作黃見元。其後乃陳啓泰序。惟署名"光緒辛巳秋黃見元"之後與下文相連，解題作者未審讀全文，故將二序合爲一篇，而以陳啓泰爲作者。按黄自元爲湖南資水人,除本書外,亦曾爲范富庶《蔗園全書》作序,因富庶乃阮述業師,故荷亭携來中國,遍請名士品評。而介紹者,乃湖南人王先謙。

（作者單位:揚州大學文學院）

域外漢籍研究集刊　第十四輯
2016 年　頁 187—214

越南丁黎時期帝后和宗室制度考[*]

　　現在爲中國鄰邦的越南,曾經作爲中國的郡縣之地長達千年,直至唐宋之際方才漸漸成爲藩屬國,走上了如朝鮮半島那樣的獨立發展之路。而即使是在獨立發展之後,其文物制度皆以中國爲準則并加以變通。越南獨立後歷朝歷代的帝后和宗室制度也是如此,其中猶以丁、(前)黎二朝作爲獨立越南最早的兩個朝代,其帝后和宗室制度更值得加以探究,以見其與中國制度之間的繼承關係。不過中國、越南、日本學界對此的相關研究多集中於對丁部領向宋朝隱匿稱帝事實的梳理[①],或對丁、(前)黎二朝的興衰過程進行簡單的描述[②],但對於丁、(前)黎二朝具體的帝后和宗室制度

---

　　* 本文爲國家社科基金重大項目"五代十國歷史文獻的整理與研究"(編號:14ZDB032)、中國博士後科學基金面上資助項目"唐末五代南方地區刺史政治研究"(編號:2015M582601)階段性研究成果。

　　① 陳荆和:《五代宋初之越南》,《中越文化論集》(一),中華文化出版事業委員會,1956 年,頁 221—248;吕士朋:《北屬時期的越南——中越關係史之一》,華世出版社,1977 年,頁 140—148;葉少飛:《丁部領、丁璉父子稱帝考》,姜錫東主編《宋史研究論叢》,第十六輯,河北大學出版社,2015 年,頁 437—473;郭聲波:《關於丁璉"襲僞位"的年代及相關問題的討論》,姜錫東主編《宋史研究論叢》,第十六輯,河北大學出版社,2015 年,頁 474—480。

　　② (越南)陳重金:《越南通史》,商務印書館,1992 年,頁 59—65;郭振鐸、張笑梅主編:《越南通史》,中國人民大學出版社,2001 年,頁 245—265。

如何施行涉及較少①，故筆者不惴淺陋，謹以此小文求教於方家。

一　丁朝以前的帝后與宗室制度

　　越南歷史上的"丁朝"、"(前)黎朝"等稱呼，一般而言都是以統治者的姓氏來命名的一個約定俗成的説法。就正式的國號而言，丁朝開國君主丁部領"建國號大瞿越，徙京邑於華閭洞"②，此後(前)黎朝開國君主黎桓以丁朝十道將軍身份篡位時，未改國號，亦未遷都。但李朝太祖李公蘊開國時，雖未明言改國號，卻遷都昇龍城，以示與丁、(前)黎二朝有所區別③。因此，可以將丁、(前)黎二朝視爲一個政權的兩個統治階段，可目爲"丁黎時期"。但由於以丁、(前)黎二朝予以稱呼，已經在學界沿用多年，故本文以丁、(前)黎二朝

----

　　①　對於越南歷朝在僧道官和爵秩等官制問題上的發展演變，參見耿慧玲：《越南官制初釋——僧道官與爵秩》，氏著《越南史論——金石資料之歷史文化比較》，新文豐出版社，2004年，頁225—274。不過其中耿慧玲對越南爵秩的研究中亦未提及丁、黎二朝的帝后和宗室問題。桃木至朗在其書中整理了李朝、陳朝的帝、后和宗室，但並未集中梳理丁、黎二朝，參見桃木至朗：《中世大越國家の成立と変容》，大阪大學出版會，2011年，頁201—226、272—314。直接涉及丁黎時期宗室問題的主要見河原正博：《前黎朝と宋朝との関係——黎桓の諸子を中心として》，《法政史學》，第29號，1977年3月，頁11—24。
　　②　(越南)吳士連撰，(日本)陳荆和編校：(校合本)《大越史記全書》本紀卷一《丁紀》，東京大學東洋文化研究所東洋學文獻刊行委員會，1984年，頁180。
　　③　李朝太祖李公蘊遷都之事，《大越史記全書》本紀卷二《李紀》載其手詔曰："昔商家至盤庚五遷，周室迨成王三徙，豈三代之數君，徇於己私，妄自遷徙？以其圖大宅，中爲億萬世子孫之計，上謹天命，下因民志，苟有便輒改，故國祚延長，風俗富阜。而丁、黎二家，乃徇己私，忽天命，罔蹈商周之跡，常安厥邑於兹，致世代弗長，算數短促，百姓耗損，萬物失宜，朕甚痛之，不得不徙。"頁207—208。知李太祖以商朝盤庚、周朝成王爲例，爲其遷都論造勢，又以"家"字稱丁、黎二氏，知其所自承當爲"大瞿越"之王統，並非自立一朝。當然，暨南大學魏超博士認爲，李朝遷都也有與華閭城"湫隘"(頁207)有關，不如原安南都護府所在地大羅城(遷都後改稱昇龍城)的開闊平坦，且李公蘊需要依靠大羅城附近的僧侶勢力。但這與李朝對丁、黎二朝正統的繼承並不矛盾。關於李朝遷都昇龍城，參見桃木至朗：《大越李朝の昇竜都城に関する文献史料の見直し》，《待兼山論叢》，第44號，2010年，頁1—29。

分别爲不同的"朝代",以便討論。此外,黎桓建立的黎朝,爲區別於黎利建立
的(後)黎朝,一般稱之爲"前黎朝",下文爲便於行文,僅稱之爲"黎朝"。

　　類比於丁、黎二朝,越南史家亦多以"某朝"的方式稱呼在丁朝之前的
各種交趾地區叛亂勢力或割據勢力,比如所謂"吳朝"即指吳權(898—944)
所建政權。然而吳權並未定國號,真正建立國家,因此站在統一元朝立場
的黎崱所撰《安南志略》,將吳權目爲"五代時僭竊"之一,而非如丁氏、黎
氏、李氏、陳氏那樣立爲"世家"①。阮朝潘清簡等纂《欽定越史通鑑綱目》
(1884年)亦列入"前編"②,有別於從丁朝開始的"正編"。

　　當然,吳權畢竟確實稱王,這在唐宋之際安南地區從由曲氏、楊氏、矯
氏相繼統治以來,尚屬首次稱王。故而後黎朝吳士連所撰《大越史記全書》
(1479年)依然以"吳紀"③記載"吳朝"史事,這大概是沿襲了更早的陳朝時
期不著撰人的《越史略》之"吳紀"④體例。因此,對於"吳朝"的制度,也需
要有一個瞭解。以下逐一揭示"吳朝"的情況:

　　王號。關於吳權自立之事,《越史略》曰:"權始稱王。"⑤《大越史記全
書》曰:"自立爲王,都螺城。"又曰:晉天福四年(939)"春,王始稱王,立楊氏
爲后,置百官,制朝儀,定服色。"就此,後世越南陳朝史家黎文休評論道:
"雖以王自居,未即帝位改元,而我越之正統,庶幾乎復續矣。"吳士連則評
論道:"前吳之興,非徒有戰勝之功,其置百官,制朝儀,定服色,帝王之規模
可見矣。享國不永,未見治效,惜哉!"⑥可見,吳權雖然稱王,甚至"置百

---

①　(元)黎崱:《安南志略》卷一一《五代時僭竊》,中華書局,2000年,頁280—282。

②　(越南)潘清簡等:《欽定越史通鑑綱目》前編卷五後晉天福四年至宋太祖乾德
三年條,初刻本,1884年。

③　《大越史記全書》外紀卷五《吳紀》,頁171—175。吳士連《大越史記全書》原本
將"吳紀"作爲"本紀"之始,然而後黎朝范公著依循已亡佚的武瓊《大越通鑑通考》(1510
年)的體例,依照"大一統"觀念,將"吳紀"歸入"外紀",始定今本《大越史記全書》的體
例。參見葉少飛:《越南正和本〈大越史記全書〉編撰體例略論》,張伯偉主編《域外漢籍
研究集刊》第十輯,中華書局,2014年,頁271—272。

④　不著撰人:《越史略》卷一《吳紀》,叢書集成初編本,商務印書館,1936年,頁
15—16。

⑤　《越史略》卷一《吳紀》,頁15。

⑥　《大越史記全書》外紀卷五《吳紀》,頁172。

官,制朝儀,定服色",頗具"帝王之規模",但確實"未即帝位改元",且"享國不永"。另外,此處所謂"王",並無前綴,即不像歷史上各種自立政權那樣,以"地名＋王"的形式自我宣示對某地的統治①。因此,吳權之"王",雖然可能史料失載其王號,但大體而言只是一種簡單的自稱。當然,後世史家爲便於稱呼,以"姓氏＋王"的形式呼之,則又是另一種含義了。

吳權死後,楊三哥逐吳權長子吳昌岌,"僭稱平王"②。平王之意,或與五代時期以"方位＋平王"形式的異姓諸侯王號有關,比如南平王先後被授予嶺南節度使劉隱(909)③、荆南節度使高季興(924)④,此後黎朝的黎桓也曾於至道三年(997)受宋封南平王⑤;北平王亦先後被授予義武軍節度使王處直(909)⑥、盧龍節度使趙德鈞(936 年之前)⑦、河東節度使劉知遠(945)⑧。從這幾例可以看出,被授予"方位＋平王"形式的諸侯,並不限定於某地,而是以京城所在爲坐標的某一方位之中某位勢力較爲强大的藩帥,且當這些藩帥晋封之後,其所擁有的"方位＋平王"號也會被轉授給別人。總體而言,"方位＋平王"號介於"郡望＋郡王"和"地名＋王"之間,是爲一種具有過渡性質的王號。因此,楊三哥的這個"平王",或許有借鑒中

---

① 中國歷史上的這種自立傳統,始於陳勝"乃立爲王,號爲張楚",見(西漢)司馬遷:《史記》卷四八《陳涉世家》,中華書局新點校本,2014 年,頁 2369。當然,"張楚"二字並非完全意義上的地名,而是一個詞組,但並不影響其地名含義的展示。對"張楚"王號的相關討論,參見田餘慶:《説張楚——關於"亡秦必楚"問題的探討》,氏著《秦漢魏晉史探微》(重訂本),中華書局,2011 年,頁 1—2。

② 《大越史記全書》外籍卷五《吳紀》,頁 172。

③ (北宋)司馬光:《資治通鑑》卷二六七後梁太祖開平三年四月條,中華書局,1956 年,頁 8708。

④ 《資治通鑑》卷二七三後唐莊宗同光二年三月條,頁 8917。

⑤ 《大越史記全書》本紀卷一《黎紀》,頁 195。

⑥ (後唐)和少微:《大唐故興國推忠保定功臣義武軍節度易定祁等州觀察處置北平軍等使開府儀同三司檢校太師兼中書令北平王食邑五千戶食實封三百戶太原王公墓誌銘并序》,周阿根編《五代墓誌彙考》,黃山書社,2012 年,頁 154。

⑦ (北宋)薛居正撰,陳尚君輯證:《舊五代史新輯會證》卷九八《趙德鈞傳》,復旦大學出版社,2005 年,頁 3020。

⑧ 《舊五代史新輯會證》卷九九《後漢高祖紀上》,頁 3048。

國"方位＋平王"之意,但因並非中原王朝所認可的某一"方位＋平王",故而僅稱"平王"。總之,所謂"平王",並非"地名＋王"形式的王號。

楊三哥被滅後,南晉王吳昌文、天策王吳昌岌之號,則屬於二人自稱,並非吳權或楊三哥所封。其中吳昌文於乾祐三年(950)逐楊三哥自立,廣順元年(951)"即王位,稱南晉。遣使往迎其兄昌岌歸京師,同理國事。昌岌稱天策王。"① 值得注意的是南晉王、天策王兩個王號,不同於吳權的"王"和楊三哥的"平王",而有"南晉"、"天策"兩個前綴。但這兩個前綴的含義不甚明了,並非傳統的地名,亦非明顯的美稱。初步推測,"南晉王"有在南方地區晉升爲王的意思,"天策王"則有上天所册(策)立之王的意思。若如此,則這兩個王號也僅僅是一種自稱,表明自己有"王"的身份,但並不具備對整個安南地區的統治權和統治實力。與此相應的是,吳昌文尚需借助南漢政權對其進行的加封來確立在安南地區的統治地位,即顯德元年(954)天策王吳昌岌去世,吳昌文"復位,遣使請命於南漢主劉鋹,鋹以王爲靜海軍節度使兼都護"②。總之,楊三哥和吳氏兄弟的王號,可歸類爲"自稱型寓意王號",以示其出自自稱,又有寓意。

王后。《越史略》未載吳權王后信息,前揭《大越史記全書》則曰"立楊氏爲后",知吳權稱王復立后。此楊后出自愛州楊氏,其父楊廷藝曾一度以靜海軍節度使統治安南地區,其兄楊三哥又在吳權死後獨攬大權③。由於吳權並無確定的王號,故楊氏的后號亦不見載。此後,《大越史記全書》載吳權於開運元年(944)死後其兩位幼子吳南興、吳乾興在楊三哥掌權時"皆

---

① 《大越史記全書》外紀卷五《吳紀》,頁174。
② 《大越史記全書》外紀卷五《吳紀》,頁174。
③ 關於愛州楊氏及其他唐宋之際安南豪族,參見胡耀飛:《"十二使君":唐宋之際安南地方豪族初考》,復旦大學亞洲研究中心編《全球地域化視角下的亞洲研究》,復旦大學出版社,2014年,頁45—60。關於"十二使君",亦可參考(美)Keith Weller Taylor,"The 'Twelve Lords' in Tenth—Century Vietnam", *Journal of Southeast Asian Studies*, Vol. 14, No1, Mar. , 1983, pp. 46—62. (越南)陳仲洋:《丁部領與十二使君之亂——從史料到真實的歷史》,《發展與研究雜志》,2012年第1期。葉少飛在越南漢喃研究院完成的碩士論文《越南歷史上的"十二使君"問題研究——通過越南漢喃資料和中國史料》(2015年)則是最新成果。(陳、葉二文爲越南語)

附於楊國母”，則知楊三哥之時，因楊三哥“自立爲王”①，楊氏已經被廢后號，以“國母”作爲代稱②。此後，平王楊三哥並無王后記載。南晉王、天策王時期，亦無王后記載，唯天策王吳昌岌避楊三哥之難於南册江范令公家時，“娶南册江女”，生有後爲“十二使君”之一的吳昌熾③。筆者曾疑此女與范令公同宗，但並無實據。

宗王。吳權雖有稱王之事，但並未分封諸子。《越史略》未載其子吳昌岌、吳昌文的名分，僅曰“吳王子昌岌”、“其弟昌文”、“昌文弟南興、乾興”等語④。《大越史記全書》亦曰：吳權死前，曾“遺命三哥輔其子”；然而吳權死後，“三哥篡位，吳王長子昌岌懼奔南册江，住茶鄉范令公家。三哥以吳王第二子昌文爲己子，次子南興、乾興尚幼，皆附於楊國母。”⑤可見，吳權並未以諸子爲王，這與其本身就是一個無王號之王，無法再封諸子爲王有關。同理，楊三哥的“平王”，也無法封其楊氏宗室爲王，雖然前引有“三哥以吳王第二子昌文爲己子”的記載，但這僅僅表明楊三哥收養吳昌文，或者亦可推導出楊三哥本人並無子嗣，而欲以吳昌文爲日後的繼承人，但並無封王的舉動。而當吳昌文、吳昌岌即位後，雖然吳昌岌有子吳昌熾，但也沒有分封吳昌熾的記載。

綜上，整個“吳朝”，無論是王號、王后還是宗王，都遠未形成一套完整的體系，其維持統治所依賴的依然藩鎮體制，無論是臣屬於中原王朝還是南漢小朝廷，都是如此。但具體來看，從吳權的“王”到楊三哥的“平王”，最後到“南晉王”、“天策王”，無疑還是有進一步的規範化在起作用。這些，對於丁朝的制度發展，起到了鋪墊作用。

“吳朝”之後，安南地區陷入所謂“十二使君”之亂，雖然大小割據勢力遠非十二家。但就“十二使君”本身而言，《越史略》的記載爲：矯三制、阮太平、陳公覽、杜景公、阮遊奕、阮郎公、阮令公、吕左公、阮右公、矯令公、范防遏、陳明公；《大越史記全書》的記載爲：吳使君、矯三制、阮太平、吳覽公、杜

---

① 《越史略》卷一《吳紀》，頁 15。
② 《大越史記全書》外紀卷五《吳紀》，頁 172。
③ 《大越史記全書》外紀卷五《吳使君》，頁 175。
④ 《越史略》卷一《吳紀》，頁 15—16。
⑤ 《大越史記全書》外紀卷五《吳紀》，頁 172—173。

景公、李朗公、阮令公、吕佐公、阮右公、矯令公、范防遏、陳明公。在這些稱號中，或以"姓氏＋官職"相稱，如吳使君、矯三制、阮遊奕、范防遏；或以"姓氏＋×＋公"相稱，其中"×"或爲名之一字，如杜景公爲杜景碩之自稱，或爲"郎(朗)"字、"令"字、"明"字，或爲"左(佐)"、"右"二字。總之，這些"十二使君"並無以帝、王自居者，即使是"公"，也不代表公侯伯子男爵位序列中的公，而僅僅是一種尊稱。

不過其中《越史略》記載的"陳日慶"和《大越史記全書》記載的"吳日慶"，前者稱號"陳公覽"，後者稱號"吳覽公"，兩者雖可比定爲同一人，但據《大越史記全書》中的其他記載，"日慶，吳先主權之後，初稱安王，與十二使君各據其地。"[1]知其爲吳權之後，有"安王"這一稱號。所謂"之後"，可以是指吳權之子，也可能是吳權之孫，但與吳昌岌、吳昌文、吳南興、吳乾興四兄弟和吳昌熾，都無連名現象，其爲吳權直系子孫的可能性比較小，或爲旁支[2]。雖然旁支亦可列入"吳朝"宗室群體，但"安王"這一稱號恐非"吳朝"時所有，蓋"初稱安王"有自稱之意，且作爲"十二使君"之一僅有"吳覽公"之稱號。至於"安王"之自稱，也非"地名＋王"的形式，或取法於上古安南地區"安陽王"這一傳説中的統治者[3]。故亦可歸入自稱型寓意王號。此時擁有自稱型寓意王號的還有丁部領，據《大越史記全書》記載：丁部領在擊敗其叔父後，正式稱帝之前，"由是人人畏服，凡征戰所過，易如破竹，號萬勝王。"[4]此處的"萬勝王"，從字面意義上看，寓意常勝不敗，故亦可歸入自稱型寓意王號。

與"十二使君"同時的，另有吳南帝。據後黎朝史家黎嵩所撰《越鑑通

---

①　《大越史記全書》本紀卷一《丁紀》，頁184。

②　葉少飛猜測吳日慶爲吳昌文之子，並無實據，參見葉少飛：《丁部領、丁璉父子稱帝考》，頁469。

③　關於安陽王的研究，十分豐富，近年的綜合研究參見鍾周銘：《試論安陽王的南遷與建立甌雒國》，四川省社會科學院碩士論文，2014年。

④　《大越史記全書》本紀卷一《丁紀》，第179頁。關於丁部領自稱萬勝王的時間，郭聲波認爲在北宋乾德五年(967)，參考郭聲波：《關於丁璉"襲僞位"的年代及相關問題的討論》，頁474—480。

考總論》,有"吳南帝據夜澤"的記載①。不過黎嵩是後黎朝史家,其説法並無早期史料能夠印證。雖然夜澤在今越南興安省,與陳明公所佔據的布海口相去不遠,而布海口有"鄉人吳副使"②,兩者似有關聯。值得注意的是"南帝"這一稱號,雖然並非"皇帝",也足以從其名稱中感知,或有"南方皇帝"之意,與下文將要論述的丁璉之"南越王"類似。但並無確鑿證據證明吳南帝稱帝之事,故僅能存疑俟考。真正的"皇帝",尚待丁朝方有。

二　丁朝的帝后與宗室制度

丁朝的帝后和宗室,因開國君主丁部領稱皇帝而非稱王,故其在完備性方面,比所謂"吳朝"和"十二使君"及其他割據勢力更勝一籌。以下分別予以梳理:

國號。《越史略》未載國號,而《大越史記全書》則曰:開寶元年(968),"帝即位,建國號大瞿越。"③知丁部領以"大瞿越"爲國號,以示對安南地區的統治權。此處的國號"大瞿越"之"越"來源於古代"百越"的説法;"瞿"字則被越南學者認爲有越南口語中的"大"的意思,即"瞿越"本身就有"大越"的含義,再加一個"大"字,以示巨大④。此外,這裏的"大+國號"的,當模仿於劉氏南漢政權的"大越"、"大漢"兩個國號⑤和南中地區南詔滅亡後相

---

① 黎嵩:《越鑑通考總論》,載《大越史記全書》卷首,頁86。

② 《大越史記全書》外紀卷五《吳使君》,頁176。

③ 《大越史記全書》本紀卷一《丁紀》,頁180。承蒙葉少飛告知,越南學者丁克順認爲,此"大瞿越"國號始見於《大越史記全書》,故可能是後出史料,並不一定是丁朝時期就有。

④ 相關學術梳理參見桃木至朗:《中世大越國家の成立と変容》,頁9。此外,承蒙葉少飛告知,越南學者丁克順認爲,"瞿"字來源於中國中古時期對佛祖"瞿曇"的譯名。又根據魏超博士的意見,他在華閭古城址見到刻有"大越國軍城磚"字樣的磚,懷疑當時國號爲"大越",而"瞿越"乃是民間口語相傳。參見魏超:《越南10—11世紀華閭古城遺址考察記》,未刊稿,2015年5月。

⑤ 南漢劉龑於貞明三年(917)稱帝,國號"大越",翌年改爲"大漢"。對南漢國號問題相關史料的梳理,參見陳欣:《南漢國史》,廣東人民出版社,2010年,頁133—136。

繼承襲的鄭氏“大長和”①、趙氏“大天興”、楊氏“大義寧”、段氏“大理”②四個政權。當然中國古代朝代國號冠以“大”字者亦有，但對於安南地區來説，嶺南和南中地區的政權是地理上最近的政權。

　　帝號。據《越史略》記載，“諸部領，姓丁氏，華閭洞人。……王以趙宋太祖開寶元年，稱皇帝於華閭洞，起宮殿，制朝儀，置百官，立社稷，尊號曰‘大勝明皇帝’”③。此處雖然記載丁部領“稱皇帝”，但其通篇即使在“稱皇帝”之後，依然以“王”稱呼之。而據《大越史記全書》，“先皇帝姓丁，諱部領，大黃華閭洞人，驩州刺史丁公著之子也。削平使君，自立爲帝，在位十二年，爲内人杜釋所弑而崩，壽五十六，葬長安山陵”④。不僅生前稱帝，死後亦有陵。在之後的敍述中，更處處以“帝”稱呼之，完全爲皇帝的身份。總之，丁部領是安南地區在唐宋之際首位自稱“皇帝”并確定國號者，故歷代越南史家以丁朝爲越南第一個獨立王朝，確實有其合理性。

　　尊號。皇帝的尊號，是在皇帝生前由群臣所上的美稱，類似於大臣的功臣號。作爲名義上的静海節度使，丁璉亦有宋廷賜予的功臣號“推誠順化功臣”⑤。但在大瞿越政權境内，依然以其自身的王朝體制行用相關制度。故加諸於皇帝的尊號，亦爲丁朝統治者所採用，如前文所引《越史略》載丁部領尊號“大勝明皇帝”即是⑥。不過“大勝明皇帝”五字與中原王朝的尊號依然有差別，其來歷或與佛教中的無能勝明王有關。無能勝明王的

---

　　①　（五代）何光遠撰，鄧星亮、鄔宗玲、楊梅校注：《鑑誡録校注》卷六“布燮朝”條，巴蜀書社，2011年，頁153。

　　②　（明）田汝成：《炎徼紀聞》卷四《雲南》，文淵閣四庫全書本。

　　③　《越史略》卷一《丁紀》，頁18。

　　④　《大越史記全書》本紀卷一《丁紀》，頁179。

　　⑤　見《宋會要輯稿》蕃夷四《交趾》，上海古籍出版社，2014年，頁9779。亦見丁匡璉（丁璉）所立佛頂尊勝加句靈驗陀羅尼題記，潘文閣、蘇爾夢主編：《越南漢喃銘文匯編》第一集《北屬時期至李朝》，法國遠東學院、越南漢喃研究院，1998年，頁63。

　　⑥　此尊號亦見於丁匡璉（丁璉）題記，見《越南漢喃銘文匯編》第一集《北屬時期至李朝》，頁64。《宋會要輯稿》則載爲“大勝王”，見《宋會要輯稿》蕃夷四《交趾》，頁9779。《續資治通鑑長編》又據《十國紀年》載爲“萬勝王”，見（南宋）李燾：《續資治通鑑長編》卷四太祖乾德元年閏十二月丙子條，中華書局，1995年，頁114。然而，據前文所論，“萬勝王”爲丁部領在稱帝之前的自稱，非稱帝後的自稱。

意思爲没能人勝過的明王,而取"大勝明皇帝",當從"大勝明王"升級而來,即指終得大勝的明王。

　　此外,另有一種"尊號"頗爲不同,即《大越史記全書》所載丁朝第二任皇帝丁璿即位後,"尊帝曰先皇帝"①。這大概屬於廟號、謚號一類,但"先皇帝"這樣的稱呼並不符合"某祖"、"某宗"之類中國史上傳統的廟號,也無法在謚法中找到"先"字作爲謚號的先例②,只能作爲對前一任皇帝的一種口頭上的尊稱。因此,這裏雖然是把丁部領"尊"爲"先皇帝",但無法等同於廟號或謚號,只能作爲一種特殊的"尊號"。

　　陵號。皇帝生前有尊號,死後有廟號、謚號、陵號。對於丁朝來説,一切草創,加之政局不穩,國祚短促,並無真正意義上的廟號、謚號,陵號亦無可稽考。前揭《大越史記全書》所載"葬長安山陵",這一所謂陵號並不完全符合中國古代的陵號,即"某陵"形式,而更多只是揭示了陵墓所在爲長安山。據魏超實地考察,今華閭地區馬鞍山上有阮朝聖祖阮福晈(1791—1841)明命二十一年(1840)五月初二日所修"丁朝先皇帝陵",并於憲宗阮福明(1871—1943)咸宜元年(1884)九月二十四日重修。(參見附圖一、二)但這一後世所修陵墓並不一定就是丁部領原陵。此外,魏超亦提及,華閭南部山地有陳朝以來的長安寺,寺所在之山俗稱長安山③。此外,《大越史記全書》載黎朝開國皇帝黎桓亦葬"長安州山陵"④,考慮到黎桓"改十道爲路府州"⑤,知所謂"長安州"爲改名後之州名。但黎朝時期並無"長安州",蓋李太祖順天元年(1010)方改"華閭城曰長安府"⑥,至陳朝方出現"長安州"之名⑦。故"長安州"當來源於"長安府",而"長安寺"和"長安山"雖然

---

　　①　《大越史記全書》本紀卷一《丁紀》,頁183。
　　②　對於中國古代謚號用字的整理,參見汪受寬:《謚字集解》,氏著《謚法研究》,上海古籍出版社,1995年,頁278—452。
　　③　魏超:《越南10—11世紀華閭古城遺址考察記》,未刊稿,2015年5月。
　　④　《大越史記全書》本紀卷一《黎紀》,頁197。
　　⑤　《大越史記全書》本紀卷一《黎紀》,頁196。
　　⑥　《大越史記全書》本紀卷二《李紀》,頁208。
　　⑦　桃木至朗:《中世大越國家的成立と變容》,頁327。魏超認爲長安府這一名稱來源於安南都護府時期的長州,因華閭城即在舊長州範圍,可備一説。

不知哪個稱呼出現在前，亦皆與"長安府"有關。則丁朝時期並不存在"長安山陵"這一陵名，黎朝時期亦無"長安州山陵"，皆爲後世名稱加諸其上。至於作爲丁、黎兩朝的都城，華閭城被改稱爲"長安府"，大概與"長安"作爲漢唐兩朝的都城，已經成爲都城的代名詞有關。即使到明清時期，亦有稱呼北京爲"長安"者。

　　皇后。丁部領既然自稱皇帝，也建立其皇后制度。不過，丁部領時期的皇后制度，相比於中國古代歷朝，又比較特別。《越史略》曰："立王后五人。"①再據《大越史記全書》載：丁部領太平元年（970），"立五皇后：一曰丹嘉、二曰貞明、三曰矯國、四曰瞿國、五曰歌翁。"對此，黎文休議論道："天地並其覆載，日月並其照臨，故能生成萬物，發育庶類。亦猶皇后配儷宸極，故能表率宮中，化成天下。自古祇立一人，以主内治而已，未聞有五其名者。先皇無稽古學，而當時群臣，又無匡正之者，致使溺私，並立五后。下至黎、李二家，亦多效而行之，由先皇始唱其亂階也。"②雖然黎文休譏嘲丁部領"無稽古學"，但皇后並非"自古祇立一人"，北周時期確實有"五其名者"。據《周書》，北周宣帝宇文贇（559－580）於大象二年（580）二月癸未"立天元皇后楊氏爲天元大皇后，天皇后朱氏爲天大皇后，天右皇后元氏爲天右大皇后，天左皇后陳氏爲天左大皇后"③；又於三月甲辰"立天左大皇后陳氏爲天中大皇后，立妃尉遲氏爲天左大皇后"④。此即中國史上的五皇后並立之例。不過從皇后名號來看，丁部領之五皇后恐怕不是效仿北周宣帝的結果，而是自己的發明。其五位皇后的名號之命名規則，大致有三類："丹嘉"、"歌翁"或爲古代越南口語的某種音譯，具體含義不詳；"貞明"爲漢字中對婦女德行的美稱；"矯國"、"瞿國"則類似於中國史上的内官加

----

① 《越史略》卷一《丁紀》，頁18。

② 《大越史記全書》本紀卷一《丁紀》，頁180。黎文休所論"黎、李二家，亦多效而行之"，其中黎朝見下文，李朝則亦有李公蘊立六皇后的記載，所謂"立皇后六，惟嫡夫人爲立教皇后，車服之制，特異於諸宮。"《大越史記全書》本紀卷一《黎紀》，頁203。魏超據此認爲李公蘊六皇后有差別，暗示丁、黎二朝皇后也有地位高低，但並無史料證明之。

③ （唐）令狐德棻等：《周書》卷七《宣帝紀》，中華書局，1971年，頁122。

④ 《周書》卷七《宣帝紀》，頁123。

外命婦的“國夫人”封號①,但“矯”、“瞿”非古國,或與這兩位皇后姓矯、姓瞿有關。所有這些,與北周宣帝的五位皇后名號,絕然不同,期間當無借鑒問題。

皇太后。丁部領死後,其子丁璿即位,“尊親生母楊氏爲皇太后”②。不過楊氏是否爲丁部領五皇后之一,抑或在五皇后之外,已不清楚。但丁朝在此時開始有皇太后名號,則可以肯定。

宗室。在傳統社會,家族是維繫一個政權的紐帶之一,這主要反映在立嗣問題和對皇儲以外其他宗室的分封上。中國歷朝歷代對宗室的管理,皆有其自身的制度和問題,丁朝亦是如此。就皇儲而言,丁朝以皇太子爲皇儲,太平九年(978),丁部領“立少子項郎爲皇太子”③。不過在此之前,據《大越史記全書》記載:“璉,帝長子,微時常預艱苦。及定天下,帝意欲傳位,即封爲南越王,又嘗請命受封於宋。”④可知丁朝初期雖然並未直接立皇太子,但作爲長子的丁璉受封“南越王”,已經等同於儲君的待遇。由於丁部領次子丁璿生於太平五年(974)⑤,知丁璉在此前是唯一的第一順位繼承人,即使不被封爲皇太子,亦可能繼承帝位。

不過在確立皇太子之前,所有分封皆只能算宗室。在宗室封王方面,據《大越史記全書》記載,太平二年(971)閏五月,“封長子璉爲南越王”⑥,

---

① 始於唐代的内官(即名義上的皇帝妃嬪)加“國夫人”封號的情況,學者稱之爲“内夫人”,參見霍斌:《唐五代内官制度研究》,花木蘭文化出版社,2015年,頁102—111。

② 《大越史記全書》本紀卷一《丁紀》,頁183。

③ 《大越史記全書》本紀卷一《丁紀》,頁182。《越史略》記載立太子於太平三年,誤,蓋據《大越史記全書》本紀卷一《丁紀》,太平五年(974)方有“皇次子璿生”(頁181),則項郎之生尚在此後,惜史未明言其生年。另外,關於項郎之名,丁匡璉(丁璉)題記載其名爲“頂帤僧帤”,見《越南漢喃銘文匯編》第一集《北屬時期至李朝》,頁63。其中“頂”字或爲“項”字之誤,或相反。“頂(項)帤僧帤”或是古代越南語人名,或如魏超所說,與佛教用語有關,因項郎年幼即被殺,未及取漢式人名。因傳世史籍皆記載爲“項郎”,爲便於行文,今暫從《大越史記全書》。

④ 《大越史記全書》本紀卷一《丁紀》,頁182。

⑤ 《大越史記全書》本紀卷一《丁紀》,頁181。

⑥ 《越史略》卷一《丁紀》,頁18;《大越史記全書》本紀卷一《丁紀》,頁180。

太平九年，又"封次子璿爲衛王"①。由於皇太子項郎之立在封丁璉爲南越王之後，且項郎又是少子，從而導致了太平十年（979）春"南越王璉殺皇太子項郎"事件②。因此，丁朝丁部領時期的皇儲和宗室制度並不完善，受皇帝個人好惡之影響很大。也反映了丁朝政治體制的複雜性，即由於需要處理與宋朝的關係，受此影響，導致了南越王丁璉的權力超越了一般的宗室。

首先，南越王丁璉作爲與丁朝與宋朝之間的外交使節③，以其長子的身份入貢，代替丁部領，於宋太祖開寶六年（973）接受宋朝對其加以"特進、檢校太師，充静海軍節度、管内觀察處置等使、安南都護、使持節都督交州諸軍事、御史大夫、上柱國，封濟陰郡開國公，食邑一萬户，食實封□□户，賜推誠順化功臣"④的封賞，從而掩蓋了丁部領本人在安南境内的稱帝事實⑤。其次，雖然丁璉不忘替自己的父親丁部領向宋朝求封贈，從而使宋廷於開寶八年（975）授丁部領爲"特進、檢校太師、上柱國、封交阯郡王，食邑一萬户，食實封一千户"⑥，但這一封賜僅是一種尊崇，在一定程度上虚化了丁部領的權力。因此，丁部領隨後立項郎爲太子，無疑是尋求一個能夠與丁璉平分秋色的皇子，從而達到制衡丁璉一人獨大的目的。

最後需要説明的是，丁朝的宗室，其權力來源並非自身的王爵。如南越王丁璉、衛王璿，其實並無具體的封地："南越王"這一王號最初當取義於作爲南面而立的臣子中地位最高，僅次於"大瞿越皇帝"的"越王"；"衛王"也並非真的將中原地區的先秦衛國故地作爲丁璿的封地，而是含有"護衛"在位之"越王"的意思。因此，丁璉的權力實際來源於他與宋朝之間的

---

① 《大越史記全書》本紀卷一《丁紀》，頁 182。《越史略》卷一《丁紀》記載封丁璿於太平三年（頁 18），或有其合理性。《大越史記全書》則記載於"立少子項郎爲皇太子"之後，而丁璿實爲次子，既然丁璉早已封南越王，則丁璿不會比項郎要晚。然無他説，暫從《大越史記全書》。

② 《越史略》卷一《丁紀》，頁 19；《大越史記全書》本紀卷一《丁紀》，頁 182。

③ 關於宋朝和丁朝之間的使節往還，參見鄧昌友整理的"宋與丁氏王朝關係史年表"，氏著《宋朝與越南關係研究》，暨南大學博士論文，2004 年，頁 137—138。

④ 《宋會要輯稿》蕃夷四《交阯》，頁 9779。

⑤ 宋人史籍一直記載丁璉接受其父丁部領的遜位而立，相關史料的梳理參見鄧昌友：《宋朝與越南關係研究》，頁 19。

⑥ 《宋會要輯稿》蕃夷四《交阯》，頁 9779。

使節往還,故區區祗候内人杜釋能夠在殺害丁部領後順帶殺害丁璉①,也並非不可能。而丁璿最後能夠順利即位,除了丁璉已經殺死皇太子丁項郎,且丁部領和丁璉死於非命外,"定國公阮匐、外甲丁佃與十道將軍黎桓"的"强臣攝政"②,是其重要的外力。總之,若欲有别於"吴朝"時期的"自稱型寓意王號",這兩個王號可歸納爲"加封型寓意王號",以示其得自加封,且有寓意。

公主、駙馬。據《大越史記全書》,太平二年(971),"以明珠公主嫁陳升,封升駙馬都尉。"③知丁朝初年,即配合皇帝制度,封有明珠公主,并嫁與駙馬都尉陳升。此外,丁朝還有一位更有名的駙馬吴日慶。據《大越史記全書》記載,丁璿嗣位,黎桓專權後,太平十年(979),"駙馬吴日慶引占城舟師千餘艘入寇,欲攻華閭城,經大鴉、小康二海口,踰一宿。會暴風起,舟皆覆没,日慶及占人溺死,惟其王舟僅得還國。"此處的駙馬吴日慶,《大越史記全書》接下來解釋道:"日慶,吴先主權之後,初稱安王,與十二使君各據其地。先皇平之,以其母爲后,妹爲南越王璉夫人。猶恐生變,又以公主妻之,欲窒其怨望之心。而日慶外則言笑自若,内懷不平,遂挈其妻奔占城。抵南界海口,引佩刀斫妻臉,數之曰:'汝父欺脅我母子,我豈以汝而忘汝父之惡哉? 汝還歸,我他適,以求能救我者。'言訖遂往。至是,聞先皇崩,引占人入寇。"④可知,前文已經討論過的"十二使君"之一吴日慶,在丁朝成爲駙馬。至於吴日慶之母,不知是上文所列丁部領五皇后中的哪一位。而吴日慶之妹作爲南越王丁璉的夫人,其在丁璉被殺後下落不明。

異姓王。綜上所論,其實丁朝的權力並不完全掌握於丁氏一族,而是與安南地區其他各種豪族勢力的消長息息相關。特别是官居十道將軍的黎桓,其所謂"十道",爲丁部領所置"十道軍",其制度爲:"一道十軍、一軍十旅、一旅十卒、一卒十伍、一伍十人。"⑤若嚴格按此計算,十道即有 100 萬

---

① 《大越史記全書》本紀卷一《丁紀》,頁 183。
② 《大越史記全書》本紀卷一《丁紀》,頁 183—184。
③ 《大越史記全書》本紀卷一《丁紀》,頁 181。
④ 《大越史記全書》本紀卷一《丁紀》,頁 184—185。
⑤ 《大越史記全書》本紀卷一《丁紀》,頁 181。

人,以當時安南地區的人口規模①來看,恐不可能實有此數。但若説十道
軍總合了安南地區所有能夠掌控的兵力,則不誇張。因此,黎桓得以此軍
權對丁朝政治進行干預,扶持丁璿,"攝行國政,稱爲副王"②。此處的"副
王",亦與"南越王""衛王"的含義一樣,並非以地名王號,而是以"副"之含
義加諸王號之上,以示此王相對於丁朝皇帝而言的副手之意。若再結合其
來源方式,則可歸入"自稱型寓意王號"。

三　黎朝的帝后與宗室制度

以上對"吳朝"和丁朝的帝后與宗室制度的考察,基本釐清了當時的具
體情況,這些都是黎朝能夠加以借鑒的前例。黎朝的帝后與宗室制度,也
基本複製了丁朝的制度,但有所改進。以下,繼續按照前文相應的順序,對
黎朝的帝后與宗室制度予以討論。

國號。黎朝的國號並未另起名目,蓋黎桓由丁朝太后楊氏"命以龍衮
加桓身,請即帝位,桓於是即皇帝位,改元天福元年,降封帝仍爲衛王。"③
其中並無改國號之舉。未改國號的另一個旁證是,黎桓雖無丁部領之自稱
"大勝明皇帝"之舉,但他於天福三年(982)"立丁朝皇太后楊氏爲大勝明皇
后",此"后先皇配,衛王璿母也。帝得國時納之宮中,至是立爲后。"④或提
示其本人通過丁朝皇太后楊氏爲媒介,完全繼承了丁朝的正統,沿襲了"大

---

①　據《元和郡縣圖誌》,可統計元和年間安南地區户數,分別爲:安南(交州)27135
户、愛州5379户、驩州3842户、峰州1482户、陸州231户、演州1450户,此數州統計總
合39519户。之外的長州、郡州、諒州、武安州、唐林州、武定州、貢州户數闕。參見李吉
甫:《元和郡縣圖誌》卷三八《嶺南道五》,中華書局,1983年,頁955—966。可見,安南地
區元和年間户數,以交州最多,其餘皆在數千户的規模,甚至不足千户。若闕户數之州
以平均每州1000户計,亦不過7000户。因此,所謂十道軍有100萬的規模,當是誇張
之詞。對此,越南史家亦有懷疑,並認爲丁部領最多只有10萬軍隊,參見陳重金:《越南
通史》,頁60—61。

②　《越史略》卷一《黎紀》,頁20。《大越史記全書》本紀卷一《丁紀》則曰:"黎桓攝
政,行周公居攝之事,自稱副王。"頁184。

③　《大越史記全書》本紀卷一《丁紀》,頁185。

④　《大越史記全書》本紀卷一《黎紀》,頁189。

瞿越"的國號。

　　尊號。黎朝開國皇帝的尊號,並不似丁朝的"大勝明皇帝"這樣並不類似於中原王朝尊號的名目,而是真正仿照中原王朝給黎桓上尊號。即天福二年(981),在擊敗宋軍之後,"群臣上尊號,曰明乾應運神武昇平至仁廣孝皇帝"①。其用詞和長度,與中原王朝皇帝無異。至應天十二年(1005)十月其子黎龍鉞即位後,首先即加尊號,而且更加長,所謂"尊號曰開天應運聖文神武則天崇道大勝明光孝皇帝"②。值得注意的是,此處直接將"大勝明"三字加入尊號,亦可明確黎朝對丁朝正統的繼承。

　　廟號。如上所述,丁朝並無真正的廟號和謚號。但黎朝開始有所謂的廟號,據《大越史記全書》記載,應天十二年"春三月,帝崩於長春殿,號大行皇帝,因爲廟號而不改,葬長安州山陵"③。知此處黎桓"廟號"爲"大行皇帝",或被史家認定爲"廟號"。然而中原王朝並無這樣形式的廟號,"大行皇帝"爲對駕崩皇帝下葬之前的一般稱呼,最早見於《後漢書·安帝紀》的"大行皇帝不永天年",用以稱呼夭折的漢殤帝(105—106)④。正如黎文休所論:"天子與皇后初崩殂,未歸山陵,則號大行皇帝、大行皇后。及寢陵既安,則會群臣議其德行之賢否,以爲謚,曰某皇帝、某皇后,不復以大行稱之。黎大行乃以大行爲謚號,相傳至今,何哉? 蓋以不肖之卧朝爲子,又無儒臣弼亮之以議其謚法故也。"⑤然而此處卻以"大行皇帝"作爲黎桓的廟號(黎文休曰謚號),知其當時其實並無廟號或謚號。其原因或如黎文休所論,"無儒臣弼亮之以議其謚法"。

　　黎桓死後,其子黎龍鉞在經過八個月與兄弟爭立之後,於應天十二年十月即位。但是"即位三日,爲龍鋌所殺",黎龍鋌是其同母弟,殺兄即位

---

　　①　《大越史記全書》本紀卷一《黎紀》,頁 188。
　　②　《大越史記全書》本紀卷一《黎紀》,頁 198
　　③　《大越史記全書》本紀卷一《黎紀》,頁 197。
　　④　(南朝宋)范曄:《後漢書》卷五《安帝紀》,中華書局,1965 年,頁 204—205。注引韋昭云:"大行者,不反之辭也。天子崩,未有謚,故稱大行也。"又引《風俗通》曰:"天子新崩,未有謚,故且稱大行皇帝。"
　　⑤　《大越史記全書》本紀卷一《黎紀》,頁 197。

後，“追諡帝曰中宗皇帝”①。可見，黎朝在黎桓死後陷入紛亂，宜其未能爲黎桓議諡，乃至牽連到對短命的黎龍鉞也没有合適的善後。此處雖曰“追諡”，卻諡曰“中宗”，明顯混淆了諡號與廟號的區别。可知，黎朝始終未能建立明確的諡號、廟號制度。

陵號。前已論及丁朝無嚴格的陵號，至黎朝稍有不同。《大越史記全書》記載黎桓“葬長安州山陵”②，此並非正式陵號；中宗黎龍鉞爲其弟所殺，未載葬於何處；卧朝黎龍鋌死後，政權爲李公藴所篡，也没有記載其葬地。但據《越史略》，黎桓“葬長州德陵”③，“長州”或即“長安州”，知黎桓雖亦葬於長安華閭洞附近，但有陵號爲德陵。不過《越史略》並無中宗、卧朝葬地記載，當是末世，本無嚴格安葬。

皇后。黎朝的皇后制度，與丁朝類似，至少就丁部領和黎桓而言，都設立了五皇后。據《大越史記全書》記載，天福三年，“立丁朝皇太后楊氏爲大勝明皇后，后先皇配，衛王璿母也。帝得國時納之宫中，至是立爲后。與奉乾至理皇后、順聖明道皇后、鄭國皇后、范皇后並爲五皇后”④。這裏五后並立，已經能夠明顯看出是仿照丁朝的先例，與中原王朝更無關係。而五位皇后的名號，則已經不見丁朝時期的“丹嘉”、“歌翁”等含義不明的名號。但依然可以分爲四類：第一類即大勝明皇后，其號來源於丁部領的“大勝明皇帝”，但已經不是“大勝明皇帝”所表示的大勝之意，而是宣示對丁朝正統的合法繼承；第二類奉乾至理皇后、順聖明道皇后，此二后名號爲純粹的美稱；第三類則是鄭國皇后，即以古國號爲后號，但鄭國遠在北方黄河流域，此處鄭國或亦與丁朝類似，爲皇后的姓氏爲鄭，不過既然又有“范皇后”而不稱“范國皇后”，則姑以此處爲封國；第四類即范皇后，僅有姓氏。頗可一提的是，黎龍鉞、黎龍鋌兄弟之母大概並非五皇后之一，而只是“祇候妙女”。⑤ 從“祇候”、“妙女”二詞來看，大概僅僅是一位長得好看的宫女。

---

① 《大越史記全書》本紀卷一《黎紀》，頁 198。
② 《大越史記全書》本紀卷一《黎紀》，頁 197。
③ 《越史略》卷一《黎紀》，頁 22。
④ 《大越史記全書》本紀卷一《黎紀》，頁 189。
⑤ 《大越史記全書》本紀卷一《黎紀》，頁 198。《越史略》卷一《黎紀》作“初侯姨女”，頁 22。其含義不明，當是形近之訛，宜以“祇候妙女”爲確。

應天十二年三月,黎桓死後,黎朝大亂,連續八個月没有立新皇帝,直至十月,方有中宗皇帝黎龍鉞即位,然而僅立三日即被其同母弟黎龍鋌所弒。黎龍鋌即位後,仿照其父親立五皇后的先例,"立皇后四"①。不過這四位皇后名號不彰,僅見有一位"感聖皇后",因景瑞元年(1008)封其"義兒黎偓佺爲三原王"②方被記載,或爲四皇后之一。但依然能得知其"感聖"之號亦屬美稱。此外,尚有景瑞二年黎龍鋌之弟黎明昶"自宋還,得大藏經文,及誘得宋女蕭氏以獻,納爲宫人"③。不過此蕭氏女並未被立爲皇后。

皇太后。與丁朝不同,黎朝的皇太后制度自黎朝建立之初即存在,在黎桓即位後,"追封帝父爲長興王、母鄧氏爲皇太后"④。當然,此處已經屬於追封,知其母鄧氏已去世,空有皇太后名號。此後,黎龍鉞在位短促,未有皇太后記載。黎龍鋌即位後,"追尊母爲興國廣聖皇太后"⑤。則此時雖然也是追封,但已經將美稱加於皇太后頭銜之前,雖曰"追尊",或可看作是一種"謚號"。

宗室。有丁朝之殷鑑在前,黎朝的宗室制度有了較大的變化。其中第一個變化是對先人的追封。即前文所引"追封帝父爲長興王",這是丁朝時期所没有的現象。"長興王"這一王號,並不屬於"地名+王",也不同於"吴朝"時期的"平王"、"南晉王"、"天策王"等"自稱型寓意王號"和丁朝時期的"南越王"、"衛王"等"加封型寓意王號",而屬於"追封型寓意王號",以示其來自追封,且寓有"長久興旺"之義。此後,李朝太祖稱帝後,亦"追封父曰顯慶王",當即倣此而來。但黎文休評論道:"有周興王,其追封則曰大王、王季;大宋稱帝,其追封則曰僖祖、翼祖。蓋父爲子貴之義。我李太祖既稱帝,而追封其父曰顯慶王,當時禮官不能正之,所謂自卑矣。"⑥事實上,自卑之説雖有一定道理,但也有些片面。如果真的自卑,何不一開始就不稱

①　《大越史記全書》本紀卷一《黎紀》,頁 199。
②　《大越史記全書》本紀卷一《黎紀》,頁 200。
③　《大越史記全書》本紀卷一《黎紀》,頁 200。
④　《大越史記全書》本紀卷一《黎紀》,頁 186。
⑤　《大越史記全書》本紀卷一《黎紀》,頁 198。《越史略》卷一《黎紀》僅曰"尊"(頁 23),而非"追尊",暫且存疑。
⑥　《大越史記全書》本紀卷一《黎紀》,頁 203。

帝,而向北宋稱臣？故其所遵循的,應該是一種屬於安南地區自身的政治文化傳統,而並不一定非得處處仿照中原王朝。

如果説對先人的追封還不屬於嚴格意義上的宗室問題,那麼黎桓對諸子的分封則完全屬於宗室問題了。在討論之前,首先根據《大越史記全書》及其他相關史料,并參考河原正博等前輩學者①的研究,整理黎朝宗室列表如下:

表一　《大越史記全書》所載黎桓諸子初封表

時間	排行	名字	王號	居地	出處
興統元年(989)	太子	鍮	擎天大王		全書 192 頁
	第二子	銀錫	東城王		
	第三子②	鉞	南封王		
興統三年(991)	第四子	釘	禦蠻王	峰州	全書 193 頁
	第六子	釿	禦北王	扶蘭寨	
興統四年(992)	第五子	鋌	開明王	藤州	
興統五年(993)	第七子	鏦	定藩王	五縣江司營城	
	第八子	鏘	副王	杜洞江	
	第九子	鏡	中國王	乾沱末連縣	
應天元年(994)	第十子	鋋	南國王	武瀧州	全書 194 頁
應天二年(995)	第十一子	鍉	行軍王	北岸古覽州③	
	義兒		扶帶王	扶帶鄉	

表一是從興統元年至應天二年,黎桓十一位兒子和一位義兒在黎桓在位期間的分封情況。從中可以初步看出兩個現象：1,黎桓十一位兒子,除

---

① 河原正博:《前黎朝と宋朝との関係——黎桓の諸子を中心として》,頁 16—17。

② (南宋)李燾《續資治通鑑長編》(中華書局,1995 年)卷六〇宋真宗景德二年(1005)五月條謂"仲子龍鉞"(頁 1339),當因此前太子黎鍮已歿,故謂之"仲子"。又,《安南志略》卷一一《黎氏世家》謂之"中子"(頁 289),亦即仲子之義。

③ 《越史略》卷一《黎紀》作"吉覽州",頁 21。

了第五子外,都是按長幼順序分封的;2,黎桓十一位兒子都以金字旁連名,且除了第二子黎銀錫外,都是單名。不過河原正博已經予以指出,這樣的記載在此後發生了變化,可得下表:

表二　《大越史記全書》所載黎桓諸子再封表

時間	排行	舊王號	名字	新王號	出處
應天十一年(1004)	第三子	南封王	龍鉞	皇太子	全書 197 頁
	第五子	開明王	龍鋌	開明大王	
	第二子	東城王	龍錫①	東城大王	

　　表二是應天十一年,因應天七年(1000)太子黎鍮薨亡,黎龍鋌求立爲太子,黎桓不得已,以嫡長原則止之,於是新立太子并升二王爲大王。其中還可以看出兩點:1,並非所有皇子都得到了新的王號,而且也沒有根據排行來升級王號;2,黎桓之子的名字又出現了以"龍"字連名的現象。關於第二點,並不是所有史料都表示黎桓其他諸子也用龍字,如應天十一年,行軍王以攝驩州刺史聘於宋,《大越史記全書》記載其名字爲"明提"②;上文亦提及黎龍鋌之弟黎明昶,河原正博據《宋史》所載"遣弟峰州刺史明昶……等來貢"③,比定爲居峰州之禦蠻王黎釘④;又有《續資治通鑑長編》記載之"龍廷(鋌)兄明護率扶蘭寨兵攻戰"⑤,河原正博據扶蘭寨比定其爲禦北王黎釿。不過據《大越史記全書》,黎釘爲黎龍鋌之兄,黎釿爲黎龍鋌之弟,與

　　①　根據河原正博比定,在《續資治通鑑長編》卷六〇景德二年(1005)五月條中出現的"龍鉞兄龍全"(頁 1339)即黎龍錫。其爲龍全,則或爲"龍金"之誤,即龍錫之訛寫。參見河原正博:《前黎朝と宋朝との関係——黎桓の諸子を中心として》,頁 18。
　　②　《大越史記全書》本紀卷一《黎紀》,頁 197。
　　③　(元)脱脱等:《宋史》卷四八八《交阯傳》,中華書局,1977 年,頁 14065。
　　④　河原正博:《前黎朝と宋朝との関係——黎桓の諸子を中心として》,頁 20。
　　⑤　《續資治通鑑長編》卷六〇宋真宗景德二年(1005)五月條,頁 1339。《宋史》卷四八八《交阯傳》(頁 14064)同。《安南志略》卷一一《黎氏世家》前一處作"□護"(頁 289),後一處作"龍護"(頁 290)。中華書局點校本據《宋史》補前一處爲"明護",改後一處亦爲"明護"。河原正博則據後一處補前一處亦爲"龍護",即以越南方面的史料爲準,見河原正博:《前黎朝と宋朝との関係——黎桓の諸子を中心として》,頁 19。

宋朝方面的記載正好相反。對此,河原正博結合《越史略》"封弟之子爲禦蠻王,居峰州"①的記載,認爲"弟之子"爲"第六子"之形訛,并將《大越史記全書》"第四子"和"第六子"互换,這樣就順便解釋了兄、弟相反的問題②。其論述頗爲精彩,可以爲據。至於"明"字的出現,河原正博認爲是出於對宋朝的"朝貢"之用,以"龍"字頗有不便,故替以"明"字,并用讀音相近的原則,將原來金字旁的名皆做一改動③。總之,應天十一年左右,黎桓諸子已經改名。

　　根據表一、表二和河原正博的論述,則可以再次詳列黎桓諸子的封王情況如下表:

表三　黎桓諸子封王、名號總表

初封時間	排行	舊名	舊王號	居地	新名	新王號	宋名
興統元年(989)	太子	鍮	擎天大王				
	第二子	銀錫	東城王		龍錫	東城大王	
	第三子	鉞	南封王		龍鉞	皇太子	
興統三年(991)	第六子	釘	禦蠻王	峰州			明昶
	第四子	鈝	禦北王	扶蘭寨			明護
興統四年(992)	第五子	鋌	開明王	藤州	龍鋌	開明大王	
興統五年(993)	第七子	縱	定藩王	五縣江司營城			
	第八子	鏺	副王	杜洞江			
	第九子	鏡	中國王	乾沱末連縣			
應天元年(994)	第十子	鋋	南國王	武瀧州			
應天二年(995)	第十一子	鍉	行軍王	北岸古覽州			明提
	義兒		扶帶王	扶帶鄉			

①　《越史略》卷一《黎紀》記載爲"封第之子爲禦蠻王,居峰州",頁 21。

②　河原正博:《前黎朝と宋朝との関係——黎桓の諸子を中心として》,頁 20—21。

③　河原正博:《前黎朝と宋朝との関係——黎桓の諸子を中心として》,頁 22—24。

　　根據以上三表,可分析黎朝黎桓時期的宗室制度如下:

　　首先是關於太子的問題。根據表一,興統元年,黎桓封太子鍮爲擎天大王,同時封第二子爲東城王,第三子爲南封王,皆無居地。從王號看,三子所擁有之王號,皆爲虛名,並無實土,故而三人並不出鎮。作爲太子的黎鍮不出鎮可以理解,第二、三子不出鎮,不知爲何? 此外,既然黎鍮已是太子,何爲又封擎天大王? 恐有兩種理解:1、"太子"二字非太子之義,而是長子之義,"擎天大王"爲其王號,或爲有皇儲性質之王號,如東晉時期的瑯琊王一樣①;2、"太子"依然是太子,"擎天大王"僅僅是一種尊崇。不過根據表二,又可以得到兩點:1."某某＋大王"比"某某＋王"要更高一等,故表一中僅有擎天大王是"大王",可以顯示其地位在其他諸子之上;2.在擎天大王黎鍮薨亡後,"龍鋌求爲太子,帝欲許之,廷臣議以爲不立長而立次非禮也,乃止"②,可知黎鍮之太子位當確有其事。綜上,黎朝從一開始即以嫡長原則確立長子黎鍮太子之位。

　　不過在黎鍮死後,儲位四年未決,大概與黎桓諸子爭立有關。應天十一年(1004),以黎龍鋌求封太子爲契機,黎桓定下了第二任皇太子的位置。不過並未給黎龍鋌,而是將第三子黎龍鉞立爲皇太子。但按長幼原則,第二子黎龍錫方有資格。故可能出於安撫之意,將第二子黎龍錫和求封太子的黎龍鋌升級爲大王。這樣,就出現了宗室之間的三個等級:第一等級即皇太子黎龍鉞;第二等是從"王"升級爲"大王"的東城大王黎龍錫和開明大王黎龍鋌;第三等是其餘並無升級記載的諸王。這一區分,在黎桓尚在世時尚可安穩,但當黎桓去世之後,黎龍鉞的皇太子之位並未使其順利繼承皇位,而是"與東城、中國二王,及同母弟開明王爭立,相持八月,中國(國中)無主";即使黎龍鉞僥倖勝出後即位,三日後亦爲黎龍鋌所殺。③ 可見,黎桓時期的宗室制度並未雖經先後兩個時期,卻未能發揮其效用。

　　其次是王號問題。這方面包括兩點,第一點是王號的含義,第二點是王號的等級。其中第二點即上述"王"與"大王"的區別問題。即在第一階

---

　　① 　王連儒:《晉宗室諸瑯琊王分封世襲綜論》,《聊城大學學報》(哲學社會科學版),2002 年第 3 期,頁 57—63。

　　② 　《大越史記全書》本紀卷一《黎紀》,頁 197。

　　③ 　《大越史記全書》本紀卷一《黎紀》,頁 198。

段,以"太子"等同於"大王",而有別於普通的"王";在第二階段,則分爲"皇太子"、"大王"、"王"三個等級。而第一點則主要涉及到第一階段的王號。從表一來看,黎桓諸子的王號,除了義兒的王號純粹以地名顯示,或可歸入"地名＋王"外,其餘親生諸子的王號皆可納入"加封型王號"。但相關含義又各不相同,大致可分爲表方位、表行爲、表寓意三類:1.表方位者,有東城王、南封王、中國王、南國王;2.表行爲者,有禦蠻王、禦北王、定藩王、行軍王;3.表寓意者,有擎天大王、開明王、副王。這三類王號,各有其含義,但並不一定各按其含義行事。其真正的權力,來源於對居地的控制,即以下第三點。

　　第三是宗王出居地方制度的實行,這主要反映在表三所示居地上,可結合舊王號加以討論。根據上表三,黎桓諸子按有無居地可分爲兩類:一類是並無明確居地,或者可推測其居住於京城的太子黎鍮、東城王黎龍錫、南封王黎龍鉞;一類是有明確居地的其餘諸王。對於前一類,太子黎鍮作爲儲君自然居住於京城,東城王黎龍錫和南封王黎龍鉞大概分別居住於城東和城南,或因之以守城。對於後一類,則是在封王的同時,出居於外地,各有居所。但此處的居於某地,並不能等同於中國歷史上的出鎮某地,如先秦兩漢時期的諸侯以封地名爲國名,并成爲該國實際上的統治者。蓋此處王號與居地名,除了義兒扶帶王爲王號與地名相同外,其餘皆無法等同。由此可知兩點:1,黎朝宗室的王號並不以居地名爲號,故而並不屬於嚴格的封建諸侯;2,黎朝宗室的諸王,並不具有對所居之地的實際控制權。其中對第二點的推斷,理由有三:1.王號與地名並不對應,反映其並不是所居地的理論上的統治者,且表三中所示地名來看,除了某州、某縣,還有某寨、某城、某江,與中國歷史上的王號多以古國名、郡名命名大不相同;2.據《安南志略》,黎桓死後,應天十三年(1006)六月,宋朝廣州知州凌策向宋廷上奏,轉述了從安南逃難而來的黃慶集等百姓的言論:"黎桓既死,諸子各集兵,散設寨栅,官屬離析,人民憂懼。慶集等以不從驅率,戮及親族。今奔走來告,乞糧出兵,平定交州。慶集等願爲先鋒,刻期攻取。"①知在黎桓死後,諸子方才"各集兵,散設寨栅",從而導致"官屬離析",并競相"驅率""人

————————————

①　《安南志略》卷一一《黎氏世家》,頁289。參見《大越史記全書》本紀卷一《黎紀》,頁199。

民”,故在分封之前,黎桓諸子當無兵權在手;3. 縱觀黎桓時期,從未見以皇子出征的記載,歷次戰事,或爲黎桓親征,或由其他姓氏的將領出征,知黎桓並未直接讓諸子掌握軍權①。

　　總之,黎朝黎桓時期的宗室制度,在丁朝的基礎上更爲成熟,但由於儲君地位的不穩定,依然避免不了諸王之間在黎桓死後的紛爭。當卧朝黎龍鋌即位時,太子早殁,東城王黎龍錫和中宗黎龍鉞先後被殺。即位後,禦北王、中國王和未見在黎桓時期封王的黎龍鋌之從兄黎翁尼先後起兵反叛,在黎龍鋌親征之下,黎翁尼伏誅,禦北王殺中國王後投降,被釋罪不問。經過如此征伐,“是後諸王及盗賊皆服之”,此前出使宋朝的行軍王則“以國亂不能還,駐廣州”②。不過其餘臣服於黎龍鋌的諸王,後事不詳。

　　黎龍鋌時期的宗室制度,則較爲簡單,可列表如下:

表四　黎朝黎龍鋌諸子分封表

時間	身份	名	王號	居處
應天十三年(1006)二月	長子	乍	開封王	
	義兒	紹理	楚王	居於左
		紹勛	漢王	居於右
景瑞元年(1008)	感聖皇后義兒	偓佺	三原王	

　　從上表可知,黎龍鋌時期的宗室有以下幾個特點:1. 所封之子,包括親子和義兒,甚至義兒多於親子,知其對義兒之收養頗爲上心,這反映出擬血緣關係在唐宋之際的安南地區之盛行情況③。且相比於黎桓時期,黎龍鋌對義兒的待遇更爲優渥,即在長子之下居於左、右。2. 從名字來看,黎龍鋌的親子和義兒之間並不連名,甚至不同來源的義兒之間也不連名,用以區分互相之間的界限;3. 長子黎乍所封“開封王”之王號,爲加封型寓意王號,

---

①　黎桓時期的歷次戰爭主要參見《大越史記全書》本紀卷一《黎紀》,頁188—197。

②　《大越史記全書》本紀卷一《黎紀》,頁199。

③　耿慧玲對此已有全面涉及,參見耿慧玲:《擬血緣關係與古代越南的權力結構研究》,《朝陽學報》,第12期,2007年9月,頁1—12。

但並未直接立其爲太子,不過祇候陶甘沐在黎龍鋋死後鼓動李公蘊取而代之時,所謂"嗣子冲幼"①,當即指黎乍;4.三位義兒的王號,不同於黎桓時期的扶帶王,扶帶爲安南地名,楚、漢爲中國歷史上的古國名,讓人聯想到楚漢之爭,三原則可以聯繫到關中地區的三原縣。這幾個地名出現於此,自然並不屬於"地名+王",但畢竟也是地名,可歸納爲加封型遥授王號;5.此外,無論是親子還是義兒,都没有像黎桓時期那樣的出居地,而僅有兩位義兒的居於左和右,並不能算作出居地,故當是受黎桓時期諸子相爭的前車之鑑。

此後,由於黎龍鋋本人的壽命短促,加之黎乍被《安南志略》記載爲"一子方十歲"②,故爲李公蘊篡位,黎龍鋋所封宗室下落不明。

異姓王。黎朝時期的異姓王,並無丁朝末年黎桓自稱副王的情況,李公蘊直接以所居之官篡位。但黎朝時期依然有異姓王,即黎桓即位後,"降封帝仍爲衛王"③。知丁朝丁璿被降封爲衛王,依然使用了他即位前的王號。這一王號,可歸之爲降封型寓意王號,是仿照了中國歷史上,特別是中古時期王朝禪代之際對前朝皇帝的降封行爲。這類降封,依然保留了對前朝皇帝的貴族待遇,學者歸之爲"中古世族型"亡國子孫④。而越南丁黎時期出現這種類型的對亡國子孫的待遇,則可反映出所受中原王朝的影響頗深。

結　語

通過上文的梳理,我們可以得到包括"吴朝"和"十二使君"之亂在内的整個廣義的丁黎時期,安南地區的帝后和宗室制度在一步步發展演變的過程。對此,可以從下表中得到直觀的寓目。

---

① 《大越史記全書》本紀卷一《黎紀》,頁 202。
② 《安南志略》卷一一《黎氏世家》,頁 291。
③ 《大越史記全書》本紀卷一《丁紀》,頁 185。
④ 胡耀飛:《舊時王孫:楊吴、南唐對亡國子孫的安置》,第 41 回(平成 27 年度)宋代史研究會夏合宿,福岡:福岡大學,2015 年 8 月 27—29 日。

表五　丁黎時期安南地區帝后、宗室制度演變表

	制度	"吳朝"	丁朝	黎朝
帝后制度	國號	—	大＋瞿越	大＋瞿越
	帝號	王 自稱型寓意王號	皇帝	皇帝
	尊號	—	大勝明＋皇帝	美稱＋皇帝 美稱＋大勝明＋皇帝
	謚號・廟號	—	先＋皇帝	大行＋皇帝 中宗＋皇帝
	陵號	—	地名＋山陵	美稱＋陵
	皇后	后	越南語詞＋皇后 美稱＋皇后 姓氏＋國＋皇后	大勝明＋皇后 美稱＋皇后 封國(or 姓氏＋國)＋皇后 姓氏＋皇后
	皇太后	國母	(尊)皇太后	(追封)皇太后 (追封)美稱＋皇太后
宗室制度	先父	—	—	追封型寓意王號
	皇太子	—	皇太子	皇太子
	宗王	—	加封型寓意王號	加封型寓意王號(大王號) 加封型方位王號(大王號) 加封型行爲王號
	義兒封王	—	—	地名＋王 加封型遥授王號
	公主	—	美稱＋公主	—
	駙馬	—	駙馬都尉 駙馬	
	異姓王	—	自稱型寓意王號	降封型寓意王號

　　根據此表,可以進一步總結如下:

　　就帝后制度而言,所謂"吳朝"時期並無詳備的制度,僅有簡單的自我尊稱。及至丁朝,隨著丁部領的正式稱帝,方有進一步的帝后制度,包括國號、帝號、尊號、謚號・廟號、陵號、皇后號、皇太后號等。但很多也只是比

較簡單的借用了中國歷史上帝后制度的外殼,實際上並未真正習得精髓。比如以"先皇帝"作爲謚號或廟號。到黎朝,即便在尊號、皇后號等方面已經效仿了中國制度,其對謚號或廟號的制定,依然没能完全契合中國的制度。在尊號中的"大勝明皇帝"和皇后號中的"大勝明皇后"等内容上,雖有出於正統性考慮延續丁朝的用詞,但實際上反映的是對越南地方政治文化的保留。

就宗室制度而言,所謂"吴朝"時期並無相關内容。至丁朝,方有相應的宗室制度,包括對皇太子的册封,對宗王、公主、駙馬的加封,以及異姓王的出現。但無論是宗王還是異姓王,都不是真正的封邦建國,而是僅僅給予或自稱一個寓意型王號,並無實際的封地。到了黎朝,依然如此。僅有一例"地名+王",很大程度上是以收養的方式收服扶帶地區的勢力。其他的各類王號,都是寓意、方位、行爲或遥授王號,而没有真正達到分封。即便是出居制度,也並無實際的兵權,只有當陷入動亂之時,諸王方能有機可趁。

總之,從所謂的"吴朝",經丁朝,至黎朝,越南地區的帝后和宗室制度雖然收到中國因素的影響,在一步步地完善當中,但並未最終達到與中國制度的同步,依然保留了許多越南地區的習俗。在制度上真正的成熟,需要到李朝初期方才完成。但綜觀所謂"吴朝"和整個丁、黎時期,依然在制度上,起到了從中國的地方藩鎮政權向獨立國家轉變的過渡功能,值得我們更進一步關注。

(作者單位:陝西師範大學歷史文化學院)

附記:本文曾宣讀于中外關係史視野下的"一帶一路"學術研討會,西安:陝西師範大學,2015 年 9 月 18—19 日。會上,承蒙楊富學、蕭成二先生指正。又在此後得到葉少飛、魏超二兄指瑕。謹此致謝!

附圖：明命、咸宜修丁朝先皇帝陵碑拓片（魏超博士提供）

域外漢籍研究集刊　第十四輯
2016 年　頁 215—244

黎文休《大越史記》的編撰與史學思想 [*]

葉少飛

　　越南在五代宋初立國,宋太祖開寶元年(968)丁部領稱"大勝明皇帝",此後安南歷代在國內皆稱皇帝,並以帝制爲政治構架,逐步完善制度禮法。太平興國五年(980)黎桓廢丁氏,並擊敗討伐的宋軍,丁氏二傳十三年亡。大中祥符二年(1009)黎朝大校李公蘊自立爲帝,黎朝經三代二十九年而亡。此後交阯政權逐步穩定下來。宋理宗嘉定十七年(1224),李惠宗無嗣,傳位於 6 歲的女兒昭聖公主,號昭皇。宋寶慶元年(1225),李昭皇禪位於其夫 8 歲的陳日煚,由其叔父陳守度和父親陳承執政,陳朝建立。1272年陳朝翰林院學士兼國史院監修黎文休編撰完成《大越史記》三十卷,此書在後世佚失,內容被吳士連吸收進 1479 年成書的《大越史記全書》十五卷之中,並保留了黎文休的部分評論。黎文休《大越史記》的編撰與思想對越南後世史學產生了持久深遠的影響。黎文休《大越史記》在吳士連之後即亡佚,對其編撰和史學思想的探究亦僅是依靠吳士連《大越史記全書》和其他典籍的相關記載。《大越史記》完成于 1272 年,《大越史記全書》則遲至1697 年方刊刻流布,中間歷經多位史家之手,因此即便吳士連記載的黎文休史論也不能排除被修改的可能。本文所論盡力勾稽呈現黎文休《大越史記》的編撰與史學思想,敬請海內外學者指正。

---

　　[*] 本文是 2015 年國家社會科學基金青年項目"越南古代史學研究"(編號:15CSS004)的階段性成果。

一　《大越史記》的修撰和其他史籍的關系

　　黎貴惇《大越通史·藝文志》和潘輝注《歷朝憲章類志·文籍志》均以黎文休《大越史記》爲越南最早的國史著作,没有記載李朝史籍。但李朝傳國二百六十五年,文教興盛,當有史籍修撰,可惜没有流傳下來。《鉅越國太尉李公石碑銘序》記述李朝太尉杜英武(1114—1159)事蹟,可以確定碑文撰于李朝。杜英武在一次出征之後,"主上憂其賞賜,史册記其戎勛"①,宋景德三年(1006),黎龍鋌"改文武臣僚僧道宮制及朝服,一遵於宋"②,李朝官制當亦仿效宋朝,杜英武官制爵級與宋朝相仿,碑文中的"史册"應指國家機構修撰的史籍。《奉聖夫人黎氏墓誌》記述李神宗第三夫人黎蘭春(1109—1171)生平事蹟,夫人卒後,李英宗"恩旨別葬於地鄉所,璞山延陵福聖寺之西隅。乃命國史述此芳猷,誌于墓石"③,此處的"國史"不應是人名,當爲李朝修史機構的人員官職。奉聖夫人出身高貴,母爲瑞聖公主,祖上爲黎朝大行皇帝,深爲李英宗及皇太后敬重,葬禮如李仁宗(1072—1128在位)昭聖皇后故事,奉聖夫人得李英宗如此禮遇,撰文之"國史"應當是機構内級別較高之人。結合銘文中的"史册"和"國史",李朝應該有自己的史籍修撰機構和人員。立於1126年的《仰山靈稱寺碑銘》爲僧人釋法寶所撰,"秘書省校書郎管勾御府財貨、充清化郡通判李允慈書並篆額"④,李允慈能夠書寫碑文並撰寫碑額,顯然是以書法見長,聯繫其"秘書省校書郎"的官職,李允慈應該擔任過李朝官方典籍收藏

　　①　《越南漢喃銘文彙編》第一集"北屬時期至李朝",遠東學院漢喃研究院1998年,頁190。

　　②　陳荆和校合本《大越史記全書》本紀卷之一,東京大學東洋文化研究所1984—1986年,頁199。下同。

　　③　《越南漢喃銘文彙編》第一集"北屬時期至李朝",遠東學院漢喃研究院1998年,頁218。未載立碑年代。

　　④　《越南漢喃銘文彙編》第一集"北屬時期至李朝",遠東學院漢喃研究院1998年,頁165、168。

機構的官員①。李朝很可能既有史籍編撰，又有史職人員。

　　O. W. Wolters 在"Historians and emperors of Vietnam and China：Comments arising of Le Van Huu's history"一文中以儒學的興盛和辟佛爲背景論述黎文休編撰《大越史記》②。李朝太祖李公藴曾遊學于六祖寺，受教于僧萬行，涉獵經史，得到僧侣力量的很大幫助，1009 自立爲帝，建立李朝，隨即大力興建佛寺，崇奉佛教。陳朝承繼李朝風氣，繼續推崇佛教，佛教力量並未衰微③。但 1070 年李聖宗"修文廟，塑孔子、周公及四配像，畫七十二賢像，四時享祀"④，1075 年李仁宗"詔選明經博學及試儒學三場"⑤，儒家力量逐漸振作，至陳朝初年已有相當的規模，陳太宗時的兩位歷史學家陳周普和黎文休皆出身科舉。

　　《大越史記全書》記載陳太宗天應政平十六年（宋淳祐七年，1247）："春二月，大比取士。賜狀元阮賢、榜眼黎文休、探花郎鄧麻羅、太學生四十八名出身有差。"⑥中興黎朝景興四十年（1779）修成的《鼎鍥大越歷朝登科録》記載："黎文休，東山甫里人，十八歲中，仕至兵部尚書，仁淵侯，修《大越史記》"⑦。阮朝嗣德二十年（1867）十二月十五日黎文休十三世孫在清化

---

　　①　宋代官制"秘書省校書郎"多爲清職，並不實任。但安南"管勾御府財貨"卻是掌財進物的實職事務，鑒於李允慈能夠書寫銘文及碑額，"秘書省校書郎"很可能是他擔任過的一個實際職務。

　　②　O. W. Wolters, *Historians and emperors of Vietnam and China：Comments arising of Le Van Huu's history*, *Presented in Tran Court in*1272, Anthony Reid, David G. Marr edict：*Perceptions of the past in southeast Asian*, Published for the Asian Studies Association of Australia by Heinemann Educational Books（Asia）,1979.

　　③　儒家力量完全佔據優勢地位是在後黎朝，此時儒臣對李、陳崇奉佛教的行爲極力抨擊。請參看葉少飛《黎嵩〈越鑒通考總論〉的史論與史學》,《域外漢籍研究集刊》第十一輯，中華書局 2015 年，頁 215—236。拙文刊出后，鄭州大學成思佳博士指出"黎嵩"誤爲"黎崇"，在此予以更正。筆者特向成思佳博士表示感謝，謹向廣大讀者致歉！

　　④　校合本《大越史記全書》本紀卷之三，頁 245。

　　⑤　校合本《大越史記全書》本紀卷之三，頁 248。

　　⑥　校合本《大越史記全書》本紀卷之五，頁 333。

　　⑦　《鼎鍥大越歷朝登科録》卷一，河内：國家圖書館藏抄本，藏書號 R. 114·NLVNPF－0573。

省紹和縣紹和社立《榜眼黎先生神碑》曰：

> 陳朝須賢先生，（左從人，右從木），鎮國僕射黎相公七世孫，庚寅
> 年生，十八戊未，我越中科始也，進士及第第二名，翰林院侍讀，兵部尚
> 書，修史記，仁淵侯，壽九十三，葬於瑪滛之原。①

若如碑文所記，黎文休生於庚寅年，即在陳太宗建中六年（1230），卒于
陳明宗大慶九年（1322）。《大越史記全書》記載黎文休史事不多，中榜眼之
外，又修《大越史記》一部②。越南學者潘輝黎在《〈大越史記全書〉的作者
和文本》中介紹俄羅斯學者 A. B. Polyakov 的研究觀點，認爲李朝時期杜善
曾編撰了一部《史記》兩卷，記載南越武帝趙佗至李仁宗（1127 年）時期的歷
史，1233 年陳周普在此書基礎上增修一卷，名《越志》；又介紹山本達郎和陳
荆和也認爲黎文休在陳周普《越志》的基礎上修成《大越史記》，但山本達郎
認爲胡宗鷟在《大越史記》的基礎上修成《越史綱目》，又稱《大越史略》，陳
荆和則認爲《越志》就是《大越史略》③。《大越史記》雖被黎貴惇和潘輝注
記爲越史第一著作，但與前史當有密切的關係。

（一）杜善《史記》

《大越史記全書》未載杜善修史之事，但卻有杜善其人。1127 年李仁宗
駕崩，"群臣皆拜賀慟哭。使内人杜善，舍人蒲崇以其事告崇賢侯"④，A. B.
Polyakov 言杜善《史記》時間下限爲 1127 年，可能即據此而言。成書于陳
朝的兩部神怪故事集《嶺南摭怪》和《粤甸幽靈集》曾引"杜善《史記》"，黎貴
惇《見聞小録》介紹《粤甸幽靈》時言"其中引曾袞《交州記》、杜善《史記》與
《報極傳》，今皆不傳"⑤。

---

① 《榜眼黎先生神碑》，河内：漢喃研究院藏拓本，編號 54214。

② 校合本《大越史記全書》本紀卷之五，頁 348。

③ 潘輝黎《〈大越史記全書〉的作者和文本》（越南語），載《大越史記全書》第一册，
河内：社會科學出版社，1993 年，第 17－18 頁。山本達郎文見「越史略と大越史記」
（『東洋學報』32－4、S25），陳荆和文見「『大越史略』――その内容と編者――」（『東南ア
ジア・インドの文化』、山本達郎博士古稀記念論叢編集委員會（編）、山川出版社、
1980）。《大越史記》和《大越史略》關係尤其複雜，另文再敘。

④ 校合本《大越史記全書》本紀卷之三，頁 268。

⑤ 黎貴惇《見聞小録》卷四，《黎貴惇全集》第 4 册，河内：教育出版社 2008 年，頁
650—651。

　　《越南漢文小說集成》收入三種版本的《嶺南摭怪列傳》。根據黎聖宗洪德二十三年(1492)武瓊之序，《嶺南摭怪》有兩卷，共 22 個故事，第一個版本甲種即如是。其中《蘇瀝江傳》武瓊序中言："蘇瀝爲龍肚之神，猖狂爲楠檀之神，一則立祠以祭而民受其福，一則用樂以除而民免其禍"①。段永福 16 世紀中葉將此書增補爲三卷，並增加"續類"，共 42 個故事，此即《集成》所收丙本②。丙本的卷一卷二的編目順序與甲本相同，卷三和"續類"諸篇故事皆來自《粵甸幽靈集》。甲本卷一《蘇瀝江傳》中的"龍肚之精"，在丙本卷三中成爲單獨的一篇《龍肚王氣傳》，篇末言"出杜善《史記》並《報極傳》云"③，《集成》所收乙本不分卷，共收 38 個故事，《蘇瀝江神傳》和《龍肚正氣神傳》前後相連。《集成》所收三種《嶺南摭怪列傳》的蘇瀝江神和龍肚故事，僅有丙本的《龍肚王氣傳》指明引用杜善《史記》，他者皆未引用，然武瓊最初編訂的《嶺南摭怪列傳》並無此篇，《龍肚王氣傳》來自於《粵甸幽靈集》。丙本所收的另外三個引用杜善《史記》的故事，也皆來自《粵甸幽靈集》，非武瓊原本所有：

　　　　丙本《明應安所神祠傳》：按杜善《史記》，王姓李，名服蠻，安所鄉人。④

　　　　丙本《大灘都魯石神傳》：按杜善《史記》，王姓皋，名魯，乃安陽王之良佐也。⑤

　　　　丙本《開天鎮國藤州福神傳》：按杜善《史記》，神本藤州古廟土地

---

① 《嶺南摭怪列傳》(甲種)，《越南漢文小說集成》第 1 册，上海古籍出版社 2010年，頁 15。

② 陳義、任明華《〈嶺南摭怪〉四種總提要》，《越南漢文小說集成》第 1 册，上海古籍出版社 2010 年，頁 5—6。

③ 《嶺南摭怪列傳》(丙種)，《越南漢文小說集成》第 1 册，上海古籍出版社 2010年，頁 205。

④ 《嶺南摭怪列傳》(丙種)，《越南漢文小說集成》第 1 册，上海古籍出版社 2010年，頁 214。

⑤ 《嶺南摭怪列傳》(丙種)，《越南漢文小說集成》第 1 册，上海古籍出版社 2010年，頁 215。

神也。①

甲本《貞靈夫人》有"按《史記》,二征夫人,本姓雄氏,……"②,吳士連根據黎文休《大越史記》記趙武帝至李昭皇之間的史事,根據潘孚先的《大越史記》記陳朝史事,吳士連吸收了兩部《大越史記》的內容,並對其中的一些史事進行考證修訂,注于文後,也稱《大越史記》爲《史記》。陳太宗元豐二年(1252):"冬十二月,獲占城主妻布耶羅及其臣妾、人民而還",下有注釋:"或云獲占城主布耶羅,非也。若果然,文休作《史記》,何不引與擒乍鬥並稱哉? 今從孚先爲是"③,此即明證。武瓊 1511 年以史官總裁身份編成《大越通鑒通考》,也曾參考吳士連的著作和觀點④,因此《貞靈夫人》中的"按《史記》"很可能是指黎文休《大越史記》,未必就是杜善《史記》。

《越南漢文小説集成》所收五種《粵甸幽靈》,以《粵甸幽靈集録》和《粵甸幽靈集全編》時間早且完整,《新訂校評粵甸幽靈集》内容則最豐富,但成書時間也最晚。《粵甸幽靈集録》和《粵甸幽靈集全編》關於《史記》的引用情況不同,如圖:

傳主	粵甸幽靈集録		越甸幽靈集全編	
	篇名	引文	篇名	引文
趙光復	明道開基聖烈神武皇帝	按《史記》,帝姓趙,諱光復,朱鳶人也。頁 10	趙越王、李南帝	未引
李常傑	太尉忠輔勇武威勝公	按《史記》,公姓李名常傑,太和坊人。頁 17	太尉忠輔勇武威勝公	未引

---

①　《嶺南摭怪列傳》(丙種),《越南漢文小説集成》第 1 册,上海古籍出版社 2010年,頁 219。

②　《嶺南摭怪列傳》(甲種),《越南漢文小説集成》第 1 册,上海古籍出版社 2010年,頁 43。

③　校合本《大越史記全書》本紀卷之五,頁 336。

④　請參看葉少飛《黎嵩〈越鑒通考總論〉的史論與史學》,《域外漢籍研究輯刊》第十一輯,中華書局 2015 年,頁 215－236。

	粵甸幽靈集録		越甸幽靈集全編	
范巨倆	洪聖佐治大王	按《史記》,王姓范名巨倆,安州令范占之孫。頁 19	洪聖匡國忠武佐治大王	未引
黎奉曉	都統匡國王	按《史記》,王姓黎,名奉曉,清華那山社人。頁 20	都統匡國佐聖王	按《史記》,平占還定功,奉曉不欲爵賞。頁 82
穆慎	太尉忠勇公	按《史記》,公姓穆,名慎,以漁爲業。頁 21	太尉忠慧武亮公	按《史記》及《世傳》,公姓穆名慎。頁 83
李服蠻	證安佑國王	按《史記》,王姓李,名服蠻,佐李南帝,官將軍。頁 23	證安明應佑國公	按杜善《史記》,王姓李,名服蠻。頁 87
皋魯	果毅剛正王	按《史記》,王姓高,名魯,乃安陽王之將也。頁 25	果毅剛正威惠王	按杜善《史記》引《交趾記》,王本名高魯。頁 92
藤州土神	開天鎮國大王	按《史記》,王是藤州土神也。頁 32	開天鎮國忠輔佐翊大王	按杜善《史記》,王本藤州土地神。頁 106
張吼、張喝兄弟	卻敵威敵二大王	未引	卻敵善佑助順大王威敵勇敢顯勝大王	按杜善《史記》,二王兄弟也。頁 85
徵側	徵聖王	未引	二徵夫人	《史記》,姊名側,妹名貳。頁 65

(本表據《越南漢文小説集成》第 2 册《粵甸幽靈》諸版本編制,文後爲引用頁碼。)

根據上表可以發現:

1.表中所引自《史記》或杜善《史記》的神靈故事二書皆重復;

2.《粵甸幽靈集録》引文皆言"按《史記》",而非"按杜善《史記》";

3.《粵甸幽靈集全編》中黎奉曉、穆慎、徵側三位神靈故事出自《史記》,李服蠻、皋魯、滕州土神、張哞張吼兄弟出自杜善《史記》;

4."《史記》"和"杜善《史記》"同在《粵甸幽靈集全編》中出現,説明作者很清楚兩種書的區別;

5. 出自《史記》和杜善《史記》互相重復者僅李服蠻、皋魯、滕州土神三位神靈；

　　結合丙本《嶺南摭怪列傳》，現在可以確認出自杜善《史記》的共三位神靈，即李服蠻、皋魯、滕州土神；可能也出自杜善《史記》的神靈有兩位，即龍肚王氣和張吼張喝兄弟。儘管《嶺南摭怪列傳》和《粵甸幽靈集》的版本體系複雜，但出自杜善《史記》的神靈故事畢集於此。李服蠻自述是李南帝李賁的部將，張喝張吼兄弟則爲趙越王部將，高魯是秦代安陽王時期的大臣，皆是傳說中人；龍肚王氣和藤州土神則爲自然神靈。杜善《史記》敘述的這五位神靈皆是神人志怪故事。

　　"史記"在先秦時期爲諸家史書之稱，但在司馬遷《太史公書》被定名爲《史記》之後，逐漸成司馬遷書的專稱。魏晉時期延續秦漢時期的記述傳統，又發展出志人和志怪類作品，分別以《世說新語》和《搜神記》爲代表。武瓊在《嶺南摭怪列傳》序中即言："其視晉《搜神記》，唐人《幽怪録》，同一致也"①。《粵甸幽靈集全編》中黎奉曉、穆慎和徵側三位真實歷史人物出自《史記》，李服蠻、皋魯、滕州土神、張哶張吼兄弟六位神靈故事則出自杜善《史記》，《粵甸幽靈集全編》能夠將真實歷史人物和傳說的神靈故事的來源分辨的這樣清楚，説明杜善《史記》很可能是一部神怪故事集。至於《粵甸幽靈集録》所有人物皆出自《史記》，而無杜善《史記》，則很可能是作者出於體例規整的原因做的修改。

　　那杜善《史記》是那個時期的書籍呢？很可能是黎文休《大越史記》之後的作品。李服蠻自稱"佐李南帝爲將軍，以忠烈知名"②，張喝張吼兄弟自稱"原爲越王將，越王爲李南帝所敗，南帝具禮迎臣等"③，二人均提到了梁陳時期在交州起兵的李南帝，名李賁，但在《大越史記》中，黎文休對李賁做了如下評價：

---

　　①　《嶺南摭怪列傳》（甲種），《越南漢文小説集成》第 1 册，上海古籍出版社 2010年，頁 15。
　　②　《粵甸幽靈集全編》，《越南漢文小説集成》第 2 册，上海古籍出版社 2010 年，頁 87。
　　③　《粵甸幽靈集全編》，《越南漢文小説集成》第 2 册，上海古籍出版社 2010 年，頁 85。

兵法云：三萬齊力，天下莫能當焉。今李賁有衆五萬，而不能守國。然而賁短於爲將耶？抑新集之兵不可與戰耶？李賁亦中才之將，其臨敵制勝，不爲不能，然卒以兩敗身亡者，蓋不幸而遇陳霸先之善用兵也。①

黎文休認爲李賁的能力僅是"中才之將"而已，且直呼其名。黎文休身爲翰林院學士兼國史院監修，如果朝廷對李賁有所褒封，黎文休應該比較恭敬才是。梁武帝大同十年（544）"李賁竊號於交阯，年號天德"②，《越史略》記載："初州人阮賁反，據龍編城，自稱南越帝，置百官，改元天德，國號萬春。"③《越史略》成書于陳朝晚期，記李賁自稱"南越帝"而非"李南帝"，《大越史記全書》記載李賁"稱爲南帝"，也就是說，"李南帝"這個稱呼應當出現在《越史略》和吳士連《大越史記全書》二書之間，即陳朝末期至黎朝初期的這段時間。如此一來，《粵甸幽靈集全編》所引的"按杜善《史記》"，應該是後人託名李朝杜善所輯的一部神怪書籍，也命名《史記》。因"杜善《史記》"僅見於此處，其全貌已不得而知。

（二）陳周普《越志》

前文提及 A. B. Polyakov 的觀點，陳周普 1233 年在杜善《史記》兩卷的基礎上增修一卷，名《越志》④。陳太宗建中八年（1232），"二月，試太學生。中第一甲張亨、劉琰，第二甲鄧演、鄭缶，第三甲陳周普"⑤。《大越史記全書》又記載天應政平二十年（1251）：

帝賜宴内殿，群臣皆預，及醉，坐者皆起，攔手而歌。御史中相陳周普隨人攔手，然不他歌，但云："史官歌云爾，史官歌云爾。"厥後宴席有負簨樋行酒令，則愈禮矣。⑥

---

① 校合本《大越史記全書》外紀卷之四，頁 150。

② 《南史》卷 7《梁本紀中》，中華書局 1975 年版，頁 216。

③ 佚名《越史略》卷 1，商務印書館 1936 年版，第 9 頁。阮賁即李賁，越南陳朝代替李朝之後，爲絕民望，改"李"爲"阮"，歷史人物姓"李"者亦改姓"阮"。

④ 潘輝黎《〈大越史記全書〉的作者和文本》（越南語），載《大越史記全書》第一冊，河内：社會科學出版社，1993 年，頁 17。

⑤ 校合本《大越史記全書》本紀卷之五，頁 326。

⑥ 校合本《大越史記全書》本紀卷之五，頁 335。

黎崱《安南志略》記載:"陳普,太王用爲左藏,遷翰長,嘗作《越志》"①,"黎休,才行俱備,爲昭明王傅,遷檢法官,修《越志》"②,陳普即陳周普,黎休即黎文休。吳士連記述越南古代修史情況:

奈史籍闕於記載,而事實出於傳聞,文涉怪誕,事或遺忘,以至謄寫之失真,記錄之繁冗,徒爲蒿目,將何鑒焉。至陳太宗,始命學士黎文休重修,自趙武帝以下,至李昭皇初年。③

吳士連言"黎文休重修",即在《大越史記》之前尚有史書,根據黎崱的記載,當爲陳周普《越志》。但黎崱所記陳周普之書名《越志》,黎文休書亦名《越志》,根據《大越史記全書》的記載情況,黎文休《越志》即《大越史記》。黎崱北居元朝,根據中國史學思想修史,對越史的真實情形有很大的改動,如將越史稱"紀"的南越國、丁、黎、李、陳降爲"世家",故稱陳太宗爲"陳太王"。因此陳周普的《越志》原名很可能應爲《越記》或《大越史記》才對。但關於陳周普著作的記載僅及於此,其他情形則不得而知。

杜善《史記》不可信,陳周普《越志》即是先于黎文休之前的一部史書,吳士連所述亦僅是陳朝修史情況而已。陳周普在宮廷宴會上唱"史官歌云爾"應付了事,當爲陳朝史官,其作《越志》亦應有官方思想在內,黎文休應當對其進行了一定程度的繼承。

《大越史記全書》的陳朝史事爲後黎朝初期的潘孚先所撰。吳士連寫"黎文休重修",很可能知曉陳周普作《越志》之事,但一則《越志》很可能已經被吸收進黎文休《大越史記》之中,二者吳士連對陳周普態度不佳。吳士連如此評論陳周普中庭作歌之事:

觀此,雖見當時君臣同樂,不拘禮法,亦風俗之簡質,然無節矣。有子曰:知和而和,不以禮節之,亦不可行也。御史、諍臣職當繩糾,不言則已,乃與之同流,惡在其爲朝廷綱紀哉。④

吳士連認爲陳朝宮廷宴會無節、無禮又粗俗,陳周普身爲御史本應勸諫,卻同流而爲之,難當其職。因歷史學家個人的喜好,故在序中不言陳周

---

① 黎崱著、武尚清校《安南志略》,中華書局 2000 年,頁 353。
② 黎崱著、武尚清校《安南志略》,中華書局 2000 年,頁 354。
③ 校合本《大越史記全書》卷首,頁 55。
④ 校合本《大越史記全書》本紀卷之五,頁 335—336。

普作史之事,直接言黎文休"重修"。吳士連雖爲史官,但《大越史記全書》卻爲其未奉詔私撰①。在吳士連之前的黎文休、潘孚先、胡宗鷟等人的官修史書,以及之後武瓊的《大約通鑑通考》均亡佚,《安南志略》撰成之後在中國流傳,故而吳士連的著作之後成爲官方版本。越南後世史家遂不知陳周普修史之事。

二　《大越史記》的"國統"論及影響

黎文休《大越史記》在吳士連撰述《大越史記全書》之後,逐漸失傳。後黎朝鄧明謙《脱軒詠史詩集序》言:"洪德年間,余入史館,竊嘗有志于述古,奈中秘所藏,屢經兵燹,史文多缺,見全書者,惟吳士連《大越史記全書》、潘孚先《大越史記》、李濟川《越甸幽靈集録》、陳世法《嶺南摭怪録》而已。"②鄧明謙此時已經沒有見到黎文休《大越史記》。吳士連在《大越史記全書序》中記述了黎文休修史的狀況,並在史書正文中保留了黎文休的一些評論,我們亦藉此探知黎文休和《大越史記》的部分思想,其中影響最大的當推"國統"論,並以創設國統起源和論述正統互相匹配,對後世影響極巨。

(一)國統之首:南越國

安南在唐代安南都護府的地域上建國,以漢字爲文化承載主體,制度或繼承漢唐,或借鑑宋朝,思想則儒釋道兼收並蓄,並未選擇與之相鄰的梵文和印度文化。安南立國時間雖在五代宋初,但自秦至唐的郡縣時代皆有較爲清晰、完整的歷史記載。追尋本國歷史起源,是歷史學家的天然使命,因此安南官修通史越過丁部領稱帝的時間,上溯千年。

陳聖宗紹隆十五年(1272),"春,正月,翰林院學士兼國史院監修黎文休奉敕編成《大越史記》,自趙武帝至李昭皇,凡三十卷上進。詔加獎諭。"③很顯然《大越史記》是以趙武帝爲國史開端,述至李昭皇初年,未論陳朝本事,此即陳朝爲前朝修史。黎文休以趙佗爲國史起源,自有緣由,

---

① 請參看葉少飛、田志勇《吳士連〈大越史記全書〉十五卷略論》,載《東南亞南亞研究》2011 年第 4 期,第 53—56 頁。

② 鄧明謙:《脱軒詠史詩集序》,河内:漢喃研究院藏抄本,編號 A440。

③ 校合本《大越史記全書》本紀卷之五,頁 348。

《大越史記全書·趙紀》保存了黎文休對南越武帝趙佗的評價：

> 遼東微箕子，不能成衣冠之俗；吳會非泰伯，不能躋王霸之强。大
> 舜，東夷人也，爲五帝之英主；文王，西夷人也，爲三代之賢君。則知善
> 爲國者，不限地之廣狹，人之華夷，惟德是視。趙武帝能開拓我越，自
> 帝其國，與漢抗衡，書稱老夫，爲我越倡始帝王之基業，其功可謂
> 大矣。①

黎文休以趙佗比之於箕子、泰伯、舜和周文王，評價不可謂不高。趙佗
能夠在秦漢之際建國稱帝，與漢朝抗衡而不落下風，功勞最大，爲安南帝王
基業之始②。黎文休雖先稱趙佗之"德"，但實際要突出的則是抗衡漢朝之
"功"。1257 年蒙古軍隊攻滅大理國，借道雲南攻宋，並順勢攻入安南，後退
兵。1260 年忽必烈即位，1261 年遣禮部郎中孟甲、員外郎李文俊齎書來
諭，其略曰：

> 安南官僚士庶，凡衣冠禮樂風俗百事，一依本國舊例，不須更改，
> 況高麗國比遣使來請，已下詔悉依此例，除戒雲南邊將，不得擅興兵
> 甲，侵掠疆場，撓亂人民，爾國官僚士庶，各宜安治如故。③

雙方暫時相安無事。元世祖至元四年（1267）九月："詔諭安南國：俾其
君長來朝，子弟入質，編民出軍役，納賦稅，置達魯花赤統治之。"④詔書全
文被黎崱收入《安南志略》卷二，但此事《大越史記全書》未載。《大越史記
全書》記載至元八年（1271）："蒙古建國號，曰大元，遣使來諭帝入覲。帝辭
以疾不行。"⑤《安南志略》卷三記載：

> 中統三年（1262），命糾刺丁爲安南達魯花赤。

---

① 校合本《大越史記全書》外紀卷之二，頁 113—114。

② 請參看 O. W. Wolters, *Historians and emperors of Vietnam and China：Comments arising of Le Van Huu's history*, *Presented in Tran Court in*1272, Anthony Reid, David G. Marr edict；*Perceptions of the past in southeast Asian*，Published for the Asian Studies Association of Australia by Heinemann Educational Books（Asia），1979. 該文論述趙佗事則强調其同於堯、舜、文王的"聖賢"功德和基業，並且爲越地建立了與中國相類的制度體系。

③ 校合本《大越史記全書》本紀卷之五，頁 342。

④ 《元史》卷六，中華書局 1976 年，頁 116。

⑤ 校合本《大越史記全書》本紀卷之五，頁 348。

　　至元七年(1270)，命也實納爲安南達魯花赤，歿于其國。①

　　陳朝面臨來自元朝的巨大壓力，元朝要求安南國王入朝，但陳朝屢辭
不赴。黎文休《大越史記》就是在陳朝國王拒絕入覲的次年完成的，此時選
擇以趙佗南越國作爲國統起源，就別有深意了。南越國滅亡與質子入長安
有很大的關係。趙佗卒後，孫胡立，是爲文帝，漢朝在解決南越國與閩越的
紛爭後，漢使南來：

　　　　天子使莊助往諭意南越王，胡頓首曰："天子乃爲臣興兵討閩越，
　　死無以報德！"遣太子嬰齊入宿衛。謂助曰："國新被寇，使者行矣。胡
　　方日夜裝入見天子。"助去後，其大臣諫胡曰："漢興兵誅郢，亦行以驚
　　動南越。且先王昔言，事天子期無失禮，要之不可以說好語入見。入
　　見則不得複歸，亡國之勢也。"於是胡稱病，竟不入見。②

　　《大越史記全書》將此事錄入《趙紀》。趙胡因趙佗不得入見之言，拒不
赴長安。太子嬰齊在長安時取樛氏女，生子興，嬰齊即位，立樛氏爲后。
"漢數使使者風諭嬰齊，嬰齊尚樂擅殺生自恣，懼入見要用漢法，比內諸侯，
固稱病，遂不入見"③，國君不入長安遂成南越國規制。吳士連對趙文王不
入漢朝的做法表示讚賞："文王交鄰有道，漢朝義之，致爲興兵助擊其讎。
又能納諫，稱疾不朝於漢。遵守家法，貽厥孫謀，可謂無忝厥祖矣"④。嬰
齊卒後，子興立，樛氏爲太后，漢朝派曾與樛氏有關係的安國少季爲使，二
人舊情復萌，樛氏和新王準備內屬漢朝。國相呂嘉不滿，與樛氏爭鬥。漢
武帝聞呂嘉不聽王令，遂派兵介入，呂嘉起兵攻殺樛氏、王和漢使。漢朝遂
大舉進軍，南越國亡。

　　安南立國之時距離南越國已有千年，但卻在南越國一隅建國，因此將
本國歷史上溯，以"趙紀"稱之，實際上在世系、傳承上並無直接聯繫，僅有
部分地域的重疊。此時對於元朝的要求，陳朝以不合作的態度進行，近于
趙佗抗衡漢朝。而對於元朝要求君長入朝，因南越國嬰齊入漢導致亡國的
前車之鑒，陳朝自然予以拒絕。陳朝此刻完成國史《大越史記》，以趙佗南

---

①　黎崱著、武尚清校《安南志略》卷三，中華書局 2000 年，頁 66。
②　《史記》卷 113，中華書局 1959 年，頁 2971。
③　《史記》卷 113，中華書局 1959 年，頁 2971。
④　校合本《大越史記全書》外紀卷之二，頁 116。

越國爲國統之首，已經顯示將抗衡元朝，不會入覲。但元朝並不打算善罷甘休，元世祖於至元十二年、十五年、十八年屢次下詔要求安南君主入朝，但均爲陳朝所拒。最終元朝不承認自然承襲的安南世子的繼承權，另立安南國王，雙方大打出手。

前文述及李朝應該有史籍修撰，又曾在宋神宗熙寧年間主動與宋朝開戰，面臨來自宋朝的壓力，趙佗“與漢抗衡”的情況，于李朝亦可施用。1272年《大越史記》完成之時，開國君主太宗陳日煚仍然在世爲太上皇，陳朝以南越國作爲國統開端，不知是陳朝自創還是傳承自李朝，但經黎文休之手，被確立爲越南國統之始。

黎文休以南越國爲國史起源的觀點在後世產生了巨大的影響。北居元朝的陳朝歷史學家黎崱在《安南志略》中設《南越世家》；後黎朝吳士連鑒於趙佗不足以體現越地之興，結合《嶺南摭怪》中的傳説，撰《鴻龐紀》，以炎帝神農氏爲國史起源，仍以南越國爲正統，以“趙紀”繼于“鴻龐紀”和“蜀紀”之後。鄧鳴謙依照吳士連《大越史記全書》作《詠史詩集》，即以鴻龐氏爲開端①。吳士連的觀點亦爲武瓊所認可，書之於《大越通鑒通考》，之後范公著、黎僖在吳士連書的基礎上續修史書，於 1697 年刊刻《大越史記全書》二十四卷，以炎帝神農氏爲國史起源的觀點深入人心，西山朝《大越史記前編》亦以鴻龐氏作爲開端，但卻對趙佗南越國進行了全面的否定。《大越史記前編》采入吳時仕（1726－1780）《越史標案》的評論否定趙佗的國統地位：

　　　自安陽之亡國，統無所系，編史者見趙佗並有交趾，以南越王稱帝，即以帝紀接安陽，大書特書，似誇本國倡始帝業之盛，後人相沿莫知其非。夫南海桂林之越非交趾九真日南之越也，……我國號稱文獻，一國之史豈宜以他邦紀之，輒敢釐正黜趙佗之紀。蓋以國統歸佗，非史法也。佗與漢抗，交州未與中國通，故以外屬起例，別内屬云。②

吳時仕批評趙佗於越地無功而有過，與箕子、泰伯相差甚遠，“我邦外屬於趙，遂内屬於唐，國統頓絶，推原首惡，非佗而誰歟”，“至以倡始帝王之業，推大其功，則臣固已論之矣。黎文休創此書法，立此議論，吳士連因其

<hr />

① 　鄧鳴謙《脱軒先生詠史詩集》，河内：漢喃研究院藏抄本，編號 A440。

② 　《大越史記前編》卷二，河内：漢喃研究院藏刻本，編號 Vhc612。

陋而不改,至於黎嵩之總論,鄧明謙之詠史,更相稱贊,以爲本國之盛帝,至今歷千載而莫克正之,此臣所以深爲之辨”①,吳時仕對前代史家以趙佗爲國統、帝業之盛的觀點進行了批評,最後以趙佗南越國爲“外屬”,别于漢唐之“内屬”。

阮朝嗣德帝因前史未依朱熹通鑒綱目書法體例,導致正統不明,遂要求重新撰寫史書。嗣德帝直接將趙佗南越國斥爲“非正統”,認爲前史所載“鴻龐紀”荒誕不羈,而雄王載之書史,遂以雄王爲國史起源,編撰《欽定越史通鑒綱目》以明其意。後世學者多以雄王爲國家歷史起源,但雄王爲炎帝神農氏之後,因此對鴻龐氏的傳説大多同時記取,雄王歷史起源實際上涵蓋了越南古代歷史學家創設的各種國史起源②。黎文休以南越國爲越南歷史起源和國統之首的觀點在得到後世的長期認可之後,最終被新的歷史觀點代替和顛覆。

(二)國統・治統・大一統

黎文休以南越國作爲越南的國統之首,國統如何延續就成了即將面臨的問題。南越國亡後,漢朝在南越故地設置郡縣,直至五代時期,除了幾位短期稱帝、稱王的豪傑之外,交州地區不再擁有王國或者皇帝級别的政權。黎文休認爲能夠接續南越國統的標準是稱帝建國,奄有領土。越史極力稱頌的二徵起事,吳士連認爲:“徵氏憤漢守之虐,奮臂一呼而我越國統幾乎復合”③,黎文休卻不認爲二徵可以接續南越國統,因此發出“惜乎繼趙之後,以至吳氏之前,千餘年之間,男子徒自低頭束手,爲北人臣僕,曾不愧二徵之爲女子”的感歎④。三國時據有交州的士燮,黎文休曰:“士王能以寬厚,謙虚下士,得人親愛,而致一時之貴盛。尤能明義識時,雖才勇不及趙武帝,而屈節事大以保全疆土,可謂智矣。惜其嗣子弗克,負荷先業,使越土宇既皆全盛,而復分裂。悲夫!”⑤黎文休論稱帝的李賁亦僅“中將之

① 《大越史記前編》卷二,河内:漢喃研究院藏刻本,編號 Vhc612。
② 請參看葉少飛、田志勇:《越南古史起源略論》,載《東南亞南亞研究》2013 年第 3 期,頁 83—89。
③ 校合本《大越史記全書》外紀卷之三,頁 127。
④ 校合本《大越史記全書》外紀卷之三,頁 126。
⑤ 校合本《大越史記全書》外紀卷之三,頁 132。

才”。黎文休認爲吳權雖然建政,但也不足以接續南越國統:

> 前吳王能以我越所集之兵,破劉弘操百萬之衆,拓土稱王,使北人不敢復來者,可謂以一怒而安其民,善謀而善戰者也。雖以王自居,未即帝位改元,而我越之正統,庶幾乎復續矣。①

黎文休認爲接續南越國統的是掃平群雄,一統交州的丁部領。黎文休曰:

> 先皇以過人之才明,蓋世之勇畧,當我越無主,羣雄割據之時,一舉而十二使君盡服。其開國建都,改稱皇帝,置百官,設六軍,制度畧備,殆天意而我越復生聖哲,以接趙王之統也歟。②

丁氏之後,即是前黎、李、陳代興了。黎文休以何種形式來連接自主建國後各代之間的承續關係,因《大越史記》亡佚不得而知,黎文休創設的南越國統之首以及對國統的建構與論述直接影響了後世史家和史籍的國統理論與撰述。黎文休以南越國、丁朝、前黎朝、李朝、陳朝爲國統的觀點,首先影響了黎崱,《安南志略》即分別設《趙氏世家》、《丁氏世家》、《黎氏世家》、《李氏世家》、《陳氏世家》。黎文休創設的這一國統順序大致未變,但關於前黎朝的國統地位在後世發生了變化,《平吳大誥》言“粵趙、丁、李、陳之肇造我國”,黎崇言黎利建國“豈趙、丁、李、陳所能及哉”,二者皆是官方文獻,卻取消了前黎朝的正統地位③。

吳士連對黎文休僅以趙佗南越國爲國統的觀點不大認同,亦不認可南越國之後、丁部領之前國祚不繼的情況④。因此對黎文休的國統順序做了很大的修改,除了創設《鴻龐紀》將南越國統提前至炎帝神農氏之外,又創設諸紀以示國祚延續。吳士連以“紀”的形式將上古鴻龐氏、屬漢唐郡縣至丁部領稱帝之後各代史事統一銜接起來,以體現安南與中國“天限南北,各

---

① 校合本《大越史記全書》外紀卷之五,頁172。
② 校合本《大越史記全書》本紀卷之一,頁180。
③ 請參看葉少飛《黎崱〈越鑒通考總論〉的史論與史學》,《域外漢籍研究集刊》第11輯,中華書局2015年,頁215—236。
④ 可參看韓國學者 Yu InSun 劉仁善,*Lê Văn Hưu and Ngô Sĩ Liên, A Comparison of Their Perception of Vietnamese History, Việt Nam Borderless Histories* edited by Nhung Tuyet Tran and Anthony Reid Madison, The University of Wisconsin Press, 2006, p. 45—71.

帝一方", 在理清北屬時期的正統和自主思想之後, 丁黎李陳即是諸家正統的自然延續。《欽定越史通鑑綱目》在前代典籍基礎上修史, 對已有觀點提出了很多顛覆性意見, 該書在篇目中不再設"紀", 以年相系,《凡例》明確表示遵照朱熹《資治通鑑綱目》的要求"大書以提要, 分注以備言", 以"大書"和"分注"體現正統:

史事	大越史記全書	大越史記前編	欽定越史通鑑綱目	
涇陽王、貉龍君	鴻厖氏紀			分注
雄王、文郎國	鴻厖氏紀	鴻厖氏紀	雄王紀	大書正統
安陽王	蜀氏紀			分注非正統
南越國	趙氏紀	外屬趙紀		分注非正統
屬西漢	屬西漢紀	內屬西漢紀		分注干支之下
征側起義	征女王紀	征女王紀	削紀, 屬漢	因事直書
屬東漢	屬東漢紀	內屬東漢紀		分注干支之下
士燮治交州	士王紀			分注干支之下
屬吳晉宋齊梁	屬吳晉宋齊梁紀	內屬吳晉宋齊梁紀		分注干支之下
李賁	前李紀			分注非正統
趙光復	趙越王紀	前李紀		分注非正統
李佛子	後李紀			分注非正統
屬隋唐	屬隋唐紀	內屬隋唐紀		分注干支之下
曲承美、楊廷藝	南北分争紀	南北分争紀		
吳權	吳氏紀	吳紀		黜吳昌熾正統 直書楊三哥事以記其篡
丁朝	丁紀	丁紀	正編之首	大書正統
前黎朝(黎桓)	黎紀	黎紀		大書正統
李朝	李紀	李紀		大書正統

史事	大越史記全書	大越史記前編	欽定越史通鑒綱目
陳朝	陳紀	陳紀	大書正統
	後陳紀	後陳紀	分注
明朝佔領	屬明紀	屬明紀	
後黎朝(黎利)	黎皇朝紀	無	大書正統

（本表據越南的社會科學出版社 1993 年影印内閣官板《大越史記全書》、河内漢喃研究院藏《大越史記前編》景盛八年(1800)刻本、越南國家圖書館藏《欽定越史通鑒綱目》建福元年(1883)刻本制。）

　　吴士連爲歷代設"紀"，效法《資治通鑒》的寫作計畫，以吴權之前的歷史爲"外紀"，吴權之後的歷史爲"本紀"，爲越史設計了悠遠不絶的國祚。不僅如此，在吴士連的設計之中，安南不僅繼承了來自炎帝神農氏、趙武帝、二徵、李南帝等國統，還繼承了北屬時期以士燮、陶璜①、高駢、趙昌等行政長官爲代表的良好"治統"②，吴士連對北屬時期守任官員的政績和功勳均加以肯定和讚揚，並以"紀"的形式表現出來。在北屬時期，"國統"與"治統"分離，安南自主建國之後，二者又合而爲一。

　　武瓊以丁部領爲"大一統"，將吴權列入"外紀"。武瓊書亡佚，但從《越鑒通考總論》中仍可看出武瓊繼承了吴士連大部分的史學思想。吴士連的思想與後黎朝官方思想有一定的差異，但因《大越史記》《大越通鑒通考》皆亡佚，因此范公著在吴士連書基礎上修史，爲吴士連書及思想賦予了官方地位。《大越史記前編》因吴時仕認爲"佗與漢抗，交州未與中國通，故以外屬起例，别内屬云"，因此以趙佗爲"外屬"，漢晉南朝隋唐爲"内屬"；《大越史記前編》雖然删去了吴士連所設的"蜀氏紀""士王紀""趙越王紀""後李紀"，但其事皆有所系，列于各"紀"之下。儘管吴時仕大作翻案文章，對前

───────────

　　①　可參看丁克順、葉少飛《越南新發現〈晉故使持節冠軍將軍交州牧陶列侯碑〉初考論》，《元史及邊疆與民族研究集刊》第三十輯，上海古籍出版社 2015 年，頁 1—10。2015 年 1 月 29 日，筆者考察北寧省順城縣清姜社清懷村陶璜廟，懸有"北朝梁目"金匾，柱廊對聯也多稱頌陶璜治交州的功績。

　　②　請參看羅厚立(羅志田)：《道統與治統之間》，《讀書》1998 年第 7 期，頁 144—152。

朝已有的觀點做出了顛覆性的修改，並被吸收進《大越史記前編》之中，但吳士連爲越史設計的國統體系仍被繼承下來。《欽定越史通鑒綱目》在正文各卷中以年系事，在《凡例》中對正統、書法、體例、人物、敘事等做了極爲詳細明確的規定和説明，一遵朱熹思想。作爲越南古代最後一部官修通史，《欽定越史通鑒綱目》儘管在史學評價方面對北屬時期和自主各代與前朝史籍有所不同，但是君臣共重、考證詳細，越史在此擁有完備、細緻的記述和敘事，既是朱熹史學在越南發展的體現，也是越南古代官修通史的集大成之作①。

三　《大越史記》的史學思想

中國古代史學自孔子删《春秋》開端之後，由司馬遷《史記》發揚光大，之後典籍紛呈，光輝燦爛。自漢至宋，史學體裁和體例不斷創新，但在史學思想上能夠對後世施以影響的當推孔子和司馬遷。司馬遷論孔子"'高山仰止，景行行止'，雖不能至，然心嚮往之"，"中國言六藝者必折中於夫子，可謂至聖矣"②，《史記》論贊多以孔子言辭論史。司馬光《資治通鑒》是傑出的歷史著作，但在史學思想上產生巨大影響的卻是朱熹的《資治通鑒綱目》，後世依照朱熹思想述史的著作極多，稱"綱目體"史書。

慶元六年(1200)朱熹卒，壽七十一。《資治通鑒綱目》在朱熹生前未刊印，嘉定十一年(1218)方刻於泉州，版藏南宋國子監。第二次刻印卻已在至正二十一年(1291)。明初曾頒國子監印本於北方學校，北京國家圖書館藏有《資治通鑒綱目》宋刻明印本③。吳士連曾提及"胡宗鷟《越史綱目》有作，書事慎重而有法，評事切當而不冗，殆亦庶幾。然而兵火之後，其書不

---

① 阮方 Nguyen Phuong《越南的誕生》*Viet Nam thoi khai sinh*，順化大學院歷史研究室，1965 年，頁 203—208。阮方對黎文休、吳士連、嗣德君臣的國統觀做了分析，認爲古代史家設立的國統差別很大，且相互之間並無關聯。

② 《史記》卷 47，中華書局 1959 年，頁 1947。

③ 嚴文儒:《〈資治通鑒綱目〉校點説明》，《朱子全書》第 8 册，上海古籍出版社安徽教育出版社，2010 年，頁 3—4。

傳,蓋成之至難"①,胡書很早就亡佚,由題目可知是根據《大越史記》編撰的"綱目體"著作。胡宗鷟爲陳朝末期人,經歷陳藝宗(1370—1372)、陳睿宗(1373—1377)和陳廢帝(1377—1388),胡朝(1400—1407)時卒于家,壽八十②。可知朱熹《資治通鑒綱目》在陳朝傳入安南,並爲學者所借鑒。

《大越史記》完成於 1272 年,黎文休並未提及朱熹或論及《資治通鑒綱目》,此時《綱目》僅刻印一次,流傳有限,應該尚未傳入安南。黎文休的諸多歷史評論則是受到孔子思想的巨大影響。孔子思想博大精深,黎文休即依照孔子的核心觀念來論史,對儒學亦有自己的理解。

(一)黎文休史論與孔子思想

1.崇周

孔子言:"吾説夏禮,杞不足征也,吾學殷禮,有宋存焉,吾學周禮,今用之吾從周",又曰:"周監於二代,鬱鬱乎文哉,吾從周",此外如哀公問政,則舉文武之方策,自歎其衰,則以不夢周公爲徵兆。故孔子奉周政爲典範,似無可疑。③ 周政是孔子心目中理想的政治時代,故孔子以之爲楷模。黎文休創設越史,推崇本國之政,將黎桓與李公蘊這兩位開國之君互相比較:

> 黎大行之誅丁佃,執阮匐,擒君辨,虜奉勳,如驅小兒,如役奴隸,曾不數年而疆土大定,其戰勝攻取之功,雖漢唐無以過也。或問大行與李太祖孰優,曰自其削平内奸,攘挫外寇,以壯我越,以威宋人而言,則李太祖不如大行之功爲難。自其素著恩威,人樂推戴,延長國祚,垂裕後昆而言,則大行不如李太祖之慮爲長。然則太祖優歟曰,優則不知,但以李德鑒黎爲厚爾,當從李。④

黎文休在事功與崇德之間選擇,最後依照孔子的標準,認爲李朝德厚,當從李,且李朝國祚綿長,黎朝在黎桓卒后四年即亡。黎文休論李公蘊尊父之舉:

> 有周興王,其追封則曰大王王季。大宋稱帝,其追封則曰僖祖翼祖,蓋父爲子貴之義。我李太祖既稱帝,而追封其父曰顯慶王,當時禮

---

① 校合本《大越史記全書》外紀卷首,頁 55。
② 《李陳詩文》,河内:社會科學出版社,1977 年版,第三册,頁 67。
③ 蕭公權《中國政治思想史》,遼寧教育出版社,1998 年版,頁 52。
④ 校合本《大越史記全書》本紀卷之一,頁 188—189。

官不能正之,所謂自卑矣。①

　李公蘊封父爲顯慶王,黎文休以其不能從周、宋之政,禮官復不能正其名,顯然制度不醇,又使李朝建國卑下於宋。黎文休論人物,多以周朝聖人相比。論帝王尊號,則言:

　　　帝堯、帝舜、文王、武王皆以一字爲號,未嘗有增其尊號也。後世帝王好爲誇大,乃有累至數十餘字者。然以功德稱之,未有以物件及蠻夷聯綴於其間者也。太宗乃納群臣所上"金湧銀生儂平藩伏"八字爲號,則於誇大中,又失於龐矣。太宗不學,無以知之,而儒臣進此以諛媚其君,不可謂無罪也。②

　《中庸》曰孔子"祖述堯舜,憲章文武",孔子亦多次言文武之道,李太宗納群臣所上尊號"金湧銀生儂平藩伏",黎文休認爲"未有以物件及蠻夷聯綴於其間者",即誇大之中,又見粗俗,與聖人之一字尊號相去萬里。黎文休論趙佗功績,則言"遼東微箕子,不能成衣冠之俗;吳會非泰伯,不能躋王霸之强。大舜,東夷人也,爲五帝之英主;文王,西夷人也,爲三代之賢君",即以趙佗比古之聖人,泰伯爲其一。黎文休所論上古聖賢,周太王、箕子、泰伯、堯、舜、文王、武王,均是孔子仰慕稱頌的聖人,雖然現在黎文休史論僅見於此,但管中窺豹,以聖人之行論斷,可知黎文休以孔子"尊周"爲準繩。

　2.正名

　孔子之時,"禮樂征伐自諸侯出",周公所制之禮樂制度多被破壞,故孔子要求正名,以恢復周代秩序。安南自五代立國之後,經過丁黎草創時期,李朝制度文物雖然豐富,但李朝崇佛,故施政亦受佛教影響。黎文休論李朝諸帝自稱:

　　　天子自稱曰朕,曰予一人,人臣稱君曰陛下,指天子所居曰朝廷,指政令所出爲朝省,自古不易之稱也。太宗使群臣呼己爲朝廷,其後聖宗自號爲萬乘,高宗使人呼爲佛,皆無所法而好爲誇大。孔子所謂名不正,則言不順,此也。③

---

①　校合本《大越史記全書》本紀卷之一,頁 203。
②　校合本《大越史記全書》卷之二,頁 228—229。
③　校合本《大越史記全書》卷之二,頁 224。

　　“予一人”乃周天子自稱，在黎文休看來，李朝太宗、聖宗、高宗自立名目，隨心所欲，肆無忌憚，且事出多端，名不正之至。李朝陵寢制度不完備，黎文休認爲儒臣失職：

> 夫古者天子既崩，安靈柩有陵，或號茂陵，或號昌陵；遺宸章有閣，或名顯謨，或名寶文。今李家歷代陵秖曰壽陵，閣秖曰龍圖，蓋時君不學，而儒臣不能潤色，或無稽古之力也。①

　　儒臣不能稽古，遂使李朝帝陵“名不正”。另安南自丁朝以後，黎文休認爲君主諡號粗陋：

> 天子與皇后初崩殂，未歸山陵，則號大行皇帝、大行皇后。及寢陵既安，則會羣臣，議其德行之賢否以爲諡，曰某皇帝、某皇后，不復以大行稱之。黎大行乃以大行爲諡號，相傳至今，何哉？蓋以不肖之卧朝爲子，又無儒臣弼亮之以議其諡法故也。②

　　以“先皇”稱丁部領，以“大行”稱黎桓，皆不符合諡法。黎文休將原因歸於卧朝王的不肖，但實際上是當時制度草創、文物不備的原因。孔子言“君君臣臣父父子子”，楊三哥逐吳昌岌，以吳昌文爲己子，吳昌文驅逐楊三哥登基爲王，又因楊三哥的養育之恩，賜其食邑，黎文休論此事曰：

> 逐君之子而自位，公罪也；養君之子爲己子而食邑，私恩也。逐昌岌而自立，篡逆之臣於義固不容誅矣。後吳王不正其罪，乃以口體私恩，不忍加刑，又賜之食邑，豈不大謬乎。③

　　在黎文休看來，吳昌文與楊三哥的關係複雜又混亂，但完全違背了君臣之道，僅從“私恩”而已，“豈不大謬”！黎桓死後，諸子相殘，黎文休曰：

> 卧朝弒其兄而自立，虐其衆以自逞，以至亡國失祚，非黎氏之不幸也，其過在大行不早正儲位，與中宗不能防其微，以致之也。④

　　黎桓征戰一生，對國内政治頗不在意，封十二子爲王，不立太子。1005年黎桓死，諸子攻殺，最後卧朝王黎龍鋌登基，殘虐異常，1009年即卒，李公蘊奪權，黎朝亦亡。李公蘊死後，太子即位，但其餘諸子引軍相攻，黎桓死

---

① 校合本《大越史記全書》卷之二，頁220。
② 校合本《大越史記全書》本紀卷之一，頁197。
③ 校合本《大越史記全書》外紀卷之五，頁173。
④ 校合本《大越史記全書》本紀卷之一，頁198。

後一幕再次上演,幸賴黎奉曉平之。黎文休曰:

> 李家封嫡子皆爲王,庶子皆爲皇子,而皇太子之位不設。及至宮
> 車大漸,方擇諸子一人,入繼大統。傳之成俗,不知何意也。或曰李家
> 不先正儲位,蓋欲使諸子亹亹爲善,謂儲位既定,則君臣分定,雖有微
> 子之賢,將何以處之哉。曰天下之本既定,猶有楊廣飾行奪嫡之禍,況
> 儲貳不正,事至倉卒,方欲擇立。萬一有三夫人強請之嗣君,徐文通弄
> 筆之遺詔,雖若不允,其可得乎。有國家者,當以此爲戒。①

有君臣然後有父子,在黎文休看來,"不正儲位"是倡亂之源。李公蘊
在即位之始,即"册長子佛瑪爲皇太子"②,《大越史略》亦記李公蘊立太子,
顯然李朝已有皇太子,黎文休言"皇太子之位不設"不知何故。黎文休論黎
朝亡國原因,在於黎桓不能立太子以定國本。李朝有太子,黎奉曉以太子
爲正,奉令誅殺反王,李朝亦因此得以傳承。

黎、李時期與諸子爭位摻雜在一起的還有立后之事。自丁朝創建,即
開創了一個極爲不好的制度,即立皇后多人。丁部領立皇后五人③,黎桓
亦立五位皇后④。李公蘊先立皇后六人⑤,再立皇后三人⑥。李太宗立皇
后七人⑦。諸王與母后相連接,極易生亂。設立多位皇后在丁、黎、李三朝
引起很大的問題,丁部領在世之時,長子丁璉殺太子項郎;黎桓卒後,諸子
爭立;李公蘊卒,太子即位,諸王攻至殿前。黎文休曰:

> 天地並其覆載,日月並其照臨,故能生成萬物,發育庶類,亦猶皇
> 后配儷宸極,故能表率宮中,化成天下。自古祇立一人,以主內治而
> 已,未聞有五其名者。先皇無稽古學,而當時群臣又無匡正之者,致使

---

① 校合本《大越史記全書》本紀卷之二,頁 217。黎文休論李朝不設太子之事,與
《大越史記全書》記載李朝儲君之事有明顯的衝突,何以致此尚不明晰。
② 校合本《大越史記全書》本紀卷之一,頁 203。
③ 校合本《大越史記全書》本紀卷之一,頁 180。
④ 校合本《大越史記全書》本紀卷之一,頁 189。
⑤ 校合本《大越史記全書》本紀卷之一,頁 203。
⑥ 校合本《大越史記全書》本紀卷之二,頁 212。
⑦ 校合本《大越史記全書》本紀卷之二,頁 219。

溺私,並立五后。下至黎李二家,亦多效而行之,由先皇始唱其亂階也。①

孔子雖然没有講到夫婦之道,但《詩經》第一篇《關雎》,儒家認爲是講后妃之德。丁、黎、李三代立皇后多人,可謂"失序",亦是名不正之舉。黎文休針對丁部領立五皇后而言,但於黎、李二代亦有鑒戒。李仁宗卒,李神宗繼位,以生父爲太上皇,黎文休曰:

> 神宗以宗室之子,仁宗育爲子,使繼大統,義當以仁宗爲父。而稱所生父崇賢侯爲皇叔,封生母杜氏爲王夫人,如宋孝宗之於秀安僖王及夫人張氏,以一其本可也。今乃封崇賢侯爲太上皇,杜氏爲皇太后,無乃二其本乎。蓋神宗時方幼沖,而在朝公卿如黎伯玉、牟俞都又無知禮者,故也。②

黎文休認爲李神宗當以仁宗爲父,又崇生父爲太上皇,是國有二本。雖言父以子貴,但與國而言,堪稱"君臣""父子"失序。

3.孝

孔子多次言何爲孝的真諦。黎文休曰:

> 人子生三年,然後出於懷抱,而免於父母。故自天子至於庶人,雖貴賤不同,而三年哀慕之情則一,蓋所以報其劬勞也。矧神宗之於仁宗,鞠在宫中,恩莫厚矣。義當慎終追遠,其報可也。今未閱月,而遽命群臣除服,未卒哭,而迎兩妃后入宫。不知當時將何以儀刑四海,表率百官哉?神宗雖幼弱,而在朝之臣,亦幸其短喪,無一言及之者,可謂朝無人矣。③

李神宗君臣對於仁宗之喪,當月即除喪服,與孔子所言"三年無改于父之道"差之萬里,如此行爲,"何以儀刑四海,表率百官"?朝臣無人指正,黎文休曰"可謂朝無人矣"。此舉雖不符合儒家宗旨,但李朝崇佛,由此亦可見李朝施政並不完全遵照儒家思想。

4.辟異端

孔子不言怪力亂神。在孔子身後,興盛于漢朝的讖緯重災異祥瑞,東

---

① 校合本《大越史記全書》本紀卷之一,頁180。
② 校合本《大越史記全書》本紀卷之三,頁272。
③ 校合本《大越史記全書》本紀卷之三,頁268。

來的佛教教人事佛以求虛無,此皆是孔子所未見,但以孔子的想法,定不樂見於此。黎文休抨擊李太祖崇佛:

> 李太祖即帝位,甫及二年,宗廟未建,社稷未立,先於天德府創立八寺,又重修諸路寺觀,而度京師千餘人爲僧,則土木財力之費,不可勝言也。財非天雨,力非神作,豈非浚民之膏血歟。浚民之膏血,可謂修福歟。創業之主,躬行勤儉,猶恐子孫之奢怠,而太祖垂法如是,宜其後世起淩霄之堵坡,立削石之寺柱,佛宫壯麗,倍於宸居,下皆化之,至有毀形易服,破産逃親,百姓太半爲僧,國内到處皆寺,其原豈無所自哉!①

丁部領、黎桓出身武將,丁、黎二代皆及身而亡。李公蘊在創建李朝時借助了佛教僧侶的力量,故而在建政之初,須對其籠絡安撫。佛教也的確在李朝政權的穩定中發揮了巨大的作用。李常傑破敵,李神宗至寺觀謝神佛保佑,黎文休曰:

> 夫運籌帷幄之中,決勝千里之外,皆良將臨戎制勝之功也。太傅李公平破真臘之寇於乂安州,遣人奏捷。神宗當告捷於太廟,論功於廟堂,以賞公平等克敵之勳。今乃歸功於佛道,臨寺觀而拜謝之,非所以勞有功鼓士氣也。②

以儒家思想所論,佛教實爲異端。李朝以社會的精神和物質皆歸之于佛,長久以下會使社會喪失發展的動力,黎文休認爲佛教靡費國力,並不爲過。

5.夷狄之道

安南立國之後,與南方的占城互相攻伐,其對北方地區部族的統治也極爲棘手。安南自認爲"華夏",視他者爲"夷狄"。黎文休曰:

> 夫帝王之於夷狄,服則綏之以德,叛則示之以威。英宗使李蒙領五千餘人援立雍明些疊爲占城國王,而爲制皮囉筆所殺,義當興師問罪,擇立一人,代王其國,則威加殊俗,而德在後王。今乃受其女而不問其罪,可謂逸矣。其後占城、真臘連年入寇,乂安一路,不勝其弊,英

---

① 校合本《大越史記全書》本紀卷之二,頁 208—209。
② 校合本《大越史記全書》本紀卷之三,頁 271。

宗實啓之也。①

李朝自認對占城有存亡繼絶的義務，因此扶立國王，但爲新君所殺，李英宗不興師問罪，卻受占城之女，是釋罪不誅，威德不行。儂存福叛亂，李太宗放歸其子儂智高。黎文休認爲"今智高復蹈其父之不軌，則其罪大矣，誅之可也。奪其爵邑，降爲庶人亦可也"，李太宗賜州郡，封爲太保，"賞罰無章"，終於釀成大亂。② 孔子曰："遠人不服，則修文德以來之，"但李太宗和李英宗的舉措文德不施，威刑不加，即黎文休所言"溺於佛氏之小仁，而忘有國之大義"③。

（二）論"儒臣"

黎文休雖然以孔子思想爲宗，但儒學在孔子之後代有發展，黎文休所處的時代儒學流派紛呈，黎文休在史論中常論"儒臣"，即是對儒家思想的部分自我闡釋。

孔子曰："女爲君子儒，毋爲小人儒"，於"儒"的含義尚未完全界定明晰。儒家在戰國時代勃興之後，習儒術者秦漢時世稱"儒者"、"儒生"，亦稱"儒士"，亦有稱"儒臣"者，揚雄《博士箴》云："儒臣司典，敢告在賓"④。漢代以後，諸家學説多廢，法家、道家亦緣儒術以奮進，隋唐行科舉，朝臣多有科舉取士所進階者，兩唐書中"儒臣"使用增多，漸成風氣。宋代科舉更加繁榮，故《宋史》中"儒臣"十分常見。黎文休論及"儒臣"：

> 黎大行諡號：蓋以不肖之卧朝爲子，又無儒臣弼亮之以議其諡法故也。

> 李太宗納群臣所上"金湧銀生儂平藩伏八字"爲號：太宗不學，無以知之，而儒臣進此以諛媚其君，不可謂無罪也。

> 今李家歷代陵秪曰壽陵，閣秪曰龍圖，蓋時君不學，而儒臣不能潤色或無稽古之力也。

黎文休三次言及"儒臣"，所論皆是"諡法""尊號""陵寢"等典章制度，其職能略同於揚雄所言博士諸生"儒臣司典，敢告在賓"。李太宗明道二年

---

① 校合本《大越史記全書》本紀卷之四，頁294。
② 校合本《大越史記全書》本紀卷之二，頁233。
③ 校合本《大越史記全書》本紀卷之二，頁233。
④ 《全上古三代秦漢三國六朝文·全漢文》，商務印書館，1999年，第553頁。

(1043)：

　　　　帝幸武寧州松山古寺，見其人跡蕭然，基址暴露，中有石柱，欹斜
欲傾。帝慨嘆，意欲重修之。言未發，石柱忽然復正。帝異之，命儒臣
作賦以顯其靈異。①

　　黎文休對此類靈異事物極不認可，故而對李朝重祥瑞之事大力否定，
儒臣在此"作賦以顯其靈異"，在黎文休看來，恐非聖人之願。在李朝歷史
記述中，此處用"儒臣"，黎文休評論中又使用三次，對儒臣的理解近于漢代
博士諸生，非唐宋時之儒家社稷臣。由此可見，黎文休有很强烈的儒家復
古思想。儒臣不能正君主禮法之失，實爲失職。黎文休以"儒臣"來論制度
不足，實際是孔子思想向朱熹思想的過渡，在吳士連的評論中，即明確以朱
子思想作爲準繩來衡量君臣行爲了。

四　"黎文休曰"的史論體例與影響

　　儘管《大越史記》在黎貴惇和潘輝注的時代已經亡佚很久，但仍被其列
爲越史第一著作，可見影響之大，《大越史記》的體例亦爲後世所效法。《大
越史記》正文亡佚，吳士連在《大越史記全書》中保留了黎文休的三十條歷
史評論，皆以"黎文休曰"的形式開端。劉知幾《史通·論贊》曰：

　　　　《春秋左氏傳》每有發論，假君子以稱之。二《傳》云公羊子、谷梁
子，《史記》云太史公。既而班固曰贊，荀悅曰論，東觀曰序，謝承曰詮，
陳壽曰評，王隱曰議，何法盛曰述，常璩曰譔，劉昢曰奏，袁宏、裴子野
自顯姓名，皇甫謐、葛洪列其所號。史官所撰，通稱史臣。其名萬殊，
其義一揆。必取便於時者，則總歸論贊焉。②

　　劉知幾概括總結了唐代以前史書中的評論方式，總稱爲"論贊"，這也
是《史通》之前中國史學評論的主要形式。《左傳》論史稱"君子曰"，《史記》
稱"太史公曰"，袁宏《後漢紀》則稱"袁宏曰"，黎文休書名《大越史記》，在各

---

① 　校合本《大越史記全書》本紀卷之二，頁 232。
② 　劉知幾撰、浦起龍釋：《史通通釋》，上海古籍出版社 1978 年，頁 81。

種論贊名稱之中綜合諸家,以姓名自顯,爲"黎文休曰"①。

　　"黎文休曰"的史學評論方式對後世影響很大,《大越史記全書》記載了多處"潘孚先曰"對陳朝歷史的評價,又保留了"潘孚先論曰"論黎仁宗②;吴士連修《大越史記全書》,以"史臣吴士連曰"的方式論史,或獨立評論,或在黎文休、潘孚先的史論之後評論;之後又有"武瓊贊曰"③、"登柄評曰"④,又有未署名的"論曰"和"史臣論曰"⑤。《大越史記全書》所載論贊形式並未超出《史通》所載。後黎朝末期出現了兩部專門的史論著作,即阮儼(1708—1775)的《越史備覽》和吴時仕(1726—1780)的《越史標案》。

　　西山朝建立之後,國史館在前史基礎上修成《大越史記前編》,記述鴻龐氏至明軍北返時期的歷史,于景盛八年(1800)進呈,採用了黎文休、吴士連、阮儼和吴時仕四人的史論,成爲西山朝的官修國史。但溯其源流,仍是來源於"黎文休曰"。

五　餘論

　　黎文休《大越史記》的編撰與完成是越南古代史學發展完善的標誌。黎文休在李朝史學和陳周普《越志》的基礎上修史,體現了對前代史學的繼承與發展。《大越史記》採用編年體通史的體裁,直接繼承中國史學思想和傳統,並以"史記"爲名。黎文休確立了南越國統并構建了完整的國統體系,深刻影響了後世史家對國統的認知與構建,對政治與歷史文化產生了巨大的作用。

　　《大越史記》正文亡佚,我們僅從《大越史記全書》保存的"黎文休曰"的史學評論方式方窺知其史學思想,黎文休以儒家思想論斷史事,更多地以

---

　　①　"黎文休曰"保存於吴士連《大越史記全書》之中,稍後的潘孚先史論亦記爲"潘孚先曰",但吴士連以"史臣吴士連曰"的方式論史,因黎、潘二人著作亡佚,我們並不能確定"黎文休曰"是否經過吴士連的改動。
　　②　校合本《大越史記全書》本紀卷之十一,頁 634。
　　③　校合本《大越史記全書》本紀卷之十一,頁 608。
　　④　校合本《大越史記全書》本紀卷之十五,頁 837。
　　⑤　校合本《大越史記全書》本紀卷之十,頁 565。

孔子思想爲準繩。後世史家繼承了黎文休的史論形式，并對其觀點與思想進行再評論，越南古代史學評論自此傳承不絶。

　　黎文休編撰《大越史記》之時朱熹思想尚未傳至越南，黎文休的撰著體現了越南古代對前朱子時期的中國史學和儒家思想的理解、運用與創造，因其書散佚，僅可知其一端。黎文休《大越史記》之後，又有胡宗鷟《越史綱目》和潘孚先《大越史記》，但均亡佚。故而我們只能根據吴士連《大越史記全書》來探知越南古代對新時期朱熹史學思想的認識與發展了。

　　　　　　　　（作者單位：紅河學院紅河州越南研究中心）

域外漢籍研究集刊　第十四輯
2016 年　頁 245—260

從《金樇草》看越南名臣潘清簡的使華經歷[①]

韓周敬

　　自從 2010 年《越南漢文燕行文獻集成》出版以來，學界以此爲基，循著“從周邊看中國”的理路，期以“異域之眼”來觀照自身，對於越南古代使臣如清史事做了大量的研究。這些研究覆蓋了相當數量的如清使臣，但由於《集成》所收文獻僅 79 種，數量有限，有些越南名臣的使程詩集並未納入，例如本文的研究對象——潘清簡。需要說明的是，《越南漢文燕行文獻集成》收入《使程詩集》[②]，此書內封題爲“潘清簡著”，但實際上此書並非潘清簡所作，因爲觀其中所記的行經地名，如《過山南上鎮有懷》之“山南上鎮”，作者自注曰：“前留任在此。”[③]但觀《大南列傳》所載潘清簡平生宦涯，未有任職山南上鎮之經歷。且“山南上鎮”之名，始於西山時期，阮朝明命三年（1822），“改山南上爲山南鎮，山南下爲南定鎮”[④]，明命十二年（1831），又分山南鎮快州府五縣、南定鎮先興府三縣設興安省，因此，至潘清簡出使的明命十四年（1833）年，“山南上鎮”早已不復存在，潘清簡自不

---

　　①　本文係國家社科基金重大項目“環南海歷史地理研究”（12ZD144）、國家社科基金青年項目“越南古代史學研究”（15CSS004）的階段性成果之一。

　　②　復旦大學文史研究院：《越南漢文燕行文獻集成》第八册，復旦大學出版社 2010 年版。

　　③　佚名：《使程詩集》，《越南漢文燕行文獻集成》，第八册，復旦大學出版社 2010 年版，第 16 頁。

　　④　（嗣德）《大南一統志》“興安”，越南漢喃研究院，書號：A.69/3。

可能以此爲記①。

　　潘清簡於 1832 年奉使如清，其間在清朝境内行駐約十個月之久，其間所作之詩集《金檯草》，只在“嗣德丙子（1876）冬”于越南國内刊印，未在中國流傳，因而成爲燕行研究者的遺珠。就目前所見，學界關於他的使華研究著作甚少，越南學者曾經在 1967 年《史地雜誌》（*Tap San Su Dia*）專門開闢了一期《潘清簡特考》，2003 年又以潘清簡爲主題，組織了一次“潘清簡研討會”，但在這些討論中，學者們關注的焦點多在潘氏的宦海生涯以及與法國交往方面，對潘氏的使華研究少有觸及。莊秋君《十九世紀越南華裔使節對中國的書寫——以越南燕行録爲主要考察對象》一文曾對潘清簡使華經歷專門進行過介紹，但莊文只是提要性質，尚不足以據此瞭解潘清簡的使華活動。因此筆者不揣淺陋，試以此拙文，來對潘清簡 1833—1834 年間的如清使程做一探究，以就教於大方之家。

一　潘清簡與《金台草》

　　潘清簡（1796—1867），字靖伯，又字淡如，號梁溪，别號梅川，爲越南阮朝之名臣，阮綿審對其一生經歷有精到的述評：“迨其楊歷中外，宥密樞機，四十年鴻漸，東閣南宫；九萬里鵬搏，北都西域。吏户兵刑之任，龍蛇魑魅所居，有路必行，無官不理。若法咫，若令咫，源委俱通，曰長才，曰清才，聲名獨擅。苟非道以一貫，德合九能，鮮不掛弊絮於棘中，陷深坑於竹末矣。”②

　　潘清簡祖上爲福建人，“明末南遷，卜築於平定省”③。潘清簡之父，

---

①　其他學者則從《使程詩集》中所記潘清簡與清人的交遊來考述，此書並非爲潘氏所作，參看金菊園：《使程詩集》提要，《越南漢文燕行文獻集成》，復旦大學出版社，第八册，2010 年版，第 3 頁；莊秋君：《十九世紀越南華裔使節對中國的書寫——以越南燕行録爲主要考察對象》，《漢學研究集刊》第二十期，2015 年 6 月，第 120 頁。

②　阮綿審：《潘梁溪先生詩草序》，《梁溪詩草》，越南漢喃研究院藏，書號：A. 2125。

③　阮朝國史館編：《大南正編列傳二集》卷二十六，東京慶應義塾大學，1971 年版，第 21 頁。

"先朝黎景興戊子年（景興二十九年，1768）生於歸仁府蓬山縣中總烏鐮社會和坊會忠邑，俗稱全楓處，今平定省懷仁府蓬山縣忠安總會忠村"①，西山兄弟自歸仁起兵後，平定陷入戰亂，爲躲避戰亂，潘清簡的祖父"絜眷南遷，遂定居於嘉定府定遠州新安總始立新盛村，即今永隆省弘道府保安縣保治總保盛村故宅是也"②。潘家南徙之後，家業寒素，潘清簡之父雖曾識文，但難以此立身，當時正值阮福映盤踞南方，復國運動風起雲湧之時，潘清簡之父遂有從軍立功的想法。於是，在1798年，他乘坐鴻一號船，裝餉從兵，前往平定效力，最終卻"因被颶風，飄至清境之瓊州府海分，艱難辛苦，逾年然後得歸"③。經此大難之後，潘父以軍功立身的理想漸熄，轉而將振興家業的希望寄託于潘清簡身上，希冀其能通過科考博取功名，故而時常以此繩勵之，對此一段幼時經歷，潘清簡後來回憶道："簡不肖，無他才能，惟凜遵庭訓，朝夕從事，罔敢失墜，以迄於今。"④

　　在父親朝夕惕屬的教誨下，潘清簡不負所望，"少有文名"⑤，終在明命七年（1826）丙戌科中第三甲同進士，據《國史遺編》，此次"庭試進士"在六月⑥。在當時的科舉環境中，阮朝雖已開科取士多年，但南方士子未有中進士者，這主要與南方文教之風不盛，以及重商風氣濃厚有關。此年潘清簡甫滿三十歲，爲南方士子中進士之首例，故而"爲南圻唱"⑦，身負極大聲名。這也引起了明命帝（1820—1841）的重視，短短兩年之間，三擢其職，由翰林院編修提至廣平協鎮，明命九年（1828）又命其出攝乂安鎮務，使其在

① 潘清簡：《奉本省督藩皋三位請爲先父誄書（並述狀）》，《梁溪詩草》，越南漢喃研究院藏，書號：A.2125。
② 潘清簡：《奉本省督藩皋三位請爲先父誄書（並述狀）》，《梁溪詩草》，越南漢喃研究院藏，書號：A.2125。
③ 潘清簡：《奉本省督藩皋三位請爲先父誄書（並述狀）》，《梁溪詩草》，越南漢喃研究院藏，書號：A.2125。
④ 潘清簡：《奉本省督藩皋三位請爲先父誄書（並述狀）》，《梁溪詩草》，越南漢喃研究院藏，書號：A.2125。
⑤ 《大南正編列傳二集》，卷二十六，第21頁。
⑥ 潘叔直：《國史遺編》，香港中文大學新亞研究所東南亞研究室，1965年，第163頁。
⑦ 《大南正編列傳二集》，卷二十六，第21頁。

三十二歲即成爲方面大員，這在阮朝歷史上是不多見的。其後歷經遷轉，至明命十二年（1831）年因爲平定廣南蠻匪不力而坐革，但至明命十三年（1832）又得起復，在同年十月①被授爲如清副使。這是潘清簡漫長的外事生涯中，僅有的一次如清經歷。此次，阮朝共派遣三名使臣如清，潘清簡是做爲甲副使出行的，同行的還有正使陳文忠、乙副使阮輝炤。

　　阮朝向清朝的遣使，包括兩種類型：第一類是定期的歲貢，第二類是基於其他原因的不定期的遣使，如請封、謝恩、告哀、祝壽、邊事、求助等。潘清簡此次是歲貢使。潘清簡之所以入選，與其進士出身的名分是分不開的。由於如清使需要除了擔負常規的外事職能外，還"身銜王命，責在周詢"②，需要對見聞的清朝事狀進行記載，並購買奇書異籍③。此外，在遇到清朝及朝鮮、琉球士人時，除了正常的學術文章交流外，期間雙方的酬唱與應和所蘊含的爭競意味，往往超出文學之外④，因此，如清使者必須是熟讀詩書者，故而《大珠使部唱酬》言："膺斯選者，必慎簡賢才，有不辱君命之流，乃足充當使事。"⑤《使程詩餞並序》則言："我越有國以來，千有餘年，以專對中朝，爲掄材盛選，歷代名公，見於史册者非一。"⑥又言："（越南）與中州接壤，尤重皇華之命，非極一辰之選者弗與焉。"⑦潘清簡無疑是符合這些條件的。

　　潘清簡對如清見聞的記載，匯成《金橐草》一集。所謂"金台"，是北京

---

　　①　《大南實録正編第二紀》卷八十五，第 29 頁載，明命十三年十月（1832），"遣使如清，授乂安屬布政陳文忠爲禮部左侍郎，充正使；承天署府丞潘清簡爲鴻臚寺卿，内務府司務阮輝炤爲翰林院侍讀，充甲乙副使。"

　　②　《大南實録正編第二紀》卷七十九，第 17 頁。

　　③　《大南實録正編第二紀》卷六十九，第 29—30 頁載，明命愛古詩詞及古文，令人加心購買："朕最好古詩古畫，及古人奇書，而未能多得。爾等宜加心購買以進。且朕聞燕京仕宦之家，多撰私書實録，但以事涉清朝，故猶私藏，未敢付梓，爾等如見有此等書籍，雖草本亦不吝厚價購之。"

　　④　張宇：《越南貢使與中國伴送官的文學交遊——以裴文祀與楊恩壽交遊爲中心》，學術探索，2010 年第 4 期。

　　⑤　裴文祀：《大珠使部酬唱》，越南漢喃研究院藏，書號：VHv.1781。

　　⑥　武希蘇：《華程學步集》，《越南漢文燕行文獻集成》，第九册，第 228 頁。

　　⑦　武希蘇：《華程學步集》，《越南漢文燕行文獻集成》，第九册，第 232 頁。

的別稱,沈榜《宛署雜記·鋪行》載:"當成祖建都金台時,即因居民疏密,編
爲保甲。"①潘清簡爲求古雅,遂以其爲詩集之名。《金橐草》共收詩 119
首②,其中越南境內 5 首,中國境內 114 首,越南漢喃院所藏的雲水居藏板
《梁溪詩草》一書,將其全文收録,編號 A.2125。

二　潘清簡如清時間和道路

1、如清時間

潘清簡使團的如清時間,《金橐草》没有明確點明,但我們可以從其他
史料中來側面考證。據《大南實録》載,潘清簡獲授如清副使的時間爲明命
十三年(1832)十月,但使團並未隨即出發,《欽定大南會典事例》載:"(明
命)十四年(1833),例貢屆期,以禮部侍郎陳文忠充正使,鴻臚寺卿潘清簡、
翰林院侍讀阮輝焇充甲乙副使。"③《國史遺編》則言:"癸巳十四年(1833)
春二月,遣阮亶、阮焇入貢於清。"④可見潘清簡使團是等到明命十四年
(1833)年二月才啟程的。《皇越一統輿地志》載:"(諒山鎮城)南進京三十
七萬九千二百九十五尋四尺,成一千七百五十六里。"⑤由於諒山鎮城地近
鎮南關,因而此里數與順化到鎮南關的距離相當,以當時的使團的慣用速
度——每日約 40 里測算,二月自阮朝國都順化(今越南順化市)出發爲始,
到達鎮南關的時間需要一個半月左右,則潘清簡使團達到鎮南關的時間應
爲三月下旬。

至於使團回到鎮南關的時間,可從使團長送官莫爾賡阿的升官時間推

---

①　沈榜:《宛署雜記》卷十三《鋪行》,轉引自章玄應著,阮柏林注:《章玄應集》,北
京線裝書局 2011 年版,第 350 頁。

②　梅掌德(Mai Chuong duc)發表於 1967 年《史地雜誌》的《梁溪詩草提要》第 189
頁認爲《金台草》收録了 126 詩,這是由於他將其中的《偶成三首》、《河南道中詠古》等組
詩分開統計的結果,筆者在此這些組詩做爲一首來統計。

③　阮朝國史館:《欽定大南會典事例》"禮部",卷 128,越南漢喃研究院,書號:
VHv.65/1—88。

④　潘叔直輯:《國史遺編》,香港中文大學新亞研究所,東南亞研究室刊,1965 年
版,第 225 頁。

⑤　黎光定:《皇越一統輿地志》,順化東西語言文化研究中心,2002 年版,第 596 頁。

斷。莫爾賡阿因護送潘清簡使團有功,獲封陝西按察使,據《清實録》載,時間爲道光十三年(1833)十一月①,但據《莫爾賡阿諭見請覲奏表》言:"護送越南貢使回粤於十二月十二日,在廣西興安縣途次接本。"②莫爾賡阿在十二月十二日才接到奏表,此時剛護送貢使回程,到達湖南和廣西交界處的興安縣。一般来説,廣西境内路程會走兩個月左右,因此,潘清簡應在明命十五年(1834)二月到達鎮南關。由此可見,潘清簡使團在中國的時間爲1833年四月至1834年二月,長達10個月。

這一點也可從潘清簡《入關》詩來推斷。據其《入關》詩所言:"昔我出此關,春草茸茸長。今我入此關,歲月忽已往。世事紛如積,客心易蕭愴。闤市半邱墟,烽煙及榛莽。賊圍牧馬城,城孤無所仰。偉哉裴範公,臨戎慨以慷。力盡援不至,完節對穹壤。"③此處描寫的是農文雲之亂後諒山的殘破景象,農文雲之亂起於明命十四年(1833)七月,于八月攻打高平,潘詩中所言的"賊圍牧馬城"即此。據嗣德本《大南一統志》載,"牧馬城"即阮朝高平省城,其後有寧樂山堡,爲糧草武庫,"明命十四年(1833),土匪圍迫省城,省官裴增輝等,移此憑險待援"④,最後因力盡無援,遂"整朝服設案,望關拜畢,將朝服並告身焚之,自經而絶"⑤,按察使范廷擢亦死節。潘詩中"偉哉裴範公,臨戎慨以慷,力盡援不至,完節對穹壤"一句,即描述此事。由此可知,潘清簡入關時,裴增輝業已去世,而裴增輝死於明命十四年(1833)八月,則可知潘清簡等在此時尚在中國。

　　2、如清道路

　　越南使者如清道路,一般有兩種走法。第一種走法以水路爲主。雍正二年(1724)規定:"嗣後安南國進貢使臣來時,令廣西巡撫填勘合,由廣西、湖廣、江西、山東等處水路進京。回日,兵部照原勘合换給,由水路歸國,永

---

① 《清宣宗成皇帝實録》卷二四五,道光十三年十一月條,中華書局,1986年版,第697頁。

② 清軍機處檔折件,臺灣故宫博物院藏,網址:http://catalog. digitalarchives. tw/item/00/05/93/93. html。

③ 潘清簡:《入關》,《梁溪詩草》,越南漢喃研究院藏,書號:A. 2125。

④ (嗣德)《大南一統志》"高平"。

⑤ 《大南正編列傳二集》,卷四十,第13頁。

著爲例。"①但此法施行時間不長。

第二種是水陸參半的走法。這種走法又分爲兩類,第一類需經過廣東。《輶軒叢筆》言:"梧江三岐,爲古今使城分路處。黎正和以前使舟至此,順流東下,經肇慶府封川、清慶、高要三縣水,至廣東廣州省城,仍從此出三湘。順泛,無溯流入隄之艱……自正和以後,至此始轉溯漓水上桂林,過融江入三十六隄,然後出湘,迨今遂成定例。"②李文馥亦言:"本國使路自黎正和前,船抵梧州,順流東下,經廣東省城。至永盛以後,始由梧州灘江北上,曆今遂成定例。行者難之,不似舊路之順適雲。"③陳文源、楊大衛認爲:"從李文馥追述中得知,康熙三十年以前,越南使團自廣西梧州順流東下,至廣東,再行北上入京;之後則改由廣西梧州沿灘江北上,入湖南。"④但正和年號施行時間爲 1680—1704,永盛年號爲 1705—1719,此處的康熙三十年爲 1691 年,不知從何考出。按李文馥所記,則自 1705 年之後的越南使團,俱改由梧州沿灘江北上,此年爲康熙四十四年。但據雍正《太平府志》,康熙二十四年安南入貢,即"由廣西過楚,乃抵京師"。二十四年,爲 1685 年,則似乎在黎正和年間,使路已經改革。

第二類則不經廣東。道光九年(1829)規定:"外夷各國貢道,或由水路,或由陸路,定例遵行,未可輕言改易。越南國遣使來京進貢,自康熙年間議定由陸路行走,今該國陪臣於進表後,在禮部呈遞稟啟,欲改由廣東水路。該部以事涉更張,實不可行,議駁甚是。所有該國陪臣稟請改由水路以省勞費之處,著毋庸議。"⑤潘清簡使團即爲第一批履行此新規的使團。

具體而言,潘清簡使團經過的路線爲廣西—湖南—湖北—河南—直隸

①　《明清史料》庚編第一本,《安南國王爲貢使請由水路殘奏本》,中研院影印本,1999 年版,第 31 頁。

②　潘輝注:《輶軒叢筆》,《越南漢喃燕行文獻集成》,第十一冊,第 23 頁。

③　李文馥:《梧州府城》,《使程遺路》,《越南漢喃燕行文獻集成》,第十四冊,第 259—260 頁。

④　陳文源、楊大衛:《道光年間越南使臣李文馥入貢路線述略》,《暨南史學》,2014 年版,第八輯。

⑤　《欽定大清會典事例》(光緒),卷五零二,《禮部·朝貢·貢道》,臺北文海出版社,《近代中國史料叢刊三編》,1992 年影印本,第六六七冊。

一京師，回程則反之。如將《金橐草》諸詩對行經地名的記載進行連綴，我們可基本復原潘氏的行使路線，見"1833 年潘清簡如清路線圖"。

1833 年潘清簡如清路線圖

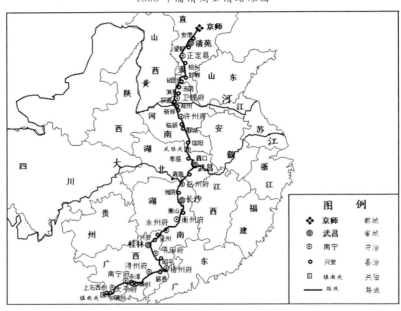

注：據譚其驤編《中國歷史地圖集》第八冊《清時期》"清時期全圖（一）"改繪。

三　潘清簡對沿途景觀的觀察和感知

　　潘清簡在中國行駐時間長達十個月，在時間上感受了四季輪轉，在空間上歷閱了南北六省（包含京師），因此他對沿途景觀有著豐富的體認。據筆者統計，在《金台草》中國境內的 114 首詩歌中，去路廣西省境內 35 首，湖南境內 15 首，湖北境內 5 首，河南境內 8 首，直隸境內 10 首，合計 73 首；京師 4 首；回程河北境內 9 首，河南境內 8 首，湖北境內 2 首，湖南境內 4 首，廣西境內 14 首，合計 37 首。可知作于長江以南三省的詩歌有 75 首，占了總量的 65%。這種記載特徵與其他燕行使者是一致的。自《越南漢文燕行文獻集成》第六冊以後，越南如清使臣之記錄，重點在於漢口以南之水路,關於廣西、湖南至湖北水程以及沿線風物的記載,形象要遠遠生動于後半段之陸路,而這些使臣所參考的中國方志與筆記小説,亦以記南方之事者爲多。據張茜的研究,這可能與"一方面是因爲楚粤之地接近越南,而另一方面顯然越南使臣對中國水路乘舟行進之興趣遠大于陸路乘橋"①有關,筆者對此頗爲認同。

從《金樏草》的記載可知,潘清簡所觀察到的景觀分爲自然景觀和人文景觀兩類,兩者的比例大致相同。由於他所描寫的景觀帶有典型性(如分水、陡、洞庭湖、赤壁等自然景觀,以及靈渠、黄鶴樓、七十二疑塚等人文景觀),因此對於這些習見景觀意象的體味和闡釋,大抵也不出其他如清使者的記載範疇,所以筆者在此不再贅言。筆者在此想著重就潘氏記載中的"塘"和民俗風情做些探究。

1、潘清簡對"塘"的記載

《金樏草》中,潘清簡明確記載了九個塘,其中廣西境内有七個,分別爲馱峽塘、芭塢塘、火煙塘、黄龍塘、大灣塘、大墟水塘、唐家塘;湖南境内有二:老阜塘和渌口塘。此處的"塘",並不是池塘,據《貴縣誌》載:"蓋所謂塘,實爲昔時兵防之專名,非指池塘而言,其與江河更不相涉。"②《陸川縣誌》記:"塘汛乃清初設置,爲千總、把總外委所屬之緑營兵分防地也。"③可知"塘"乃清時汛兵駐防地之名稱。《平樂縣誌》對"塘"的作用有所評價:"設立塘房,派兵駐守,原期緝捕盗賊,以安閭閻,關係地方,實非淺鮮。"④"塘"發展到道光時期,除了安寧地方的作用外,還具有驛站的職能,故而潘清簡使團屢次於"塘"處歇息。

在潘清簡使團之前,亦有越南使者對"塘"有所觀察。黎貴惇《經珠山塘》自注曰:"例每十五里或十里設一塘汛,有煙墩旗台,設兵更守。"⑤鄭懷

---

① 張茜:《清代越南燕行使者眼中的中國地理景觀——以〈越南漢文燕行文獻集成〉爲中心》,復旦大學 2012 年碩士學位論文,第 22 頁。
② (民國)《貴縣誌》,卷一,民國二十四年鉛印本。
③ (民國)《陸川縣誌》,卷五,民國十三年刊本。
④ (光緒)《平樂縣誌》,卷六,清光緒十年刊本。
⑤ 黎貴惇:《經珠山塘》,《桂堂詩匯選》,《越南漢文燕行文獻集成》,第三册,第130頁。

德《艮齋觀光集》有"題華程圖":"使行別有按認,在行一路山川城郭、塘汛路程,畫成圖本。"①鄧文啟《華程略記》:"北俗沿途每十里或十五里,各置塘汛,廣西每塘設火炮三,湖廣河南以北火炮五,有警則發。"②但都不及潘清簡這樣詳細,可以説潘清簡爲今人觀察當時"塘"的分佈狀況,保存了有用資料。

2、潘清簡對沿途風俗的認知

明命十三年(1832)夏四月,明命帝下達了一道敕令:"敕禮部嗣屆使期,宜傳旨使臣,詢問民情利病,國内災祥,明白登記。至於地名里數,已有典故可考,不必贅敍。"③下發這道敕令的直接誘因,是明命對張好合、潘輝注等人的使程日記不滿。張好合、潘輝注等在明命十二年(1831)作爲賀壽使如清,回程之後,其遞交的如清日記一則"率皆草略,無一可堪入覽"④,二則"以使程日記惟地名里數,而民情國事,不曾敍及"⑤。明命的第二點認識基本屬實,但第一點則未免偏頗,觀此次潘輝注呈獻的《輶軒叢筆》所記,山川城郭大抵周備,篇幅亦較其他人爲恢廓,實非"草略",明命如此評價,大概與潘輝注等在回程時"多撥驛站遞私裝,帝聞而厭之"⑥有關。

潘清簡使團是明命下令多記風俗民情之命後的第一批如清使團,因此對於清朝風物的觀察和記載較爲注意。如《放鸕鷀戲詠》詩:"漁者一隻船,浮家七八口。臨淵不結網,伺魚不設笱。專務養鸕鷀,編筏依江陡。鸕鷀逐成群,大小各相糾。終日放鸕鷀,入水驅魚走。鸕鷀雖非魚,魚在鸕鷀知。大魚大捕之,小魚小捕之。捕魚納喉中,大小皆所宜。大魚已滿籃,小魚已滿箕。鸕鷀不自飽,主人不自私。大以養家口,小以飼鸕鷀。"除了對鸕鷀捕魚現象的鮮活描寫外,此詩中展現了當時廣西疍民的生活場景。

又如《山邨》詩:"寒雨如今日,山行徑路微。店牽枯葉補,人拾墜松歸。

---

① 鄭懷德:《艮齋觀光集》,《越南漢文燕行文獻集成》,第八册,第 344 頁。
② 鄧文啟:《華程略記》,《越南漢文燕行文獻集成》,第十二册,第 17 頁。
③ 《大南實録正編第二紀》,卷七十九,第 18 頁。
④ 《大南實録正編第二紀》,卷七十九,第 17 頁。
⑤ 《大南實録正編第二紀》,卷七十九,第 18 頁。
⑥ 《大南實録正編第二紀》,卷七十九,第 18 頁。

糞薄禾根瘦（治田皆撒糞），風多麥粒稀（多植紅麥）。農民有如此，安得更豐肥。"對河南境內的農作物和培育方法都做了記載。《負粱》詩："三楚多稻麥，河南多黍粱。盈盈負粱女，脈脈思何長。長淮則有洨，長台則有址。紅臉耀明珠，豐神何旖旎。纖纖雙蓮鉤，悠悠南陌頭。粱高葉且長，零露霑衣袔。回頭楊柳邑，徘徊長歎息。日暮長堤畔，長行公偪側。使君從南來，車馬行如雲。路旁不相識，負粱看使君。"從此詩中可知，當時的婦女也是參加勞動的。而《杏莊堡晚興》詩："白日照寒原，空場鳥雀喧。店頭磨小麵，廟口臥饞豚。幼黍甫出地，修池欲遶村。田翁乘晚霽，驅犢出柴門。"則對獲嘉縣的田園風光做了信實的記録。

四　潘清簡與清朝人物的交流

　　《金樨草》中共記載了五位元清朝人物與潘清簡的交流，其中去途中有三位，皆爲伴送武官。越南使臣進入鎮南關後，清朝按例需派員伴送。在潘清簡使團之前，清朝的伴送官制度已經歷三個階段的變化：第一階段，在清初，伴送官多由地方佐貳雜官兼任，一來該官品秩較低，二來長送至京、往往導致"隔省呼應不靈"①，由此帶來許多不便；第二階段，由入關地方遴選同知、通判等實官出任伴送使，"其伴送官員按省更換交代，毋須一人長送"②，但這種分省易員的做法，又因"途中屢易生手"③，增添如清使團與地方接洽的壓力；第三階段，乾隆三十六年（1771）正式議定："嗣後各省貢使到境，該撫即於同知、通判內遴委一員護送趲行，惟伴行長送，酌派守備一員，回國時，仍令委員長送，經過各省仍遴員護送。"④至此，長送

---

　　①　《欽定大清會典事例》（嘉慶朝），卷三九零，《禮部·朝貢·迎送》，臺北文海出版社，《近代中國史料叢刊三編》，1992 年影印本，第六六七冊。
　　②　《欽定大清會典事例》（嘉慶朝），卷三九零，《禮部·朝貢·迎送》，臺北文海出版社，《近代中國史料叢刊三編》，1992 年影印本，第六六七冊。
　　③　《清高宗實録》卷八八五，乾隆三十六年五月下條，中華書局，1986 年版，第859 頁。
　　④　《清高宗實録》卷八八五，乾隆三十六年五月下條，中華書局，1986 年版，第859 頁。

與短送結合的伴送制度正式形成。伴送官的除了履行保護和招待使團的職責外，往往還與使臣進行種種交流，這些交流也是越南使臣重要的資訊來源。潘清簡使團的伴送官品秩頗高，分別爲覺羅莫爾賡阿、善成、張曾。

　　在回程途中與之交流的則是兩位文人，分別是臨潁書院山長田耘平和江西舉人劉夢蓮。潘清簡將與這些清人的交流詩文都記載下來，筆者試于下文考述之。

　　1、潘清簡與覺羅莫爾賡阿

　　覺羅莫爾賡阿，據《國朝御史題名》載，"號筠亭，正白旗人，由理藩院員外郎，補授河南道御史，掌湖廣道，協理京畿道，轉禮科給事中，官至陝西按察使"①。道光六年（1826），莫爾賡阿"由禮科給事中簡放廣西右江道"②。在潘清簡此行中，他以右江兵備道的身份充任長送官，右江兵備道駐紮在百色直隸廳，故而潘清簡在《贈長送廣西右江兵備道覺羅莫爾賡阿》中寫道："西粵山河接上游，皋台憲令重分猷。"但值得注意的是，使者北行乃沿左江北上，故而"廣西設有兩江兵備道，而左江道主領護貢使事"③。此次以右江兵備道爲伴送官，其中意蘊，頗可玩味。江振剛認爲，"地方督撫選擇伴送官既有提攜重用之意"④，筆者認爲其説可以成立，因爲莫爾庚阿的經歷正印證了這個判斷（下文善成的經歷亦同），右江兵備道在道光時候爲正四品，他送貢使返程，剛到興安，就得旨該授爲正三品的陝西按察使。

　　2、潘清簡與善成

　　善成原爲融懷營參將，道光七年（1827）因爲"曉暢營務"⑤署理梧州協

① 《國朝御史題名》，清光緒刻本。
② 清軍機處檔折件，臺灣故宮博物院藏，網址：http://catalog. digitalarchives. tw/item/00/05/93/93. html。
③ 潘輝注：《輶軒叢筆》，《越南漢文燕行文獻集成》，第十一册，第12頁。
④ 江振剛：《清代安南使團在華禮遇活動研究》，暨南大學2015年碩士學位論文，第30頁。
⑤ 清内閣檔案，臺灣故宮博物院藏，網址：http://catalog. digitalarchives. tw/item/00/28/4f/26. html。

事務。道光八年(1828)因原義甯協副將李白玉調任山西太原鎮總兵,兩廣總督李鴻賓奏請以善成升署廣西省義甯協副將①,在此次使程中,他充當長送官。善成的才識,主要表現在軍事上面,這從潘清簡《贈長送廣西義甯調新太協鎮善成》一詩對其的評價可以看出:"劍氣衝霄漢,牙旗控上游。談兵鈴閣静,護使門槎浮。"義甯、新太俱爲協,清制協的主官爲副將,秩從二品,義甯協駐守在廣西省城桂林西側,歸廣西提督直接管轄,新太協則駐守于太平府,爲南方接臨越南的重要軍區,因此善成的調動雖屬平級,但事權有所加重。

　　3、潘清簡與張曾

　　張曾生平不詳,潘清簡交待他是江南江寧人②,嘉慶《重刊江寧府志》記嘉慶十三年(1808)有舉人名張曾,不知是否爲同一人。在潘清簡使團中,張曾其時以衡永郴桂兵備道的身份,擔任短送官。衡永郴桂兵備道在雍正十年(1732)九月之前,爲衡永郴道,轄衡州、永州二府和郴州。雍正十年九月,增轄桂陽直隸州,爲分守衡永郴桂道。乾隆十三年(1748),爲按察使副使銜,道光年間,職銜不變。可見張曾的品秩亦頗高。

　　4、潘清簡與田耘平

　　田耘平,許州府長葛縣(今河南省長葛市)人,"字種甫,號晴波,嘉慶丁酉科副員,戊寅(1818)恩科經魁,選授滎陽縣訓導,著有《五經鑄義》、《荊樹堂文稿》,俱未刊"③。道光十三年(1833),田耘平時任臨潁書院山長。據《輶軒叢筆》載,當時臨潁縣有潁川和紫陽兩個書院,"二院亭宇聯絡,簷屋華麗,蒼松翠竹,陰森蕭爽。紫陽院内有兩石碑,奉祀建院二縣尹也:一直隸黃侯,康熙三十四(1695)年建潁川書院;一浙江沈侯,康熙四十九年(1710)建紫陽書院。僕來時,正駐此,蕭然一室對松筠,覺意趣甚閒適"④。此中的"沈侯",即清初名臣沈近思,《清史稿》曰:"近思立紫陽書院,教士以

---

①　清軍機處檔折件,臺灣故宮博物院藏,編號:061161,箱號:2747。

②　潘清簡《衡州短送湖南衡永郴桂兵備道張公惠以書扇謝詩》自注曰:"張公名曾,江南江寧人。"

③　劉盼遂撰:《長葛縣誌》(民國),卷九,民國十九年鉛印本。

④　潘輝注:《輶軒叢筆》,《越南漢文燕行文獻集成》,第十一册,第105頁。

正學。"①

　　田耘平當時應在紫陽書院任職,據裴文祀《燕軺萬里集》"臨潁縣圖"標注:"會館在紫陽書院。"②潘清簡時宿於會館之中,故而前去拜望。但當時田耘平正在病中,不得出見,潘氏遂寄詩一首,贈予田耘平,詩曰:"人來書院静,日落群鴉喧。桐葉臨階響,松陰繞榻昏。美人不可接,琴韻隔東垣。徒倚空除暮,滿天星月繁。"可知田耘平雖未出見潘清簡,但潘氏並未立即離開,而是在書院徜徉許久,戀棧難去,這也從側面體現出潘氏較爲純粹的文人情懷。

　　5、潘清簡與劉夢蓮

　　劉夢蓮,字愛叔,一字香亭,江西南康府都昌縣人(今江西省九江市都昌縣),生於乾隆四十六年(1781),爲道光年間副貢生,其人"狀貌魁梧,資性明敏,好讀書,自經史以及百家,無不綜覽。善畫工詩,且精于文,每握管,洋洋灑灑,萬言立就。吳越荆襄名勝之區,至輒留題,所交皆道學之士"③。他著述頗豐,清時即已刊行的有《史斷會要録》、《經史類考》、《醉月樓詩文集》、《吳歈小史》、《詞曲雜著》五種,現有 1835 年道光豫章行館刻本《浙遊草》存世。《楚遊集》不見於劉氏小傳中,筆者推測可能是收入了《醉月樓詩文集》,故而《楚遊集》做爲分篇而不再單獨立目。

　　潘清簡對劉夢蓮的才華,曾大加歡賞,他對劉氏《楚遊集》評道:"極目五湖雲水閣,而今盡屬楚遊篇。"④對於劉夢蓮本人,他亦不吝溢美:"司勳若擅千秋美,重有匡廬降謫仙。"⑤由於劉夢蓮"讀書在廬山"⑥,故而潘清簡以"匡廬謫仙"來激揚之。潘清簡以"謫仙"譬之,可能與時人對劉詩的評價

────────────

　　①　趙爾巽等:《清史稿》卷二九零,列傳第七十七,中華書局,1977 年版,第10279 頁。

　　②　裴文祀:《燕軺萬里集》,《越南漢文燕行文獻集成》,第二十五册,第 232 頁。

　　③　(同治)《都昌縣誌》,卷九,同治十一年刻本。

　　④　潘清簡:《劉香亭楚遊集題詞》,《梁溪詩草》,越南漢喃研究院藏本,書號:A2125。

　　⑤　潘清簡:《劉香亭楚遊集題詞》,《梁溪詩草》,越南漢喃研究院藏本,書號:A2125。

　　⑥　潘清簡:《劉香亭楚遊集題詞》,《梁溪詩草》,越南漢喃研究院藏本,書號:A2125。

以及劉氏自況有關。宋惟駒評其詩曰:"如登萬仞崇山,飄渺無端;如涉萬傾洪濤,洶湧無盡,而非一邱一壑之所得。"①劉夢蓮《登天姥放歌》則云:"五百年前統仙系,夢登天姥謁天帝。今朝親到洞天來,不羨人間金銀台。吟詩嘯擊天門開,肯讓謫仙稱仙才。"②由這些詩句可知,劉詩風格絕肖李白,潘清簡又以"謫仙"稱之,表明其對劉氏作品瞭解程度相當深入。

五　結論

　　潘清簡以阮朝南圻首位進士的資格,受到明命帝重用,進而獲授如清歲貢甲副使,於 1833—1834 年間使華,在中國行駐達十個月之久。他遵循雍正二年後"水路參半"的走法,先後行經廣西、湖南、湖北、河南、直隸,到達京師,期間對沿途的地理景觀和民俗風情都做了饒有趣味的記述。在去程和回程中,潘清簡與清朝人物都有交流,從而使這些清朝士人本土已經少人辨識的情況下,在異域得以留名。潘清簡的使華歷程,不但滲透了越南如清使團的總體性徵,還有其時代和任務的特殊性,這也值得我們去探究。

（作者單位:暨南大學歷史地理研究中心）

---

① 　江西省都昌縣文史委員會編:《都昌文史資料》第八輯《歷代人物專輯·都昌歷史名人》,都昌縣政協文史委,2008 年版,第 126 頁。
② 　江西省都昌縣文史委員會編:《都昌文史資料》第八輯《歷代人物專輯·都昌歷史名人》,都昌縣政協文史委,2008 年版,第 126 頁。

域外漢籍研究集刊　第十四輯
2016 年　頁 261—282

康熙二十二年周燦使安南與清黎朝貢關係 *

陸小燕

　　康熙六年(1667)安南後黎朝輔政鄭柞之子鄭根率軍攻佔退守高平的
莫氏政權,莫氏向清朝求救,康熙八年(1669)清朝派遣李仙根出使安南,强
令後黎朝退還高平,後黎朝雖不服,但只能遵从退出。康熙十二年(1673)
三藩之亂爆發,清朝忙於平叛,後黎朝於康熙十六年(1677)以高平莫氏附
逆吳三桂爲理由再次攻佔高平,並向清朝報告,此時三藩勢力未徹底平定,
清朝遂承認後黎朝攻佔高平的合法性,並予以嘉獎。① 康熙十年(1671)黎
玄宗黎維禑卒,康熙十四年(1675)黎嘉宗黎維檜卒,黎熙宗黎維祫即位②,
因三藩之亂,貢道阻隔,康熙二十一年(1682)後黎朝補貢。安南國王卒,新
君即位,清朝亦因戰亂未曾派員前往,康熙二十二年(1683)遂以明圖爲册
封正使,孫卓爲册封副使,鄔黑爲諭祭正使,周燦爲諭祭副使,③使者四月
前往安南,九月入鎮南關,《大越史記全書》記載:
　　　　清遣侍讀明圖、編修孫卓榮來封帝爲安南國王,賜御書"忠孝守

---

　　* 本文係教育部社科研究基金青年項目《明清時期越南朝鮮燕行使交流研究》
(15YJC751030)和雲南省哲學社會科學規劃項目(QN2015050)的階段研究成果。

　　① 可參看拙文《康熙十三年安南使者的中國觀感與應對——兼和朝鮮燕行文獻
比較》,載《域外漢籍研究集刊》第十輯,中華書局 2014 年,頁 241—260。

　　② 清朝方面記載黎玄宗黎維禑爲黎維禧,康熙十四年(1675)黎嘉宗黎維檜爲黎
維祎定卒,黎熙宗黎維祫爲黎維禛。

　　③ [清]周燦《使交紀事》,《四庫全書存目全書》集部第 219 册,齊魯書社,據北京
圖書館藏清康熙刻本影印,1997 年,頁 262。下同。

邦"四字。侍讀鄔黑、郎中周燦等弔祭二先帝,圖等至京行禮,別具弔
祭慰先陽王。(原注:燦入關,與伴接黄公寶、武惟匡等爲詩相酬和,作
《南交好音集》,盛稱南國理學文章經濟諸人物,歸以進於清帝。)①

"孫卓榮"當爲"孫卓",以翰林院編修充任册封副使,於廣西途中病
故②。後黎朝對清朝保護莫氏、强令退還高平之事耿耿於懷,但現在高平
之事已經解決,周燦一行至安南實爲嘉獎後黎朝,承認後黎朝攻佔高平爲
合理合法行爲,並表示清朝放棄支持莫氏力量,周燦即言:

> 後元清復以地未盡還爲請,廷議以其瀆不允行。識者已知莫氏倚
> 挾横恣弗克終吉,而黎之恭順爲可嘉。今天子翔布愷澤,祀其主封其
> 嗣,丹書玉簡遥宣於鴂舌蜼裳,鷩冕下賁於文身繼絶之典,於斯
> 鉅矣。③

後黎朝對清朝放棄莫氏、嘉獎黎氏的舉動表示高度認可與歡迎,給予
清朝使臣熱烈的歡迎和很高的禮遇。然而後黎朝輔政鄭氏世代把持朝政,
架空國君,黎王僅爲徒有虚名的傀儡而已。清朝只册封黎氏爲安南國王,
對執政的鄭氏則未予爵職,鄭氏對此極爲不滿,雖因大義名分無力改變大
局,卻在實際執行中製造障礙。儘管周燦等人此行是在雙方關係穩定的大
環境下出使安南的,但後黎朝特殊的主弱臣强政治格局卻對清黎朝貢關係
産生了實際影響,也極大地考驗了使臣在邦交事務中的智慧和能力。

一　祭祀馬伏波

十月初三,使臣一行過鬼門關,有馬伏波廟,例有祭文:

> 伏以星降西秦,駿望光昭,北斗風高,東漢鴻名,長鎮南天,遠邁咸
> 欽,神人共賴,仰惟大將軍麾下,千秋正氣,一代偉人,遨遊乎兩帝之
> 間,獨歸真主。矍鑠哉是翁之歟,爰重老臣。早歲登壇,叱咤消羣雄之

---

①　陳荆和校合本《大越史記全書》續編卷之一,東京大學東洋文化研究所,1984—
1986年,頁1013。以下注釋皆簡稱校合本《大越史記全書》,標注卷數頁碼。《大越史記
全書》記載正使爲"烏黑阝",周燦《使交紀事》記爲"鄔黑",今據改。

②　《使交紀事》,頁265。

③　《使交紀事》,頁258。

膽。晚年秉鉞,指揮落蠻女之魂。銅柱標名,六字儼分内外。鬼門畫地,寸封迴别人天。圖等樗櫟散材,駑駘下士。省躬克己,深慚畫虎之文。奉命出疆,每歎飛鳶之景。揚舲粤右,仰明威於漓水江邊。攬轡日南,瞻英爽於安州城外。肅庀采芹之獻,聊伸傾藿之誠。伏願德並升恒,普下土無私之照,功同川岳,鞏皇家有道之長。①

　　該文後被黎貴惇收入《見聞小録》之中。鬼門關在今越南諒山省,爲越、桂交通要道。清道光年間澎湖人蔡廷蘭漂流至阮朝,經陸路返回中國,途經鬼門關,見到伏波將軍廟和馬援銅柱:

　　　　昔人謡云:"鬼門關,十人去,一人還"。俗傳有鬼市,過午則群鬼出關貿易,人犯之輒病。小憩關下,覺陰風襲肌,毛髮欲豎。關側有伏波將軍廟,甚靈異(凡使臣往來,必詣廟進香);廟前皆薏苡(即馬援當時所餌,能勝瘴氣、解水毒,人呼乾坤草;余掇取盈橐)。去廟東南二里許,有石山,銅柱在焉(銅柱有二,其一在欽州分茅嶺)。高丈餘,大過十圍,望之與石同色,鳥糞堆積;土人言,常有奇禽宿其上。②

　　馬援南征交阯是東漢初年南部邊疆的大事,影響至爲深遠。馬援後成爲中國南方地區和越南北部的地方神靈,民衆立廟奉祀③。黎明楷(Liam C. Kelley)也指出:"馬援銅柱是中國和越南歷史關係的突出象徵,也常被運用於現在的兩國關係之中。"④馬援銅柱已經成爲中越歷史關係的重要象徵。馬援率軍至漢朝南疆極邊之地,立銅柱而還,此即著名的"馬援銅柱",但銅柱位置歷代記載卻有不同,大致由南向北移動,鬼門關銅柱即是

---

　　①　《使交紀事》,頁 265。

　　②　[清]蔡廷蘭:《海南雜著》,臺灣文獻叢刊第 42 種,臺灣大通書局,1987 年,頁19—20。

　　③　滕蘭花《清代越南使臣眼中的伏波將軍馬援形象分析》,《廣西民族大學學報》,2013 年第 3 期,頁 137—143。

　　④　Liam C. Kelley:*Beyong the Bronze Pillar—Envoy Poetry and the Sino—Vietnamese Relationship*,Association for Asian studies and University of Hawai'i Press,2004 年,第 8 頁。原文爲:"Ma Yuan's bronze pillars are a wonderful symbol for the historical relationship between the two domains which we now refer to as China and Vietnam."

其中之一。① 鬼門關伏波廟立於諒山，即安南境内。宋代周去非《嶺外代答》記載銅柱在古森峒：

> 聞欽境古森峒與安南抵界，有馬援銅柱，安南人每過其下，人以一石培之，遂成丘陵。其説曰，伏波有誓云："銅柱出，交趾滅。"培之懼其出也。②

明圖祭文中"銅柱標名，六字儼分内外"，即指"銅柱出，交趾滅"六字，明圖顯然以銅柱作爲中國和安南的内外界限之分，但最後又寫"伏願德並升恒，普下土無私之照。功同山岳，鞏皇家有道之長"，期望立於安南的伏波廟佑護天下之土，可見明圖一行人並没有後世民族國家那樣清晰的疆域領土概念，安南之"外"，實爲"外臣"，與中國同處伏波神靈願力之下。明圖祭文敘述馬援功績，慨歎自己奉君命出疆，得見昔年伏波南征之時的景象，亦得參拜不朽英靈，最後祝願伏波將軍護土佑民，保衛大清皇圖。周燦於鬼門關伏波廟賦詩三首③：

> 諒山城郭俯江隅，漢代將軍規制殊。民物山川雄徼外，隣開蕞爾一名區。（自注：諒山府係漢伏波將軍所築，亦號伏波城。）

> 威鎮南交馬伏波，銅標千載鬱嵯峨。聖朝來遠惟文德，一介書生禮尉佗。（自注：銅柱在諒山府界内，馬伏波題六字其上云：銅柱折，交趾滅。交人歲時以沙土擁護，移道別出，不令人見。）

> 白頭老將逞豪雄，戡定南交指顧中。圖畫雲臺誰復在，高名千載仰扶風。（自注：關外有伏波將軍祠。）

周燦三首詩所言與祭文相類，皆奉揚馬伏波功績英名，但卻未言及伏波神靈氣息。"聖朝來遠惟文德，一介書生禮尉佗"，周燦在推崇馬援的同時，亦推崇出使南越國的陸賈，既是對陸賈兩次出使穩定漢朝與南越國關係的讚揚，亦是自己作爲使臣的期望。周燦又賦詩一首以言志：

> 回首燕臺不計程，空山坐見月初生。乾坤自是無遺照，行盡天南

---

① 請參看黄文娟《疆界變遷下的歷史記述：馬援銅柱"北移"問題研究》，廣西民族大學 2012 年碩士論文。

② ［宋］周去非著、楊武泉校注，《嶺外代答》，北京：中華書局，1999 年，頁 404。

③ 《使交紀事》，頁 281。

一樣明。①

　　這首詩表述自己作爲使臣的情懷,萬里奔波,同沐天恩,同行的册封副使孫卓已在廣西病逝,周燦身荷皇命,定不負君恩,展示了使臣的志向。

二　後黎朝國內政治態勢與清朝的禮儀之爭

　　1527 年莫登庸弑黎恭皇篡位,老臣阮淦擁立黎氏後裔,對抗莫朝,1545年阮淦被毒殺,其婿鄭檢繼續率領後黎朝力量對抗莫氏,并逐漸掌握後黎朝大權。阮淦之子阮潢爲求自保,1557 年請出鎮順化、廣南一帶,後黎朝內部逐漸形成鄭、阮兩大勢力。1593 年後黎朝復國成功,史稱"中興黎朝",但朝政由權臣鄭氏把持,以王爵世代相傳,黎氏僅爲空頭皇帝,新君廢立皆操之於鄭氏之手。阮氏則割據南方,雖奉黎氏爲帝,但實爲獨立王國。鄭、阮雙方互相征戰,鄭氏雖對帝位有所覬覦,最終因顧忌太多,并未廢黎自立。但黎氏並不甘心大權旁落,1619 年黎敬宗爲奪回權力,與鄭松之子鄭椿合謀刺殺鄭松失敗,鄭松遂派人絞殺黎敬宗,另立新君。鄭氏架空黎氏,政出於己,朝臣多出其門,黎皇不過傀儡而已②。康熙二十七年(1688)冬,晉江人潘鼎珪所乘海舟受風飄入安南國南部萬寧州當地稱之爲江平的港口,并記錄下了當時安南國的情況:

　　　　地舊爲黎陳二氏,今篡國者則鄭姓。質之土人,云:鄭姓,先吾中夏人,世居安南青花,后據國。二氏子孫殆無遺,又後感大風雷疫癘之變,乃復立其故主支孫爲天子,身自爲臣事之,奉貢於中朝,則稱安南王臣(某)。號於國中,則曰天子,而鄭氏自爲安南王,有中朝使者至,則以其主見。正月朝會如之,非是則不許出。設衛士百人,供給其衣食奉養,名曰衛之,實曰守之而已。③

　　潘鼎珪所記雖然有誤,但以布衣身份得知鄭氏把持朝政、架空黎氏的

---

①　《使交紀事》,頁 281。

②　關於黎鄭之事,可參看張文亮《越南後黎朝後期的"黎皇鄭主"體制》,鄭州大學2007 年碩士研究生論文。

③　[清]潘鼎珪《安南紀遊》,《圖書集成初編:安南傳及其他二種》,上海:商務印書館,1937 年,頁 2—3。

情形,可見鄭氏才是實際的後黎朝之主。鄭氏所爲,實爲王莽、曹操一類人物,但中興黎朝士人皆鉗口不言,阮朝嗣德三十年南山養叟可庵主人阮德達《越史勝評》就此提出批判:

> 或曰:邦交大典,内侍立班,此何例也?(注:熙尊辰俁接清使,行禮,鄭以丙監臣立班首。)主人曰:鄭例臣而手王綱。王而肩帝座,已成辦過,例矣。麼麼腐豎何不可大廷頡頑哉?曰:澤當(注:同澤,阮當)之公清,梁世榮之才學,阮衍何穆之文章,廷有人焉,何默然?曰:不默不廷,(注:言若諸臣守正敢言,不緘默附鄭,則已爲鄭疎斥,或隱身遠避矣,安得在廷。)嗟乎! 翔不千仞,集不高梧,則鳳與燕雀共枝耳,故曰良禽擇木而棲。①

"手王綱"、"肩帝座"顯示鄭氏在國内與黎皇平起平坐,但世所稱讚的賢臣皆緘默於此。清朝封黎氏爲安南國王,亦只承認黎氏的國君地位,即便鄭氏權傾朝野,但僅爲黎氏陪臣而已,且並未受封清朝爵職,因此在清朝册封安南國王的過程,名義上並無處置相關事務的權力。但鄭氏執掌後黎朝大權,對此並不甘心,因此指使朝臣以安南國王名義橫生枝節,以體現自己的權勢。

(一)康熙八年鄭主母喪與廢迎接禮之争

康熙八年,清朝以李仙根爲正使、楊兆傑爲副使出使安南,此行的目的是要求後黎朝退還康熙六年攻佔的莫氏高平之地。後黎朝與莫氏爲生死仇敵,莫氏自萬曆年間退守高平以來,後黎朝多次進攻未能奏效,此次籌劃多年一舉功成,因此執政王鄭柞及後黎朝君臣極爲擔憂清朝保護莫氏,施壓後黎朝,因此百般阻撓清朝使臣開讀聖旨,消解弱化清帝聖旨的力量。康熙八年正月十八日清使要求迎接官員同存澤傳諭:"令國王迎敕,一切儀禮務遵會典毋褻",但二十日安南官員來探,送來減少迎接禮儀的稟帖:

> 畧云:奉國王旨,曉因鄭輔國之母九十五歲,適于本月十四日即世。彼世效忠勤,大有造于黎氏。王聞喪哀痛。今奉迎敕諭儀仗皷樂,則報效之情未安。或于禮上少簡,則敬尊之意未書。乞隨時酌宜,

---

① ［越南·阮朝］阮德達《越史賸評》,河内:漢喃研究院藏嗣德辛巳(1881)夏嘉柳梓文堂刻本,編號 A1026。

許令重臣祇領齎回于禮。雖有酌行，恭敬之心則一等語。于是作帖
諭之。①

　　清使既驚且怒，安南國王竟然因為執政大臣母喪減少迎接天朝使臣的
禮儀，"今奉迎敕諭儀仗鼓樂，則報效之情未安"，因私禮而廢國事，並且不
打算由安南國王接敕書，"許令重臣祇領齎回於禮"。清使憤然回書，并嚴
辭斥責：

　　　　二十一日，諭安南迎接官：爾等遵國王旨，曉轉詳呈來，殊為駭異。
　　本院部奉朝命，間關萬餘里而抵爾國，理應至即開讀，聽受唯謹。不意
　　三四日傳諭再四，今乃以輔國鄭氏喪為辭，且欲令重臣領齎，何其謬
　　也？夫朝廷大命所至，風行草偃，國事尚爾，暫抑私喪，何得抗撓？迎
　　敕開讀，會典具有常儀，從無陪臣私領之理。今鄭氏之喪，私喪也。所
　　謂凡民有喪，匍匐救之者，為親而不尊者言也。爾國更有尊於黎王者
　　乎？以國王之尊而云盡孝敬于功臣之母，自古即今，殆所罕聞。爾王
　　謂鄭家功德格天，忠誠貫日，本院部亦久悉矣。然忠臣之於國也，扶危
　　定傾，分所宜然。即功愈大者心益小，權愈重者禮益恭。斷未肯以家
　　庭之私喪，屈其主於苫塊之班者也。爾國主果有報德之心，但可輟朝
　　親臨厚賻槎崇封譜，以寵慰存亡已耳。至於卑而可踰，禮不中節，則亦
　　過矣。爾輔政鄭既為忠臣，必中大義。若因其私喪廢迎旨大事，開罪
　　朝廷，恐於彼忠義之心，有跼蹐大不自安者矣。況儀仗鼓吹在黎王之
　　府，非鄭氏之宅，何嫌何疑而欲隨時酌宜，令重臣領齎耶？本院部奉旨
　　面諭安南王，豈諭安南王重臣耶？夫臣雖重，孰當王者？意者爾國即
　　有重臣可以當王，然本院部未見黎王，詎擅徹命，隄越之機，于是乎在，
　　而謂恭敬之心則一，然乎？否乎？爾國在九域之內，淳秀好學者，代不
　　乏人，爾舉動議論疵謬如此，尚不可以聞於比鄰，而乃肆言於上國，開
　　笑於將來乎？爾可轉啟爾王，其述如例迎旨，切不可以非禮之辭，再為
　　支延。爾諸臣亦宜讀書明理，引君當道。即爾輔政鄭歷練已久，亦未
　　有不小心翼翼，躬叩國王抑情就禮者也。其詳味毋忽，仍而催番官毋
　　得稽延大命，自干罪戾。②

---

① 　［清］李仙根《安南使事紀要》卷一，北京大學圖書館藏抄本。下同。
② 　《安南使事紀要》卷一。

　　清使責難安南一方不顧天朝官員萬里奔波奉旨開讀,宣諭再四,一再拖延,指出安南因大臣母喪爲藉口,打算以臣下領旨的荒謬。"爾王謂鄭家功德格天,忠誠貫日,本院部亦久悉矣。"可見清朝對於鄭氏執政,黎氏爲傀儡此事應該是非常熟知的。其後,清朝使者指出鄭氏之喪爲私喪,"以國王之尊而云盡孝敬於功臣之母,自古即今,殆所罕聞。"並且尖銳地切中要害"爾國更有尊於黎王者乎?"清朝所認可的官方朝廷唯有黎氏,直接表明"況儀仗鼓吹在黎王之府,非鄭氏之宅","夫臣雖重,孰當王者?"鄭氏即便是重臣,也不是王者。并言明鄭氏之喪,君臣所因持的本分。鄭氏既爲忠義之臣,更應報恭敬之心。清朝官員態度堅決表明立場不見黎王便宣讀敕書,乃是失職於大清天子。"切不可以非禮之辭,再爲支延",爲人臣者當"爾諸臣亦宜讀書明理,引君當道"。最後清使警告鄭氏,"即爾輔政鄭歷練已久,亦未有不小心翼翼。躬叩國王抑情就禮者也,其詳味毋忽仍,而催番官毋得稽延大命,自干罪戾",不要再拖延阻撓,獲罪於天朝。對於清使的責難,鄭主並不買賬,又派遣臣下爭執:

　　　　二十二日,同存澤等復具稟申說約畧云:莫元清之祖莫登庸,狗彘其心,敢行篡奪。幸賴輔國先祖,掃鋤僞莫,收復都城。黎氏再造,傳至輔國,明嗣國王蒙養造就,有閱世親親之義,非他泛然功臣可比。國王深感内外功德,恪循禮制,乃是盛心。①

　　鄭氏對清朝使者的話語頗爲惱火,因此反復强調鄭氏家族對黎氏的再造之恩,抬高自己的地位,認爲鄭氏絶非一般功臣可比。清使對於鄭主的屢次阻撓極爲憤怒:

　　　　吾教你國以君臣之大義,而爾國反開我以悖旨之逆節,又何以責夫他人以狗彘其心者? 至爾云閱世親親非他泛然功臣可比,夫臣一也,功即大猶然臣也,豈有泛然不泛然之別耶? 若椒房外戚更涉嫌疑? 馬援之不列雲臺,爾等所知非親而有功者乎? ……至輔國鄭國亦爾老臣,其母九十五歲亦自難得。今其令終,又遇本院部適至。俟開讀后,本院部亦有致祭之意,再勿疑阻,使情禮俱廢,關系不小。②

　　此次清使的矛頭直接對準鄭氏,一再突出鄭氏臣屬的位置,并暗示指

_____

① 《安南使事紀要》卷一。
② 《安南使事紀要》卷一。

責莫氏深懷狗彘其心的鄭氏其實與莫氏本質上是一致，也屬篡奪之輩，以臣欺君，並且以椒房外戚的例子來暗示：清朝是非常了解鄭氏以外戚起家的，因鄭氏先祖本爲後黎朝舊臣阮淦之女婿，更提醒其更應謹言慎行，不以功高自居。清朝使臣爲了順利完成出使任務，避免受到鄭氏的一再阻撓，也做出了讓步，可以在宣讀敕書之後去致祭鄭氏母喪。

　　隨後鄭主又先後兩次派遣大臣來要求抄白聖旨，被清使嚴詞拒絕。清使知曉鄭氏之意，即此來是爲莫元清之事，擔心有不利於己之處，清朝聖旨屬於機密，一旦開讀，安南即必須遵守。對於安南對聖旨內容的懷疑，清使對二十四日前來要求抄白聖旨的兩位大員陶公正和武惟斷做出解釋，并保證没有不利於安南之處："本院部指天誓日，開心見誠，雖不抄示，已彰大意，若有欺言，後日何以見爾等?"但鄭主仍不死心，二十五日又派同存澤來請抄白聖旨未成。二十八日，鄭主又派人"進稟舊習五拜禮"，清使回復："三跪九叩頭乃本國儀制，爾國既爲大清臣，安敢違越?"安南同意。終於至二十九日，清使在黎王面前開讀敕書：

　　　　　維禧拜稽不甚了了，副使就教之，維禧驚懼欲避狀。左右捉刀者擁至，正使笑曰："何膽怯?"乃爾連叩頭即是矣。徐奉敕跪奉王，王跪侯宣讀，諸臣一下皆跪。[1]

　　顯然鄭主因與清使爭執不勝，遂指使黎王草草應付大典，"拜稽不甚了了"，結果"副使就教之，維禧驚懼欲避"，安南方面以爲清使要對黎皇不利，或更進一步劫持黎王逼鄭主就範，"左右捉刀者擁至"。整個冊封儀式的過程也可看出黎王惶恐怯懦，毫無王者之像，以至於使臣笑其膽怯，但亦可見黎氏爲鄭氏之傀儡。之後清使如前約，前往祭拜鄭主之母。

　　李仙根此次出使，身負特殊使命，要求後黎朝退出已奪取的高平地，清朝知曉後黎朝和莫氏的恩怨，但清朝封莫氏爲歸化將軍，自然不能坐視後黎朝攻佔。因此在中原初定的情況下，强令後黎朝退還高平以維護自己的權威。這自然遭到了後黎朝執政王和君臣的反對，故而在鄭主的指使下設置重重障礙。但鄭主所行多以自己爲出發點，並未從黎氏安南國王的角度行事，因此未能以藩臣名義折辨，卻以私禮阻撓。清使對鄭主以陪臣執國政的行爲亦很反感，對後黎朝提出的鄭主母喪減少禮儀的要求極爲憤怒，

---

　　①　《安南使事記要》卷一。

因此毫不留情地予以斥責和回擊。但要後黎朝退出已經攻取的高平之地，殊非易事，李仙根等人與後黎朝君臣折辨往復，最終以清朝國勢爲後盾迫使後黎朝同意，李仙根在《安南使事紀要》四卷中詳細記載了爭辯的過程和艱辛。可見康熙八年李仙根出使時遇見的鄭氏母喪和五拜禮儀終究是鄭主設置的阻礙而已，即爲了體現自己的權勢并維護既得利益，倒並非是禮儀本身所引發的問題。

(二)康熙二十二年新王册封大典的禮儀之争

康熙二十二年清朝以明圖和孫卓分任册封正副使，封黎維禛爲安南國王，孫卓已在廣西病故，實際上是由明圖、鄔黑、周燦三人共主其事。因高平莫氏問題實際上已經解決，故而此次清使到來没有上次李仙根到來時劍拔弩張的氣氛，安南也做了周到妥善的安排。初六日行五十里至芹營驛"路所過村市居民環觀，累踵絡繹，拍手歡笑。詢之通事云：天使至本國不常有之，慶故以得覩爲快。①"康熙二十七年潘鼎珪漂流至安南，記載："有街市數十，曰：'天朝街'，尊我中夏曰天朝，稱我中夏人曰天朝人，此舊制也。"②

初七日清使至壽昌驛，安南已委派大臣"具旌旗甲仗來迎。③"初九日至吕塊驛則"彝官率領兵象兩邊肅立，又行十餘里，復有彝官兵象肅侯，如前跪接。④"面對安南國恭禮如儀，周燦賦《壽昌驛該國遣使來迎》一首，以表欣喜：

> 緑樹陰濃落日斜，壽昌江（一名滄江）上駐皇華。交官對對排仙仗，咫尺天威靜不譁。⑤

十日，阮公望等持安南國王文書，請求行"國禮"：

> 阮公望、黄公真稟見，呈上封祭儀注二册，并該國王嗣咨文二角，内以不諳天朝禮，照該國儀注行爲請。其諭云：天朝制度薄海内外，無

---

①　《使交紀事》，頁266。

②　[清]潘鼎珪《安南紀遊》，《圖書集成初編：安南傳及其他二種》，上海：商務印書館，1937年，頁2。

③　《使交紀事》，頁266。

④　《使交紀事》，頁266。

⑤　《使交紀事》，頁282。

不遵行,爾國既歸命天朝,請封祭祀,自應恪遵以光大典,何得瀆請? 望等執辯移時,辭窮始退,遂發還所呈原冊原文。①

安南國王請求行使後黎朝仿效明朝規定的"五拜三叩"之禮。清朝定鼎之後,制定了新禮儀,對天子行"三跪九叩",同時要求諸藩國一起執行。這就與安南原先的利益產生了矛盾,安南與清朝在行禮方面產生了長期、多次的爭執②。阮公望等雖然執辯多時,但清朝官員以天朝制度海內一統,既然已經爲天朝藩國,册封大禮不能褻瀆禮儀,嚴詞拒絶安南國行國禮的要求並且發還國書。阮公望等無奈而退。康熙八年李仙根也遇見同樣情況,堅拒安南行五拜禮的要求,安南亦同意。十一日阮公望等又來:

> 十一日,阮公望等稟見,呈咨文一角,且云:聖人不變俗,以從俗。本國王受封,又兩先王受祭,不常有之。大典調集闔國大小官目,多至千百,賢愚不等,依天朝禮,恐有參差,有褻國體,獲罪非輕。諭云:習禮易事耳! 你二人去年進貢至京,遵天朝禮,如何不差錯? 又昨在南陵關壽昌驛及抵公館各官,亦克如儀,其他豈俱是愚的? 望等無以答而退。③

阮公望等提出大典調集官員衆多,恐禮儀不熟產生差池,仍行安南禮儀。清使極爲惱怒,答以阮公望等去年上京進貢和昨日南陵關壽昌驛及抵公館各官,都是行使清朝禮儀,並未出錯,怎到了別人就有問題,"其他豈是愚的"。對於安南官員兩次要求不行清朝禮儀,清使頗爲不耐,遂於十二日訂下了册封大典以及行諭祭禮的時間:

> 十二日,移咨該國王嗣,内稱:本院部恭膺簡命,萬里星馳,於本月初九日駐節使館,已經四日,事關大典未敢久稽。今擇於本月十五日,行册封禮,於十六日先後行諭祭禮等語。去訖,該國王嗣送席桌收之,犒員役。④

---

① 《使交紀事》,頁 266。

② 牛軍凱:《王室后裔與叛亂者──安南莫氏家族與中國關係研究》,廣州:世界圖書出版廣東有限公司,2012 年 11 月,頁 209—219。

③ 《使交紀事》,頁 266—267。

④ 《使交紀事》,頁 267。

本次咨文直接送達安南新君，即"王嗣"①，故而立即予以感謝，犒勞員役。但未曾想次日阮公望等又來：

十三日，阮公望等稟見云：連日因所請儀節未蒙見允，今日特來請允。三使臣因無該國王嗣咨文，見彝官私來瀆請，大怒。即自清晨直至午後，逐一辯論。望等屢次辭窮閉口無言。共諭云：爾等有話只管說，省得今日語塞辭窮而退，明日復來。贅瀆彼時，爾等亦自覺靦顏。望等相顧相商，終不能答。始稟云：本國非敢抗違，實因不諳，故連日懇請。天使既不允，自然遵行，天朝禮不敢再瀆。言畢而退。②

在昨日安南國王已經收下典禮安排的次日，阮公望等又來商談禮儀，且無安南王嗣咨文，清使認爲官員私自謁見，因而大怒。雙方從清晨一直辯到午后，清朝官員逐一駁斥。并放言："爾等有話只管說，省得今日語塞辭窮而退，明日復來"。在不得已之下，阮公望等人"相顧相商，終不能答"，最後回復"天使既不允，自然遵行，天朝禮不敢再瀆。"因感受到清使的憤怒，十四日安南王嗣遣人致歉：

彝官御使臺都御史海山男阮名寶，吏部左侍郎書澤子武惟諧及阮鄧二太監見。鄧稟云：昨日阮公望等冒瀆天使，本國王更差彝官請罪。本國王一心恭順，天朝禮自然遵行，典禮不敢有違。但小國人愚者多，雖演習，臨時未免稍有差錯，望天使寬恕。③

論禮之事就此告一段落，阮公望等人與安南王嗣的步調并不一致，論禮顯然是出於鄭主的授意。至於鄭主爲何在行禮之事上大費周章，因文獻未載尚不得而知。十五日安南新王册封大典舉行：

十五日……道兩傍以朱杖接手平連其外，又以隔山烏鳥鎗夾之，俱如闌干。官兵執器械排立數層。渡富良江，彝官三人前來迎接。時忽萬里無雲，紅日光照，街巷觀者不可勝計。該國王嗣黎維禛步出，侍立右側，令行迎接禮。阮名寶等同啓維禛，維禛無言，惟見首肯狀。鄧

① "王嗣"即清朝對請封的安南黎氏國王的稱謂，因使程遙遠或其他原因，"王嗣"往往即位多年。也有未及請封就去世的國王，則不稱爲王嗣。請參看孫宏年《清代中越宗藩關係研究》，黑龍江人民出版社，2000年，頁64—65。
② 《使交紀事》，頁268。
③ 《使交紀事》，頁268。

太監云：至殿自然行禮，此非其所。諭云：至殿行者恭見禮也，此處行者迎接禮也。維禎巳跪下叩頭，衆彝官乃不復敢言。……至殿，正使明圖將誥命等項安案上，俱左側侍立。維禎率彝官如儀行恭見禮畢。先啟御筆，見"忠孝守邦"四大字，闔殿人員驚喜稱讚，跪臺下。維禎反覆細看，口誦手指，戀戀不退。問通事，對云新國王謂："御筆有神，有法令我如見天顏，此我安南萬世傳國之寶，故不忍釋手。"久之始復位，跪聽宣讀誥命。①

安南新王尤其恭謹，其他迎接官員阮名實、内侍鄧太監對禮儀執行尚有疑問，安南國王無言，兩次徑直跪下叩頭，"衆彝官乃不復敢言"。這是黎氏國王唯一的表現機會，雖不能言語，卻可以行動壓服鄭主一係的官員。黎氏國王"反覆細看，口誦手指，戀戀不退"，恐怕心中亦是感慨萬千。周燦也在册封典禮中感受了天朝皇恩遠布的激動情緒，寫下了六首詩作完整地記録了整個册封過程②：

行册封禮

花驄玉勒錦雲飛，鼉鼓龍笙導御幨。共道天朝頒册命，江山草木盡生輝。

其二

曨曈日照富良江，青雀黄龍列畫艘。金甲健兒齊鼓棹，虹牽錦纜渡高矼。

其三

朱雀雙門向曉開，龍亭高置敬天臺。蕃音奏處蠻王舞，喜見皇恩遍八垓。

其四頒册命

龍盤紫誥五花紋，爵拜名王赤土分。長看海波懷聖主，燕山頂上是紅雲。

其五頒印

斗大黄金駝紐章，使臣雙手授蠻王。提封千里爲屏翰，翹首星杓拱帝鄉。

----

① 《使交紀事》，頁 268—269。
② 《使交紀事》，頁 282—283。

其六頒御書“忠孝守邦”四大字

　　宸翰親揮日月光，龍書鳳篆照遐荒。交人奉作羲文畫，首出中天頌聖皇。

　　其詩體制端莊，氣勢恢宏，文辭典麗。在天朝使臣看來，任命安南新王之事，天地之間一片歡悅之態，草木爲之生輝，遐荒之地高頌聖恩。畫船列隊，甲士鼓棹，宮門洞開，龍書高置敬天臺，迎接儀禮之盛，安南新王喜見詔書之樂而舞之，則是安南王數次進京求封，如今塵埃落地的欣喜。然而鄭氏以陪臣執國政，黎氏國王在典禮過程中的欣喜不過黃粱一夢而已。

三　使臣變通：致祭與繳印

　　康熙八年李仙根出使安南撰《安南使事紀要》四卷，并上奏康熙皇帝。兩廣總督吳興祚與廣東巡撫李士楨爲周燦《使交紀事》作序，皆稱讚李仙根使交州事，并以周燦與之相較。李仙根使安南的經過應該在清朝高級官員中流傳，必然成爲周燦等人出使的重要參考文獻，李仙根等人應該對安南鄭主執政的情況極爲清楚。但因鄭主只是安南國王臣子，在清朝而言只是“陪臣”，亦未受清朝之封，未得大義名分，因此清朝使者對鄭主指使臣下所爲阻撓之事，言辭斥責。但鄭主畢竟在安南掌握實權，因此明圖等清使在實際的執行過程中，表現了相當程度的變通與柔性。

（一）致祭黎氏先王和輔政鄭氏先君

　　册封大典完成之後，使臣前往祭拜安南黎氏國王前王之靈：

　　　十六日，三使臣具公服，奉諭祭文軸，安龍亭以行。該國文武官目及各項兵役，悉更素服，其迎導等項皆如前。該國王素服步出迎侯。隨進至朱雀門，將龍亭正設，黎維禎率各官如儀行恭見。禮畢，復至王殿，正設公案，安諭祭文。稍後，西側設空案二張，帛牲等項陳於案後。不設主，不陳前者，不敢之意也。三使臣向西侍立，維禎率彝官稍下向東侍跪。正使鄔黑進前捧諭祭，維禧交付彝官立上香奠酒，復位彝官，宣讀諭祭文。……宣讀畢，遂將祭文案前焚化，維禎率彝官謝恩畢，復至空案前各行該國禮。其禮既揖既跪俯叩一頭，與如是行第五次，俯叩四頭而興,此謂五拜禮也。①

此行諭祭正使爲鄔黑,副使爲周燦,明圖爲册封正使,三位使臣一同前往告祭,以示尊崇。在宣讀完諭祭文后,安南君臣仍然照舊行國禮,即五拜三叩之禮。由此推斷面對天朝使臣,安南君臣所行的是三叩九跪之禮,而在越南國内通行的仍然是五拜三叩之禮。周燦賦詩二首②:

《行諭祭禮》

幡幢羽葆滿江涯,爲悼前臣禮並施。情極榮哀人感歎,半生歡喜半生悲。

《其二》

圭璧牲醪並殿陳,嗣君俯首自悲辛。兩王③同日沾恩賚,唧結如何不動人。

十八日,阮公望黎僖奉本國王諭稟見云:“本國輔政鄭,屢世輔佐,功德素著。今老輔政已歿,奄靈在堂,幸遇天使光臨。若得俯允致祭,不但鄭府歿存均感,本國王亦有光矣。”④鄭主仍以安南國王的名義來請致祭鄭氏先王,辭謙意誠,清使回復:“天朝始終如一,鄭氏既有輔佐之功,即是助爾國王嚮天朝者,致祭何妨?可擇日來稟。”⑤十九日阮公望來稟告輔政已擇二十二日祭祀先王,清使遂發銀三十兩令其備辦祭品。阮公望又稟:“先年諸大人來時,公事畢,於本國王及輔政皆有惠贈,今若如前,則本國不勝榮光”,清使同意,遂備土物數種,差兵部差官李文燦等送去。

二十二日清使派遣李文燦前往致祭輔政鄭檜之靈,誦讀祭文。清使雖未親至,祭文卻以明圖等人的名義寫成,盛讚鄭氏輔佐之功,“忠能導主,孝能承家,明足以燭幾,勇足以定謀不及”,“受四君之遺命,建一代之嘉猷”,其功德蓋安南前世所無,如今輔政既去,繼承者延續先君之德,輔佐國王作大清“千秋之帶礪”,輔政可含笑九泉矣。⑥ 其後“該國王送答儀共銀一百

---

① 《使交紀事》,頁 270—271。
② 《使交紀事》,頁 283。
③ 《使交紀事》,頁 283。下有小字注釋:前故王黎維禧,后故王黎維棏。
④ 《使交紀事》,頁 272。
⑤ 《使交紀事》,頁 272。
⑥ 《使交紀事》,頁 273—274。

兩,輔政鄭氏送答儀共九十兩,未收"。二十三日,黎氏國王與鄭氏"仍送昨日答儀,再四懇請,共議收之。①"二十四日鄭氏送謝祭銀一百二十兩,清使言"一奠何用謝爲",拒收;黎氏國王又以孫卓途中病故,送賻銀一百兩,三使臣代收。②

明圖等三人致祭的先輔政鄭檜,正是康熙八年指使臣下與李仙根争執的輔政鄭柞③。周燦等對李仙根與鄭氏的争執過程亦了然於心,在諭祭黎氏先王之後,受邀祭祀先輔政鄭氏,隨即同意,制辦祭品,親作祭文,并派人前往,此事與康熙八年李仙根致祭鄭氏母喪略有相通,但亦體現了使臣的柔性與處變。

(二)收繳印信

康熙五年安南繳送南明永曆帝所頒敕書與金印,《大清會典記載》康熙五年"鑄造安南國王鍍金銀印"④,清朝派遣程芳朝爲册封正使,張易賁爲册封副使,前往安南册封。康熙十年"朝鮮國王,原頒印文,有滿字,無漢字,禮部改鑄滿漢篆文金印,賜給該王,仍將舊印繳進"。⑤ 朝鮮爲清朝諸藩之首,在康熙十年前頒給滿文金印,據此推斷康熙五年清朝所頒安南國王印亦當爲滿文,故而康熙二十二年禮部重鑄滿漢文印,由明圖等人頒發,并要求帶回舊滿文印信。十月初一清朝使臣在諒山府即移送公文:"於册封日一併行授受禮,一稱禮部既鑄給新印,其舊印應繳,以便捧回。⑥"因繳印之事,安南與清使再起糾葛。

十五日册封大典之後,議再收印,維禎云:"今日恭受天子册封,乃闔國沾恩。喜日若即時交換,似屬不敬,另日再送。⑦"二十一日安南國王餞行使者,三使者問舊印未繳之緣由,阮公望等回禀:"舊印乃天子頒給本國先

① 《使交紀事》,頁274。
② 《使交紀事》,頁274。
③ 越南史書記爲鄭柞,中國史書則記爲鄭檜,通觀後黎朝典籍,安南記載的黎氏國王和鄭主姓名,與上報清朝的姓名差異很大,並不一致。
④ [清]伊桑阿等《大清會典(康熙朝)》卷54,臺北:文海出版社1992年,頁2621。
⑤ [清]伊桑阿等《大清會典(康熙朝)》卷54,臺北:文海出版社1992年,頁2620。
⑥ 《使交紀事》,頁265。
⑦ 《使交紀事》,頁269。

王者。老王得印,生前固榮矣,今若繳還,未免歿後有辱了。①"儘管使者再三强調生前誥封歿後諭祭乃榮耀,但安南使者稟明:"本國先王歿後,即將天朝頒給印信,供設神主前,以爲萬世傳家之寶。今若繳還,則無以傳家了。"②

二十四日安南國王送諮文一角,併甘結一紙,文内稱:"本國先王臣事天朝,一忠貞之節,簡在帝心。今舊印見繳,毋乃生前予,歿後奪。按查舊典,從無頒新繳舊之例,以昭朝廷恩信等語。結内稱:印者,生前以爲慎守藩封之據,歿後以爲萬世傳家之寶,其舊印另行具疏請旨。③"

二十五日,清使收到"該國王爲舊印送禮部申文一角",二十六日清使返程,可見清使并未收繳印信,而是帶走了安南請求保存舊印的咨文,轉呈禮部。

周燦等人此次出使安南,册封新王、諭祭先王爲主要任務,頒新印帶回舊印爲册封的一個重要環節。但安南拒絕繳還舊印,根據安南國内形勢,拒絕繳印定爲鄭主指使黎王爲之。清使此來,儘管因高平莫氏之事已經解決,總體氛圍尚屬和諧,但鄭主三番五次指使臣子生事,清使極感煩擾,也因而更加清楚鄭主在安南國内的威勢。在繳還舊印過程中,"按查舊典,從無頒新繳舊之例,以昭朝廷恩信等語",安南亦是照章辦事,"印者,生前以爲慎守藩封之據,歿後以爲萬世傳家之寶",安南留存亦在情理之中,不論鄭主因何原因不願繳還舊印,但從章程上皆可通融,並且安南請求"其舊印另行具疏請旨",隨即送來呈請禮部保留舊印的咨文。如此一來,安南在程序和情理上皆已完備,清使亦不願就此與鄭主爭執到底,遂略爲變通,接受咨文,代爲轉呈。

四 結語

安南自 968 年丁部領稱"大勝明皇帝"以來,前黎、李、陳、后黎等王朝一直接受中國中央王朝的册封,安南主動進入了以中國爲中心的朝貢體

---

① 《使交紀事》,頁 273。
② 《使交紀事》,頁 273。
③ 《使交紀事》,頁 274。

系。張寶林指出在中越朝貢體系中"由於藩王地位的獲得是個人之事,所以這個地位是不可讓渡的。一旦藩屬國統治者逝世,他的繼承人,即使是合法的和没有争議的繼承人,也得通過同樣的程序争取中國的承認"①。獲得中國的承認對藩國統治者而言,是加入朝貢體系的必須條件,在使自己具備"貢臣"身份的同時,中國也須擔負起存亡繼絶的義務,即在"貢臣"危難之際,有責任對其進行保護。太平興國五年宋黎戰争宋太宗以保護丁氏的名義介入,明成祖派兵攻滅安南胡朝則以保護陳朝的名義進行,嘉靖帝派大軍壓服莫登庸則以保護後黎朝的名義進行,乾隆帝派兵進入安南亦以保護後黎朝的名義進行,儘管幾次戰争的深層因素和行爲遠超"保護貢臣"的名義,但中國擁有保護貢臣的義務是顯而易見的,來自中國的軍事壓力對安南統治者産生了巨大的威懾力。

在朝貢體系中,安南雖然受封于中國,但實際上是獨立的國家,擁有完全的自主性。對於來自中國的命令和約束,安南多視具體情況而定,能行則行,不能行者則移文商辯,或置之不理。中國對安南的約束力也較爲有限,兩國正常邦交事務尚能穩健處理,朝貢體系中的權力義務雙方皆努力維護。但事關國祚承的大事,不到迫不得已,或對朝貢體系産生巨大的破壞,鑒於因安南改朝换代引發的軍事行動,中國亦不願輕易插手。因此在朝貢體系下的中越邦交是較爲務實而行之有效的。

後黎朝鄭氏以陪臣執國政的情況在明萬曆年間即已形成,至清康熙年間延續近百年,中國册封的黎氏國王徹底淪爲傀儡。明朝清楚安南這一情形,因此南明爲拉攏安南抗清,在重封黎氏爲安南國王之後,又封鄭氏爲副國王。康熙八年李仙根出使之時,鄭氏直接以安南輔政的身份對抗清使,實際是對朝貢體系中清朝册封安南國王行爲的挑戰,即以實際權勢塑造新的雙方關係,鄭氏一旦成功破除中國賦予安南國王的權威,很可能隨即廢立。但清使力挺黎氏安南國王的權威和合法性,以陪臣斥責鄭氏的不臣行爲,最終以清朝的强大國勢壓服鄭氏。李仙根將出使過程上報清朝之後,清朝對鄭氏陪臣執國政的行爲則没有任何的表示,《清實録》記載安南歷次入貢仍爲黎氏國王,也就是説在朝貢體系中,清朝以維持體系的完整和運

① 張寶林《中越關係中的干涉與朝貢,1788—1790》,載費正清主編杜繼東譯《中國的世界秩序》,中國社會科學出版社2010年,頁168。

行順暢爲目標,對於藩國的實際情況,只要不破壞朝貢體系,自可不加理會。

在經過康熙八年與清使的交涉,知曉清朝的意圖之後,康熙二十二年周燦使交州時,鄭氏所有的行爲均以黎氏國王的名義進行,自己則居於幕後,清使自然察覺此事,但此次牽涉雙方爲大清天子和黎氏國王,自然以維護朝貢體系爲目標,因此雙方雖有爭執,但清使對鄭氏指使阻撓之事卻並不揭穿,在實際操作中也有相當程度的變通。

安南陪臣執國政的形勢對朝貢體系並無影響①,即便其架空中國册封的安南國王,但只要鄭氏不妄圖破壞朝貢體系、損害中國的權威,中國即不加干涉。康熙二十二年周燦使交州之後,清黎雙方保持了長久、穩定的邦交關係,直至西山朝阮文惠起兵掃滅廣南阮氏、輔政鄭氏,并取代後黎朝稱帝,後黎朝君臣遁入中國求救,乾隆皇帝派兵入安南,清黎關係也揭開了新的一頁。

（作者單位:雲南省蒙自市紅河學院中文系）

---

　　①　東亞國家中,日本自十二世紀鐮倉幕府建立之後,天皇即喪失實際權力,實爲陪臣執國政,但日本與朝貢體系若即若離,且遠隔重洋,故中國於此並無太大反應。安南屬於朝貢體系的核心國家,鄭氏自萬曆時起以陪臣執國政近二百年,明清兩代亦不因此加以干涉,可見朝貢體系在實際操作中的務實性。

漢籍交流研究

域外漢籍研究集刊　第十四輯
2016 年　頁 283—296

韓中日所藏《皇華集》
與東亞漢文學跨國交流

衣若芬

前　言

　　《皇華集》是朝鮮宮廷收録刊行自 1450 年至 1633 年，39 位明朝使臣和 300 多位朝鮮文臣的唱酬作品集。除朝廷命官之外，還有朝鮮僧人及七歲小童（程龍出使時）。作品文體包括詩、賦、文、詞等等，據統計，詩歌便有 6289 首，散文 227 篇①。"皇華"之名，出於《詩經．小雅．皇皇者華》："皇皇者華，于彼原隰。駪駪征夫，每懷靡及。"意指使臣電勉從公，四處奔波，以光耀君命，宣道化於天下。

　　1449 年末至 1450 年初，倪謙（1415—1479）爲頒布景帝即位詔書奉命前往朝鮮，沿途寫作紀行詩，到達朝鮮後，公務之餘，與朝鮮儒臣唱和詩賦，有"奉使朝鮮唱和詩卷"存世。倪謙之子倪岳（1444—1501）於成化五年（1469）編《遼海編》，收録了倪謙與朝鮮文臣的唱酬作品。

　　倪謙之後，於 1457 年頒正統皇帝復位詔出使的陳鑑（1415—1471）和高閏也和朝鮮文臣有所唱酬，從《朝鮮王朝實録》的記載看來，陳鑑和高閏要求朝鮮宮廷將作品編輯出版，於是有《皇華集》的刊行。此後，明使每援前例，希望朝鮮宮廷編輯出版與朝鮮文臣唱酬作品，並索取前人的《皇華

---

　　①　趙季：《輯校説明》，收入《足本皇華集》，南京：鳳凰出版傳媒股份有限公司，2013，頁 3。

集》著作,因而一直到 1633 年,加上追補倪謙和朝鮮文臣的作品,共有 25次使行,24 種單行本《皇華集》出版①。

從著錄資料得知,倪謙擔任正使時的《(庚午)皇華集》,是在 1608 年刊行,原因是 1592 年壬辰倭亂造成朝鮮宮中文物嚴重燬壞。1606 至 1608 年間,朝鮮國王命春秋館將各單行本的《皇華集》加印貯存在不同的地方,舊件則藏於江華摩尼山;新件分藏於春秋館及安東太白山、寧邊妙香山以及江陵五臺山等個別史庫。大約在那時期,除了單行本之外,還刊行了 4 款校書館木活字排印,斷代合集的"半總集式"《皇華集》②。臺灣珪庭出版社於 1978 年出版的 50 卷 8 冊本《皇華集》即根據此本。

到了 1773 年,朝鮮英祖有感於《皇華集》"歲久散逸",認爲"皇朝事蹟,不可湮沒,遂命搜輯合帙重刊之"③,並於卷首御製序文。御製序版的《皇華集》是總集式,50 卷,25 冊,校書館印書體金屬活字印刷,最後一卷附拾遺。首爾大學奎章閣韓國學研究院、韓國學中央研究院、韓國中央圖書館、美國加州大學柏克萊分校所藏④皆爲此本。此本韓國青雲文化社曾經於1980 年代重印爲 6 冊。

不過御製序版的《皇華集》並非 24 種《皇華集》的全貌,缺少了 1621 年出使的劉鴻訓(1565—1634)、楊道寅與朝鮮文臣的作品。近年學者以此本爲底,增補劉鴻訓的《(辛酉)皇華集》,出版爲《足本皇華集》,對《皇華集》研究助益頗巨。儘管有了《足本皇華集》,散布在不同國家,尤其是韓國、中國和日本圖書館的《皇華集》仍值得探查,它顯示《皇華集》在東亞傳播的過程中的多重樣相,特別是總集式的《皇華集》,有別於前述御製序者,可見另有脈絡,茲先舉隅韓、中、日三國所藏,以梳理其梗概。

《皇華集》是古代中國和韓國文化外交的重要史料,過去學者的研究也

① 其中 1492 年出使的艾璞詩作不多,與 1506 年出使的徐穆作品合爲一輯。
② 後藏於奎章閣的這 4 款《皇華集》皆刊行於 1608 年,校書館木活字。年代或有重疊,其一爲 7 種 10 冊,世宗至仁祖朝。其二 3 種 10 冊,成宗、仁祖、宣祖朝。其三 5種 12 冊,中宗至宣祖朝。其四 7 種 10 冊,木活字版,仁祖至宣祖朝。
③ 國史編纂委員會編,《朝鮮王朝實錄》,首爾:東國文化社,1956,冊 80,卷 120,頁 26 下。
④ 缺少第 10 冊,第 19 冊,第 20 冊。

多集中於此①。不過，有關《皇華集》的版本，始終還比較複雜混亂，筆者在考察韓國、中國、日本的幾部《皇華集》之後，希望在前人的研究之外，以幾部不同形態的《皇華集》爲例，觀察這部書的出版和流傳情況，管窺其與東亞漢文學交流的意義。

韓中日所藏《皇華集》舉隅

（一）韓國

《皇華集》由朝鮮官刊，因此相較於他國，韓國各大公私圖書館收藏的《皇華集》最豐富，其中單行本的《皇華集》最多。有木活字、金屬活字，還有筆寫本線裝 3 册，1539 年出使的華察（1497－1574）《（己亥）皇華集》，藏於圓光大學圖書館。

總集式御製序版《皇華集》藏於首爾大學奎章閣韓國學研究院（圖 1）、韓國學中央研究院、韓國中央圖書館（圖 2，有"朝鮮總府圖書館藏書之印"）等處，美國加州大學柏克萊分校②也有。

作爲國家級圖書館，韓國中央圖書館調查海外所藏《皇華集》，見諸"韓國古籍綜合目録系統"（Korean Old and Rare Collection Information System）（http://www.nl.go.kr/korcis/），其中有兩部書值得一提。一是日本對馬歷史民俗資料館的 31 册本木活字訓鍊都監字《皇華集》。對馬藩是朝鮮通信使的主要聯繫窗口，該書或許即由朝鮮通信使攜去。又如美國國會圖書館藏本，乃 1488 年出使的董越（1430—1502）《（戊申）皇華集》。該書卷首有"兩峰書院圖書"印，兩峰書院爲王守仁（1472—1529）友人洪鐘（1443—1523）於杭州所建，洪鐘字宣之，杭州錢塘人，號兩峰居士。兩峰書院的收藏是其孫洪楩"清平山堂"藏書的基礎。

---

① 例如葉泉宏：《明代前期中韓國交之研究（1368—1488）》，臺北：臺灣商務印書館，1991。申太永：《明나라 사신은 朝鮮을 어떻게 보았는가——〈皇華集〉研究》，首爾：도서출판 다운샘，2005。杜慧月：《明代文臣出使朝鮮與〈皇華集〉》，北京：人民文學出版社，2010。

② 缺少第 10 册，第 19 册，第 20 册。

（二）中國

中國所藏《皇華集》較通行者爲北京大學圖書館藏，朝鮮銅活字本 24 卷《皇華集》。此書始於 1457 年出使的陳鑑，置倪謙於第三卷，終於 1573 年出使的韓世能（1528—1598），缺少韓世能之前的陳嘉謨、張寧、董越、艾璞、徐穆、成憲等人作品，也無韓世能之後的黄洪憲及其後的作品。此本後收入臺南莊嚴出版社 1997 年出版《四庫全書存目叢書》集部總集類，第 301 册。

中國國家圖書館所藏《皇華集》值得注意的有兩部，一是華察的鄉人於光緒年間據梁谿華氏藏板所刊印的《皇華集類編》。此書共 4 册 12 卷，依文體分類，附原序、新序、家傳、像贊、小傳等，是中國重新刊行的單行本《皇華集》。

另一部 27 册本《皇華集》（圖 3）無英祖序，始於倪謙，書角註明：“原編次序雜亂今依年代重編”，終於劉鴻訓，缺少朱之蕃、熊化、姜曰廣、程龍的作品。由藏書印可知，此本原爲朝鮮個人家藏。書上鈐的是“弌（二）養堂藏”、“昌寧後學曹倬大而章”，曹倬（1552—1621）本貫昌寧，字大而，號二養堂①。1600 年曾任書狀官，隨奏聞使南以信（1562—1608）入北京，帶回《漢書評林》、《史記評林》等書②。1614 年任陳慰使③。官至漢城府右左尹，刑曹參判。曹家爲世家望族，自高麗時代便與王室通婚，朝鮮時代亦與王室關係密切，其子曹明勗之女嫁王族慶昌君李玶（1596—1644）。

趙翼（1579—1655）爲曹倬撰寫的墓誌銘特别重視及强調曹倬的藏書，提到壬辰倭亂之後“書籍散亡，欲見宋賢書而無有者”，趙翼於是向曹倬借書閱讀，奠定了理解先賢知識的基礎：“始從公借《心經》及朱子書得之，蓋公獨能多有書也。翼讀先賢書，蓋自此始。”又云：“圖書滿壁，終日潛玩，常語人曰：‘書雖不能讀，以時披閱，亦足以娱殘齡。’”④

---

①　柳夢寅《於于集》後集卷四《二養堂記》：“二養者何？養心也，養生也。”收入《韓國文集叢刊》，首爾：財團法人民族文化推進會，1996 年，册 63，頁 543。
②　《朝鮮王朝實錄》，卷 127，頁 27 下。
③　朴鼎賢：《凝川日録》，卷 1。
④　趙翼：《浦渚先生集》，收入《韓國文集叢刊》，首爾：財團法人民族文化推進會，1996 年，册 85，卷 32《刑曹參判曺公墓誌銘》，頁 584—585。

　　中國國家圖書館曹倬舊藏的《皇華集》，印製精美，黄色皮封，紙質優異，歷近四百年而完整如初，翻開書頁，仍有墨香撲鼻。曹倬卒於 1621 年 8 月，該書最後的作者劉鴻訓一行人於當年 5 月離開漢陽，可見此書編輯之迅速。該書並鈐"京師圖書館藏之印"，有 1917 年 10 月圖書館員題識，但未言此書之來龍去脈，未詳何時輸入中國。

(三)日本

　　日本國立公文書館内閣文庫藏有 51 卷，42 册的《皇華集》(圖 4)。此本無英祖御製序，自倪謙至 1626 年出使的姜曰廣等人作品，上鈐"佐伯侯毛利高標字培松藏書畫之印"、"祕閣圖書之章"。毛利高標(1755—1801)是日本豐後佐伯藩第八代藩主，熱愛學問及藏書，推崇朱子學，大庭脩教授認爲毛利高標大約在 1782 年開始購藏書籍。1828 年十代藩主毛利高翰將八萬卷藏書中的兩萬卷獻給德川幕府①，此即藏書印"祕閣圖書之章"之由來。此書爲内閣文庫收納佐伯文庫朝鮮版圖書 40 部之一。

　　由圖書版式判斷，例如開篇的倪謙《雪霽登樓賦》的格式和字體("雕"字寫成異體字"彫")，此書與萬曆 36 年(1608)9 月五臺山史庫版《(庚午)皇華集》相同，再參考中國國家圖書館曹倬舊藏的《皇華集》，可知在 1773 年英祖命重刊《皇華集》之前，已經有總集式的《皇華集》出版。另一則佐證資料是鄭泰齊(1612—1669)②《菊堂排語》裏提到："辛丑〔1661〕……聞有《皇華集》，送人借來，自景泰至隆慶，前後詔使《皇華集》俱在也。"③

　　據大庭脩教授研究，毛利高標主要經由往返於中國和長崎的唐船購得書籍，唐船主要由浙江、江蘇、廣東和福建出發，以南京船和寧波船載運書

---

　　①　山本保：《佐伯文庫公開展(上)(中)(下)》，《佐伯史談》第 145 輯(1987.6)，頁 2—6。146 輯(1987.10)，頁 1—6。第 147 輯(1988.2)，頁 1—5。此蒙"中研院"劉序楓教授賜知，謹此致謝。
　　②　左江：《〈菊堂排語〉作者考》，《域外漢籍研究集刊》第 2 輯(2006)，頁 97—101。
　　③　《菊堂排語》，收入趙鍾業編，《韓國詩話叢編》，首爾：圖書出版太學社，1996 年，頁 223—224。

籍往長崎販售者爲多①。此書如果循此途徑，恐怕大費周折，從與朝鮮往來密切的對馬藩處獲得較有可能。從目録得知，對馬藩宗家有 23 册《皇華集》②，加賀藩前田家尊經閣文庫有 28 册《皇華集》，應該都與朝鮮通信使的交流有關③。

內閣文庫還有江户鈔本，51 卷 33 册《皇華集》，自倪謙至 1626 年出使的姜曰廣，其中缺少 1537 年出使的龔用卿、吴希孟。由版式和文字排列方式看來，與前述毛利高標舊藏本接近，可視爲同一版本形式的鈔寫版。此書每册封面和內頁最後有"昌平坂學問所"墨印。"昌平坂學問所"又稱"昌平黌"，前身爲儒者林羅山（1583－1657）之私塾，1797 年成立，因孔子生於"昌平鄉"而命名，是江户幕府直轄的最高教學機構。此書於每册內頁最後"昌平坂學問所"墨印之下，有"文政戊寅"朱印，即文政元年（1818），是爲該書收藏的年代。

此外，此書還有幾個藏書印：

"大學校圖書之印"朱印，約鈐於明治二年（1869）六月至十二月。

"書籍館印"朱印，明治五年（1872）昌平坂學問所歸文部省管轄，設立書籍館，此印鈐於該年八月至明治七年（1874）七月。

"淺草文庫"朱印：明治七年（1874）內務省設立"淺草文庫"，此印鈐於該年七月至十四年（1881）五月。

"日本政府圖書"朱印，1884 年太政官整合政府機關藏書於"太政官文庫"，即後來之"內閣文庫"。

此書的紙質不如毛利高標舊藏本，有蟲蛀和火燒的痕跡。1846 年正

---

①　大庭脩著，戚印平等譯：《江户時代中國典籍流播日本之研究》，杭州：杭州大學出版社，1998 年，頁 24—29。松浦章：《江户時代唐船による日中文化交流》，京都：思文閣，2007 年。

②　岡村繁：《対馬宗家文庫漢籍（朝鮮本）提要》，《九州文化史研究所紀要》27（1982），頁 281—336。

③　《尊經閣文庫漢籍分類目録》，東京：尊經閣文庫，1934 年，頁 686。加賀國不在朝鮮通信使行經路線，但仍與朝鮮通信使交流，例如 1711 年與辛卯通信使，1763 年江户幕府委任加賀藩負責接待朝鮮通信使。又參《大阪府立図書館藏韓書目録》，其中亦有 23 册《皇華集》。膽吹覚，《福井藩藩校〈改正學問所書目〉の韓書・琉書》，《福井大學教育地域科學部紀要Ⅰ》58（2007），頁 1—9。

月，江户（東京）發生大火，燒毀了昌平坂學問所，可能即是那年罹災。

　　雖然江户鈔本的狀況不佳，鈔寫字跡也不夠整齊精美，不過卻讓吾人感受到江户讀書人對《皇華集》的重視與閱讀興趣。也就是説，不易獲得朝鮮刊本的日本讀者，用筆複製了一遍《皇華集》，以彌補求知的渴望。鈔寫本無法廣爲普及流傳，讀者以紅筆句讀，紅色直線標示人名和地名，顯示了鄭重與認真的態度。

《皇華集》與東亞漢文學

　　綜觀前述韓國、中國和日本收藏的《皇華集》，可知《皇華集》是朝鮮出版，向周邊國家傳播，中國和日本各有翻印和複製。《皇華集》的版本複雜，即可見曾經多次出版；從需求的層面設想，出版《皇華集》之必要，應該與東亞漢文學的興盛有關。《皇華集》是明代與朝鮮的使臣唱和集，讀者並不限於外交人員，朝鮮人崔溥（1454—1504）的《漂海錄》，以及明代嚴從簡1574年撰寫的《殊域周咨錄》，都提到了《皇華集》。朝鮮的柳夢寅（1559—1623）、明朝的錢謙益（1582—1664）、日本的那波魯堂（1727—1789）等人，也都對《皇華集》的文學價值有所評論。

　　基於以漢字爲重要書寫媒介的共同性，《皇華集》是東亞漢文學的作品之一，有廣泛的讀者群；東亞諸國的讀書人受到《皇華集》的影響，促進了漢文學的繁榮，其具體情形可從以下幾方面探討。

（一）“皇華”意象之確立

　　“皇華”之名，蘊含了“銜命出使”和“異地采風”的意思，朝鮮官編《皇華集》加强加深了這兩重意義，被後人繼承且採用。例如1579年蕭崇業（？—1588）與謝杰擔任琉球册封使出使琉球，其《使琉球錄》裏，便有兩人的“皇華唱和詩”。

　　李調元（1734—1802）於1777至1781年任廣東學政期間的詩作結集爲《粵東皇華集》四卷，歷述自北京到廣東的行旅見聞、在廣東所見風物、仿照粵地民歌作“竹枝詞”，以及與粵中人士的交遊唱和等等。《粵東皇華集》的内容雖然和朝鮮無關，卻由朝鮮文人柳琴傳布朝鮮。柳琴因欣賞李調元《粵東皇華集》，於1777年將姪子柳得恭（1749—1807）和李德懋（1741—1793）、朴齊家（1750—1805）、李書九（1754—1825）四人的詩合集《韓客巾衍集》（又稱《韓客四家詩》）請李調元點評，李調元爲詩集作序，還在《雨村詩話》介紹四家詩。其後李調元又爲李德懋的《清脾録》作序，還把此書收入《續函海》叢書。柳琴將《粤東皇華集》介紹到朝鮮，《粤東皇華集》做爲因緣和橋樑，朝鮮和清朝的漢文學得以互通互動①。

（二）東亞詩賦外交形態之成熟

東亞文人在跨國交流時，除了文字筆談，還承襲明代與朝鮮的詩賦外交形態，寫作唱酬，特別是漢詩，字數精簡，只要掌握韻腳和平仄，便能往來回復，溝通思想情感。朝鮮文人李晬光（1563—1628）1597 年以進慰使出使明朝，在北京與安南國（今越南）使臣馮克寬便有詩唱和②。1611 至 1612年間，李晬光又以世子冕服奏請使之任務出使北京，與琉球使臣蔡堅和馬成驥有詩唱和③，並經由華人徐通事翻譯，與暹羅國（今泰國）使臣握坤喇，奈萬低厘，副官握孟喇交流，得知暹羅國和東南亞一些國家之概況。李晬光説暹羅國“語音用番話，不識天朝文字”④，儼然不如可以筆談作詩的安南和琉球使臣。

清代使臣罕見與朝鮮文人唱和，東亞諸國間的詩賦外交則顯現於朝鮮通信使與日本文人的交誼中。例如著名的 1719 年申維翰（1681—1752）《海游録》及《海游聞見雜録》與雨森芳洲（1668—1755）筆談唱和，在韓日兩國有“文戰”之喻。

（三）編選他國漢詩

通過與他國文人贈答唱和，可以窺知其國情與歷史文化，如果能將該國的詩篇編選出版，則更得以掌握其優秀名家和文壇情況。繼《皇華集》編輯中韓詩文，明人吳明濟編《朝鮮詩選》，是第一部歷代韓國古代漢詩選；前述朝鮮後期四家詩人柳得恭、李德懋、朴齊家、李書九等人參與編纂《日東

---

① 　鄺健行：《朝鮮洪大容〈乾浄衕筆談〉編輯過程與全書内容述析》，洪大容，李德懋著；鄺健行點校：《朝鮮人著作兩種：乾浄衕筆談清脾録》，上海：上海古籍出版社，2010年，頁 373—400。

② 　李晬光：《安南國使臣唱和問答録》，《芝峯先生集》，卷 8，收入《域外漢籍珍本文庫》，重慶：西南師範大學出版社，2012 年，輯三集部，册 19，頁 397—404。

③ 　李晬光：《琉球使臣贈答録》，《芝峯先生集》，卷 9，頁 405—407。

④ 　李晬光：《附暹羅》，《芝峯先生集》，卷 9，頁 407—408。

詩選》(又名《蜻蛉國詩選》),是韓國文學史上第一部日本詩選。

1597 年吳明濟做爲徐觀瀾的幕僚隨同前往壬辰倭亂未期的朝鮮,1598 年到達漢陽(今首爾)後,住在文人許筠(1569—1618)家,經許筠介紹和背誦,尹根壽(1537—1616)協助,開始蒐集新羅時代至朝鮮宣祖(明萬曆年間)的韓國漢詩。1599 年吳明濟再次赴朝鮮,得到李德馨(1561—1613)的協助,完成《朝鮮詩選》的編輯工作。《朝鮮詩選》全書選録詩人 112 家,選詩 340 首,影響錢謙益編選《列朝詩集》;朱彝尊(1629—1709)編選《明詩綜》裏收録朝鮮、日本、安南等外國漢詩也與《朝鮮詩選》有關①。

1763 年 10 月從釜山出發,1764 年 2 月抵達日本江户(今東京)的甲申朝鮮通信使一行人與日本文人的唱和,是《日東詩選》的基礎。根據張伯偉教授研究指出,朝鮮"自光海君九年(1617)正使吳允謙的《東槎録》開始,出現了朝鮮使臣與日本僧人的詩文酬唱紀録"②。1682 年開始,日本將與朝鮮使臣的唱酬筆談刊行於世,這種刊行兩國外交往來文字的作法,很容易聯想到《皇華集》的出版傳統。甲申朝鮮通信使節團裏的書記成大中(1732—1812)和元重舉(1719—1790)帶回的日本詩作,以及對日本漢文學的評論,對李德懋有極大的影響。元重舉爲李德懋妹婿,著有《和國志》等書,原本對日本漢文學抱持不屑輕視態度的朝鮮文壇,也由於這次使行和後來《日東詩選》的編輯出版而扭轉了對日本漢文學的態度③。

(四)漢詩創作與鑑賞觀

《皇華集》的内容多同題競作,彼此唱和,發揚了唱和詩的寫作,也使得讀者對於這種寫作形態有所反思,例如日本朱子學者那波魯堂在其《韓人筆談録》裏,就有所批評:

　　　經述史于固當先務處,僕好歌詩。然唱和往復多多疊疊,未暇細

①　黄有福:《〈朝鮮詩選〉編輯出版背景研究》,《當代韓國》,2002 年第 3 期,頁 73—78。祁慶富、權純姬:《關于明代吳明濟〈朝鮮詩選〉的新發現》,《當代韓國》,1998 年第 3 期,頁 62—67。

②　張伯偉:《漢文學史上的 1764 年》,《文學遺產》,2008 年第 1 期,頁 117。

③　張伯偉:《漢文學史上的 1764 年》,頁 117—118。

尋推敲,則落鄙俚亦可厭也。是故不必鬭險貪多,所贈小律,今日在館
中,想像賢等其遊遠來之興,偶爾賦之,東武往返千里而遠,爲日亦久,
觸意和之,或爲心交之地如何? 嚮一讀皇華集,甚覺疊和深害詩道,所
以併及也(魯堂)。①

又如基於對唐詩、宋詩、明詩的不同鑑賞觀及立場,投射於《皇華集》,
便有高下區分之語,《西京詩話補録》云:

近代有《皇華集》,皆明使臣詩也。如倪尚書謙、〔···〕劉學士鴻訓
輩,皆極一代之選,然興象不如唐,理趣不如宋,是明人而已矣。②

這些從閱讀《皇華集》而興起的文學觀點,促進了東亞諸國對於漢詩創
作與鑑賞的多元與深度。

結　語

本文從韓國、中國、日本的圖書館收藏的幾種不同版本《皇華集》,得知
其大致的出版情形。《皇華集》在 1457 年陳鑑、高閏要求朝鮮宮廷爲其編
輯出版在朝鮮期間的文學唱酬文字始,到 1633 年程龍出使朝鮮爲止,共出
版了 24 部單行本《皇華集》,其中 1492 年艾璞出使和 1506 年許穆出使合爲
一部。

1592 年壬辰倭亂之後,有感於戰亂造成文獻損燬,朝鮮宮廷以活字印
刷製成了斷代式和總集式的《皇華集》,並且追補上起初没有出版的 1450
年倪謙等人的《(庚午)皇華集》。到了 1773 年,朝鮮英祖有感於史料散佚,
於是刊行了英祖序本總集式《皇華集》。

從韓國、中國和日本收藏的不同版本《皇華集》,可以得知這部書流傳
於三國,受到珍視的現象。《皇華集》促成了"皇華"意象之確立、東亞詩賦
外交形態之成熟、編選他國漢詩之出版,以及漢詩的創作與鑑賞觀,對於 15
至 17 世紀的東亞漢文學興盛繁榮有著直接的推動和發展力量。

---

① 朱秋而:《那波魯堂と関西詩壇——その儒學と詩學の接點を考える》,《台大
日本語文研究》23(2012.6),頁 25—48。

② 趙季輯校:《足本皇華集》,下册,頁 2209。

〔後記〕

　　感謝北京大學安平秋教授、吳國武教授惠予協助本文關於中國國家圖書館藏《皇華集》之借閱及部分複製。

（作者單位：新加坡南洋理工大學）

附圖

圖 1　韓國首爾大學奎章閣韓國學研究院藏《皇華集》書影

圖 2　韓國中央圖書館藏《皇華集》書影

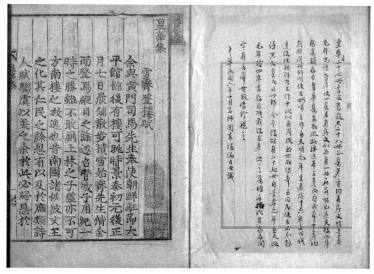

圖 3　中國國家圖書館藏，27 冊本《皇華集》書影

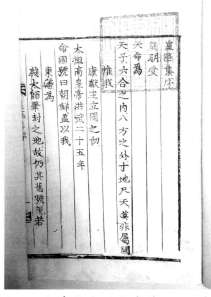

圖 4　日本國立公文書館內閣文庫藏，42 冊本《皇華集》書影

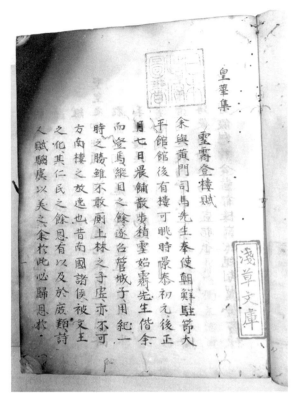

圖 5　日本國立公文書館內閣文庫藏，江戶鈔本《皇華集》書影

域外漢籍研究集刊　第十四輯
2016 年　頁 297—316

王羲之草書《孝經》考辨 *

李小龍

　　中國古代文化的核心在"十三經",《孝經》是十三經中篇幅最小的,不到兩千字,却是最重要的文化原典之一;王羲之是中國書法史上聲名最高的書聖,他的各種真假法帖都被後人珍若拱璧——歷史上這兩者似乎没有過交集,不過,隨著對文獻的深入挖掘,二者間也産生了複雜難明的糾葛,需要進一步的辨析。

一　歷史上曾經存在過王羲之草書《孝經》

　　王羲之寫過的字不計其數,據張彦遠《法書要録》卷四載,梁武帝獲"二王書大凡七十八帙七百六十七卷",後魏師陷荆州,元帝"聚古今圖書十四萬卷并大小二王遺迹,遣後閣舍人高善寶焚之",歷代秘寶,并爲煨燼。這是一次史上有名的圖書浩劫。然而,知道這次文獻浩劫的人大都忘了在這巨大的十四萬卷圖書中,還有二王法帖"一萬五千紙"。唐初,因唐太宗極喜二王書,故民間將焚餘進獻,所收"右軍書大凡二千二百九十紙,裝爲十三帙一百二十八卷"①,數量仍很龐大。然而到今天還剩下多少呢? 日人

　　* 本文爲 2014 年度國家社科基金重大項目"中國古代散文研究文獻集成"(項目批准號 14ZDB066)成果,亦受中央高校基本科研業務費專項資金資助。又:本文曾呈中國人民大學國學院陳偉文兄是正,特致謝意。
　　① 〔唐〕張彦遠著,范祥雍點校,啓功、黄苗子參校《法書要録》,人民美術出版社,1986 年,頁 147—148。

杭迫柏樹所編《王羲之書法字典》收了四十餘種而已，且全爲碑帖或摹本①。所以，在歷史的長河中，因各種原因而失傳的王羲之法帖數量龐大，當代人雖然看不到，但的確有不少是曾經真實存在過的；另外，雖然當代流傳書聖法帖多片言隻字，但曾經"七百六十七卷"、"一萬五千紙"的二王法帖自然不可能都是這樣，理所應當會有篇幅稍大者，比如像《孝經》這樣一千餘字的作品。

　　清初人楊賓（1650—1720）在《大瓢偶筆》中説："右軍《孝經》，唐太宗諭魏徵、歐陽詢、虞世南、褚遂良、薛稷各臨一段。"②此帖清代之前的文獻似未提及。此後清宗室成親王永瑆（1752—1823）在趙子昂行書《洛神賦》後有跋云："貞觀得右軍《孝經》草書本，命廷臣以正書補其闕佚，務全文也。"可與楊録呼應，而且，永瑆《詒晉齋集》中收有《唐補右軍孝經跋》一文，更爲詳盡地著録了這個"右軍孝經"：

　　　　前有貞觀《敕》，曰："朕聞《孝經》，有關風化。 王羲之草書，尤堪珍玩。 惜乎殘缺。 卿等各補一章，勒之琬□③，以詔萬祀。 貞觀二年六月廿五日敕。"④
　　　　自"開宗明義章"至"敬親者"，右軍書，缺"虜"字。
　　　　自"不敢慢于人"至"如履薄冰"，真書補，不著某臣名。
　　　　自"卿大夫章"至"以事其先君"，右軍書，"非先王之法服不敢服"，二"服"字缺，"以事其先君"下亦缺無補。
　　　　自"教愛"至"謂之"，右軍書。
　　　　自"悖禮"至"其儀不忒"，真書補，不著某臣名。
　　　　自"紀孝行章"至"爲下而"，真書補，著"臣魏徵"。
　　　　自"亂則刑"至"又焉得爲孝乎"，右軍書。
　　　　自"應感章"至"無思不服"，真書補，著"臣虞世南"。

---

①　（日）杭迫柏樹編《王羲之書法字典》，天津人民美術出版社，2004 年。
②　[清]楊賓著，柯愈春點校《大瓢偶筆》，浙江人民美術出版社，2012 年，頁 30。按：民國間宣哲曾據十芝堂校刻本及陳澄中舊鈔本過録批校，此處"孝經"二字改爲"黃庭經"，當爲誤改。
③　按：此處原爲空格，當爲"琰"字，避道光帝諱也。
④　此處唐太宗敕文《全唐文》未收，而《全唐文補編》亦失收，或可據以補輯。

自"事君章"至"何日忘之",真書補,著"臣褚遂良"。

自"喪親章"至"孝子之事親終矣",真書補,著"臣薛稷"。

貞觀《敕》有"御書之寶","開宗明義章"有"右將軍會稽内史印",右軍書"民"字不缺筆,唐臣補書"民"字缺末筆,虞世南"世"字缺末筆。此帖紙墨之舊、筆鋒毫鋩之備盡,蓋即貞觀祖拓也。①

據此可知清宮或永瑆本人確曾藏有王羲之草書《孝經》拓本,上有唐太宗敕文,且已殘缺不全,有群臣所補的痕迹。這兩則文獻尤其是永瑆的記載非常值得重視,他是乾隆皇帝第十一子,從小喜歡書法,深得乾隆喜愛,故可盡觀内府珍秘,同時他自己也是有名的藏書家,如著名的《平復帖》就爲他所藏②,加上他清代中期四大書法家之一的身份,他的記錄與判斷值得我們認真對待。

而且,在永瑆所説爲《孝經》補字的群臣中,歐陽詢便曾有過草書《孝經》傳世,米芾《書史》記載説:"歐陽詢黄麻紙草書《孝經》,是馬季良龍圖孫大夫直温所收,今歸薛紹彭家。"③其或與唐太宗命群臣爲王羲之草書《孝經》補字有關。

現存之實物似乎亦可證實這一推測。北京德寶拍賣公司于2008年7月4日古籍文獻拍賣會上展出過一件名爲"原拓介春宮保臨王右軍草書孝經"的拍品(見圖1之左)。此"介春宮保"即耆英(1790—1858),其人字介春,滿洲正藍旗人,爲穆爾哈齊後裔,以蔭生授宗人府主事,"(道光)十五年,以相度龍泉峪萬年吉地,加太子少保"④,故稱"宮保"。

由此可知,道光年間的耆英也曾經見過王羲之草書《孝經》,并且臨過帖。耆英政治上雖然軟弱(他就是代表清政府簽定《南京條約》者),但書法上卻有相當造詣,據其子慶錫在某一書法手卷後的跋中説:"大人督粵時,曾將宋拓《十七帖》壽石,因誡之曰:得古刻數行便可名世,果專心學此十年

---

① ［清］永瑆《詒晉齋集》,《續修四庫全書》第1487册,上海古籍出版社,2002年,頁206。

② 參見葉昌熾《藏書紀事詩》,上海古籍出版社,1989年,頁333—335;劉桓《中國書法史·清代卷》,江蘇教育出版社,1999年,頁118。

③ ［宋］米芾《書史》,《文淵閣四庫全書》第813册,臺灣商務印書館,1985年,頁37。

④ 《清史稿》,中華書局,1976年,頁11505。

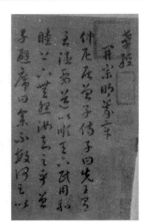

圖1　左爲"原拓介春宫保臨王右軍草書孝經"書影；中爲筆者收藏江户本書影；
右爲筆者收藏"伊達家藏品展覽會繪葉書"局部

後,視徒務字形,必不置諸目角矣。"可見其對于帖學尤其是王羲之帖深有心得。那麽,他的臨帖也是一證。

據以上材料可以知道,從清初到清末,確實存在過一種王羲之草書《孝經》的拓本。

二　日本摹刻王羲之草書《孝經》考察

前文雖然論及在古代文獻資料中隱約提到過王羲之的《孝經》,但至今未見實物留存,故究竟如何實不可知。然而,筆者于東瀛訪書時,却意外地得到了一個王羲之草書《孝經》的摹刻本,略爲考證,以求教于方家。

此本爲綫裝,長 27.5 厘米,寬 17.5 厘米,正文共二十四葉:前十六葉爲王羲之草書《孝經》正文(參圖1中),十七至二十二葉爲唐玄宗所書敕文,二十三葉爲米芾跋,二十四葉的 A 面爲趙孟頫跋,B 面爲貢師泰、張肅、虞集、倪瓚的題記。末葉是出版者的牌記:上半部爲"江府",下半部有三列,分别是:日本橋南通三町目,小川彦九郎;同町,吉文字屋次郎兵衛;本町三町目通,萬屋清兵衛。

《孝經》之末署爲"咸和二年春正月奉敕寫十本臣王羲之",玄宗敕文後是"開元二年三月書賜薛王業敕",米芾跋署爲"元祐二年六月寶晉齋重裝記帘",趙孟頫跋文云爲"至元廿又六年"作,末頁題記分別是"宣城貢師泰觀"、"大德十年春三月十日觀燕山張肅"、"蜀山虞集"、"清秘閣主人懶瓚謹觀"。

長澤規矩也先生《和刻本漢籍分類目録》曾著録此本,僅標爲"晉王羲之書","陰刻草書"而已①。從 2007 開始,臺灣華梵大學的莊兵先生連續發表文章對此書進行了考辨與研討②,爲我們提供了許多有價值的信息。下面結合莊兵先生的文章及筆者的探究,將此本的來龍去脉試作一描述。

莊兵先生經過搜集,指出"現存各地圖資機構計十九種《王羲之草書孝經》拓本"(利用日本全國漢籍數據庫來檢索的截止日期爲 2010 年 5 月),并將其版本分爲兩類:第一類"是以刻書家'保田黄裳等摹刻、明治十五年仙台鷹水堂石井熊次郎石印本'爲祖本",認爲此本"製作亦精,有官版的味道",此類有十一種;"另一種可能爲江户漢學家朝川鼎所藏摹本的流衍本","似乎多爲江户期日本各地坊間的翻刻本",此類有八種。

莊兵先生的研究有千慮之一失,筆者作如下訂正。

一、收藏種數。除利用日本全國漢籍數據庫來檢索之外,其實還可以通過別的方式來補充。阿部隆一、大沼晴輝二先生曾出版發表《江户時代刊行成立孝經類簡明目録》一文③,其第 247 種"傳晉王羲之書"即此本,當然,由于此文僅限"江户時代",故未録明治本。此文所録江户本有十二本,分別是關西大學圖書館藏田結莊氏舊玄武洞文庫四本,椙山女學園大學圖書館二本,林秀一私人二本,東京大學圖書館、東北大學圖書館狩野文庫、大阪外國語大學圖書館石浜氏舊藏及長澤規矩也各有一本。其中與莊兵先生所録者重復了椙山女大、東大、東北大學的四種,也就是説江户本目前可以考知的有十六種。

阿部隆一先生將其所録的十二種分爲六類,第一類無刊記之"大折一

---

①　(日)長澤規矩也《和刻本漢籍分類目録》,東京汲古書院,1976 年,頁 23。

②　莊兵先生文分別有《御注孝經序之謎》,《名古屋大學中國哲學論集》第六號,2007 年;《日本現存王羲之草書孝經考察》,朝陽科技大學通識教育中心主編《止善》2010 年第 9 期(此文爲國科會九十九年度專題研究計劃《王羲之草書孝經研究》的成果之一)。

③　《斯道文庫論集》第 14 輯,慶應義塾大學,1977 年,頁 61—62。

帖”者兩種,寶曆七年(1757)本一種,寶曆本的後印本一種(筆者所藏即此種,此本因爲刊刻者有萬屋清兵衛,故刊印不會晚于寶曆八年,見下),明和七年(1770)印本兩種,明和本的後印本一種,尚書堂堺屋仁兵衛的後印本五種。也就是說,這十二種本子的刊印時間大致在寶曆、明和間(1751—1771)。

關于這一點我們還可以從刊刻者的角度來佐證。據朝倉治彦、大和博幸《享保以後江户出版書目》所録從享保十二年(1727)到文化十二年(1815)的近百年間出版情況,此書刊刻者小川彦九郎在書的前半部即天明四年(1784)之前幾乎每頁均有記録,此年之後即再未出現過;萬屋清兵衛在寶曆八年(1758)之前亦多,此後亦再未出現;吉文字屋次郎兵衛在天明二年(1782)前極多,後亦不再出現①。可知江户本一定是在這個時間裏刊印的。

二、莊兵先生推測江户本“可能爲江户漢學家朝川鼎所藏摹本的流衍本”的看法亦可商榷。最簡單的證據是,江户本的摹刻時代在寶曆、明和間,而朝川鼎則生于天明元年(1781)②,那麼這些江户本就絶非朝川鼎“摹本的流衍本”。事實上,朝川鼎原話并非“摹本”,其《古文孝經私記》中說:“羲之《孝經》,今藏在仙台侯文庫。云是慶長之役,得之朝鮮者,余藏其模本。”③“摹本”當指臨摹,而“模本”則可以指刻拓本,其實,朝川鼎的藏本恰恰是江户時期的摹刻本而不是相反。

正因如此,莊先生的另一個判斷也便需要更正,即他認爲:“現存的十九種《王羲之草書孝經》的刻拓本,是由日本的刻書家保田黄裳摹刻伊達家所藏本複製而流布世間的。”據明治本中仙台國分章的跋語說:“天保中,保田黄裳請之秘府,摹寫極力,三年始成,門人石井駿河父子續成之。”知此書的摹刻從天保年間(1830—1843)便開始了,直到明治年間才拓印出來,比江户本晚了一百多年,自然并非現存所有印本的底本。應該說,這部書目

---

① 　(日)朝倉治彦、大和博幸《享保以後江户出版書目》,京都臨川書店,2000 年。

② 　朝川鼎是著名折衷派儒學家片山兼山之子,父死後母改嫁朝川默翁,于是改姓朝川,生于天明元年(1781),卒于嘉永二年(1849)。

③ 　(日)朝川鼎《古文孝經私記》卷上之《古今文各有二本考》,文化八年(1811)刊本。

前可知有兩次摹刻，一次在寶曆年間，一次在明治年間。

三、關于此書流入朝鮮的時間。朝川鼎《古文孝經私記》卷上之《古今文各有二本考》，云："後觀晉王羲之草書《孝經》（羲之《孝經》，今藏在仙台侯文庫。云是慶長之役，得之朝鮮者，余藏其模本）。"莊兵先生據此推測云："大致是在明代前期，其本傳入朝鮮，元禄慶長年間，豐臣秀吉出兵朝鮮又被伊達政宗掠至日本，成爲陸奥國仙台歷代藩主的秘藏之寶。"這種推測亦有微誤。明治本（筆者所見爲國會圖書館藏本）模刻比較仔細，故全刻了歷代的收藏印，其中最晚的是項元汴的數方，如天籟閣、項墨林、子京父印、墨林山人等（莊先生誤將"天水郡圖書印"當成項氏者了，其實是趙孟頫的印），那麼無論此物真僞如何，其流出均只能在項元汴（1525—1590）同時或稍後，那就絕不可能于明初流出。

現在看來，從伊達政宗（1567—1636，日本戰國時期有名的武將，被稱爲"獨眼龍政宗"）開始，此書的真僞與流傳是沒有問題的。莊兵先生指出，日本小說家中里介山（1885—1944）寫過一部極長的歷史民俗小說《大菩薩峠》，其中講到伊達政宗奪得《王羲之草書孝經》的事，可知此事曾在民間流傳。

其實，到目前爲止，我們討論的都是摹刻本，如果能看到原本，各種問題將會更易解決。但經查訪，伊達家的藏書中未見此書，故其原本存亡未卜。

不過，筆者終于搜集到了一件可以證明伊達家的確存在過這一原本的證據。在昭和十年（1935）五月，齋藤報恩會博物館舉辦過一次"伊達家藏品展覽會"，并發行了"伊達家藏品展覽會繪葉書"（按：繪葉書即明信片），一套十枚，其中便有一枚爲王羲之草書《孝經》的圖片。明信片長 14 厘米、寬 9 厘米，下面題爲"王羲之筆孝經　政宗公朝鮮より齎來"，圖列了王羲之書《孝經》正文的前三面。經與筆者收藏江户本對照，幾乎完全相同（見圖 1 右），這一方面說明江户本摹刻之精，當然也清楚地表明其底本是伊達從朝鮮得來之本無疑。那麼，這個底本是確切存在過的，只是現在是否仍然存世却不得而知，因爲一是收藏伊達家藏書的宮城縣圖書館中查不到此物，二是經過了二戰時美軍對日本的大轟炸（有一個階段的轟炸是大批量投擲燃燒彈），那麼毀于戰火的可能性是很大的①。

三　王羲之草書《孝經》真僞考辨

此本的來龍去脉已經明了，但最重要的問題是要理清其真僞。

莊兵先生對此帖持肯定態度，當然，從伊達政宗到此後的名僧即如非一、高泉性澈及西岡逾明、國分章這些題跋者也都認爲這是真的（這些題跋都出現在明治本中，江户本未摹刻）。不過，朝川鼎却更爲謹慎，他説："後觀晉王羲之草書《孝經》（羲之《孝經》，今藏在仙台侯文庫。云是慶長之役，得之朝鮮者，余藏其模本。），其經從今文而别有《閨門》一章，合爲十九章，羲之所傳果是長孫氏本，則自是一今文，亦可以證隋志矣。但羲之《孝經》，彼國歷代法書家無一言及之，且法帖所載，後人集右軍字如唐僧懷仁《聖教序》，亦未可知也。更俟知者審訂之。"②中國自古以來，僞造名人法書者所在多有，楊賓曾説："相傳吾鄉樊江有陳翁者，藏右軍草書《心經》一卷。翁自著書數册，言其授受之由，筆法之妙。余謂右軍真迹，豈能流傳至今。向所見《此事》、《幹嘔》等帖，皆好事者僞作，故于陳翁，亦不能無疑也。"③所以對于此物確須慎重。

其實，從邏輯上講，要想證其真很難，但要證其僞却要容易很多，只要有幾條甚至一條堅實的反證即可。

從正面來看，筆者曾將此本《孝經》正文的每一字均與《王羲之書法字典》進行核對比照，發現筆迹確實甚似，即便是傳世法帖中未曾出現的字也都寫得神采焕發；米芾、趙孟頫的題跋也都與他們的筆迹很像；明治本所附刻的幾十方印章（江户本未刻印章，但據明信片可知原本是有印章的）與能找到的原始印章一一對比，基本都是吻合的。項元汴一方"子京父印"小有變形（見圖2），如"子"與"京"字都稍有不同，最主要的是"父"字，其字左上

---

①　比如著名的《游目帖》便毀于廣島的原子彈爆炸之中，2007年文物出版社與日本二玄社合作製作出新的復原件。

②　（日）朝川鼎《古文孝經私記》卷上之《古今文各有二本考》，文化八年（1811）刊本。

③　[清]楊賓《大瓢偶筆》，頁33。

角的綫條其實是字的一部分,但在此本中却被補齊成爲印章的邊緣了,這樣的話那個字也就不是"父"了,無怪乎莊兵先生將其認爲"之"——當然,這些小的不同都有可能是摹刻失真所致,但若原本印章仍如此的話就需要另作判斷了。不過,此本爲了加重其價值還加了一篇玄宗敕文——其實完全不必要,因爲只是王羲之的真迹就够珍貴的了,任何人也不能再爲它增添什麽了——但恰恰是這篇敕文出現了致命的漏洞,此文基本上全文照録唐玄宗注《孝經》時所撰的序言,只有三處小的改動,一是全文之前加了"登花蕚相輝樓,見王羲之草本孝經,爲援筆制序"十九字,二是原文中傳世之序爲避唐高宗諱將《孝經》原文的"以孝治天下"改爲"以孝理天下",此處仍爲"治";三是全文結尾加了"開元二年三月書賜薛王業敕"的十二字落款。然而,這幾處却全都有問題,分述如下。

圖 2　左爲項元汴原印①,右爲明治本草書《孝經》上項氏之印

一、玄宗序在時間上的問題。

唐玄宗御注《孝經》在古代文化史中是件盛事,文獻資料對此有詳盡記載。《唐會要》卷七十七"論經義"載:

> 開元七年三月一日敕:《孝經》、《尚書》,有古文本孔、鄭注。其中旨趣,頗多踳駁。精義妙理,若無所歸。作業用心,復何所適。宜令諸儒并訪後進達解者,質定奏聞。

> 其月六日詔曰:《孝經》者,德教所先。自頃已來,獨宗鄭氏。孔氏遺旨,今則無聞。……其令儒官詳定所長,令明經者習讀。若將理等,

---

① 録自上海博物館編《中國書畫家印鑒款識》,北京:文物出版社,2013 年,頁 1109。

亦可并行。

　　緊接著四月七日便有劉知幾的“十二驗”及“行孔廢鄭”之論和司馬貞的兩者俱行論，五月五日。玄宗下詔：“間者諸儒所傳，頗乖通議。敦孔學者，冀鄭門之息滅；尚今文者，指古傳爲誣僞。豈朝廷并列書府，以廣儒術之心乎。其河、鄭二家，可令依舊行用。王、孔所注，傳習者稀，宜存繼絶之典。”①

　　于是，開元十年(722)六月二日，唐玄宗“注《孝經》，頒于天下及國子學”。天寶二年(743)五月二十二日“上重注，亦頒于天下”②，并親書刻石立于太學(其碑今存于西安碑林)。此開元十年本在國内已經失傳，在日本却保存了下來。清末黎庶昌刻入《古逸叢書》第五種，其書方重回故里。此書前有元行沖所撰序文而無玄宗序，玄宗序是在天寶二年重注本中出現的。

　　因此，草書《孝經》中全用玄宗敕文署爲“開元二年”便與史料矛盾，面對這個時間只有兩種解釋：一、唐玄宗早在開元二年就寫好了這篇敕文，此後讓群臣質定《孝經》其實便與他早就寫了注有關，後來只是把早年寫的敕文原封不動地放到書前作序；二、這是僞作。

　　第一種可能性其實并不存在。何況開元十年本并無御制序，而是讓大臣元行沖作序，直到天寶二年才用自己的序代替了元序。可見在天寶二年以前他還沒有寫成此序。當然，歷史往往極爲複雜，後人的研究不能過于簡單化地理解調配歷史原貌，雖然可能性很小，但如果唐玄宗的確別有考慮呢？所以若只是時間上的問題還不能完全定案，不過還有以下幾點。

　　二、以這篇文字來“賜薛王業”文不對題。前邊已經説了，這篇文字與傳世的御制序幾乎完全相同，只是前後各加了一句，就變成唐玄宗見此真迹，將其賜給弟弟時所寫的敕文。然而我們看一下正文就知道這是多麽笨拙的一次張冠李戴：

　　　　今故特舉六家之異同，會五經之旨趣。約文敷暢，義則昭然。分注錯經，理亦條貫。寫之琬琰，庶有補于將來。且夫子談經，志取垂訓。雖五孝之用則別，而百行之源不殊。是以一章之中，凡有數句；一

────────────

①　[宋]王溥《唐會要》，中華書局，1955年，頁1405—1409。

②　[宋]王溥《唐會要》第658頁。

句之内,意有兼明。具載則文繁,略之又義闕。今存于疏,用廣發揮。

這裏明明説的是自己爲何注《孝經》以及如何注的事,甚至還詳細地説了注的義例,且不説開元二年時玄宗當未注此,僅就内容來説,與"書賜薛王"全不相涉,非移用而何!

三、傳世玄宗序裏引了《孝經·天子章》中的一句話,爲避唐高宗李治諱將原文的"以孝治天下"改爲"以孝理天下",而此跋却仍爲"治"字。可能作僞者查經文爲"治"便校改了,却不知道這是避諱。

唐玄宗對于其祖父李治的諱避得很嚴。查《全唐文》,唐玄宗文從卷二十到四一,共二十二卷,却没有用一個"治"字,倒是用了二百五十個"理"字①,這些"理"字中有相當一部分是代替"治"字的:如"事關理道,實所留心"、"此聖人所以理天下、厚風俗也"均是。所以,這篇文字若爲唐玄宗親筆所書却寫出了他刻意避諱的字,那就只能説是僞作了。

四、此文開篇便云"登花萼相輝樓",繪葉書及明治本均有"花萼相輝玉璽"印。然據《唐會要》"興慶宫"條載:"開元二年七月二十九日,以興慶裏舊邸爲興慶宫……後于西南置樓,西面題曰'花萼相輝之樓',南面題曰'勤政務本之樓'。"②而此文既然寫于"開元二年三月",則在興慶宫始建之前,那時還無花萼相輝樓,從何而登乎?

除了這篇跋之外,貢師泰的題記亦是一個明顯的漏洞。前邊已經介紹了,全書的最後一面依次題"宣城貢師泰觀"、"大德十年春三月十日觀燕山張肅"、"蜀山虞集"、"清秘閣主人懶瓚謹觀"(見圖3),江户本摹刻時删去了米友仁和許衡二跋并幾十方圖章,但這一頁的題記與明治本相同,自當爲原件原樣。但就是這個題記露出了作僞的證據。依其次序,自然是貢師泰、張肅、虞集、倪瓚先後題詞的,然而,貢師泰的生卒年非常清楚,是1298年至1362年,自然無法推翻③,也就是説,在張肅大德十年(1306)題詞的時候,他才九歲,但却在此前題過詞了。這當然不可能,唯一的可能便是作僞。

---

① 　[清]董誥編《全唐文》,中華書局,1983年,頁233—457。

② 　[宋]王溥《唐會要》頁558。

③ 　參見王德毅、李榮村、潘柏澄編《元人傳記數據索引》,中華書局,1987年,頁961—962。

圖 3　筆者收藏王羲之草書《孝經》末頁題記

四　作偽時代之推定

　　既然已經確定這是偽作，那麼我們再進一步，看能否確定其作偽的時代。

　　文禄、慶長之役以後此物在日本的流傳非常清楚。其在朝鮮的流傳雖不可考，也應該沒有偽造的可能：一是朝鮮幾乎沒有偽造中國法帖的慣例，二是耆英臨本與此本極像，而此本東渡以後再未在國內重現——所以作偽只可能發生在國內。

　　前文已經指出貢師泰的題記爲偽造，這樣的話偽造的時間就可以斷定在貢師泰身後，也就是説只能是明代。而此書所收題記與印章中唯一的明代人便是項元汴。所以，我們可以推測作偽時間當在項氏大肆收購各種名帖之時，作偽者專爲售于項氏而炮製的。

　　關于項元汴其人，朱彝尊《書萬歲通天帖舊事》提供了有趣的參照：

　　　　是卷向藏鄉先生項子長家。子長諱篤壽，中嘉靖壬戌進士，入詞林，性好藏書，見秘册輒令小胥傳抄，儲之舍北萬卷樓。其季弟子京以善治生産，富。能鑒别古人書畫金石文玩物。所居天籟閣，坐質庫估價，海内珍異十九多歸之。顧嗇于財，交易既退，予價或浮輒悔至憂形于色，罷飯不啖。子長偵諸小童，小童告以實。子長過而問曰："弟近收書畫，有銘心絶品可以霽心悦目者乎？"子京出其價浮者，子長賞擊不已，如子京所與值償焉，取以歸，其友愛若是。①

　　此段記事非常可信，因爲朱彝尊的祖姑嫁給了項篤壽的孫子項聲國。此處的《萬歲通天帖》正是流傳于世中最接近王羲之真迹的書法珍品。項元汴豪富，由于他"坐質庫估價"的大手筆，很可能有不少書賈僞造名品前來販賣。詳朱氏文意，《萬歲通天帖》或亦項元汴轉售其兄的②。王羲之草書《孝經》已無文獻可證，但以彼例此，我們可以推測其僞造正是在這個時候。

　　此外，姜紹書《韵石齋筆談》的記載也佐證了項元汴的這一特點：

　　　項元汴墨林，生嘉隆承平之世，資力雄贍，享素封之樂，出其緒餘，購求法書名畫及鼎彝奇器，三吴珍秘，歸之如流。王弇州與之同時，主盟風雅，搜羅名品，不遺餘力，然所藏不及墨林遠甚。……每得名迹，以印鈐之，累累滿幅，亦是書畫一厄。譬如石衛尉，以明珠精鏐，聘得麗人，而虞其他適也，則黥而記之，抑且遍黥其體，使無完膚，較蒙不潔之西子更爲酷烈矣。覆載其價于楮尾，以示後人，此與賈竪甲乙帳簿何異！不過欲子孫長守，縱或求售，亦期照原直而請益焉，貽謀亦既周矣。乙酉歲，北兵至嘉禾，項氏累世之藏，盡爲千夫長汪六水所掠，蕩然無遺，詎非枉作千年計乎？物之尤者，應如烟雲過眼觀可也。③

　　文中一方面説他"購求法書名畫及鼎彝奇器，三吴珍秘，歸之如流"，一方面也指出他"載其價于楮尾"的書賈保值心理。文中所説的"乙酉歲大兵

---

　　①　［清］朱彝尊《曝書亭集》，《文淵閣四庫全書》第 1318 册，臺灣商務印書館，1985年，頁 245。

　　②　啓功先生《〈唐摹萬歲通天帖〉考》一文即如此認爲，參見《啓功叢稿·論文卷》，中華書局，1999 年，頁 64。

　　③　［清］姜紹書著，印曉峰點校《韵石齋筆談》，華東師範大學出版社，2009 年，頁214—215。

至嘉禾"指 1645 年清兵入城,然則《孝經》絶非此時流散,因爲伊達政宗在半世紀前便已經從朝鮮得到了它。所以極有可能是項元汴買到此物後,或者自己察覺或由其他鑒賞家相告,知此爲贋品,便趕快將其轉手售出。而其接手者很可能是來到中國的朝鮮使臣①——因爲當時想以"原直"甚至再賺一點的價格出售,在國内恐不可得。然而,朝鮮人購此回國後不久,便爆發了壬辰倭亂,此書亦被當作真迹劫走。

以上有關作僞時代的考證因爲資料太少的原因頗有猜測成分,不像真僞之考辨那樣有確鑿的證據,但雖不中亦不遠矣。

當然,如果可以看到原本,則可對許多細節再行考核。比如前文所及項元汴的印章,若前揭摹刻本與原印的不同只是摹刻之誤則可不論,若并非摹刻之誤而是原本即如此,那就表明連項元汴的印章也是假的——雖然項氏"子京父印"或許并非只有一方(儘管有數方的可能性很小),但無論如何不會把"父"字頭上的兩劃刻没了。若真如此,則其作僞時間更易確定了,當在項氏收藏得享大名且藏品開始散佚之後,有人僞造出他的藏品售于朝鮮人以牟利。項氏卒于 1590 年,壬辰倭亂開始于 1592 年,則其作僞即在此數年間。

五　伊達藏本與清宫本關係推測

行文至此,却還有一個複雜的問題没有解決,那就是中國文獻中隱約出現的王羲之草書《孝經》(永瑆所見本、耆英臨本)與日本藏本究竟是何種關係。

首先需要定位以江户摹刻本爲代表的伊達藏本與耆英臨本之間的關係。後者目前只能看到網絡上公布的兩面,這兩面包括《孝經》第一章的前88 字,將其與江户摹刻本對照,會發現僅 8 個字寫法上稍有差別,分别是兩個"曰"、兩個"知"、一個"睦"、一個"乎"、一個"膚"、一個"敢",其餘 80 字都高度相似,比例超過了 90％。從邏輯上看,這可以有兩種解釋:一是二者有

---

① ［清］姜紹書《韻石齋筆談》有"朝鮮人好書"一條,云"朝鮮國人最好書,凡使臣入貢,限五六十人,或舊典,或新書,或稗官小説,在彼所缺者,日出市中,各寫書目,逢人遍問,不惜重值購回"(頁 179),恰可參證。

一個共同的草書《孝經》爲源頭；二是二者爲分别集右軍之字而成。不過，仔細考查會發現，後一種可能性不能成立，原因有二：一是僅這 88 字中便有不少字不見于傳世王羲之字（以日本書法家杭迫柏樹所編《王羲之書法字典》爲依據），而二者依然保持了與通篇適應的相似度；二是如果是分别集字的話，有些字流傳的又不止一種寫法，集字者不同，選不同寫法的可能性亦極大，很難有超過 90％的相似度。前者可以開篇的"尼"字爲代表，此字《王羲之書法字典》僅收録了孫過庭《書譜》之字，且與《孝經》所書不同，但伊達藏本與耆英臨本却極類；後者可以"德"字爲代表，此字字典所收甚多，却無一同于《孝經》①，而此二本依然全同。因此，此二本的相似只能以同源來解釋。當然，或許會有人質疑，既然同源，爲何還有 10％的字不完全相類，并且行款也不同——這其實并不是問題，因爲同源只是説明二者有共同的遠祖，期間經過多少代的"變異"都有可能，加上耆英本并非影摹之本，而是臨本，有不同之處就更可以理解了。

永瑆所見本今或已佚，故不知與此二本有何關係。初步判斷，其或當爲耆英臨本的底本。目前所知，此草書《孝經》除永瑆所見者外，再無類似的記載，而永瑆與耆英同爲清宗室，耆英雖比永瑆小三十八歲，但他曾做過管理宗室的宗人府主事，二人理應有交往。另外，2010 年北京泰和嘉成拍賣有限公司拍出過一個成親王永瑆、輔國公綿聰、宗室慶錫三人書法合卷，慶錫正是耆英之子，合卷中還有耆英的"介春鑒賞之章"，那麼永瑆所藏《孝經》經過某種方式讓耆英得以臨摹，也便順理成章。據拍賣公司的説明，耆英臨本"帖内刻世臣、湯貽汾長跋兩通"、"首有清代學者張元度六十五字長跋。帖後并附佩芬、愛新覺羅、元度長紹兩跋"，想來這些題跋定會透露所臨之本的淵源，可惜現在此帖未知藏于何處，無法討論。

不過，從目前所知的材料來細究，亦可聊充佐證。永瑆跋共列了十處起止（參前所引），仔細查看，其後三例皆整章自足，前七例則并非如此，其每一例與下一例交接之處，除第二、三例和第五、六例兩處恰爲某章結尾，餘四例都是在某段中間突然截止了，如第四例説"至'謂之'"、第六例説"至'爲下而'"，都是半截話。當然，我們知道，永瑆標明的起止并非文意的起

---

① （日）杭迫柏樹編《王羲之書法字典》，天津人民美術出版社，2004 年，頁 202、243。

止，而是書法作者轉換的起止，正常來看，書法轉換當然不會從半句話開始，之所以會這樣，一定與此“貞觀祖拓”的殘缺有關，就一般邏輯來説，殘缺最多是整段整段的，所以這十例中後邊幾段是全缺的，其次便是整行整行的，再次便可能是蟲蛀或其他非常偶然的情况，零星地這裏缺一個字，那裏缺兩個字的情况——這種情况在永瑆的描述中只出現兩次，就是首章缺“膚”字及第四章缺兩個“服”字，但這種零星缺字并没有補，所以，前文提到半截話的就應該是整行的缺字。

　　這樣的話，我們把永瑆描述的起止與耆英臨本及伊達藏本仔細對勘便可窺其玄機了。首先需要説明的是，目前可以看到耆英臨本的前兩面共 7 行，88 字，平均每行 12.6 字，而這 88 字在伊達藏本中占了 8 行零 4 字，平均每行 10.5 字，則前者每行較後者多 2 字左右。

　　永瑆所述的 10 處起止中，有 6 處爲整章的結尾，無法探究長度的影響。另有一例中間有缺文，所以以半截話爲止的例子便有 5 例，統計如下：

　　第一例從“自‘開宗明義章’至‘敬親者’”，“敬親者”三字在第二章即“天子章”的開頭，其原文爲“子曰愛親者不敢惡于人敬親者”，伊達藏本此行到“敬”字，共 11 字，而永瑆本爲 13 字；

　　第二例自“卿大夫章”至“以事其先君”，《孝治章》從開始到“以事其先君”共 68 字，伊達藏本“君”字在下一行，去掉的話，67 字 6 行，每行 11.2字，而永瑆本爲 5 行的話每行爲 13.6 字。

　　第三例，自“以事其先君”下缺，後邊右軍書從“教愛”開始，則《聖治章》至“因嚴以教敬因親以”，共 118 字，在伊達藏本中有 2 字至下一行，則 116字 10 行，每行 11.6 字；而永瑆本 118 字 9 行，每行 13.1 字。

　　第四例自“教愛”至“謂之”，共 75 字，伊達藏本減于衍至下行的 3 字，則爲 72 字，共 6 行，每行 12 字，而永瑆本則爲 6 行，每行 12.5 字。

　　第五例自“紀孝行章”至“爲下而”，正文共 66 字，伊達藏本末行補入 4字方完整，則 70 字 6 行，每行 11.2 字；永瑆本則 66 字 5 行，每行 13.2 字。

　　以上第四例稍微例外，二本每行字數比較接近，考慮到爲草書，每行字數的盈縮本自有一定的寬鬆度，所以此例可以忽略——因爲另外四例已經顯示出二本共同的特點，即伊達藏本基本上每行 11 字左右，而永瑆本則每行 13 字左右，後者與耆英本基本一致。

　　如果耆英本確實臨自永瑆藏本，那就可以前者爲中間環節把伊達藏本與永瑆藏本聯繫起來。也就是說,此二本間也當有同源關係。這也可以從現存材料中尋繹到一些證明。

比如據永瑆跋知其第一章原本缺一"膚"字,細察耆英臨本與江户本,其"膚"字之異遠遠大于前舉之"曰"、"睦"、"知"、"乎"、"敢"五字,這五字的差異多在細節層面,但"膚"字的寫法却有著根本的差異(參圖4),可以推測,或許正是原本缺了此字,後人分別擬補(王羲之傳世書法中恰無"膚"字),便補出這種差異甚大的字。

	曰	睦	知	乎	敢	膚
耆英臨本						
伊達藏本						

圖4　耆英臨本、伊達藏本字形對比

另外,文本校勘亦可提供某些佐證。從筆者所藏江户本來考察,其在文字上屬《今文孝經》的系統,但有一些地方却與《古文孝經》相同,所以朝川鼎才會認爲"其經從今文而別有《閨門》一章,合爲十九章,羲之所傳果是長孫氏本,則自是一今文,亦可以證隋志矣"——朝川鼎是宗古文的,他認爲此本從今文却多出《古文孝經》獨有的《閨門章》,因此認爲這是《隋書·經籍志》所説的長孫氏《孝經》①。事實上此本與《古文孝經》相同的還不止于此,還有一處證據:今文通行本第十六章叫"感應章"②,而古文爲第十七章,名爲"應感章",江户本同于古文,如果這是普通刊本則還有刻誤的可

① 參見《隋書》,中華書局,1973年,頁935。

② 據阮元校勘記,今文系統之"石臺本、唐石經、岳本作'應感'"(《孝經注疏》,上海古籍出版社,2009年,頁83),又日本流傳之唐玄宗《御注孝經》亦作"應感"。但一來,後者或受在日本流傳極廣的古文影響而校改,二來這些本子的異文并不能改變數百年來通行本作"感應"的事實。

能,但這是書法摹刻,此可能幾乎不存在,也就是説,其摹刻的原本亦必如此;而永瑆在描述其所見"貞觀舊拓"本時説:"自'應感章'至'無思不服',真書補,著'臣虞世南'。"也是用了"應感章"的説法,這個説法也不可能是永瑆筆誤,因爲一來他不大可能把熟知的今文標目誤爲古文標目,二來清順治、康熙分別撰有《御注孝經》及《孝經衍義》,雍正有《御纂孝經集注》,均爲今文①,作爲乾隆第十一子的永瑆自然會更熟悉今文《孝經》。這裏的"應感"二字必爲其所見拓本的原樣。

縮結而言,日本所傳王羲之草書《孝經》與國内所傳當有淵源,雖然由于材料所限,還無法確定其淵源的脉絡,但淵源本身仍可以證明日本傳本并非朝鮮或日人所僞造。

六　王羲之草書《孝經》真僞與其價值的幾種可能性

以上考辨了日本傳本爲明末人僞造,但與中國傳本有同源的關係,所以,并不能簡單斥之爲僞。以目前所能看到的材料來推測,所謂的王羲之草書《孝經》當有三種可能。

一、永瑆藏本今已不可見,對此本的判斷只好相信他自己的目力,好在齋號爲"詒晉齋"的永瑆對晉唐書法功力深湛,且其深受乾隆皇帝寵愛,多得清宫秘藏,他説"紙墨之舊、筆鋒毫鋩之備盡,蓋即貞觀祖拓也",可信度還是很高的。據此,則永瑆藏本當爲唐代摹拓本。我們知道,右軍書法幾無真迹流傳,唐代的摹拓本便被世間目爲真迹(如著名的萬歲通天帖及2011年日本新發現的《大報帖》),這樣的話,以其爲底本的耆英臨本及與其有同源關係的日本傳本也自然有著"下真迹一等"的價值──相較而言,後者雖然或爲隔代之源且有人僞造了玄宗序文等,但畢竟爲摹刻本,在存真上自較臨本爲勝──當然,此本若源于永瑆本的話,永瑆本所缺的部分則當爲僞造者補入。

二、王羲之從來没有寫過草書《孝經》,永瑆藏本當類于懷仁《集右軍聖教序》爲集字本。如果是這樣,其集字當從唐初所見王羲之草書中集來,仍

---

① 參見[清]朱彝尊撰,林慶彰等點校《經義考》,上海古籍出版社,2010 年;胡平生《孝經譯注》序言,中華書局,2009 年,頁 13。

然代表了王羲之的書法面貌,加之《孝經》用字甚多,對傳世王羲之書法用字也是一個很有意義的擴充。不過,這一可能性其實可以排除,因爲如果是唐初集字,則唐太宗與座下幾位大書家自然會知道,既不會誤以爲真,更不會隆而重之地爲其補缺字;如果是唐以後集字,上面又有魏徵等人的補字,則其純爲僞本,與集字無關,那便是下一種可能性了。

三、雖然伊達藏本與永瑆藏本有同源關係,但二本却均出自僞造之本。這一僞本騙過了永瑆,根據這一僞本的某臨本重新僞造的本子又騙過了朝鮮人、伊達政宗以及日本黄檗宗諸多著名書法家。對于此種可能,筆者友人曾指出,僅從傳世王羲之書《孝經》各本皆有章名便可知諸本皆僞,據《孝經注疏》"開宗明義章"下之注:

> 案:《孝經》遭秦坑焚之後,爲河間顔芝所藏,初除挾書之律,芝子貞始出之。長孫氏及江翁、後倉、翼奉、張禹等所説皆十八章。及魯恭王壞孔子宅,得古文二十二章,孔安國作傳。劉向校經籍,比量二本,除其煩惑,以十八章爲定而不列名。又有荀昶集其録及諸家疏,并無章名。而《援神契》自《天子》至《庶人》五章,唯皇侃標其目而冠于章首。今鄭注見章名,豈先有改除,近人追遠而爲之也? 御注依古今、集詳議,儒官連狀題其章名,重加商量,遂依所請。①

認爲"《孝經》文本演變史中,分章且標明章名,是唐代以後之事情,甚至很可能是唐玄宗御注孝經之後之事"。但這種説法仍有問題。一、引文中已經明言"唯皇侃標其目而冠于章首",可知在皇侃(488—545)之時便有章名。二、傳世的賀知章草書《孝經》亦有章名,其後有"建隆二年冬十月重粘裱賀監墨迹"字樣,真實性比較可靠,其作草書之時,或當早于玄宗御注頒行之時。三、當然,賀氏草書亦有人持懷疑態度,但我們還可以舉出更確鑿的例子,《漢書·藝文志》有"孝經"類,顔師古注云:"庶人章分爲二也,曾子敢問章爲三。"②這更明確地證明在顔師古(581—645)之時,《孝經》確有章名。當然,"庶人章"名與今相同,但把《聖治章》稱爲《曾子敢問章》又與今不同,似亦有小疑,但那時《孝經》有章名却當是事實。

應該説,在上面的三種可能性中,第一種與第三種都是存在的。只是

---

①　[唐]李隆基注,[宋]邢昺疏《孝經注疏》,頁1。

②　陳國慶編《漢書藝文志注釋彙編》,中華書局,2005年,頁80。

第一種可能有永瑆作證,而第三種可能則只是臆斷,并無有力的舉證。如果我們拿不出鐵證來證明永瑆的判斷有誤,便不可以直接無視他的意見。事實上,由于唐太宗酷愛右軍書,曾製作大量摹本,其中有許多未見文獻記載,但亦爲學界所承認,如上世紀發現于日本的《孔侍中帖》、《喪亂帖》、幾十年前發現的《妹至帖》與剛剛發現的《大報帖》都是如此。

所以,綜合來看,第一種可能性是最大的。也就是説,永瑆所藏很可能是唐代摹拓本,而日本傳本又與以永瑆本爲底本的裴英臨本字體高度相似,則可知日本傳本雖爲晚明人羼入玄宗敕文、僞蓋歷代收藏印章并可能改換行款,增補原本的缺字,但也是依據真本僞造的,不過,無論如何,它的絕大多數字體仍是摹刻自"真迹",在永瑆藏本不存的情況下,裴英臨本自然不能代替原本,而此日本傳本反倒成了王羲之草書《孝經》的唯一代表。

(作者單位:北京師範大學文學院)

域外漢籍研究集刊　第十四輯
2016 年　頁 317—334

中日對《清净法行經》的受容異同考

——以《玉燭寶典》爲中心的考察

野村卓美　撰　　楊秀雲　譯

一　引言:“天地經”關於“三聖派遣説”之論述

在中國,佛教與道教在試圖擴大本教影響力的時間上是重合的。兩宗教在展開争論的過程中由於過於主張本教的優越性,甚至創作出了荒唐無稽的逸聞。道教徒們宣揚老子化身爲釋迦牟尼教化印度人的“老子化胡説”。與此相對,佛教徒們則宣傳所謂的“三菩薩派遣説”,即釋迦牟尼向不信仰佛教的中國派遣了三位菩薩(一説兩位菩薩,但三位菩薩的情況居多),而這三位菩薩化身成了老子、孔子與顔淵(也存在省略顔淵的情況),爲佛教的傳播做了事前的準備工作。雖然有多部經典記載了“三聖派遣説”,但多數情況下因著書各異,典籍名稱也存在相異之處,並且在釋迦牟尼選擇的菩薩的名稱、人數以及菩薩在中國化身的聖人名稱上也各有不同。本文將以包含了若干用例,且在經録中明確記載了其成書時期的《天地經》爲例進行研究。

參照中國相關著書中的引例以及經録的記述,筆者發現存在有多部疑似《天地經》的經典著作。以筆者的淺見,這些著作可分爲如下幾類。

首先,從翻譯佛典著手。“記述天地世界之建立及有情世間之萬象”的《立世阿毘曇論》10 卷(《大正藏》32,第 173 頁上～226 頁上)中稱其爲《天地記經》(著重號爲筆者加,下同)(《望月佛教大辭典》,世界聖典刊行協會,第 4999 頁中)。該經的序言中有“陳西印度三藏真諦譯”字句,明確記載了真諦(449～569①)的翻譯。道世(？ ～668?)所撰《法苑珠林》卷第 2 方土部第 6 中引用的《造天地經》(《大正藏》53，第 281 頁上)也應是天地經的異本。經錄中，例如費長房所撰《歷代三寶紀》(597 年著成)卷第 14 小乘修多羅有譯錄之"度量天地經一卷"(《大正藏》49，第 119 頁下)、彥琮所撰《衆經目錄》(602 年著成)卷 4　五分疑偽之"妙法蓮華度量天地經一卷"(《大正藏》55，第 173 頁中)等經典，卷數雖有不同，但都包含"度量"一詞，並被分類爲"有譯"(『歷代三寶紀』)，應該是與《立世阿毘曇論》相關而創作的疑經。

其次，存在述説寶應聲菩薩化身伏羲的"天地經"。智顗(538～597)所撰《維摩經玄疏》(《大正藏》38，523 頁上)卷第 1 引用了"造立天地經"、杜台卿所編《玉燭寶典》(581 年之前著成②)第 4"四月孟夏"以及唐代遁倫(一説道倫)所撰《瑜伽論記》卷第 1 下(《大正藏》42，329 頁下)皆引用了相關"天地經"的內容。

此外，也有"天地經"在關於老子的論述中，撰寫了老子是周幽王(在位時間，前 783～前 771)的皇後所生的趣聞軼事。道宣所撰《廣弘明集》(664 年著成)卷第 9，抄錄了北周(556～581)甄鸞所著《笑道論》，創作成了"造天地經"(《大正藏》52，第 148 頁下)、"造立天地記"(同上，第 150 頁上)、"造天地經"(同上，第 152 頁下)。法琳(572～640)所撰《辨正論》卷第 8 中也有"造立天地經"(《大正藏》52，第 547 頁上)的記述。

最後，關於論述"三聖派遣説"的例子。法琳所撰《破邪論》卷上中，記載有：

內典天地經曰。佛遣三聖化彼東土。迦葉菩薩彼稱老子。

——(《大正藏》52，第 478 頁下)

並且法琳在《辨正論》卷第 5 中之"案佛説空寂所問經及天地經"(同上，第 524 頁中)，與《破邪論》卷上引用的《清净法行經》相同，都記述了迦

---

①　本稿中所出現的注釋、僧侶的生卒年及佛教典籍的著成時間均參考《佛書解説大辭典》(大東出版社)、《望月佛教大辭典》、《大藏經全解説大事典》(雄山閣出版)、《中國佛教人名大辭典》(上海辭典出版社)。

②　《石川三佐男著〈玉燭寶典〉之"解説"》，《中國古典新書續篇 8》，明德出版社，1988 年，頁 6。另，《玉燭寶典》引用自《古逸叢書》第 28 册。

葉、儒童化身爲老子、孔子之説。這些記述也被引用在元子成所撰《折疑論》卷5(同上，第816頁下)之中①。

陶宗儀所編《説郛》(元末明初著成)卷第50中，被宋羅璧所撰《識遺》所抄録，其中引用了"釋氏天地經"，寶輪菩薩、吉祥菩薩、儒童菩薩、月明菩薩分别化身爲伏羲、女媧、孔子、顔回(《説郛三種》(上海古籍出版社，第791頁下)。

查閲經録，在《歷代三寶紀》卷第7"譯經東晉"篇中有"諸天地經一卷"等，譯有"孝武帝世(372~396)。西域沙門竺曇無蘭"(《大正藏》49，第70頁中)。如前文所述，無法從類似"諸天地經"的經典之中找出引用例。加之，從隋末唐初以後的著書之中才開始發現"天地經"的經題，因此其著成的時間應該比費長房所指要晚。並且，"現存最古老的經録"(《大藏經全解説大事典》630頁中)僧祐所編《出三藏記集》(510~518年著成)中未發現"天地經"也應該能夠證明此觀點。曹凌②認爲，從北周甄鸞在《笑道論》中引用的内容來看，"造天地經"是"作爲道教經典被引用"的，而劉屹則推斷道教中存在《太上老君造立開天地記》這樣一部經典③。據此我們可以理解爲該經典以"内典天地經》""釋氏天地經"爲題之意。

綜上所述，雖然存在著若干述説"三聖派遣説"、被稱之爲"天地經"的經典，但似乎這些經典並未傳播。因而作爲論述"三聖派遣説"的經典，我們應該還是要關注《清净法行經》(以下縮略爲《法行經》)。該經典雖在中日兩國都有廣泛傳播，但其傳播狀況在兩國之間卻存在很大的差異。

---

①　《折疑論》與"清净法行經"、"説空寂所問經。及天地經"都記有迦葉、净光、儒童化身老子、仲尼、顔回(《大正藏》52·816頁下)。以上事實符合灌頂所説的少數的"Ⅲ型"。

②　曹凌《造天地经》，《中國佛教疑偽經綜録》，上海古籍出版社，2011年，頁274~275。

③　劉屹《〈笑道論〉所引道典之書志學研究》，《天問》(丙戌卷)，江蘇人民出版社，2006年，未見其書。

二　中國對《法行經》的吸收借鑒
——以《玉燭寶典》爲中心的考察

在很長一段時間内，人們認爲《法行經》已經散佚。但是近年來，我們已經確認在名古屋市長福寺（通稱七寺）中，存有卷頭部分缺失的《法行經》。其複印、翻刻等版本刊行於《七寺古逸經典研究叢書》第二卷①。七寺本被認爲是"現存唯一的無對照本的手抄本②"。發現七寺本以後，人們對《法行經》的研究也急速地發展起來。其中，石橋成康③、曹凌④、鈴木英之⑤、曹景惠⑥對於引用該經典的中國著書的研究也取得了一定的成果。根據他們的研究可以確認，出自《法行經》的引用，全部來自特定的地方。如七寺本中所示：

> 天竺東北。真丹【偏國】。人民【攏掠】。多丕信罪。【知而故犯。對强難化。生天者少。地獄者多。甚可慈愍】。吾今先遣。弟子三聖。悉是菩薩。善權示現。摩訶迦葉。彼稱孝^(老)子。光净童子。彼名仲尼。月明儒童。彼號顔淵。【宣^(宜)吾法化。孝^(老)子道德。孔子孝經。文各五千】。孔顔【二賢。以爲】師諮。【共相發起】。講論五住^(住)。詩傳易禮。威儀法則。以漸誘化。【令彼人民。普服法味】。

---

①　《中國撰述經典（其之二）》，大東出版社，1996 年。文中經文的引用皆來自本書。

②　直海玄哲《〈清净法行經〉解題》，《中國撰述經典（其之二）》，大東出版社，1996年，頁 23。

③　石橋成康《新出七寺藏〈清净法行經〉攷》《東方宗教》第 78 號，1991 年 11 月，頁69～87。

④　曹凌《清净法行經》，《中國佛教疑僞經綜録》，上海古籍出版社，2011 年，頁113～118。

⑤　鈴木英之《本地垂迹説における中國経典の影響——〈清净法行経〉の受容をめぐって一》，《東アジア世界と中國文化——文學・思想にみる伝播と再創》，勉誠出版，2012 年，頁 51～93。

⑥　曹景惠《〈沙石集〉における三聖派遣説の源泉》《日本中世文學における儒釋道典籍の受容——〈沙石集〉と〈徒然草〉》，日本學研究叢書 4，台灣大學出版中心，2012年，頁 195～245。

　　然彼佛經。當往真丹。

　　（97 行～105 行）

＊【】及底線爲筆者加。

　　在考察中日兩國對《法行經》的吸收借鑒之際，杜台卿所編《玉燭寶典》是應該引起我們重視的一本典籍。前文所述四人，只有鈴木提到了《玉燭寶典》，但是金文京先於鈴木提到該典籍①。在《玉燭寶典》之中，記載有如下内容②：

　　　　清淨法行經。天竺東北。真丹人民。多未信罪。吾今先遣。弟子三聖。悉是菩薩。往彼示現。摩訶迦葉。彼稱老子。光淨童子。彼名仲尼。月明儒童。彼號顔淵。孔顔師諮。講論五經。詩傳禮典。威儀法則。以漸誘化。然後佛經。當往彼所。

——《古逸叢書》第 28 册

　　將七寺本中帶有【】的部分省略，雖然有底線處的不同，但可以判斷出"内容字句全部一致"③，繼而推斷出《玉燭寶典》參照了與七寺本類似的著作。但是，深究細節的話，我們尚能發現幾處相異之處。最應該注意的地方是在七寺本中的"善權示現"處，在《玉燭寶典》中則變成了"往彼示現"④。其次應該注意的是，《玉燭寶典》中的"往彼示現""當往彼所"這兩處，把"真丹"用"彼"這一指示詞替換。在注意上述不同點的同時，參照作

　　①　金文京《孔子の伝説——〈孔子項槖相問書〉考》，《説話論集　第十六集》（説話と説話文學の會），清水堂出版，2007 年，頁 237～264。

　　②　梁曉虹《從名古屋七寺的兩部疑僞經資料探討疑僞經在漢語史研究中的作用》，《普門學報》第 17 期，2003 年 9 月，頁 189～233。在其後所著《佛教與漢語史研究——以日本資料爲中心》（南山大學學術叢書，上海古籍出版社，2008 年）再錄）中有以下語句："語言多爲四字句式，與同期翻譯佛經的四字句相比，《清淨法行經》明顯流暢自然"（引自著書第 26 頁）。七寺本及《玉燭寶典》中句點爲筆者所加。

　　③　金文京《孔子の伝説——〈孔子項槖相問書〉考》，《説話論集　第十六集》（説話と説話文學の會），清水堂出版，2007 年，頁 264。

　　④　前田繁樹《〈清淨法行経〉と〈老子化胡経〉——排除のない論議》，《中國撰述經典（其之二）》，大東出版社，1996 年。其後著《初期道教経典の形成》（汲古書院。2004 年）再錄）中，"翻刻文"中將"善權示現"翻刻爲"菩薩示現"（頁 772）。筆者所見學者的引用均爲"善權"。

者不詳的《歷代法寶記》(774年左右著成),則有以下記述:

　　　　案清净法行經云。天竺國東北真丹國。人民多不信敬。造罪者甚衆。吾我今先(異本)遣聖弟子三人。悉是菩薩。於彼示現行化。摩訶迦葉彼稱老子。光净童子彼號仲尼。明月儒童彼名顔回。講論五經詩書禮樂威儀法則以漸誘化。然後佛經當往。

　　　　　　　　　　　　　　　　　　　　　　——(『大正藏』51,第179頁下)

　　＊對比《玉燭寶典》,不同之處用波浪線,添加的部分用雙重底線標注。

　　該作品忽略了《法行經》和《玉燭寶典》中有意識創作的四字結構,注重了内容的傳達。但是,更應該注意的是,我們比較七寺本、《玉燭寶典》《歷代法寶記》可以發現,《歷代法寶記》比七寺本更加接近《玉燭寶典》這一事實。我們可以明顯看出,《歷代法寶記》的記述範圍並未超出《玉燭寶典》,並且可以推測出"於彼示現行化"中的"於彼"是"往彼"的誤寫①。

　　石橋成康認爲《法行經》參照了真經的"編集經典"②。經過調查可以判斷,七寺本中的74～78行直接參照了簡稱爲《灌頂經》的《佛説灌頂拔除過罪生死得度經》(《大正藏》21,第535頁下)。據《出三藏記集》卷第5(《大正藏》55,第39頁上)記載,該經文於"宋孝武帝大明元年"由"比丘慧簡""依經抄撰"而成。因此可以推測出《法行經》是於大明元年(457)以後編撰而成③。在現存的中國典籍中,《玉燭寶典》是最早且大篇幅地引用《法行經》的經典著作,同時作爲争論之源的三菩薩的名稱與三聖人的對應關係也與七寺本並無出入,因而前人不斷指出的"異本"的存在、"後人的改變"

---

　　①　該記述可以顯示《歷代寶法記》參照了《玉燭寶典》之類的文本。《歷代寶法記》的作者參照了將"善權示現"改爲"往彼示現"的書目,認爲用"往彼"無法充分傳達《法行經》中"三聖派遣"的宗教性意義,因而在"於(往)彼示現"之後添加了"行化"二字。

　　關於未正式受戒的學者杜台卿是直接抄録了《法行經》還是參考了已經抄録好的文獻這一點没有定論,但據推測後者的可能性較高。《歷代寶法記》則明顯是翻閲了抄録過的書目之後又添加了佛教性的意義。

　　②　石橋成康《新出七寺藏〈清净法行經〉攷之二——疑經成立過程における一斷面》,《佛教文化研究》第37號,1992年9月,頁35～48。之後改題爲《疑經成立過程における一斷面——新出七寺藏〈清净法行経〉攷》,被《中國撰述經典(其之二)》再録。

　　③　野村卓美《〈清净法行経〉の研究——〈法句経〉〈佛説灌頂拔除過罪生死得度經〉と〈清净法行経〉》,《文藝論叢》第85號,2015年10月,頁26～38。

等論説也失去了根據①。基於《玉燭寶典》的上述考證，有必要對《法行經》的吸收借鑒情況進行更深入考察。

那麽，上文三部著作中提及的三菩薩、三聖人，即摩訶迦葉、光净童子、月明(明月)儒童分別化身爲老子、仲尼和顔淵的論説稱作"Ⅰ型"②。當然，三菩薩、三聖人之間的關係是論述的基本内容，將在下文進行詳細考證。

三　中國對《法行經》的吸收借鑒
——以天台宗爲中心

天台宗的開宗始祖智顗(538～597)也承認《法行經》述説的"三聖派遣説"。這一點，通過《維摩經玄疏》卷第 1 中，如前文所示《造立天地經》之後的記載：

> 又清净法行經説。摩訶迦葉應生振旦示名老子。設無爲之教外以治國。修神仙之術内以治身。彼經又云。光净童子名曰仲尼。爲赴機緣亦遊此土。

　　　　　　　　　　　　　　　　——(《大正藏》38，第 523 頁上)

以及《摩訶止觀》卷第 6 下的記載：

> 我遣三聖化彼真丹。禮義前開大小乘經然後可信。真丹既然。

　　　　　　　　　　　　　　　　——(《大正藏》46，第 78 頁下)

均可證明。其中記載有摩訶迦葉、光净童子化身老子、仲尼之説，與"Ⅰ型"重合，由此有學者認爲其直接參照了《法行經》。但是，由於細節處

---

① 在日本的大江親通(1151 年卒)所撰《一切設利羅集》(牧野和夫《〈一切設利羅集〉零本、影印、解説》，《年報》第 7 號(實踐女子大學文藝資料研究所)(1988 年 3 月)第 119～153 頁)中，引用了七寺本 8～24 行的内容(132 頁下～134 頁上)。雖然進行了抄録卻未見異文，這一現象應該可以促使主張"異本"的存在、"後人的改變"的學者重新研究。野村卓美在《日本對於疑經〈清净法行經〉的吸收——三聖派遣説話和舍利信仰》，《文藝論叢》第 78 號，2012 年 3 月，頁 72～73 中有所論及。

② 野村卓美《〈清净法行經〉研究——三菩薩和三聖人の對應關係再考》，《文藝論叢》第 86 號，2016 年 3 月預定刊行。

的文字有所不同，且僅記録了二菩薩與二聖人，因此，目前我們不能肯定以
上説法。加之，我們認爲也有《法行經》在天台宗内部並未傳播的可能性。
接下來筆者將對此進行深入的考證。

　　關於《法行經》，在天臺宗内部有以下兩種論述：

　　首先，智顗的高徒灌頂（561～632）的論述。在《大般涅槃經疏》卷第 12
中，有如下記載：

　　　　如清浄法行經云。迦葉爲老子。儒童爲顔回。光浄爲孔子。

　　　　　　　　　　　　　　　　　　　——《大正藏》38，第 109 頁下）

　　並且，在灌頂所撰《南本大般涅槃經會疏》卷第 8（《卍續藏》36，第 461
頁上）也有同樣的文字出現。該經記述了迦葉、儒童、光浄化身爲老子、顔
回、孔子之説。如果儒童與月明儒童是同一菩薩的話，則與"Ⅰ型"相一致，
但是我們還未找出能證明此結論的根據①。並且，兩著作在菩薩與聖人的
記述順序上也有所差異。加之，《法行經》中"摩訶迦葉。彼稱孝（老）子。光
浄童子。彼名仲尼。月明儒童。彼號顔淵"中加著重號的部分所示，如果
我們深究細節記述的話，則灌頂全部只用"爲"來表示加著重號的部分。基
於此種考量，我們無法斷定灌頂翻閲過《法行經》。因此這裏的記述應該不
是"Ⅰ型"而是"Ⅲ型"②。然而這種類型似乎未被接受，其他記述也只是在
子成所撰《折疑論》（1351 年著成）卷第 5③（《大正藏》52，第 816 頁下）中出
現過。

　　另一種是天台宗第六祖湛然（711～782）的學説。在他主編的《止觀輔

---

　　①　曹景惠雖斷定兩者爲同一菩薩，卻未表明證據（參見曹景惠《〈沙石集〉における
三聖派遣説の源泉》頁 215）。儒童菩薩與孔子的關係多被論及。具體可參照以下論
稿：《儒童菩薩》（《望月佛教大辭典》）、許裏和《佛教征服中國》，江蘇人民出版社，1998
年，頁 522～523；白化文《"儒童"和"儒童菩薩"——爲慶祝季希迪（羨林）老師九十華誕
而作，《東方文學研究通訊》2001 年第 2 期，頁 33～38；李小榮《化胡説再檢討》，《〈弘明
集〉〈廣弘明集〉述論稿》，四川出版集團，2005 年，頁 94～240。

　　②　野村卓美《〈清浄法行經〉研究——三菩薩和三聖人的對應關係再考》，《文藝論
叢》第 86 號，2016 年 3 月預定刊行）。

　　③　其他經典之中雖有"光浄童子（菩薩）"，但只有《折疑論》中將其稱爲"浄光童子
菩薩"。曹景惠認爲兩菩薩爲同一菩薩（可參照曹景惠《〈沙石集〉における三聖派遣説
の源泉》頁 223）。

行傳弘決》卷第 6 之 3 中有如下記述：

　　　　清净法行經云。月光菩薩彼稱顏回。光净菩薩彼稱仲尼。迦葉
　　菩薩彼稱老子。

——《大正藏》46·343 頁下）

　　並且在《止觀輔行搜要記》卷第 6（《卍續藏》55，第 820 頁上）中有相同記載。此處應注意的地方是月光菩薩化身顏回之説。查閱辭書，"月光童子"的解釋是"作叉月明童子，亦作月光菩薩"（《望月　佛教大辭典》，第 758 頁中）、"月明菩薩"的解釋是"叉，月明童子。月明童男。與月光童子異稱同人"（《織田　佛教大辭典》，大藏出版，第 365 頁中）。並且，參照金文京的"月光童子""月光菩薩"與"月明儒童、明月儒童相近①"的説法，可以理解爲月光菩薩與月明（明月）儒童爲同一菩薩②。這也算作"Ⅰ型"。

　　將月光菩薩與顏回結合的"Ⅰ型"也出現於志磐所撰《佛祖統紀》（1269 年著成）卷第 4（《大正藏》49，第 166 頁中）、同卷第 35（同上，第 333 頁中）。並且，智圓（976～1022）所撰《涅槃經疏三德指歸》卷第 9 中記載有"清净法行經""月光菩薩彼稱顏回"（《卍續藏》37，第 455 頁下）。兩書皆明確記載參照了"止觀輔行傳"，並且志磐、智圓都是"天台宗"的僧侶（《大藏經全解説大事典》，第 855 頁上，第 858 頁中）。因此，月光童子（菩薩）與顏回的結合之説應該只是在天台宗內部，並且是通過湛然的著作傳播的。

　　對於之前的《止觀輔行傳弘決》卷第 6 之 3 的引文，曹景惠有如下看法：

　　　　三聖菩薩名的分配與名古屋七寺藏《清净法行經》現存本的記載基本一致。由此可見，"清净法行經云"的相關引用，並非間接引用，可

---

　　①　金文京《〈玉燭寶典〉所載〈法殁盡経〉看老子·孔子·頂橐三聖派遣説》，《東方宗教》第 117 號，2011 年 5 月，頁 1～17。

　　②　如金文京所述（參見《〈玉燭寶典〉所載〈法殁盡経〉看老子·孔子·頂橐三聖派遣説》，頁 10～11），應與《首羅比丘經》（佐藤智水《敦煌本〈首羅比丘經〉點校》，《岡山大學文學部紀要》第 17 號，1992 年 7 月，頁 11～21）提出的"月光童子"信仰有關。可作爲今後的課題。

信性較高①。

　　但是從以下理由來看，則無法肯定曹景惠所指出的"基本一致"説法。首先，聖人的記述順序與七寺本相反。七寺本可以推測是有意識地按照大致的生卒年順序記述的，那麽湛然是以何順序爲基準的呢？並且，筆者在論述灌頂的著述時已經指出，七寺本甚至考慮到了細節處的記述，而湛然則皆以"稱"記述，且只記述了三菩薩與三聖人的對抗關係。綜上所述，比較七寺本，很難得出湛然著述與《法行經》相"一致"的結論。

　　據此可以推斷，灌頂、湛然是没有看過《法行經》的，智顗翻閱該經的可能性也極小。

四　中國對《法行經》的又一吸收借鑒
——儒童菩薩與孔子

　　上文筆者已經介紹了"Ⅰ型""Ⅲ型"，在中國，大多數人相信孔子是儒童菩薩（童子）的化身②。湛然也記有"世人常云。孔子是儒童菩薩"（《止觀輔行傳弘決》卷第 10 之 2（《大正藏》46，第 441 頁上）），承認了與自家學説不同的學説廣泛傳播的事實。引用了道宣所撰《廣弘明集》卷第 8（664 年著成）的北周（556～581）道安所撰《二教論》中記載有：

　　　　又清净法行經云。佛遣三弟子振旦教化。儒童菩薩彼稱孔丘。光净菩薩彼稱顔淵。摩訶迦葉彼稱老子。

　　　　　　　　　　　　　　　　　　　　——（《大正藏》52，第 140 頁上）

---

　　① 曹景惠《〈沙石集〉における三聖派遣説の源泉》《日本中世文學における儒釋道典籍の受容——〈沙石集〉と〈徒然草〉》，日本學研究叢書 4，台灣大學出版中心，2012 年，頁 220。

　　② 關於儒童菩薩與孔子，在《儒童菩薩》（《望月佛教大辭典》）、許裏和著《佛教征服中國》（江蘇人民出版社，1998 年）第 522～523 頁、白化文《"儒童"和"儒童菩薩"——爲慶祝季希逋（羡林）老師九十華誕而作》《東方文學研究通訊》2001 年第 2 期第 33～38 頁、李小榮著《化胡説再檢討》《〈弘明集〉〈廣弘明集〉述論稿》（四川出版集團，2005 年）第 94～240 中有詳細記述。

　　筆者把這種對應關係稱之爲"Ⅱ型"①，這是一種將"Ⅲ型"中所記的孔子與顔回的菩薩交換了位置的類型。引用這種類型的著述，以最初記録儒童菩薩與孔子關係的例子居多。並且，不論内典、外典，多見記載有與湛然相同的"孔子是儒童菩薩"之例。而且，這種"Ⅱ型"也可見於法琳（572～640）所撰《破邪論》卷上（《大正藏》52，第 478 頁下）、宗曉（1151～1214）所撰《三教出興頌註》（《卍續藏》57，第 100 頁中～下）、類書宋葉延珪（1115 年進士）所撰《海録碎事》卷 13 上、志磐所撰《佛祖統紀》卷第 35 之"別引法行經本"（《大正藏》49，第 333 頁中）。

　　不言而喻"Ⅱ型"的著述並不是直接參照的《法行經》。日本對《法行經》吸收的例子更加明確地印證了這一點。

五　日本對《法行經》的吸收借鑒
——七寺本與《玉燭寶典》

　　日本對《法行經》的吸收借鑒與中國不盡相同。從《大日本古文書》（東京大學史料編纂所）10 中天平 20 年（748）8 月 4 日（322 頁）的抄寫記録可知，此經是奈良時代傳入日本的。並且此經在久安元年（1145）抄寫的《東寺一切經目録》中作爲"疑經"（《昭和法寶總目録》卷 1，第 1016 頁上）記録，以及大江親通在其所撰的《一切設利羅集》中有對此經的抄録②，根據這兩點可以證實《法行經》曾在日本傳播。從現存的七寺本來看，關於《法行經》在日本的吸收借鑒，中日之間存在很大的差異。如下所述，假設著書在引用《法行經》之時，參照了與七寺本相近的書目。

　　石橋認爲，了尊所撰《悉曇輪略圖抄》（1287 年著成）卷第 7（《大正藏》84，第 690 頁中）是"唯一""閲覽了《清浄法行經》本文之後引用"的例子③。

---

①　野村卓美《〈清浄法行經〉研究——三菩薩和三聖人的對應關係再考》，《文藝論叢》第 86 號，2016 年 3 月預定刊行。

②　牧野和夫《〈一切設利羅集〉零本、影印、解説》，《年報》第 7 號，實踐女子大學文藝資料研究所，1988 年 3 月，頁 119～153。

③　石橋成康《新出七寺藏〈清浄法行經〉攷之二——疑経成立過程における一斷面》，《佛教文化研究》第 37 號，1992 年 9 月，頁 73。

但是有人指出其參照了類似於《玉燭寶典》的典籍①。關於《玉燭寶典》在日本的傳播,有林真木雄②、石川三佐男③的考證。

在現有的著書中,考察《法行經》在日本的吸收借鑒方面最應該注意的是道邃(1106～1157?)所撰《摩訶止觀論弘決纂義》卷第 6 的記載:

> 清浄法行經等者。經云。吾今遣弟子三聖。悉是菩薩善權示現。摩迦訶葉。彼曰老子。光浄童子。彼名仲尼。月明儒童。彼號顏淵。今文月光。即是月明。明之與光。其義大同。或本月光。全同今文。然涅槃疏。儒童菩薩者。

——(《大佛全》15,第 395 頁上～下)

道邃是大江匡房(1041～1111)之子,其所著《摩訶止觀論弘決纂義》是關於《止觀輔行傳弘決》等書的“編集的師承之面授口訣之義”,因此可以推測出有“與現行本不同”的“道邃的所持本”(田島德音《佛書解説大辭典》)的存在。通過對《摩訶止觀論弘決纂義》的比較研究可以發現,該書與之前研究過的中國典籍有所不同,其記述與七寺本較爲類似。首先,此書出現了中國典籍中未出現的“善權示現”一詞。並且還在此書中發現了只有《玉燭寶典》《歷代法寶記》中才有的“彼名仲尼”“彼號顏淵”的記述④。這裏應該注意的是,在以上引文之後的記述中記有,道邃接觸了“月光”“涅槃疏”,閱覽了灌頂、湛然引用的《法行經》之後才形成了以上的引文。也就是説可以推測出道邃參照了多本《法行經》的文本,其中也包括與七寺本類似的《法行經》。

---

① 野村卓美《〈清浄法行經〉研究——釋迦派遣的三菩薩和真丹的三聖人》,《文藝論叢》第 81 號,2013 年 10 月,頁 32～45。

② 林真木雄《關於〈本朝月令〉的典籍出處研究》,《神道宗教》第 166 號,1997 年 3 月,頁 31～64,同《關於〈本朝月令〉所引月舊記》,《國學院雜誌》第 91 卷第 1 號(1998 年 1 月)第 55～70 頁。

③ 《石川三佐男著〈玉燭寶典〉之“解説”》,《中國古典新書續篇 8》,明德出版社,1988 年,頁 5～12,同《古逸叢書的白眉〈關於玉燭寶典〉一近年學術情報·卷九的未來一》,《秋田中國學會 50 周年記念論集》,秋田中國學會,2005 年,頁 1～15。

④ 七寺本中記有“彼稱孝(老)子”,道邃記爲“彼曰老子”,雖然記述有所不同,但可以看出是區分不同的聖人而使用不同動詞的意識。這種意識只在中國《玉燭寶典》之類的書中出現。

　　道邃參照了類似《玉燭寶典》的書目的證據，除了存在於前文所提到的了尊所撰《悉曇輪略圖抄》，還存在於法空所述《聖德太子平氏傳雜勘文》（1314 年著成）上卷。在此文中，“清净法行經云”在引用《法行經》的部分中有“往彼示現”，在引用的最後又有“當往彼所〈文〉”（〈〉表示小字注解。下同）。最後，還有“能寂所問經云”（《大佛全》112，第 216 頁上），具備了之前所述類似《玉燭寶典》書目的要件。但是，在同樣是法空記錄的《上宮太子拾遺記》（鐮倉時代末期著成）第 4 中，有如下記載：

　　　　清净法行經云。天竺東北真丹國人。懾悷強難化。吾今先遣弟子三聖。摩訶迦葉。彼曰老子。光净童子。名曰仲尼。月明儒童。彼號顏回。宣吾法化。〈文〉

　　　　能寂所問經云。（略）

——（《大佛全》112，第 365 頁下）

　　此引文與《聖德太子平氏傳雜勘文》中引用的《法行經》的經文明顯不同。其中包括中國典籍中未發現的“懾悷①”的記述。此外，還存在“強難化”“宣吾法化”等記述。這些詞語並不是法空偶然想到而是基於確有的典籍而記述的。比較發現，引文部分皆只在七寺本中有記述，由此可知法空翻閱了與七寺本類似的書目。但是，如上述所示，法空在《法行經》之後引用了《能寂所問經》，明晰了《玉燭寶典》的影響，這應該可以說是日本對《法行經》吸收借鑒過程不可忽視的現象之一。

六　《法行經》在中國的散佚時期

　　以上筆者用實例論證了中日對《法行經》吸收借鑒的相異之處。接下來，筆者將參照學者的論述對《法行經》在中國的散佚時期進行考察。

　　關於《法行經》的著成時間，《望月　佛教大辭典》中記載有“梁代以前

---

①　關於“攏悷”，李維琦《佛經續釋詞》，岳麓書社，1991 年，頁 140～141 頁；梁曉虹《從名古屋七寺的兩部疑偽經資料探討疑偽經在漢語史研究中的作用》，《普門學報》第 17 期，2003 年 9 月，頁 26～27 中有詳細記述。

著成”（第 2663 頁中），石橋認爲在“六朝宋代”“以前”①，前田則認爲是在“東晉後半期至劉宋之間”②。如上文所述，從與《佛説灌頂拔除罪生死得度經》的關係來看，筆者推測 457 年是其著成的時間上限③。

　　另外，學界幾乎無人論及《法行經》的散佚時期。鑒於散佚理由，石橋雖寫有此經被認爲是“反‘化胡説’之經典”，“隨著佛教成爲了真正固有的民族宗教，其使命也終結了”④，但石橋並未寫明散佚時期。曹凌則提及了《法行經》存在的時期。在《開元譯經録》（730 年著成）卷第 18 序言中，列舉了包含“清净法行經一卷”的 8 部經文，智升爲其標注“頗涉凡情”（《大正藏》55，第 671 頁下）。據此，曹凌推斷，“智升編輯《開元譯經録》時尚見此經，亦説明此經至少在 8 世紀初尚在中國流通”⑤。在此，筆者想對曹凌的這一論斷進行深入研究。

　　智升在同卷第 18 的兩處對《法行經》進行了記録，分別是“別録中疑惑再詳録第六”（同上・第 671 頁上）和“別録中僞妄亂真録第七”（同尚・第 672 頁上），明確標明參照了前文的經録⑥。筆者在研究“別録中疑惑再詳録第六”的記述時發現，在“慧定普遍國土神通菩薩經一卷”中注有‘今親見其本全非聖言’（同上，第 671 頁中）。並且，在“最妙勝定經一卷”中記有‘與最妙初教經文勢相似一真一僞亦將未可’（同頁下）、在《衆經目録》（《彦琮録》）卷第四　五分疑僞　中記有並記的二經（同上，第 173 頁上）中，“最

---

　　①　石橋成康《新出七寺藏〈清净法行経〉攷之二——疑経成立過程における一斷面》，《佛教文化研究》第 37 號，1992 年 9 月，頁 72。

　　②　前田繁樹《〈清净法行経》と《老子化胡経》—排除のない論議—》，《中國撰述經典（其之二）》，大東出版社，1996 年，頁 778。

　　③　野村卓美《〈清净法行経〉の研究——〈法句経〉〈佛説灌頂拔除過罪生死得度經〉と〈清净法行経〉》，《文藝論叢》第 85 號，2015 年 10 月，頁 35。

　　④　石橋成康《新出七寺藏〈清净法行経〉攷》，《東方宗教》第 78 號，1991 年 11 月，頁 73。

　　⑤　曹凌《清净法行經》，《中國佛教疑僞經綜録》，上海古籍出版社，2011 年，頁 117。

　　⑥　在牧田諦亮著《疑經研究》（京都大學人文科學研究所，1976 年）第 1 章 32 頁）中指出：“看似爲諸經録的疑經，多數是原封不動地繼承了先前的經録，並未確認該經録的編者是否存在”。

妙初教經"和"最妙勝定經"的"文勢"雖然相近,卻很難作此判斷。在筆者
調查的範圍内,這些標注在之前的經録中並未發現,應該是智昇新加的内
容。在"清净法行經一卷"中僅'記説孔老顏回事'(同上,第 671 頁下)提及
'三聖派遣説'。正如智昇在之前的二經中所加標注,如果説這些標注是詳
細翻閲了全部經典所做的標注的話,就會有以下幾點疑問。首先,《法行
經》是由第一段和第二段構成,有 116 行。在現存的七寺本中,第二段是後
半的 25 行,特别是經常被引用的説明"三聖派遣説"的地方也不過是先前
所述的 97～105 行的 9 行而已。而且多數内容是第一段對説明的 20 條"清
净法行"與 20 條"不清净之行"[1]的對比分析[2]。引用此經的全部典籍,都
引用了"記説孔老顏回事"的部分,基於上述事實的經録編寫者,也必定會
記下新的見解。僅僅通過此標注,無法作出上述經文直接參照了《法行經》
的判斷。加之,七寺本中記載的是"孝(老)子""仲尼""顏淵",這與上述引文
相比,不僅順序不同,且稱呼也不同。

　　如上所述,僅憑標注,無法得出其翻閲了《法行經》的結論。

　　曹景惠推測了《法行經》的散佚時期。在北宋智元所撰《涅槃經疏三德
指歸》卷第 9 中,有如下記述:

　　　　引清净法行經者準輔行所引。與今小異。未知孰是彼引經云月
　　光菩薩彼稱顏回。故知孔老二教。

　　　　　　　　　　　　　　　　　　——(《卍續藏》37,第 455 頁下)

　　　　　　　　　　　　　　　　　　　＊句點爲筆者所加。

　　智圓認爲,湛然所撰《止觀輔行傳弘决》《止觀輔行搜要記》中引用的
《法行經》,是與"當下的《法行經》不同的",同時又參照了"經云月光菩薩彼
稱顏回"和湛然的二書。北宋時期,人們雖懷疑湛然之書與原文有所不同

---

　　①　石橋成康《新出七寺藏〈清净法行經〉攷之二——疑経成立過程における一斷
面》,《佛教文化研究》第 37 號,1992 年 9 月,頁 76～78。

　　②　在七寺本第二段序言中記有"阿難勤教。化便爲善。奉修法行。二十善事。
勿使缺減",(92 行)認爲"二十善事"爲阿難所説。石橋成康推測七寺本缺少的序言中
也有相同的記述(《新出七寺藏〈清净法行経〉攷之二——疑経成立過程における一斷
面》,《佛教文化研究》第 37 號,1992 年 9 月,頁 43)。

卻不得不引用。其原因是由於當時"《清净法行經》極有可能已經散佚"①。如前所述,曹景惠指出,湛然的引用並非是翻閱了《法行經》而記述的。因而,北宋時代的智圓當然也無法親眼翻閱《法行經》。

七　總結:《法行經》傳播過程中《玉燭寶典》所起作用

中日兩國對《法行經》的吸收借鑒存在很大的不同,這一點從前文所論述的兩國典籍中引用經文的不同可以明顯看出。從日本的典籍之中可以看出,中國的典籍中未記録的語句,均僅可以在七寺本中發現相應記述。這一點説明了在日本能夠查閲擁有與七寺本近似的文本典籍。除《玉燭寶典》這類書目之外,在中國目前尚未發現有類似日本七寺本記述的報告。這一事實可以説明《法行經》在著成之後僅有一部分被吸收,且在極短的時期内就已散佚。原因之一,其内容如本經第一段中所説,20 條的"清净法行"與"不清净之行",是"爲了處在傳教最前沿的没有正式受戒的信徒所寫的教養書"②,對於僧侣來説是衆所周知的知識,是没有記録價值的經文。並且,此經在佛教不斷成熟的過程中,有可能遭到輕視,被認爲没有傳承的價值,因而散佚。但是,只有第二段特殊的"三聖派遣説"得到了後人强烈的關心。對於不是佛教徒的人們來説,只有其傳承是必要的,將"善權"改成"往彼",則去除了其中的宗教性的意味。而《玉燭寶典》則只是其中的一部典籍。

通過考察中日兩國對《法行經》的吸收借鑒過程,筆者得出了上述的結論,希望學者們能夠不吝賜教。

綜上所述,大部分學者在考察《法行經》的傳播、吸收之際,並未論及《玉燭寶典》之類典籍的存在。因此,"異本"和"後人之增補、改變"的有無成爲他們討論的中心内容。在考察中國對本經的吸收借鑒過程中,《玉燭

---

① 　曹景惠《〈沙石集〉における三聖派遣説の源泉》《日本中世文學における儒釋道典籍の受容──〈沙石集〉と〈徒然草〉》,日本學研究叢書 4,台灣大學出版中心,2012年,頁 221。

② 　前田繁樹《〈清净法行経〉と《老子化胡経》──排除のない論議》,《中國撰述經典(其之二)》,大東出版社,1996 年,頁 770。

寶典》之類的典籍起到了極爲重要的作用。在日本受到重視的典籍,之前已經有所討論,但對於本經的著成、傳播與吸收的過程則幾乎未被論及。由於此研究還存在許多留待考察的事項,因此爲了解決這些問題,不僅要以内典爲中心進行考察,今後還有必要擴大外典的考察範圍。

(作者單位:南京大學外國語學院日語系;
譯者單位:南京大學歷史學院、常熟理工學院)

域外漢籍研究集刊　第十四輯
2016 年　頁 335—350

《大越史記全書》所載明人詩考論[*]

馮小禄　張　歡

　　《大越史記全書》是古代越南著名編年體正史,歷經 13 到 17 世紀漫長的編修歷程,其主要編修者有黎文休、潘孚先、吳士連、黎僖等人。由於古代越南與中國關係密切,長時期受到中國文化的強烈影響①,更重要的是,這部史書運用古漢語和儒家思想寫作,在編修過程中即參酌了很多中國史料,故在這部越南人所修的越南史書裏,保留了不少來自中國王朝史書(越史稱爲北史)和與中國王朝交往的各種歷史材料,包括各種文學藝術類型的交往傳播。著眼於此,學界對本書所記載的中國古代戲班傳入越南,宋太宗討交州詔和李覺使交詩等材料作過辨析討論②,但對本書所載幾首明人詩卻無人問津。本文即著力於此,以引起學界對這些域外明詩的重視。這八首明人詩,有五首仍見存於中國文獻,不過文字略有差異,有校勘的作用,另外三首(含詩句)則已消失無蹤,具有較大的輯佚和研究價值。下面即先分見存和亡佚兩類考證,後再討論八首明詩所反映的明安關係及其實質。

---

　　* 本文爲作者主持教育部課題"明人文集中的東南亞各國資料輯録及文學交往研究"(13YJA751012)階段性成果。

　　① 參朱雲影《中國文化對日韓越的影響》,廣西師範大學出版社 2007 年。

　　② 參劉致中《中國古代戲班進入越南考略》,《文學遺產》2002 年第 4 期;葉少飛《〈大越史記全書〉載宋太宗討交州詔辨析》,張伯偉編《域外漢籍研究叢刊》第九輯,中華書局 2013 年;陸小燕、葉少飛《李覺使安南考》,《紅河學院學報》2011 年第 5 期。

一　五首見存於中國文獻的明人詩

《大越史記全書》所載八首明人詩中,有五首仍見存於中國文獻。第一首是《大越史記全書》本紀卷之九"庚午太和八年,明代宗景泰元年(西元1450)"條所載李實拜見明英宗詩:

> 　　秋七月,明以李實充正使,偕北虜使北行。十五日實等見明英宗泣下行拜禮畢,見英宗所居,皮帳布幃,席地而寢,因奏今陛下服食粗陋不堪,因極言王振寵之太甚,以致陛下蒙塵之禍。英宗曰:"朕今悔不及。"實即事賦一詩云:"重整衣冠拜上皇,偶聞天語重凄涼。腥膻充腹非天祿,草野爲君異帝鄉。始信奸臣移國柄,終教胡虜叛天常。只今天使通和好,翠輦南旋省建章。"是時北虜酋長也先命頭目率五百騎送明英宗至燕京,百官迎于安定門。英宗自東安門入,景泰帝拜迎,推遜良久,乃送英宗至南宫,群臣就見而退。①

本詩原見於李實爲迎還被俘的明英宗而北使也先的《北使録》,然文字略有不同:"拜"作"拜","偶"作"忽","重"作"倍","充"作"滿","移"作"專","旋"作"還"②。"拜"爲"拜"的俗字,其他皆當以原文爲確。除此詩外,李實還録有北使途中的五首詩。《大越史記全書》特意引録李實此詩,意在記載土木堡之變後爲北元也先所俘虜的明英宗歸朝問題,突出英宗寵信奸臣宦官王振的惡果和歸國的艱難凄涼,這既是明王朝的大事,也有懲戒安南本國帝王的作用。確實,《明史》本傳也突出了李實在迎還英宗歸朝的重要作用。正是他在景泰皇帝猶疑、大臣畏縮的背景下挺身而出,以禮部右侍郎的身份充正使往北元,"至則見上皇,頗得也先要領,還言也先請和無他意。及楊善往,上皇果還。"對此,雍正《四川通志》的説法更簡明:

---

①　陳荆和校合本《大越史記全書》本紀卷之九,東京大學東洋文化研究所,1984—1986 年,頁 628。以下凡出此書者皆簡稱《大越史記全書》,標注卷數和頁碼。

②　《紀録彙編》卷十七,《叢書集成新編》120 册,臺灣新文豐出版公司 1983—1986年,頁 72。

"自實有此行,後漸議迎駕。論者謂回鑾之功,不在李賢而在實。"①李賢爲復辟成功的明英宗天順年間的內閣首輔。不過由於李實在謁見明英宗的過程中,曾希望被俘虜的上皇明白處境,"請還京引咎自責,失上皇意",結果爲奪門成功、重爲皇帝的明英宗所恨,而"後以居鄉暴橫,斥爲民"②。

另外四首載於《大越史記全書》本紀卷之十五"癸酉洪順五年,明正德八年(西元 1513)"條:

> 正月二十六日,明遣正使翰林院編修湛若水、副使刑科右給事中潘希曾來,册封帝爲安南國王,並賜皮弁一副、常服一套。希曾見帝,謂若水曰:"安南國王貌美而身傾,性好淫,乃豬王也,亂亡不久矣。"及還,帝厚贐之,若水、希曾不受。帝餞若水詩云:"鳳詔祇承出九重,皇華到處總春風。恩覃越甸山川外,人仰堯天日月中。文軌車書歸混一,威儀禮樂藹昭融。使星耿耿光輝遍,預喜三台瑞色同。"若水次韻答云:"山城水郭度重重,初誦新詩見國風。南服莫言分土遠,北辰常在普天中。春風浩蕩花同舞,化日昭回海共融。記得傳宣天語意,永期中外太平同。"帝餞希曾詩云:"一自紅雲赭案前,使星光彩照南天。禮規義矩周旋際,和氣春風笑語邊。恩詔普施新雨露,炎封永奠舊山川。情知遠大攄賢業,勉輔皇家億萬年。"希曾次韻答云:"皇家聲教古無前,此日春風動海天。龍節遠輝南斗外,烏星長拱北辰邊。維垣義在思分土,納誨才疏愧濟川。臨別何須分重幣,贈言深意憶他年。"帝又餞若水詩云:"聖朝治化正文明,內相祇承使節行,盛禮雍容昭度數,至仁廣蕩煥恩榮。留時欲敘殷勤意,餞日難勝繾綣情。此後鑾坡承顧問,南邦民物囿升平。"若水次韻答云:"良富從頭春日明,我歌聽罷我將行。自天三賜元殊數,薄物衆邦孰與榮。更謹職方酬聖德,每將人鑒察群情。臨岐不用重分付,萬里明威道蕩平。"帝又贈希曾詩云:"乾坤清泰屬三春,使節光臨喜色新。炳煥十行頒漢詔,汪洋四海溢堯仁。胸中冰玉塵無點,筆下珠璣句有神。今日星軺回北闕,餞筵杯酒莫辭

---

① 〔清〕黃廷桂等《四川通志》卷十二《忠義·李實傳》,文淵閣四庫全書 559 册,頁 509。按:此傳録李實拜上皇詩首二句,"忽"作"備"。

② 〔清〕張廷玉等《明史》卷一百七十一《楊善傳》附《李實傳》,中華書局 1974 年,頁 4568。

頻。"希曾次韻答云："萬里觀風百越春，瘴煙消盡物華新。車書不異成周制，飛躍元同大造仁。稍似滄溟瀁海蟻，永懷朱鳥奠炎神。畏天事大無窮意，才入新詩寄語頻。"①

　　本處載録明朝册封正使翰林院編修湛若水、副使刑科右給事中潘希贈與受封的安南國王（越史稱爲襄翼帝，中國文獻稱爲黎䏦）臨别酬答詩各二首，共四首。按：湛若水二詩不見載於本集《湛甘泉先生文集》②，而見載于明李文鳳《越嶠書》，前一首題作《次韻奉酬安南國王》，文字全同，後一首題作《次韻留别安南國王以酬餞别之作》，文字則多有不同："良富"作"富良"，當以"富良"爲是，指越南富良江；"聽罷"作"君聽"，當以"君聽"爲是，前者詩意不通；"薄物"作"薄海"，"衆邦"作"諸邦"，皆當以後者爲是；"職方"作"識方"，"人鑒"作"人監"，"察"作"達"，"情"作"晴"③，此四者則皆當以《大越史記全書》所載爲是。由此可見《大越史記全書》所載確有較高的中外文獻校勘價值。《越嶠書》還録有《大越史記全書》和本集不載的湛若水《將發舟用韻辭安南國王所贈金幣諸贶》詩："海隅日出綵雲重，龍節回時更饗風。恭敬直須筐篚外，襟懷都見詠歌中。揮金一笑辭連子，執玉千年奠祝融。踏斷虹橋天際路，此生難此再相同。"④表現了湛若水不貪外國金幣的清操亮節。

　　潘希曾二詩則見載其本集《竹澗集》，前首題作《次韻答安南國王兼辭其贶》，後首題作《次韻酬安南國王餞别之作》，文字皆略有不同：前首"維垣"作"藩垣"，"餘意"作"深意"，後首"似"作"自"，"瀁"作"輪"，"才"作"裁"，皆當以原作爲是。《大越史記全書》"維垣"、"餘意"、"瀁"的改動，有削弱安南依附明朝爲宗藩的潛在用意。此外，潘希曾尚有《回至吕瑰再次王韻辭其贶》詩："久依香案玉皇前，手捧綸音下九天。不用橐金酬使越，須知封土在安邊。周爰歸去風生袖，長揖分離思滿川。彼此相望無遠邇，謳

　　①　《大越史記全書》本紀卷之十五，頁803—804頁。
　　②　[明]湛若水《湛甘泉先生文集》三十二卷，清康熙二十年黄楷刻本，《四庫全書存目叢書》集部56、57册，齊魯書社1997年。
　　③　[明]李文鳳《越嶠書》卷十九《國朝詩》，北京大學圖書館藏明藍格鈔本，《四庫全書存目叢書》史部162册，頁279。
　　④　李文鳳《越嶠書》卷十九《國朝詩》，頁280。

歌同答太平年。"①可見與湛若水一樣，潘希曾也兩次作詩辭謝安南國王的臨別贈禮。此首《大越史記全書》亦不載。

二　三首中國文獻已亡佚的明人詩

依時間順序，第一首中國文獻已亡佚的明人詩，是《大越史記全書》卷之七"己酉十二年明洪武二年（西元一三六九年）十一月"條所録牛諒挽安南國王裕宗（中國文獻稱陳日煃）詩：

冬，十一月，葬阜陵。明遣牛諒、張以寧齎金印、龍章來，適裕宗晏駕，諒作詩挽之曰："南服蒼生莫枕安，龍編開國控諸蠻。包茅乍喜通王貢，薤露寧期别庶官。丹詔遠頒金印重，黄鵠新閟玉衣寒。傷心最是天朝使，欲見無由淚滿鞍。"既而以寧疾死，惟諒回國。右相國恭定王頔作詩餞之曰："安南宰相不能詩，空把茶甌送客歸。圓傘山青瀘水碧，隨風直入五雲飛。"諒謂頔必有國，後果如其言。②

按：牛諒此詩不見於中國文獻。牛諒，字士良，東平人，徙居吳興③。洪武元年舉秀才，爲翰林院典簿。與張以寧使安南還，稱旨，三遷至禮部尚書。後以不任職罷。《明史》本傳稱其"著述甚多，爲世傳誦"④。然《千頃堂書目》所著録的《尚友齋集》⑤現已不傳，唯明劉仔肩編《雅頌正音》卷四録其五律《秋林高士圖》、五古《淦泉詩爲劉明善賦》、七絶《畫梅》、五絶《紅梅》等四首詩⑥，明張以寧《翠屏集》卷二附録其七律《五月十三夜，夢侍讀

①　[明]潘希曾《竹澗集》卷二，文淵閣四庫全書1266册，頁667—668。
②　《大越史記全書》卷之七，頁437。
③　關於牛諒的籍貫，諸書記載有不同：張廷玉等《明史》卷一百三十六《牛諒傳》僅説他是東平人（頁3932頁），陳田《明詩紀事》同（上海古籍出版社1993年，頁122）；錢謙益《列朝詩集小傳》甲集《牛尚書諒》則説他是"東平人，寓吳興"（上海古籍出版社1983年，頁90），朱彝尊《明詩綜》同（中華書局2007年，頁161）。按：稽之牛諒行跡，當以錢、朱説是，東平爲祖籍，吳興爲占籍。
④　《明史》卷一百三十六《牛諒傳》，頁3932。
⑤　[清]黄虞稷《千頃堂書目》卷十七，瞿鳳起、潘景鄭整理，上海古籍出版社2001年，頁450。
⑥　[明]劉仔肩編《雅頌正音》卷四，文淵閣四庫全書1370册，頁619。

先生,枕上成詩》一首①,趙琦美《趙氏鐵網珊瑚》卷十四録其《朱孟辨東麓秋矧圖》題詩七絶一首,卷十五録其《王彦强破窗風雨卷》題詩七律一首②,清康熙《御選明詩》卷十八録五古《西郭憩景德寺分韻》,卷六十九録七律《破窗風雨圖》(此首即《趙氏鐵網珊瑚》卷十五所録《王彦强破窗風雨卷》題詩)、卷九十六録五絶《紅梅》、卷一百二録七絶《畫梅》等四首詩③,朱彝尊《明詩綜》所録《西郭憩景德寺分韻》、《紅梅》、《畫梅》等三首詩均見於《御選明詩》④,近代陳田《明詩紀事》甲簽卷四所録《秋林高士圖》又見於《雅頌正音》⑤。去其重複,僅存詩八首,都不見這首挽安南國王陳日煃詩。

　　第二首是《大越史記全書》本紀卷之八"癸未漢蒼開大元年,明成祖永樂元年(西元一四零三)"條所載無名氏詩:

　　　　明遣鄔脩來以告太宗即位改元。時明帝都金陵,燕王棣反,殺三司官,以兵向闕,所至克捷。入城恣其殺戮,建文自焚死。棣自立爲帝,改元永樂。時有詩云:"江上黄旗動,天邊紫詔回。建文年已没,洪武運重開。朝士遭刑戮,宫娥睹劫灰。誰知千載後,青史有餘哀。"或曰解縉所作,以此得禍。⑥

按:本詩不見於現存解縉文集,亦不見於其他中國文獻,當是正統元年八月詔還解縉所籍家産後所流傳的哀歎建文帝無辜滅亡而不滿朱棣血腥篡立的無名氏之作,而被一些人附會爲解縉之作。解縉(1369—1415),字大紳,吉水(今江西吉安)人。按之解縉生平,雖其勇於直言,敢在皇帝面前縱議大臣優劣,後又因言漢王朱高煦爭立太子和諫征安南、郡縣安南等事,而被貶交趾,最終因此"二諫"中奇禍慘死,但在建文滅亡、朱棣登基之初,

　　①　[明]張以寧《翠屏集》卷二附録,文淵閣四庫全書1226册,頁568—569頁。
　　②　[明]趙琦美《趙氏鐵網珊瑚》卷十四,文淵閣四庫全書815册,頁735,頁773。
　　③　[清]張豫章等《御選宋金元明四朝詩・御選明詩》,文淵閣四庫全書本,1442册,頁464;1443册,頁725;1444册,頁387、504。
　　④　[清]朱彝尊《明詩綜》卷四,頁162。
　　⑤　陳田《明詩紀事》甲簽卷四,頁122。
　　⑥　《大越史記全書》本紀卷之八,頁482—483。

他乃是率先投靠朱棣並得到重用的幾位大臣之一①，是絕不可能寫出這樣一首詩的。但或許因爲解縉曾潛在地爲安南說話，又曾流放交趾爲參政，督餉化州，有惠政，是故黎利領導獨立後的安南人民對他有特别的好感，一直到萬曆時期，"南人至今爲立廟祀之"②，於是《大越史記全書》才在本處補充說："或曰解縉所作，以此得禍"。解縉當初所著書稿雖多，然因爲得罪永樂皇帝的緣故而在身後頗多散佚，直到天順元年——之前的正統元年八月朝廷詔還所籍解縉家產③，情況開始好轉——才由出使安南頒佈英宗皇帝復位詔的正使黄諫輯録爲三十卷《解學士全集》。但這個失於檢核的本子遭到了後人的很多指責，典型如李東陽《懷麓堂詩話》即謂其"真僞相半"④，或者其中即有這首詩。然而這個本子現已亡佚，今存文淵閣四庫全書本《文毅集》已無此詩，是故本詩究否解縉所作，不得而知。

第三爲許天錫的兩句詩，見載於《大越史記全書》本紀卷之十四"丁卯端慶三年，明正德二年（西元1507）"條：

閏正月，明遣行人司行人何露來致祭于憲宗睿皇帝。明又遣正使翰林院編修沈燾、副使工科左給事中許天賜賚詔敕封帝爲安南國王，並賜皮弁冠服一副，常服一套。天賜見帝相，題詩曰："安南四百運猶長，天意如何降鬼王。"⑤

按：本處的明朝册封副使許天賜的姓名應爲許天錫。《明史》本傳言：

---

① 《明史》卷一百四十七《解縉傳》："始縉言漢王及安南事得罪。後高煦以叛誅。安南數反，置吏未久，復棄去。悉如縉言。"頁4122。另參李賢《古穰集》卷二十八《雜録》所言："文廟初甚眷愛解縉之才，置之翰林。縉豪傑，敢直言。文廟欲征交阯，縉謂：'自古羈縻之國，通正朔，時賓貢而已。若得其地，不可以爲郡縣。'不聽，卒平之爲郡縣。仁廟居東宮時，文廟甚不喜，而寵漢府，漢府遂恃寵而有覬覦之心。縉謂不宜過寵，致有異志，文廟遂怒謂離間骨肉。縉由此二諫得罪。洎宣廟初，漢府果發，交阯亦叛，悉如縉言。"文淵閣四庫全書1244册，頁775頁。按：此當爲《明史》所本。

② ［明］廖道南《明學閣記》，解縉《文毅集》附録，文淵閣四庫全書1236册，頁846。

③ 《明史》卷一百四十七《解縉傳》："正統元年八月詔還所籍家產。成化元年復縉官。贈朝議大夫。"頁4122。廖道南《明學閣記》："至世宗，因江西撫臣之請，詔允建祠。神宗追謚曰文毅。"

④ 李東陽著、李慶立校釋《懷麓堂詩話校釋》，人民文學出版社2009年，頁194。

⑤ 《大越史記全書》本紀卷之十四，頁783。

"許天錫,字啟衷,閩縣人。弘治六年進士。改庶吉士。思親成疾,陳情乞假。孝宗賜傳以行。還朝,授吏科給事中。時言官何天衢、倪天明與天錫並負時望,都人有'台省三天'之目。……武宗即位之七月,因災異上疏,請痛加修省,廣求直言,遷工科左給事中。正德改元,奉使封安南,在道進都給事中。三年春,竣事還朝。"後因劾宦官劉瑾專權死①。據此,《大越史記全書》本處所記許天錫官左給事中,當是據安南所留明朝頒封詔書過録,而非其在道拜任的都給事中。許天錫的著述據黃虞稷《千頃堂書目》,有《中庸析義》、《黃門集》三卷、《交南詩》一卷②,而清《福建通志》則僅著録《黃門集》,爲七卷③。《黃門集》和《交南詩》現皆亡佚。明曹學佺編《石倉歷代詩選》所録許天錫詩最多,有 86 首,其中有幾首顯見是奉使安南詩,如《余使交州得木山僧寮,峰巒窅窱,堅如岩石,用梅都官賦木假山韻》、《蒼梧閑眺》、《晚至平南憶別馬參戎澄》、《安博站偶成》、《過鬼門關》、《安南王送贐金禮物辭以此詩》、《東津岸同沈太史何大行晚眺》等詩④,然無此二句。《大越史記全書》不録其辭金詩《安南王送贐金禮物辭以此詩》,而録評安南國王的"鬼王"詩句,當與越史對本處所載的威穆帝(中國文獻稱黎誼)的否定性評價相關。許天錫在明朝享有正直敢言又廉潔奉公的大名,引此足可爲此後來禍亂安南的國王定性。這與該書明正德八年條所載潘希曾對襄翼帝的"豬王"預測性評價如出一轍。

三　八首明詩所反映的明安關係及其實質

仔細分析歸納《大越史記全書》所載此八首明詩材料,可以看出古代越南史臣所關注的問題主要有三個:

1. 明朝皇權更迭的非常規現象。作爲在明朝建國伊始就與之率先建立朝貢册封關係的安南,十分關注這個驅逐了元蒙少數民族統治的中國漢

① 《明史》卷一百八十八《許天錫傳》,頁 4986—4988。
② [清]黃虞稷《千頃堂書目》卷二,頁 42,卷二十一,頁 534。
③ [清]郝玉麟等《福建通志》卷六十八,文淵閣四庫全書 530 册,頁 424。
④ [明]曹學佺《石倉歷代詩選》卷四四六《明詩次集》卷八十,文淵閣四庫全書 1392 册,頁 885—896。

族王朝的皇權交接。因爲中國王朝所秉持的封建嫡長子繼承制度和儒家的仁義治國、華夷之辨思想,也正是安南立國治國的根本和取法效法的榜樣。由此,當事實上是安南宗主國的明朝也出現了非常規的不顧倫理綱常的暴力奪權現象和皇帝失陷于周邊少數民族的糟糕現象時,安南史臣在編撰本國史書時,自然也要大書特書,以提醒本國統治者。

值得説明的是,《大越史記全書》的歷代編撰,體現出非常鮮明的取法中國著名史書的著史方式和著史觀念。在方式上,本書是以編年體爲主要敍述框架而參以傳記體的人物小傳。其取法的直接對象是司馬遷《史記》的十二《本紀》,以歷代安南帝王統治爲中心,描寫安南制度歷史和人物的各個方面。甚至在史臣評論上,也採用《史記》"太史公曰"的論贊體例,而以"黎文休曰"、"潘孚先曰"、"吳士連曰"等安南史家論斷方式出現,評論歷史人物事件的功過得失。在觀念上,本書則取法《春秋》以來中國歷史一向重視宗法血統傳承和儒家仁義治國的褒貶懲勸大義,以及歷史著作對於帝王修身治國的"資治通鑒"作用。所以率先爲《大越史記全書》定下書名的吳士連説:"臣竊惟古有信書,國之大典,所以紀國統之離合,所以明治化之隆汙。蓋欲垂戒於將來,豈特著幾微於既往;必善惡具形褒貶,始足以示勸懲。……效馬《史》之編年,第慚補綴;法《麟經》之比事,敢望謹嚴。"①司馬遷《史記》是以十二《本紀》爲全書綱領,統攝上自黄帝、下至漢武帝三千年的中國古代歷史,其體例縱向看是編年,橫向看是傳記。《麟經》是《春秋》的別稱,曾經孔子删定,乃"禮義之大宗"②。《春秋》在簡略的敍事中所寄寓的政治道德褒貶功能,向來爲人推崇,被稱爲"春秋筆法"。所謂一褒榮于華衮,一貶嚴於斧鉞是也。續編安南歷史的范公著也説:"國史何爲而作也? 蓋史以記事爲主,有一代之治,必有一代之史。而史之載筆,持論甚嚴,如黼黻至治,與日月而並明;鈇鉞亂賊,與秋霜而俱厲。善者知可以爲法,惡者知可以爲戒。關係治體,不爲不多,故有爲而作也。……皆所以尊正統而黜僭僞,舉大綱而昭監戒耳。……其言政治,亦古史之《尚書》,其寓

① 吳士連《擬進大越史記全書表》,《大越史記全書》卷首,頁 58。
② [漢]司馬遷《史記·太史公自序》,《史記》卷一百三十,中華書局 1959 年,頁 3298。

褒貶,亦魯史之《春秋》,庶有補於治道,有裨於風教,是亦考證之一助云。"①此言《尚書》而不言《史記》,只是爲了給一個最古的説法而已。總之,《大越史記全書》有很强的以史爲鑒精神,故在記載明安關係時特意記録明朝無名氏傷感建文滅亡詩和李實拜見明英宗詩,以引起本國帝王的戒惕之思。

　　2.安南皇權更迭的非常規現象。《大越史記全書》記載了連續兩次發生在明正德年間安南的非正常皇權交替和所産生的衰亂後果:第一次是作爲庶兄、本無繼承權的威穆帝,在弟弟肅宗駕崩無嗣的情況下,由官婢出身的宫中生母(庶母)阮瑾支持,登上帝位。此即正德二年沈燾、許天錫代表明廷所册封的安南國王。在一見面之初,許天錫即吟詩説威穆帝是"鬼王",將給安南國運帶來極大危險。事情的發展最終證實了許天錫對於威穆的相判,登帝后的威穆胡作非爲,"嗜酒好殺,荒色立威,屠戮宗室,幽殺祖母,外戚縱橫,百姓怨懟,時稱鬼王,亂徵見矣。"②按:"鬼王"一詞在唐宋漢文史籍中,主要是指西南少數民族特别是南詔首領的稱號,如《蜀鑑》有"東蠻鬼王驃旁且"③,《五代會要》有"都鬼王"、"大鬼主"之號④。而在印度神話和佛教中,則是指閻羅。如《佛國記》有"鬼王閻羅治罪人"用地獄之説⑤。中國道教襲之,有"北酆鬼王"之説,如陶宏景曰:"此(指酆都)應是北酆鬼王決數罪人住處,其神即經所稱閻羅王矣。"⑥則本處的"鬼王"兼有

---

① 范公著《大越史記續編序》,《大越史記全書》卷首,頁 60 頁。
② 《大越史記全書》本紀卷之十四,頁 779—780。
③ [宋]郭允蹈《蜀鑑》卷十《西南夷始末下》"貞元四年雲南遣使入見"條:"異牟尋未敢自遣使,先遣其東蠻鬼王驃旁且等入見,且獻黄金、丹砂金示順革丹赤心也,德宗嘉之,賜以詔書。"文淵閣四庫全書 352 册,頁 591。[明]曹學佺《蜀中廣記》卷三十二《邊防記第二·川西二·威州》亦云:"德宗之世,萬年韋皋爲西川節度使……四年,皋遣判官崔佐時入南詔蠻,説令向化,以離吐蕃之助。佐時至蠻國羊咀咩城,其王異牟尋忻然接遇,請絶吐蕃,遣使朝貢。其年遣東蠻鬼王驃傍苴、夢衝苴烏等相率入朝。南蠻……至是復通。"只東蠻鬼王的漢字譯名有所差别。文淵閣四庫全書 591 册,頁 411。
④ [宋]王溥《五代會要》卷三十《南詔蠻》,文淵閣四庫全書 607 册,頁 712。
⑤ [南朝宋]釋法顯《佛國記》,文淵閣四庫全書 593 册,頁 627。
⑥ 曹學佺《蜀中廣記》卷十九《名勝記第十九·上川東道·重慶府三·酆都縣》引,文淵閣四庫全書 591 册,頁 241。

閻羅面相的青黑醜惡和兇狠殘暴、置人於地獄的比喻之義。由於威穆帝是安南國王,故得"鬼王"之稱。

由威穆帝的殘暴無道又帶來了黎朝第二次更爲不正常的皇權更迭,時爲簡修公的黎瀠舉兵暴動,殺威穆,自立爲帝。此即正德八年湛若水、潘希曾代表明廷所册封的安南國王,越南史書稱爲襄翼帝。對此,潘希曾也是在一見黎瀠"貌美而身傾"的面相之初,即給他下了一個判語,對湛若水説這是一個"性好淫"的"豬王","亂亡不久矣"①。這也得到了越南史臣的認同:"靈隱烝父妾,短親喪,假兄名奪人國,窮奢極欲,煩刑重斂,殺盡嗣王,干戈四起,時稱豬王,危亡之徵見矣。"②"靈隱"爲黎瀠被權臣鄭惟憳弑殺後降封爲王的諡號,後才被追尊爲襄翼帝。按:在中國史籍中,"豬王"特指南朝劉宋時期的劉彧。其特點一是身體極其肥胖,在他還是湘東王之時,被狂悖無道的宋廢帝劉子業稱爲豬王,並把他像豬一樣的虐待(後劉彧殺死劉子業登基爲帝,廟號太宗)。《宋書》載:"(宋廢帝)嘗以木槽盛飯,内諸雜食,攪令和合,掘地爲坑穽,實之以泥水,俾太宗内坑中,和槽食置前,令太宗以口就槽中食用之爲歡笑。"這與安南國王黎瀠的面相"貌美而身傾"截然不同,顯示了中國和越南在豬的身體特徵認識上的差異。二是登基爲帝的劉彧晚年也走上了其姪兒廢帝的老路,猜忌好殺,荒淫狂悖。"慮諸弟彊盛,太子幼弱,將來不安",將"同經危難"、"資其權譎之力",多次救護他的始安王劉休仁賜藥毒死③。又《魏書》載:"彧嘗宮内大集,而裸婦人觀之以爲忻笑。……彧末年好事鬼神,多所忌諱,言語文書有禍敗凶喪及疑似之言應回避者數百千品,有犯必加罪戮。"④這些作風又與黎瀠弑帝自立和荒淫好殺大體相同。

《大越史記全書》特意記録許天錫的"鬼王"相判和潘希曾的"豬王"相判,正是要指出安南黎朝所發生的這兩次非正常的皇權更迭和這兩位國王

---

① 《大越史記全書》本紀卷之十五,頁793。

② 《大越史記全書》本紀卷之十五,頁809—810。

③ 〔梁〕沈約《宋書》卷七十二《文九王傳·始安王休仁傳》,文淵閣四庫全書258册,頁348—349。

④ 〔北齊〕魏收《魏書》卷九十七《島夷劉裕傳》附《劉彧傳》,文淵閣四庫全書262册,頁412頁。

的荒淫暴虐,才導致了之後黎莫王朝的分裂和安南國力的急速衰落,並最終引發了明代安南歷史上第二次和第三次屈辱事件。第一次是胡季犛、胡漢蒼父子被明朝俘虜,安南事實上被中國内地化,成爲明朝永樂時期的郡縣,越史稱爲"明屬"時期。第二次是嘉靖時期,莫登庸在明朝大兵壓境和國内政權争奪激烈的窘況下,代表安南接受了明朝安南都統使的册封,從此安南在明朝失去了傳統的安南國王之號。第三次是萬曆時期,自認爲黎朝正統的後黎朝黎維潭(實際掌控安南權力的是鄭氏家族)爲了獲得明王朝的册封承認,也不得不接受與其對抗的莫朝所曾接受的安南都統使官職,而且還不得不答應明朝,安插莫氏于高平,留下心腹大患。而安南都統使在名義上是將安南視爲明朝國内土司一樣的級别,官印爲二品銀印,儘管實際還是安南自治。對此,《大越史記全書》表示了極端的憤慨和無奈①。

3. 朝貢體制下的明安兩國交往。作爲長期的地緣和文化上的强大近鄰,安南對待處於其北方的中國王朝總是有如下一體兩面的表現:一方面十分强調在表面儀式上歸附北方政權的重要性和必要性,即以"事大惟恭"爲前提,以北方政權爲宗主國,以朝貢册封爲國家交往機制,實現自身的國内統治權。具體到明代,安南爲實現這個戰略目標,就需要爲此表現出對明王朝的卑下恭順。説到底,"事大惟恭"是明安兩國基於自身國家實力和利益而合作採取的一種國家相處戰略,"在中國方面主要是需要越南方面表現'恭敬',即政治上的服從",在安南方面,則需要得到中國方面的認可,如此方能有效地實現對於安南國内的政治控制權②。對此,《大越史記全

---

① 《大越史記全書》特意記録了使臣馮克寬表示處置不公的上表:"臣主黎氏,是安南國王之胄,憤逆臣莫氏借奪,不忍負千年之讎,乃卧薪嚐膽,思復祖宗之業,以紹祖宗之跡。彼莫氏本安南國黎氏之臣,弑其君而奪其國,實爲上國之罪人,而又暗求都統之職。兹臣主無莫氏之罪,而反受莫氏之職,此何義也? 願陛下察之。"還虚構了萬曆皇帝的親自安撫之言:"明帝笑曰:'汝主雖非莫氏之比,然以初復國,恐人心未定,方且受之,後以王爵加之,未爲晚也。汝其欽哉,慎勿固辭。'克寬乃拜受而回。"《大越史記全書》卷之十七,頁916—917。關於馮克寬與萬曆皇帝的對話乃越南史書的虚構,非歷史事實,可參牛俊凱《王室後裔與叛亂者——越南莫氏家族與中國關係研究》,世界圖書出版廣東有限公司2012年,頁34。

② 孫來臣《明末清初的中越關係:理想、現實、利益、實力(代序)》,載牛軍凱《王室後裔與叛亂者——越南莫氏家族與中國關係研究》,頁16—17。

書》有多次記載，如陳朝重臣陳元旦臨死時對來探視他的安南皇帝只説：
"願陛下敬明國如父，愛占城如子，臣雖死且不朽。"①其他身後私事皆不
言，可見"敬明國如父"對於安南立國的重要性。而另一方面，脱離明王朝
實質管轄的黎朝又十分强調在國家實質上的獨立自主，保持安南國王應有
的尊嚴，絶不允許北方政權侵犯佔領安南國土，奴役安南國民，如有，則表
彰奮勇抗争的獨立精神。事實上，在黎利之後日益增强的安南獨立意識作
用下，安南國人逐漸形成了一種以中國五嶺爲界南北分治的理論，認爲明
朝視角下的安南國王（或後來的安南都統使）是與北方中國皇帝地位完全
平等的大越皇帝，兩人都是天子，各帝一方，南北分治，誰也不能統治臣服
誰。此即吳士連所言："大越居五嶺之南，乃天限南北也。其始祖出於神農
氏之後，乃天啓真主也，所以能與北朝各帝一方焉。"②所以他又批評之前
陳元旦的臨終遺言，認爲："且當時占人之患爲急，而告以愛占城如子，事明
國爲父，乃事大字小，概常談之説，奚補當務哉！"③説是不通達事務。

正是因爲有前一方面依附争取北方王朝的政權要求，所以《大越史記
全書》在記載明安關係時，才會特意記載安南國王黎瀅與代表天朝上國進
行頒詔册封的湛若水、潘希曾二人之間的詩歌唱酬，來表現這種屬國和宗
主國的君臣儀式關係確認。這是典型而實質的封貢關係，包含接受明朝的
册封和進獻貢品等儀式義務④。可以看到，黎瀅詩主要是歌頌作爲天朝上
國的明朝的禮樂文明和仁義恩惠，讚美明朝天使的雍容文雅和未來的必將
大用，表達作爲屬國臣子的"事大"忠心和儒家、漢字文化上的趨附應和，而
湛、潘詩則主要表現爲居高臨下式的諄諄告誡，要求安南謹守屬國的"職
方""藩垣"本分，"畏天事大"，自覺維護兩國的邊境和平，成爲中國的外藩，
並以中國的儒家思想治國。當然，也因爲有後一方面的國家獨立要求，所
以《大越史記全書》在明安兩國發生關於國土和人民的激烈衝突時，也會强
烈指責明朝永樂年間的强悍侵佔和嘉靖、萬曆時期對於莫氏王朝的祖護，
而表彰黎利等人的奮勇抗擊和後黎朝爲争取明王朝承認的艱難辛酸。值

① 《大越史記全書》本紀卷八，頁 465。
② 吳士連《大越史記外紀全書序》，《大越史記全書》卷首，頁 55。
③ 《大越史記全書》本紀卷八，頁 466。
④ 李雲泉《萬邦來朝：朝貢制度史論》，新華出版社 2014，頁 2。

此之際，前一種看來友好温情而實際也充滿潛在交鋒的邦交詩酬唱，就再也不能登上實際已經破裂的國家關係書寫進程了。這又是《大越史記全書》只記載了洪武初年牛諒弔陳日煃詩和正德年間明安邦交詩的深層原因。

對安南的"事大惟恭"只是一種儀式性的表像，而並非安南對内獨尊和對東南亞地區宗主地位的認識實質，我們還可從黎朝國王特有的"一人兩名"現象分析。據明嘉靖時期李文鳳《越嶠書序》所言，這個現象是自黎利驅除明朝統治之後才發生的，其目的就是爲了欺騙大明，暗藏其與明朝分庭抗禮的不臣之心。其言：

> 自益（按：益字疑衍）黎利益（按：益疑爲竊）據我土地，戕殺我官軍，滔天之罪，我祖宗赦而不誅，恩至大矣。爲利者不思輸誠悔罪，乃外爲臣服，衷懷不軌，僭號改元，以與中國抗衡。其子若孫輒有二名，龍僞名麟，基隆僞名濬，宜民僞名琮，思誠僞名灝，鐺僞名鐺（按：此鐺字疑衍）暉，澤僞名敬，濬僞名誼，瀅僞名晭，椅僞名譓，椿僞名廳，楦僞名寧。其正名以事天地神祇，播告國中，僞名以事中國，以示不臣。雖以黎楦顛沛之餘，尚僞名以相期（按：期疑爲欺）誆，是百餘年間其心未嘗一日肯臣中國也。①

這裏提到的黎朝國王一人兩名情況大部分都可在《大越史記全書》的本紀記載中得到證明，只有些名字或有不同，或只記載一名而已②。至於安南國王在國内稱皇稱帝，改元紀年，模仿中國天子的避諱、聖節、廟號、謚

---

① 李文鳳《越嶠書序》，《越嶠書》卷首，頁 664。

② 相較而言，《大越史記全書》有的只記載了正名，而未載僞名。如太宗文皇帝正名爲"元龍"，《越嶠書》作"龍"；仁宗文皇帝正名爲"邦基"，《越嶠書》作"隆基"；宜民，《大越史記全書》認爲是篡立，只記載正名。有的是記載的僞名不同，如"威穆帝諱濬，又諱誼"，據《越嶠書》和其他中國文獻，"誼"應爲"誼"，形近而訛。有的是記載的正名不同，如"襄翼帝，諱瀠，又諱晭"，《越嶠書》正名"瀠"作"瀅"。有的則兩名均不同，如"莊宗裕皇帝諱甯，又諱昫"，《越嶠書》則作"楦僞名寧"。有的應是《越嶠書》抄本有誤，如"鐺僞名鐺暉"，對照"憲宗淳皇帝，諱鐺，又諱暉"，則後一個"鐺"字乃衍文。有的又應是《大越史記全書》有誤，如肅宗欽皇帝的兩名，據《越嶠書》應爲"澤"和"敬"。其他則同，如聖宗淳皇帝諱思誠，又諱灝；昭宗神皇帝諱椅，又諱譓；恭皇帝諱椿，又諱廳。以上見《大越史記全書》卷十、十一、十二、十四、十五、十六，頁 569、608、635、639、755、778、779、793、813、829、845。

號、陵墓等情況，更是《大越史記全書》書寫的重要事項。事實上，在《大越史記全書》的描述裏，也存在一個以安南皇帝爲中心、東南亞各國朝貢安南的"衛星朝貢體系"。有學者認爲："越南的'衛星朝貢體系'比起中國來是小巫見大巫，但畢竟多多少少、真真假假有幾個貢臣（例如，老撾、柬埔寨），比朝鮮的'小天朝'要稍具規模。這也反映了越南與中國在朝貢關係上的距離較朝鮮爲遠。"①很有道理。

由此可見，朝貢册封交往體制下的"事大惟恭"，僅僅是安南面對强大的北方鄰居明國時，利用公文往來和詩歌唱酬所表現出來的一種儀式性假像，其目的只是爲了安南自身的政權合法性和國家安全。在需要對明表示恭順、對內宣示獨尊、對東南亞地區表示宗主的情況下，黎朝安南國王巧妙地運用了"一人兩名"來解決這一困境，讓"正名"（可稱爲越南名）在國內和東南亞地區使用，而虛構一個"僞名"（可稱爲中國名）與明朝打交道。如此，委屈的作明朝臣子的安南國王並非真相，自大的與北方皇帝各帝一方的南方皇帝才是事實。這充分體現了安南國"狡詐""靈活"的外交智慧。

四　結論

《大越史記全書》所記載的李實拜明英宗詩和湛若水、潘希曾酬答安南國王黎暊詩等五首仍見存於中國文獻，但文字有不同，有較大的中外文獻校勘價值；所記載的牛諒吊安南國王陳日煃詩、無名氏詩和許天錫的兩句殘詩等三首，中國文獻已經亡佚，有明詩資料輯佚的重要價值。更重要的是，分析這八首明詩，可見安南史臣十分關注明朝和安南皇權更迭中的非常規現象，特別反對不顧血統倫序的暴力奪權和皇帝的荒淫殘暴，這是記錄李實拜明英宗詩、明朝無名詩和許天錫詩的重要原因。而"豬王"和"鬼王"的相面評判，則顯現了中越文化在相術共識下的差別性，尤其是關於"豬"的肥胖和貌美的不同身體特徵認識。另外，記錄牛諒、湛若水、潘希曾的邦交詩，則反應了和平時期以中國爲中心的朝貢册封體制下的明安關係

---

① 孫來臣《明末清初的中越關係：理想、現實、利益、實力（代序）》，載牛軍凱《王室後裔與叛亂者——越南莫氏家族與中國關係研究》，頁 26。

表現,安南"事大惟恭",扮演的是卑下恭順的王臣角色,明朝居高臨下,扮演的是訓誡教導的君父角色。但這並非安南的真實國家心態表現,在其内裏是有與北方中國分庭抗禮的南方帝國意識,所以他們創造性地在國王名字上窮極智慧,運用"一人兩名"機制,用"僞名"來化解明安封貢關係下的卑順臣子角色壓力,用"正名"來實現國内的獨尊和在東南亞的宗主皇帝角色要求。這是安南在 13 世紀之後尤其是黎利之後日益增强的帝國獨立抗争意識的集中體現。

（作者單位:雲南師範大學文學院）

域外漢籍研究集刊　第十四輯
2016 年　頁 351—370

試論林逋在朝鮮半島的流傳與接受 *

——以成大中抄本爲中心

毛林萍

在考察林逋在朝鮮半島的接受與影響時，成大中是個值得留意的人物，因爲他生前曾多次手抄林逋詩集。這種反復書寫的現象，不僅是林和靖詩集在朝鮮半島傳播的特例，在整個東亞地區也是相當罕見的。其抄本至今仍以相對完整的形態留存於韓國的圖書館裏，是目前學界尚未注意到的新材料，對於研究林逋在朝鮮半島的流播情況具有十分重要的意義。本文擬就此展開研究。

一　成大中《林和靖集》抄本

成大中(1732—1809)，字士執，號龍淵、青城、醇齋，籍貫昌寧，著有《青城集》、《青城雜記》等。詳細生平事蹟見其長子成海應所撰《先府君行狀》。

翻閱韓國今藏漢籍目録，可以發現韓國國立中央圖書館藏有朝鮮英祖四十三年(1767)成大中抄本《林和靖集》一册，内有丁亥(1767)成大中跋，並"湖海事隱"、"大中"、"士執"、"東湖居殿"印①；奎章閣藏有朝鮮英祖四

---

　　* 本文係筆者碩士論文《林逋在朝鮮半島的傳播與接受研究》的一部分。在此，特向指導教師金程宇教授表示衷心的感謝。

　　① ［韓］全寅初主編，《韓國所藏中國漢籍總目》，學古房，2005 年，第 640 頁。按：《韓國所藏中國漢籍總目》作"《和靖先生詩集》"，而韓國國立中央圖書館藏本作"《林和靖集》"，據改。在此感謝李新春師姐就韓國圖書館所藏成大中抄本所提供的幫助。

十四年(1768)成大中抄本《林和靖詩集》一册,内有"士執"、"大中"等印,卷首有梅序,卷末題"戊子九月昌山成大中寫於仙槎官居敬呈丹室先生"。①爲方便敘述,簡稱前者爲"丁亥本",後者爲"戊子本"。

丁亥本卷末有一段跋:

余於宋人詩,酷愛和靖,非徒爲其詩之妙,蓋重其人之高潔也。然其詩簡而放,淡而遠,襲陶、柳之標格而舍其冗,斂韋、孟之神韻而削其腴。覽其詩,亦足以知其人也。遊宦既倦,歸田之思日深。每想古之無求於世者,推以及當世之隱遁,未嘗不爽然自失,而尤致意於和靖,故每讀其詩,輒爲之三復感歎。始於西籍官居,手寫一部,贈楊江居士金元亮。及至仙槎,又寫一部,朝夕玩誦,行當盡和其詩。郡之東有湖,十里荷花,宛似西湖,遂自號曰東湖長,欲以湖海漫跡竊比古人,其亦僣矣。然蘇子瞻謫官南海,乃有和陶之詩,所謂桑榆之師範者,蓋不以跡而以心也。後之君子如以子瞻之志視我,則可矣。

該跋亦見於成氏詩文集《青城集》卷五,題爲《林和靖詩集序》。

翻查其行狀,成大中"甲申(1764),拜典籍,尋移承文院校檢,拜奉常寺判官,監刈西籍。核佚田,蠲宿逋,修廨舍,殫力於職,始稱分司之重。"②朝鮮太祖時始置東、西籍田以供粢盛,並設立籍田令、丞來掌管籍田耕作、祭祀之法。西籍田原本是高麗時期的郊采之地,位於開城府東二十里處,村名"典農",有官廨扁曰"馨香閣";東籍田在都城外十里,亦名"典農",官廨扁曰"苾芬閣"。金元亮,生平不詳,僅知其籍貫爲屏山,四十歲餘謝絶科宦,率全家隱居在楊根江上,"楊江居士"當即其號。金氏於岩曲構建草舍,名之"五知庵",取蘧伯玉年五十而知四十九年非的典故,《青城集》卷六有《五知庵小集記》。

---

① 韓國漢城大學奎章閣編,《修正版奎章閣圖書韓國本綜合目録》,保景文化社,1994 年,第 1743 頁。按:據奎章閣藏本所目見,《修正版奎章閣圖書韓國本綜合目録》所記卷末題跋"册"字誤,當作"丹"字,據改。另據卷末成大中題跋,該本抄寫的時間當作朝鮮英祖四十四年(1768),《修正版奎章閣圖書韓國本綜合目録》所云"朝鮮純祖二十八年(1828)"之説誤。

② 成海應著,《先府君行狀》,《研經齋全集》卷一○,《影印標點韓國文集叢刊》第273 册,景仁文化社,2001 年,第 216 頁。

丁亥本跋後小注云："仙槎，蔚珍縣古號。"蔚珍縣，在今韓國慶尚北道東北端，東臨東海，"漢博望侯張騫乘槎至是而還，故名仙槎。及唐將李世績攻滅貊，取其地置邑守之，則始得名蔚珍"①，聖留窟、佛影寺、望洋亭諸勝至今仍存。1766 年，成大中拜蔚珍縣令，1770 年因丁父憂而歸，由此可推測成大中將林逋詩集抄本贈送給金元亮，應在 1764 年至 1766 年間，即監刈西籍期間。

《青城集》卷一收録成氏《手寫和靖詩集敬呈丹室兼以三律致意》三首：

陶韋遠矣宋無詩，幸有逋仙一振之。用事不過梅鶴侶，玩情長在水雲湄。湖鄉真逸同徐孺，文苑孤清有伯夷。一幅傳神猶可證，暗香留著月橫枝。（其一）

桃花流水翠屏春，尚憶仙舟共問津。放鶴相期叢桂所，盟鷗兼有姓林人。詩家妙品知同好，湖社神交似並鄰。敬爲先生書一帙，海山秋雨潤毫新。（其二）

蠻箋如雪自生花，荷桂秋光點點斜。放筆試依玄宰法，封函遥送白雲家。蒼苔濁酒重陽後，明月孤篷一水涯。願得高文編卷首，並教愚拙藉光華。（其三）②

戊子本卷末也有《手寫和靖詩集敬呈丹室丈人兼以三律致意》詩三首，並自署"大中"。兩相對照，字詞基本無殊，僅有兩處小異：一處是詩題，《青城集》卷一作"丹室"，戊子本作"丹室丈人"；另一處爲其三的尾聯，《青城集》卷一作"願得高文編卷首"，戊子本作"願得高文弁此卷"。在其二中，"海山"、"秋雨"依次點明成大中"手寫和靖詩集敬呈丹室"時，位於瀕海之地，正值秋季，其三的"重陽後"一語也表明時在九月，與戊子本當的序跋"戊子秋九月"之語相符。可見《青城集》卷一所言"手寫和靖詩集"與戊子本當即爲同一本。戊子本序跋詳下。

據此可知，成大中生前手抄的林逋詩集共有三部：①西籍官居時贈楊江居士金元亮本，②丁亥本，③戊子本即成大中贈丹室本。而非鼙本棟《宋

① 徐命膺著，《太古樓記》，《保晚齋集》卷八，《影印標點韓國文集叢刊》第 233 冊，景仁文化社，2001 年，第 219 頁。

② 《青城集》卷一，《影印標點韓國文集叢刊》第 248 冊，景仁文化社，2001 年，第 345—346 頁。

集傳播考論》中兩本之説。作爲今存成大中的手抄原稿，丁亥本和戊子本
的價值無疑是非常珍貴的，其價值不僅在於體現成大中對林逋詩歌的鍾
愛，而且可以借此來按圖索驥，探索出林逋詩集傳入朝鮮半島的軌跡。

　　至於"丹室先生"，乃成大中官居仙槎期間有往來之誼的閔百順。閔氏
字順之，號丹室居士，是金昌集的外孫，娶沈重賢之女，其父閔昌洙，字士
會，號訒癡庵，其祖閔鎮遠，號丹岩。閔氏生平事蹟失載，曾有詩文集《丹室
集》，可惜今已不存。洪大容《湛軒書》外集卷一收錄閔氏撰寫的《會友錄
序》，文末自署爲"海東丹室居士閔百順順之"①，《青城集》卷一的《三月十
一日辛丑，約丹室閔公百順、龍村林公配臺會於蟾洲金遲齋先生焌宅。十四
日，溯迴於汶岩，乘月而返，宿金正則載均所。拈唐人韻共賦》②，安錫儆《雪
橋集》卷六的《與丹室子書閔百順》③，成海應《研經齋全集》卷六的《和閔丹室
百順和靖詩集韻》④，並其證。

　　仔細翻閲丁亥本和戊子本，不難發現，這兩本顯然不屬於林逋詩集的
國內諸本系統。不論是梅序所用的"天子""朝廷"諸字、律絕不分體的卷帙
編制、詩作的先後編排次序，還是《詩將》詩注稱王昌齡爲"詩天子"、逸詩
《東行寄曹州任懶夫》，毫無疑問這兩本都是屬於日本貞享三年（1686）本
《林和靖詩集》（下簡稱貞享本）系統。日本學者近藤元粹評訂的明治三十
年（1910）本《林和靖詩集》所根據的底本是清人舶載至日本的清代吳調元
校刊的四卷本⑤，且成大中的卒年早於明治三十年本的刊刻時間近九十
年，所以丁亥本和戊子本所根據的底本必定是貞享本系統。

　　成大中是如何接觸到貞享本的呢？關於這一問題，戊子本提供了絕妙的
答案。該本在梅堯臣序前有一篇殘缺的序跋，内有一段珍貴的記載，其文云：
　　　　戊子秋九月，仙槎尉成士執手寫《林和靖詩集》壹卷，自海上馳郵

---

①　洪大容著，《湛軒書》外集卷一，《影印標點韓國文集叢刊》第 248 册，景仁文化
社，2001 年，第 101 頁。

②　《青城集》卷一，第 343 頁。

③　安錫儆著，《雪橋集》卷六，《影印標點韓國文集叢刊》第 233 册，景仁文化社，
2001 年，第 543 頁。

④　《研經齋全集》卷六，第 116 頁。

⑤　詳見明治三十年本中近藤元粹所撰序跋。感謝金師程宇的慷慨借閲。

笥以遺余,且以書托曰:"斯集世罕有之,吾從祖嘯軒公隨東槎時得於日本者也。從古詩人多矣,顧吾獨惓惓於斯集者,以其貞不絕俗,隱不求名,即其詩而其人可知也。且其卷首有梅聖俞序,盛稱其人與詩者,以此也。是蓋逸民而近道者,不直爲湖山梅鶴之清而已,子其爲我發揮之。"愚嘗觀宋詩,有和靖詠梅二篇,歎其高情逸韻迥拔千古,而恨無以見其全,至是遂盡玩,而得其爲人焉。

根據上引序跋及戊子本卷末成氏所題的三首詩,則該序跋的撰主當即爲閔百順①。"海上"代指鄰海之地蔚珍縣,閔氏收到《林和靖集》抄本的時間與成大中出任蔚珍縣令的任期相互吻合。且從文意來看,當時閔氏似乎並不在蔚珍縣,可惜其生平履歷失載,詩文集亦不存,無法從閔百順的仕宦經歷來佐證該序跋的撰寫時間。"嘯軒公",即成夢良,字汝弼,號長嘯軒,是成大中的伯祖,1719 年曾以副使書記的身份跟隨己亥通信使入日本祝賀新關白德川吉宗繼位,出使期間"倭人求詩者坌集,皆應之如宿構。凡有贈遺,無所受,惟取寶劍一口、書數種以自隨。"②"斯集世罕有之,吾從祖嘯軒公隨東槎時得於日本者也",成大中的這段話明確闡明了他據以抄寫的林逋詩集的底本的來源問題,至此可以確證貞享本《林和靖詩集》是借由成夢良之手完成了從日本到朝鮮半島的跨越之旅。

成氏一族可謂是外交官世家。高祖成後龍,字舜卿,號紫岩,1669 年與閔鼎重一道隨使團至燕,時正值三藩之亂,覘勢而歸,清人服其淹博。曾伯祖成琬,字伯圭,號翠虛子,1682 年以製述官的身份隨壬戌通信使入日祝賀綱吉繼位。加上伯祖成夢良和成大中本人,幾十年間家族内出現四位外交人才,而且這四位都是以文學見賞,芝蘭玉樹,一門榮耀。

1718 年日本新關白德川吉宗繼位,朝鮮王朝援例派出通信使致賀,以洪

---

① 就戊子本序跋"仙槎尉成士執"一語,稍有疑議。成海應所撰成大中行狀記其爲蔚珍縣令,徐命膺《保晚齋集》卷一《次韓文公謝鄭群贈籜韻寄仙槎守成大中》、安錫儆《霅橋集》卷二《和寄仙槎守成士執》均同該説,金龜柱《可庵遺稿》卷三〇《立朝日録》"戊子三月"條載"初六日甲午,行儒生白日場,取十六人。翌日,張樂宴遊而罷,蔚珍倅成大中爲之記",似主縣尉説。姑置存疑。本文暫從成大中行狀之説。

② 《成氏世譜》,《研經齋全集》卷四八,《影印標點韓國文集叢刊》第 275 册,第10 頁。

致中爲正使、黄璿爲副使、李明彦爲從事官,隨行人員中成夢良爲副使書記,申維翰爲製述官。申氏將此次東行之旅的沿途見聞撰寫成《海遊録》三卷。

在衆多的典籍傳播渠道當中,使臣購書是重要的環節。相對而言,入燕的使臣購書熱情似乎更高。他們有的是奉命求購,有的是個人行爲,出發點是一致的,那就是慕華心理。而對於日本,朝鮮人以小中華自居,以蠻夷視之,壬辰倭亂後更是或多或少對日本帶著仇視的眼光,評價日本文學成就時也有失客觀公允。所以在日本書肆求書購書,更多的是個人行爲。此次己亥東行,申維翰從日本購回漢唐書百卷,或即與其自身的詩學取向密切相關。

雖然《海遊録》、韓和酬唱集裏没有關於成夢良如何得到貞享本《林和靖詩集》的確切記載,但是《海游録》這份使行日記裏的一些細節爲他的獲書提供了蛛絲馬跡。九月初四日,當通信使團第一次來到大阪攝津州時,新鮮和好奇的心情促使申維翰在日記裏詳細地描繪下當時所見的街市繁華之景,内有筆墨涉及街市中的書肆:“其中有書林書屋,牓曰柳枝軒、玉樹堂之屬,貯古今百家文籍,剞劂貿販,轉貨而畜之。中國之書與我朝諸賢撰集,莫不在焉。”①大阪的書籍之盛,給申氏留下了深刻的印象。儘管是一筆帶過,但這恐怕就是成夢良獲得貞享本的關鍵。

柳枝軒,位於日本京都六角通御幸町西入,是茨城屋小川多衛門的店號。該店鋪初期以銷售廉價的經書和禪宗書籍營利,後來收集了許多水户學以及貝原益軒的書籍藏板,通過壟斷翻刻這些藏板,書肆的規模得以擴大,最終成爲京都地區代表性的書肆之一。《林和靖詩集》在柳枝軒刻印最早是在貞享三年(1686),與成夢良 1719 年出使日本的時間僅相差三十三年,時間相隔並不長。而且根據申維翰的記載,當時大阪已有柳枝軒的分店,因此,成夢良所帶回的林逋詩集有很大的可能就是以刻本的形式從柳枝軒購買得到的。

憑藉著家族便利,成大中接觸到貞享本便在情理之中。如果貞享本承襲自北宋本這一前提成立,那麼成氏的抄本將是漢籍在中、日、韓三地流通的一個不錯的例證。

---

① 復旦大學文史研究院編,《朝鮮通信使文獻選編》第三册,復旦大學出版社,2015 年,第 294 頁。

　　成氏的抄本並不是貞享本①的影摹本，雖承自同一系統，但與貞享本還是有所差别。就連同是成氏抄本的丁亥本與戊子本，即使在形制、内容上基本保持一致，但兩本也不是一模一樣的。

　　丁亥本與貞享本的不同處在於：①貞享本爲上、下二卷，卷上起於《湖樓寫望》，止於《平居遣興》，卷下起於《山園小梅》，止於《將終之歲自作壽堂因書一絶以志之》，成本起止與貞享本相同而爲一卷本；②成本的詩歌次序雖與貞享本基本相同，但在《旅館寫懷》與《汴岸曉行》二詩之間缺《偶書》（閑看是斯文）一首；③在梅序中，貞享本遇"林君"、"天子"、"朝廷"、"君"、"和靖"、"先生"皆提行，成本無提行；④與貞享本相比，成本在《復送慈公還虎丘山》、《又和病起》、《清河茂材以良筆並詩爲惠次韻奉答》、《乘公橋作》諸詩中均缺漏相應的詩下小注；⑤在《寄王梁施道士》②一詩中，成本比貞享本多出一處詩下小注："良常，山名。"⑥貞享本爲刻本，四周單邊，書口無魚尾象鼻，只注明書名與卷頁，每半葉九行17字，而成本每半張十行20字，因是抄本，故無其他具體的版本信息。

　　值得注意的是，在缺漏的詩作、詩下小注之處，丁亥本和戊子本均是相同的。造成這種情況的發生，有兩種可能，一是成氏手抄所依據的底本本身就缺漏了詩注，二是成氏在抄録過程中有意無意地删去了這些詩注。後者的可能性較低。因爲既然閔百順此前未嘗見過林逋詩集的全本，身爲好友的成大中主動手抄伯祖成夢良從日本帶回來的和刻本《林和靖詩集》，並倩閔氏在卷首寫"高文"以"教愚拙藉光華"，那麽更應該在抄録時保留原貌，人爲删去詩注於理不合。退一步説，即使成氏在爲閔氏抄録家藏和刻本林逋詩集的過程中，抱著某種不可知的用心删去了部分詩注，那麽在他官居蔚珍縣期間抄寫供自己朝夕玩誦的丁亥本中應該保留了這些詩注，然而事實並非如此。因此，這些丁亥本和戊子本共同的缺漏，説明成夢良帶回朝鮮半島的《林和靖詩集》可能原本就缺少這些詩注，質言之，成夢良帶回的這本《林和靖詩集》是貞享本的翻刻本或者抄本之一。當然，還有一種可能是，成大中在丁亥本的抄録時無意中遺漏了這些詩注，而戊子本又恰

---

　　①　此處所用的貞享本爲金師程宇所編《和刻本中國古逸書叢刊》所收録的貞享三年本《林和靖詩集》。

　　②　"王"字，此處據丁亥本和戊子本，貞享本同，國内諸本均作"玉"。

恰是以丁亥本爲底本抄録而成，因此延續了丁亥本的缺漏，然而丁亥本詩注遺漏數量之多卻讓人生疑。

此外，丁亥本、戊子本比貞享本多出的詩下小注，在貞享本無闕字之處均有闕字，在編制上合貞享本的上下二卷爲一卷，在梅序中遇敬辭而不提行，這些皆表明成大中手抄的底本可能是貞享本系統中的某個本子。也不排除成大中根據自己的理解對貞享本的林逋詩句進行改動的可能性。

在具體的字詞上，成大中的丁亥本與貞享本也有差別，比如貞享本《采石山》"坐卧不抛輪鉤叟"一句，丁亥本改誤字"鉤"作正字"釣"，諸如此類，其他字詞相異的多達幾十處。貞享本儘管在林逋詩集諸本中版本最優，但畢竟也不是定本，在傳寫刻印過程中難免會出現訛誤。若成夢良從日本帶回的是刻本，那麽這些字詞的差異恐怕就是成大中在抄録時，根據自己的理解對林詩進行的改動，由此形成了帶有成氏意識色彩的林逋詩集。

貞享本系統在校勘學上也有重要的價值。目前林逋詩集的整理本主要有三種，分別爲 1935 年商務印書館出版的邵裴子校正《林和靖先生詩集》，1986 年浙江古籍出版社出版的沈幼征整理點校本《林和靖集》，以及《全宋詩》。前二者在校勘中無涉貞享本，《全宋詩》雖然利用了貞享本，但在校録方面仍有遺漏。最重要的，是貞享本多出一首逸詩《東行寄曹州任懶夫》，爲國内諸本所無，其詩爲："懶因蓬纍問東周，長恐番番白卻頭。碑釘屋山思舊隱，劍磨驢膊厭閑遊。謾曾談社當前席，終向詩門分不侯。底處聊堪一持久，雨蟬無殼栗林秋。"此詩《全宋詩》並没有根據和刻本校出。同時，《寄玉梁施道士》"子雲遺構住丹房"句下小注"玉梁觀，即蕭子雲宅"，《聞靈皎師自信州歸越以詩招之》"地藏清涼掩竹扉"句下小注"地藏，皎師所居之院"，《讀王黄州詩集》"枕頭"字下小注"此俗多呼枕以頭字連之"，這三處小注均未見《全宋詩》校出。加上成氏抄本《寄玉梁施道士》"靈蕪盤穗卷良常"句下小注"良常，山名"，可補《全宋詩》者共計四處。貞享本《桃花》"形相偏屬薛尚書"句下小注"日休有賦，能有詩，皆於此篇爲二絶"，與諸本相比多出後七字，《全宋詩》亦未校出，亦具有一定的補遺價值。

閔百順"恨無以見其全，至是遂盡玩"的感慨，佐證了林逋詩集全本當時在朝鮮半島流傳的稀少難見，愈加凸顯出成大中的手録之功。幸運的是成海應充分意識到了其父手抄林逋詩集的文獻價值，"幽光遠發惟先筆，秘本相傳獨數家"①。正是成氏的反復手抄，才使得林逋詩集在東亞漢文化圈中的書籍流通史上留下了精彩的一筆。

二　酷愛和靖情獨鐘

承勝國之緒，李朝前期延續高麗的學宋之風。面對江西詩派的弊端，自16世紀中葉以後，朴淳等人提出"詩回盛唐"，主張學習主性情的唐詩，白光勳、崔慶昌、李達等人推動學唐詩成爲朝鮮詩壇的主流，與明中葉前後七子所宣導的復古運動遙相呼應。然而，針對時人所向的"宋無詩"論斷，南龍翼提出反對意見："此言誠過矣，若比於唐，則有同璧斌。"②金萬重亦批評三唐詩人"僅窺晚季藩籬，沾沾一臠，不足以裹腹，其可及人乎"，繼言"權汝章以布衣之雄，起而矯之，采掇唐宋，融冶雅俗，磨礱刷冶，號稱盡美。東岳和之，加以富有。澤堂嗣興，理致尤密，遂使殘膏剩馥沾丐至今，可謂盛矣"③，大致勾勒出當時詩壇的唐宋詩風所向。

成大中一生歷經英祖、正祖、純祖三朝。英祖、正祖朝的詩風取向，從總體上來説是兼采唐宋。正祖雅好典籍，曾組織編纂《詩觀》五百六十卷，上自《風》《雅》，下逮宋、明諸家，黜嘵殺之響，取鏗鏘之音，其序云："宋詩蓋能變化於唐，而以其所自得者出之，所謂毛皮盡落、精神獨存者是也。嘉隆以還，哆口誇論者輒訾之以腐，是何異於談龍肉而終日餒者哉?"④正祖不僅理性地認識到宋詩對唐詩的繼承與發展，具有自身的特點，而且對明代後期崇唐抑宋者加以嘲諷，代表著官方對宋詩的認知態度。《詩觀》在詩人的選擇上也是唐、宋並取，唐詩選四十三家，共一百二十七卷，録詩一萬六千四百五十首，宋詩選十七人，共一百九十八卷，録詩二萬七千六百四十七首。正祖時期還編選了《杜詩分韻》、《陸律分韻》、《杜陸千選》，也表明了

---

①　《敬題家大人寫林和靖詩》其三，《研經齋全集》卷五，第92頁。

②　南龍翼著，《壺穀詩話》卷三，[韓]趙鐘業編，《修正增補韓國詩話叢編》第3册，太學社，1996年，第298頁。

③　金萬重著，《西浦漫筆》，《修正增補韓國詩話叢編》第5册，第510頁。

④　李祘著，《弘齋全書》卷一八○，《影印標點韓國文集叢刊》第267册，景仁文化社，2001年，第511頁。

當權者的詩學取向。

　　就個人而言，成大中治學以六經爲正源，總括百家，"少習功令體，多學
蘇氏説。既中第，遂進於古文，非秦漢不學。取材必博，用工必篤，會意必
宷。辭奇而欲夷，字古而欲馴，每爲文，不三四易稿不出也。"①自期甚重，
立言述事不肯以崔立之以下人自處。是否符合經訓，是成氏評判人物優劣
的重要標準之一，不僅"背經訓而趨邪徑者，斥之甚嚴"②，還曾以該標準來
看待備受朝鮮文人推崇喜愛的蘇軾，"余酷好子瞻之文，而亦時時有侮心，
以其非從六經中出故也"③。其之醉心六經，由此可見一斑。他心目中的
文章至道，在於"正以爲奇，樸以爲巧，淡以爲甘"，韓文與蘇文相比，"昌黎
之文至巧也，然巧不外見，由氣盛也。東坡則見焉，所以不及韓也。"④

　　成大中雖然沒有直接表明對唐、宋詩的評價，但《青城集》詩四卷，當中
用古人韻者涉及陸游、劉禹錫、劉長卿、常建、岑參、李白、杜甫、王維、張志
和、白居易、賈至、韓愈，還有十餘首稱"用唐韻"、"用唐人韻"之作。在這些
詩作裏，用韻通常爲一二首，用陸遊詩韻者有四首，用杜詩韻者達二十三首
之多，以及和杜《秋興》八首。"府君未嘗以詩自名，然學老杜，法勝而格
高"⑤，詩學老杜，所言非虛。從今存用韻之作來看，他的詩學主張以尚唐
爲主，但也有選擇地選取宋詩。那麼，爲什麼成大中"於宋人詩酷愛和
靖"呢？

　　在丁亥本的跋語中，成大中開篇直言自己對林逋的酷愛之情，不僅是
因爲其絶妙的詩品，而且因爲其高潔的人格。緊接著，他對林詩風格作出
了以下評語："簡而放，淡而遠，襲陶、柳之標格而舍其亢，斂韋、孟之神韻而
削其腴。"

　　回顧國内對林逋詩歌風格的歷代品評，大致從兩個角度出發，一是單

① 《先府君行狀》，第219頁。
② 《先府君行狀》，第219頁。
③ 李德懋著，《耳目口心書》，《青莊館全書》卷五一，《影印標點韓國文集叢刊》第258冊，景仁文化社，2001年，第423頁。
④ 成大中撰《自著序》，俞漢雋著《自著》，《影印標點韓國文集叢刊》第249冊，景仁文化社，2001年，第7頁。
⑤ 《先府君行狀》，第219頁。

就林逋個人而言,一是將林逋納入北宋初期晚唐體詩派中,與唐詩、宋詩進行比較。前者以梅堯臣爲代表,其《林和靖詩集序》點評林逋"順物玩情,爲之詩則平淡邃美,讀之令人忘百事也。其辭主乎静正,不主乎刺譏,然後知趣向博遠,寄適於詩爾。"其後,"孤峭清淡"①、"孤峭澄淡"②、"自然高勝"③、"興寄高遠,邃雅閑淡,寫景狀物,一出天趣之自然"④、"其詩修詞雅秀,頗有意於求工,而意境尚爲澄淡"⑤諸説,基本延續了梅堯臣的觀點。林逋恬淡好古,弗趨榮利,結廬孤山後行樵坐釣,詩歌創作大多"狀林麓之幽勝,攄幾格之閑曠"(《深居雜興》),並且喜用"閑"、"獨"、"孤"、"卧"等字。他的詩歌被比喻爲寒泉也好,高峰瀑泉也罷,都是清泠泠之物,清澈、清透、清爽,没有雜質,給人一種清靈甘潔之感,一洗俗塵,舒暢身心,韻味清遠。這也構成了後人對林詩風格的基本認知。後者以蘇軾"詩如東野不言寒"爲代表,再如"評者謂其渾合,無自矜意,出姚、合上,非虚擬也"⑥,"大數搴王、孟之幽,而攄劉、韋之逸"⑦,"惜帶晚唐風氣,未免調卑句弱,時有狐裘羔袖之恨"⑧。《詩源辨體》將林逋的五律、七絶、七律按成就高低依次排序:"五言律雖出晚唐,而韻致音調可取,亦少斧鑿痕。七言律多晚唐刻削

①　[宋]曾鞏著,《林逋傳》,《隆平集》卷一五,引自《中華大典·文學典·宋遼金元文學分典》,江蘇古籍出版社,1999年,第374頁。

②　[宋]陳振孫著,《郡齋讀書志》卷一九,《中華大典·文學典·宋遼金元文學分典》,第375頁。

③　[宋]樓鑰著,《跋桑澤卿和林和靖詩》,《中華大典·文學典·宋遼金元文學分典》,第374頁。

④　[明]陳贄撰,正統本《重編西湖林和靖先生詩集序》,《中華大典·文學典·宋遼金元文學分典》,第376頁。

⑤　《四庫全書簡明目録》卷一五,《中華大典·文學典·宋遼金元文學分典》,第377頁。

⑥　[明]王應翼著,《跋林和靖詩集序》,《中華大典·文學典·宋遼金元文學分典》,第376頁。

⑦　《宋詩鈔·和靖詩鈔序》,《中華大典·文學典·宋遼金元文學分典》,第377頁。

⑧　[清]賀裳著,《載酒園詩話·林逋》,《中華大典·文學典·宋遼金元文學分典》,第377頁。

之語。七言絕可次五言律。"①這類評價一方面將林逋置於詩歌發展的歷史脈絡中加以考察,意識到了林詩與晚唐詩風之間的相似處,另一方面也突出了林詩的特點,或是不足,或是優勢。張蔚然的《萬曆本林和靖詩集敘》則是將林逋與陶、孟二人並論,"其詩慕彭澤之逸而氣不渾,仿襄陽之清而骨未勁"②,與成大中的觀點有些相近。

　　林逋與陶淵明的緊密關聯很容易理解。在海東文士的眼中,林逋的隱居、詠梅行爲和詩篇中對山水田園生活的描摹,以及從中體現出來的清雅閒適情懷,與歷史上那些具有相同行爲、相近詩風、類似情懷的詩人均可以並提而論,將林逋與何遜、謝朓、李願、孟浩然、魏野、趙嘏、陸游諸人對舉非常普遍。尤其是陶淵明和林逋,這兩位在宋代走向卓著的隱逸詩人,有著共同的隱士身份。一個退居桑梓,一個隱居孤山,一個東籬采菊,一個月夜訪梅,一個躬耕南野,一個妻梅子鶴,二人均拋卻塵事,隱居林下,以山水自樂,讀書、飲酒、賞花、出遊,放任自達,愜意灑脫。南九萬評價金夫人的枕角繡詩時即云:"誦其聲律之和平,味其興寄之幽閒,若可以繼二南之遺風。而瀟灑出塵之趣,逍遙自得之樂,又可與陶彭澤、林孤山諸作相上下。"③

　　除了相同的隱士身份之外,相近的詩風是拉近林逋與陶淵明之間距離的又一個重要關聯。晚唐體詩人除了寇准之外,大多是身處江湖的隱士、僧侶,他們不但推崇陶淵明式的高雅情趣,而且在審美追求上崇尚清淡自然之美。何況林詩裏還有不少陶淵明影響的痕跡。在宋代詩人之中,梅堯臣最早提倡陶淵明,他不僅把"平淡"視爲作詩的最高境界,"作詩無古今,唯造平淡難"④,而且在理性上認識到了陶詩平淡的美學特徵,"中作淵明

---

　　①　[明]許學夷著,《詩源辨體》後集《纂要》卷一,《中華大典·文學典·宋遼金元文學分典》,第 376 頁。

　　②　[明]張蔚然撰,《萬曆本林和靖詩集敘》,《中華大典·文學典·宋遼金元文學分典》,第 376 頁。

　　③　南九萬著,《金夫人枕角繡詩序》,《藥泉集》卷二七,《影印標點韓國文集叢刊》第 132 冊,景仁文化社,1996 年,第 446 頁。

　　④　[宋]梅堯臣著,朱東潤編年校注,《讀邵不疑學士詩卷杜挺之忽來因出示之且伏高致輒書一時之語以奉呈》,《梅堯臣集編年校注》卷二六,上海古籍出版社,2006 年,第 845 頁。

詩,平淡可擬倫"①,從而開創了陶詩接受的新局面,爲蘇軾進一步深入解讀陶淵明的詩歌與形象奠定了基礎。梅堯臣自己也創作了《擬陶體三首》,即《手問足》《足答手》《目釋》,效仿陶淵明的《形影神》,此外還有《擬陶潛止酒》。爲林逋詩集撰寫的序中,他强調了林逋"平淡邃美"的詩風,並將其詩與其人結合,讀其詩即知其人,這一方面是對林逋詩歌的中允評價,另一方面也可理解爲梅堯臣在有意無意之中將林詩與陶詩歸爲相同或相近的一類。梅堯臣的這種評價無形中引導著後人在評價林詩時將之與陶詩相提並論。作爲結果之一,海東文集中將陶、林二人並列的例子不勝枚舉,譬如"林逋宅静梅横月,陶令門深柳帶煙"②,"陶令歸時花已發,林逋游處鶴應來"③,"陶令獨行松菊徑,林逋長往鶴梅溪"④,"梅塢菊籬俱不俗,逋仙何必讓於陶"⑤,等等。

　　以陶、柳、韋、孟四人的詩風作爲評價林逋詩歌的標準,成大中的這一舉動還與清朝詩壇的影響密切有關。在此之前,司空圖將王維、韋應物並列,認爲二人詩歌澄淡精緻,格在其中。蘇軾將韋應物、柳宗元對稱,認爲柳詩在陶詩下、韋詩上,同屬外枯而中膏之流,並且用"前身陶彭澤,後身韋蘇州"(《次韻魯直書伯時畫王摩詰》)來稱頌王維,從而把陶、王、柳、韋四者劃入同一類詩風範疇。清朝開國,針對明詩之弊,談詩者競相以宋、元爲宗,但"宋詩質直,流爲有韻之語録,元詩縟豔,流爲對句之小詞"⑥,於是王士禎持嚴羽餘論,提倡神韻説,推崇王、孟、韋、柳諸家,試圖以澄淡清遠的詩歌風格來救時弊。"自王漁洋倡神韻之説,於唐人盛推王、孟、韋、柳諸

　　①　《寄宋次道中道》,《梅堯臣集編年校注》卷一五,第 304 頁。

　　②　金安國著,《慎監司自健休官退卜交河縣,築聽潮堂、臨溪亭,列植花竹,日嘯傲其中,求詠于洛中諸學士,爲寄三首》其二,《慕齋集》卷三,《影印標點韓國文集叢刊》第 20 册,景仁文化社,1996 年,第 52 頁。

　　③　申光洙著,《別南益山養五楊根別業》其六,《石北集》卷四,《影印標點韓國文集叢刊》第 231 册,景仁文化社,2001 年,第 278 頁。

　　④　丁希孟著,《又吟邀金可紀》,《善養亭集》卷二,《影印標點韓國文集叢刊續》第 4 册,韓國古典翻譯院,2005 年,第 391 頁。

　　⑤　李植著,《寄題曹僉知梅湖精舍次韻》其一,《澤堂集》續集卷二,《影印標點韓國文集叢刊》第 88 册,景仁文化社,1996 年,第 210 頁。

　　⑥　《欽定四庫全書總目》卷一七三,中華書局,1997 年,第 2343 頁。

家,今之學者翕然從之。"①李重華認爲王、孟、韋、柳諸人的五言古詩接近陶詩,又各具本色。沈大成把這四人視爲陶淵明閑遠自得之詩在唐代的嗣響者,紀昀將陶、謝、王、孟、韋、柳諸人歸爲清微妙遠一派。李調元主張陶淵明是千古學詩之宗,王、孟、韋、柳各得一體。法式善論詩基於漁洋三昧之説,以王、孟、韋、柳爲宗,而上希陶淵明,且繪有《詩龕嚮往圖》,上摹五人像,陶淵明於中正坐,王、孟、韋、柳左右侍詩,又把自己描繪成執卷沉吟的模樣列於其下,以表達敬慕之意。汪立名編《唐四家詩》八卷,合刻王、孟、韋、柳四家詩。在當時,"王、孟、韋、柳"被視爲詩家正派,用來評價他人的詩風,凡淳古淡泊、氣清神健、語質味厚、澄淡簡遠之屬,皆可謂之"出入王、孟、韋、柳間"。這種風氣通過書籍傳播和文人交往傳至朝鮮半島,自然會對朝鮮文人產生影響,《詩觀序》評價陳師道詩"體物寓興,清邃紆徐,高舉橫厲,上下陶、謝、韋、柳之間"②,即其例。

成大中對林詩的評語從語言風格角度著手,認爲林詩言辭簡練,氣度豁達,風格平淡,但又意味深遠,沿襲了陶淵明、柳宗元詩歌的標格,而捨棄了他們的高亢之處,集聚了韋應物、孟浩然詩歌的神韻,而削減了他們的豐腴之處。事實上,在田園山水的描摹和閒適情懷的抒發上,陶、柳、韋、孟四人可並稱,其詩皆具有沖淡恬靜、清雅空幽的風格基調,而陶詩間有"刑天舞干戚,猛志固常在"(《讀山海經》其十)的豪士之氣,柳詩時有"投跡山水地,放情詠《離騷》"(《游南亭夜還敘志七十韻》)的悲憤之情,韋應物偶有"兵衛森畫戟,燕寢凝清香"(《郡齋雨中與諸文士燕集》)的流麗之色,孟浩然或有"氣蒸雲夢澤,波撼岳陽城"(《望洞庭湖贈張丞相》)的壯闊之音。林逋"舍亢"、"削腴",意味著林詩繼承了陶、柳、韋、孟閑淡簡遠的特點,而没有豪壯之氣、悲憤之情、流麗之色和壯闊之音,與梅堯臣所謂的"平淡邃美"大致相仿。

單就"腴"字,還可以從語言風格和思想感情兩方面來理解。就語言風格而言,林詩如"青山連石埭,春水入柴扉"(《上湖閑泛艤舟石函因過下湖小墅》)、"田園向野水,樵采語空林"(《西村晚泊》)之類,純粹寫景,不假技巧,比之韋、孟更爲自然簡單。即使如《山園小梅》,也只是寫其影、寫其香,

---

① ［清］梁章鉅著,《退庵隨筆》卷二一,江蘇廣陵古籍刻印社,1997 年,第 535 頁。
② 《弘齋全書》卷一八〇,《影印標點韓國文集叢刊》第 267 册,第 512 頁。

而不寫其花、寫其枝,輕盈空靈,無論是著筆還是用詞都無一點豐腴之氣。從思想感情上來説,韋、孟畢竟有意於仕進,被迫隱居後他們的詩雖然沖淡高遠,但細細咀嚼,還是有人生憂患、世路風波在裏面,而林逋卻以山水自樂,以梅鶴爲伴,無意仕途,形之於詩,少坎坷苦辛,多乾净純質。如果將詩歌所反映的思想深度和情感厚度視爲某種"腴",林詩顯然是少於韋、孟之詩的。

"陶、韋遠矣宋無詩,幸有逋仙一振之",成大中在其詩作裏也如此評價林逋。説"宋無詩",可能並不是否定宋詩整體,而是指具有陶、韋詩風的宋詩,換言之,林詩正是因爲具有陶淵明等人的遺韻所以才在"陶、韋遠矣宋無詩"這個層面上具有重要的意義,從而被成大中賞識。

成大中對林逋詩歌的這種評價影響了成海應,後者有《敬題家大人寫林和靖詩》三首,用的是成大中《手寫和靖詩集敬呈丹室,兼以三律致意》詩韻,其文爲:

> 輸瀉胸襟自好詩,肯將雕繪更加之。幽香似入藏梅室,逸響如聞放鶴湄。品到陶韋惟伯仲,重於金玉共華夷。雪橋丹室皆冥漠,又是風驚不静枝。(其一)

> 湖山棲隱杳千春,悵望余杭阻問津。曠世常存詩外感,有神如喚卷中人。寒郊瘦島寧交驚,潁水箕山始作鄰。遺稿自無諛佞語,寫來奚但爲清新。(其二)

> 湖外青山梅作花,詩情應到月横斜。幽光遠發惟先筆,秘本相傳獨數家。若與周旋忘隔世,忽因形影覺由涯。宛陵一語誠知己,奇瀑高峰藉子華。(其三)①

這三首詩顯示出來的成海應的觀點,大致可以概括爲以下幾點:①既認爲林詩抒寫胸襟,是内心情感的自然流露,又認爲林逋無意於雕飾詞藻,字斟句酌,同時以梅、鶴這兩樣林逋隱居生活的代表來評價其詩的特點,似梅花清香撲鼻,如鶴唳沖淡悠揚;②延續了其父的觀點,將林詩置於陶詩、唐詩之中進行認識,認爲林詩與陶、韋不分伯仲,並以"重於金玉"來比擬對林詩的珍視之狀;③認爲林詩清新雅淡,貞靖恬然,没有阿諛奉承的諂媚之氣,"茂陵異日求遺稿,且喜家無封禪書"是其準確的自我評價;④認爲梅序

---

① 《研經齋全集》卷五,第 92 頁。

是知己之語,無誇飾,無貶低,恰如其分地揭示出林逋其人其詩的特點;⑤他嚮往林逋的隱遁山林,但難以逾越時空的距離,幸好有詩集得以目覽,從字裏行間得以想見林逋的音容相貌,從而超越山水的阻隔,實現精神上的異代共通。

據跋語可知,丁亥本是成大中感念於蘇軾南海和陶的産物,"東湖長"這個自號也是在向蘇軾致敬。蘇轍《子瞻和陶淵明詩集引》中引蘇軾之語:"吾於詩人無所甚好,獨好淵明之詩。淵明作詩不多,然其詩質而實綺,臞而實腴,自曹、劉、鮑、謝、李、杜諸人,皆莫及也。吾前後和其詩凡百數十篇,至其得意,自謂不甚愧淵明。今將集而並録之,以遺後之君子,子爲我志之。然吾於淵明,豈獨好其詩也哉?如其爲人,實有感焉。淵明臨終疏告儼等:'吾少而窮苦,每以家弊東西遊走,性剛才拙,與物多忤,自量爲己,必貽俗患,黽俛辭世,使汝等幼而饑寒。'淵明此語蓋實録也。吾今真有此病,而不早自知。半生出仕,以犯世患,此所以深服淵明,欲以晚節師範其萬一也。"①成大中在給李彦五的詩中坦言道"我有東坡病,君如與可規。疏狂招世謗,傾倒受人欺"②,頗有與蘇軾同病相憐的意味。他多次强調對林逋的鍾愛之情,"非徒爲其詩之妙,蓋重其人之高潔","以其貞不絶俗,隱不求名",將人品與詩品並論,在這一點上,蘇、成二人也有相似之處。

成大中效仿蘇軾的原因,還在於蔚珍縣這一地點上。蔚珍位於東海之曲,遠離京輦,素號僻壤,百姓訾窳以海業爲生,王化未及,且波濤渺渺,海風呼嘯,氣候惡劣,與儋州頗爲相似。成大中曾寫信請求僚友徐有鄰看在同鄉情誼上搭救他從海上解歸,在信中他描繪自己的淒苦之境:"海上風氣甚惡,寒燠不常,風則塵沙穿牖,衣裙盡翳,盛夏或索重裘,隆冬或欲裸體。水土瘴濕,猶其末也。以故恒居者猝值之,尚苦眩瞀痞泄,況初來者乎?始至自分病廢,今已四五年矣。適幸不甚病,然昔之蒼者皓,丹者鬒,眼翳精减,居然一衰翁矣。子居天涯,四顧無侶。人情老則思妻子,病則思田裏,曠則思昵,倦則思舊,大中今皆兼之。日夕思歸,猶痿者不忘起也。"③這段

---

①　[宋]蘇轍著,曾棗莊、馬德富校點,《欒城集》後集卷二一,上海古籍出版社,1987年,第1402頁。

②　《寄謝李徽之》,《青城集》卷一,第346頁。

③　《答徐判書書》,《青城集》卷五,第427頁。

話恰恰説明了丁亥本跋語中"遊宦既倦，歸田之思日深"的原因。蘇軾的千古盛名遠播海外，其影響力衆所周知，處海隅之地，臨海天之空闊，憶古思今，追撫前人，積極超脱的蘇軾很容易就會進入成大中的腦海中。懷著對東坡居士的慕仰之情，成氏將身、心皆比蘇軾，以之作爲榜樣，從這個角度可以説，成大中對林逋的酷愛，不單單是因爲林逋絶妙的詩品和高潔的人品，也有蘇軾的影響在裏面。

　　再來看成大中的林逋詩集抄本本身。今存丁亥本中，林詩句下有許多墨筆圈點，當爲成氏官居仙槎每日誦詠時所加，以此足以見當時的把玩之功。這些圈點中既有完整的，也有局部的，比較真實地保留了當初的手寫原貌。其中，整首詩被圈點的有《西湖與惟上人話別》①、《水亭秋日偶書》、《書孤山隱居壁》、《將終之歲自作壽堂因書一絶以志之》四首，除此之外，若以兩句爲單位，尚有一百餘處圈點，數量之多值得注意。

　　被圈點之處，一部分是中國詩話裏被人頻繁稱引的，譬如被爭論孰優孰劣的三聯梅詩，作爲林詩對仗工整代表的"伶倫近日無侯白，奴僕當年有衛青"（《深居雜興》其二）等，還有一部分細細品味，能夠反映出成大中個人對林詩的偏好和傾向。"三年一尉湖東住，誰識神仙本姓梅"（《又和病起》），前半句完全吻合其當時在蔚珍縣的處境，幾乎可以説是成大中的真實寫照，甚至能夠想見當時他閲及此處的驚訝與會心。"不辭齒髮多衰疾，所喜林泉有隱居"（《夏日即事》），則是成大中以林逋樂山而處的態度來安撫自己恐懼不安的心靈，來消解面對生命衰老和壯志未酬的悲哀。"苦無名位高今世，空有文章出古賢"（《傷白積殿丞》），林逋的悼友之語，在成大中的眼中或許變成了其自愧自傷的遺憾。"深心賴黄卷，垂老愧青袍"（《寄祝長官》），則依稀表露出成大中當時幾分矛盾糾結的心理狀態。

　　因此可以説，成大中對林詩的酷愛，還在於林逋的某些字句以某種方式觸動了成大中，符合他當時的所思所想。這些點落在丁亥本裏的墨蹟，包含著成大中獨特的呼吸和心跳，經時間的磨損而絲毫不減。根據成大中筆下這些被圈點的林詩，依舊能在讀者面前重構起成氏當初的氣息，讓後人得以觸摸到前人的一縷靈魂。

　　總結起來，成大中對林逋情有獨鍾的原因有以下幾點：一是林逋貞不

---

①　此處所提及的圈點之詩，詩題均從丁亥本。

絶俗，隱不求名，人格高潔，不僅得湖山梅鶴的清雅，而且得天地之順情而近乎道；二是林詩簡而放，淡而遠，綜合了陶、柳、韋、孟的詩風，揚長避短，兼具標格與神韻；三是蘇軾南海和陶的典範影響；四是林詩的某些字句打動了成大中，符合他當時的心境。

　　戊子本序跋裹，閔百順將成大中晨夕嘯詠林詩比作單父鳴琴，這爲理解成大中對林逋的喜愛提供了另一個闡釋的角度。宓子賤治單父，彈鳴琴，身不下堂而單父治，後世以之指代官吏以禮樂教化百姓，以達到政簡人和的統治效果。如果説此前對成大中欣賞林逋的分析尚且只是私人行爲，那麼在閔百順的眼中，成氏的行爲就變成了與政績有關、意在上行下效的政治行爲，林逋也由原本遠離政治中心的山林隱者形象轉變爲用於統治的教化手段。這種看法顯示出林逋被接受的別樣維度，可備一觀。

（作者單位：南京大學文學院）

文獻彙編

域外漢籍研究集刊　第十四輯
2016 年　頁 371—406

日本天理大學附屬圖書館藏
《毛詩要義》考異(鄭風前部分)

孔祥軍

　　南宋淳祐十二年徽州刻本刊《毛詩要義》,爲南宋魏了翁《九經要義》之一,魏氏所編《九經要義》,其中《毛詩》、《儀禮》、《禮記》、《周易》四種有宋本傳世,而全帙者僅《毛詩》、《儀禮》兩種①,《毛詩要義》更是世所罕見。此本每卷卷首有"棟亭曹氏藏書"印,莫友芝云其爲曹寅舊藏②,其後迭經吳可驥、長白昌齡、沈炳淵、郁松年,遂歸丁日昌之持静齋③,後入藏於日本天理大學圖書館,又收入《續修四庫全書》,遂化身千百,沾惠學林。

　　關於此書文獻價值,有學者評曰:"宋版《毛詩要義》的文本質量極高,絕非十行本可比……我們推測它有可能出自現已失傳的黄唐本。此外,十行本雖能補充單疏本佚失的部分,畢竟不太可靠,幸好還有《要義》作參

---

　　①　《中華再造善本》叢書收録宋本《儀禮要義》、《禮記要義》、《周易要義》,然皆非全本,台灣"國立故宮博物院"藏有全本宋刊《儀禮要義》一部,一九九二年曾影印出版。
　　②　莫友芝《宋元舊本書經眼録》卷一"《毛詩要義》二十卷"條,上海古籍出版社2009 年版,第 20 頁。
　　③　莫友芝《持静齋藏書記要》卷之上"《毛詩要義》三十八卷"條,上海古籍出版社2009 年版,第 179 頁。又,此處作"三十八卷"而《宋元舊本經眼録》作"二十卷",似乎前後矛盾,實際上是計算方式之差異所致,據此本目録,除卷首"譜序"外,是書卷數作二十卷,然其中各卷多分"上、下"、"上、中、下",故析分以計之,則爲三十八卷也。

照。"①此爲的論,魏氏幾乎是比較忠實的摘抄了《毛詩》經注及孔《疏》,其中對於前者的抄録是極爲零星的,而對於後者即孔《疏》的摘録卻占有絶對份量。《要義》中不乏以全録經句、《傳》、箋獨爲條目者,如卷一下第四十條"草蟲鳴阜螽躍異種同類"全録"喓喓草蟲,趯趯阜螽"及注;有時甚至是抄録一章經文及《傳》、箋而單獨成條,如卷六下第四三條"蒹葭得霜而成興秦人用禮則可服"全録《蒹葭》第一章經注,而所録經注皆無《釋文》,據此,或其所據底本即業已亡佚的八行本《毛詩正義》,亦即所謂黄唐本②。與其不同,自南宋劉叔剛一經堂刊十行本《附釋音毛詩注疏》以降,後世頗具代表性的《毛詩注疏》刻本皆附釋音,實際上皆屬十行本系統,直至阮本《重刊宋本毛詩注疏》亦不例外。在校勘異文的過程中,筆者發現《要義》所引孔《疏》較十行本《附釋音毛詩注疏》多有勝字,甚至不乏獨有勝字者,而單疏本《毛詩正義》《鄭風》部分之前全闕,《要義》首尾完具,正可據之以校十行本,可謂彌足珍貴。

　　2013年上海古籍出版社出版了新整理本《毛詩注疏》,其《校點前言》明確提到:"這裏也順便談談單疏本《毛詩正義》前七卷闕失及某些闕頁的補遺問題,筆者認爲,最好的補救之法就是魏了翁的《毛詩要義》……用《毛詩要義》的有關部分去補單疏本的前七卷,雖然未能百分之百地補出,但較之

---

　　① 李霖、喬秀巖《南宋刊單疏本毛詩正義·影印前言》,人民文學出版社,2012年版,第17頁。

　　② 此種猜測能否成立,尚須進一步研究以坐實。需要特別指出的,今宋刻八行本及《要義》皆存世者,尚有《禮記》、《周易》二經,以《禮記》爲例,八行本《禮記正義》卷六十第二十條疏文"各舉觶於其長也"(《影印南宋越刊八行本禮記正義》,北京大學出版社2014年版,第1426頁),《禮記要義》卷二十七卻引作"各舉觸於其長也"(北京圖書館出版社2003年影印中國國家圖書館藏宋淳祐十二年魏克愚刻本);又同卷《正義》第二十六葉疏文"雖惡不同義必同也"(第1432頁),《要義》引作"雖恩不同義必同也";又同卷《正義》第二十七葉疏文"掌弓矢之材"(第1433頁),《要義》引作"掌弓矢之林";後二例,元刊明修十行本《十三經注疏·毛詩注疏》作"恩"、"林"(北京圖書館出版社2006年影印北京市文物局藏元刻明修本),則《要義》所引反同於十行本,而與八行本相異,則《禮記要義》是否引自八行本《禮記正義》令人十分懷疑。以此類推,《毛詩要義》是否就引自八行本《毛詩注疏》,也自然只能是種猜測了。

原先的闕失，已經大爲改觀了”①，此外其《校勘所用其他參校本及前人成果》（三）“注疏本主要參校”後明明列有《毛詩要義》，則整理者顯然將之視爲參校本。然而，翻檢《鄭風》前諸卷（即對應已闕單疏本前七卷）校勘記，皆不涉《要義》一語，故知實非漏校，似乎根本未據此本來校，不知《校點前言》云云爲何而發也②。有鑒於此，筆者取《要義》《鄭風》前諸卷，與十行本對校，詳録異文，并參考此下各時期具有代表性之《毛詩》經文注疏版本，以定其是非，冀辨明二者之優劣，且有益于讀《毛詩注疏》者也。

　　本文主要引據文獻，爲省篇幅，率用簡稱，詳情如下：
　　《續修四庫全書》第五六册《毛詩要義》，上海古籍出版社二○○二年影印日本天理大學附屬圖書館藏宋淳祐十二年徽州刻本，簡稱《要義》或底本，各條挍勘記所標頁碼即此影印本之頁碼，所謂“上”、“下”乃分別指此本單面四拼一影印之上欄與下欄，《要義》類多缺筆避諱之字，爲便行文，所引者一律改作通行文字。
　　《足利學校秘籍叢刊第二·毛詩註疏》，汲古書院影印足利學校藏南宋劉叔剛一經堂刊《附釋音毛詩註疏》，昭和四十八年出版第一卷、第二卷，昭和四十九年出版第三卷、第四卷，簡稱十行本。
　　《南宋刊單疏本毛詩正義》，人民文學出版社二○一二年影印日本杏雨書屋藏南宋刊本，簡稱單疏本。
　　《中華再造善本叢書·附釋音毛詩註疏》，北京圖書館出版社二○○六年影印國家圖書館藏元刊明修本，簡稱元刊明修本。
　　《中華再造善本叢書·十三經注疏·附釋音毛詩註疏》，北京圖書館出版社二○○六年影印北京市文物局藏元刊明修本，簡稱文物本。
　　《十三經注疏·毛詩註疏》，日本東京大學東洋文化研究所藏閩刊本，簡稱閩本。

　　①　《毛詩注疏》，上海古籍出版社，2013 年版，第 11—12 頁。
　　②　上古本《毛詩注疏》，乃繼清殿本、民國萬有文庫本、北大簡體、北大繁體、台灣新文豐分段標點本、儒藏本之後，最新出版的標點整理本，理當後出轉精，故有學者稱之爲“最佳整理本”（吕友仁《四種整理本〈毛詩注疏〉平議》，《中華文史論叢》2014 年第 4 期）。然而筆者在閱讀過程中，發現了數量驚人的校勘問題，已別文詳論之，此處不贅。

《十三經注疏·毛詩註疏》，日本内閣文庫藏萬曆十七年刊本，簡稱明監本。

《十三經注疏·毛詩註疏》，日本東京大學東洋文化研究所藏汲古閣刊本，簡稱毛本。

《殿本十三經注疏·毛詩注疏》，線裝書局二〇一三年影印天津圖書館藏武英殿刊本，簡稱殿本。

《景印文淵閣四庫全書·毛詩注疏》，台灣商務印書館一九八三年影印本，簡稱庫本。

《阮刻毛詩注疏》，西泠印社出版社二〇一三年影印上海圖書館藏嘉慶年間江西南昌府學刊本《重栞宋本毛詩注疏附校勘記》，簡稱阮本，所附校勘記簡稱盧記。

《百部叢書集成·七經孟子考文補遺·毛詩》，台灣藝文印書館一九六四年影印日本原刊本，簡稱《考文》、《考文·補遺》。

《四庫全書珍本初集》經部二十六、二十七集《十三經注疏正字》，沈陽出版社一九九八年影印本，簡稱《正字》。

《續修四庫全書》第一八〇、一八一册《宋本十三經注疏併經典釋文校勘記·毛詩注疏校勘記》，上海古籍出版社二〇〇二年影印南京圖書館藏清嘉慶阮氏文選樓刻本，簡稱阮記。

《十三經注疏·毛詩注疏》，上海古籍出版社二〇一三年整理本，簡稱上古本，其校勘記簡稱上古記。

《中華再造善本叢書·毛詩詁訓傳》，北京圖書館出版社二〇〇三年影印國家圖書館藏宋刻本，簡稱巾箱本。

《中華再造善本叢書·監本纂圖重言重意互注點校毛詩》，北京圖書館出版社二〇〇三年影印國家圖書館藏宋刻本，簡稱監圖本。

《景印宋本纂圖互注毛詩》，“國立故宮博物院”一九九五年影印本，簡稱纂圖本。

《毛詩鄭箋》，汲古書院影印日本靜嘉堂文庫藏抄本，平成四年出版第一卷，平成五年出版第二卷，平成六年出版第三卷，簡稱日抄本。

《中華再造善本叢書·經典釋文》，北京圖書館出版社二〇〇三年影印國家圖書館藏宋刻宋元遞修本，簡稱《釋文》。

《中華再造善本叢書·爾雅》，北京圖書館出版社二〇〇二年影印國家圖書館藏宋刻本，簡稱《爾雅》。

《中華再造善本叢書·爾雅疏》，北京圖書館出版社二〇〇三年影印國家圖書館藏宋刻宋元明初遞修本，簡稱《爾雅疏》。

《中華再造善本·玉海辭學指南》，北京圖書館出版社二〇〇六年影印國家圖書館藏元至元六年慶元路儒學刻本，簡稱元刊本《玉海》。

毛詩譜序要義

1.頁二九七下　　非有心於愛憎

按：“憎”，十行本作“增”，元刊明修本、文物本、阮本同；閩本、明監本、毛本與《要義》同。阮記云：“閩本、明監本、毛本‘增’作‘憎’，案：‘憎’字是也。”《要義》引此正作“憎”，可爲阮説之證，揆諸文義亦當作“憎”，《要義》所引是也。

2.頁二九七下　　格則承之庸之

按：“承”，十行本作“乘”，元刊明修本、文物本、閩本、阮本同；明監本與《要義》同。阮記以爲明監本所改是也，通行本《尚書·益稷》作“承”，則當作“承”，《要義》所引是也。

3.頁二九八上　　詩者爲言志也詩緯含神霧

按：“者”、“霧”，十行本作“之”、“務”，元刊明修本、文物本、閩本、明監本、阮本同。孔《疏》原文爲：“《内則》説負子之禮，云‘詩負之’，注云：‘詩之言承也’。《春秋説題辭》云：‘在事爲詩，未發爲謀，恬澹爲心，思慮爲志，詩者爲言志也’。《詩緯含神霧》云：‘詩者，持也’。”“者”，《四部叢刊》三編所收宋本《太平御覽》卷六百九《學部三·詩》引《春秋説題辭》作“之”，元刊本《玉海》卷三十八《藝文·周六詩》引《正義》作“之”，則作“之”或是；“霧”，《禮記·内則》孔《疏》引《詩含神霧》，又宋本《太平御覽》卷六百九引《詩含神霧》，而元刊《玉海》卷三十八引《正義》卻作“務”，且《要義》下文（頁三〇〇上）又作“詩緯含神務”，則“霧”、“務”或以聲同義通，而不可確指必爲何字也。

4.頁二九八上　　正詩昔武王采得之後及成王即政之初

按：“及”，十行本作“乃”，元刊明修本、文物本、閩本、明監本、阮本皆同。武王采得之後，絕非成王即政之初，則“乃”字顯然有誤，當作“及”，《要義》所引是也。

　　5.頁二九八下　　故延陵季子觀樂於魯時孔子尚幼未定詩書而曰爲之
歌邶鄘衞風乎

　　按：“邶鄘衞”下，十行本有“曰是其衞”四字，元刊明修本、文物本、閩
本、明監本、阮本皆同。闕此四字，揆諸原文，其義不明，又此爲《疏》引《周
禮·春官·大師》鄭注所引鄭司農語，檢原文有此四字，則《要義》所引
誤也。

　　6.頁二九八下　　襄二十九年左傳服虔云

　　按：“服虔”下，十行本有“注”字，元刊明修本、文物本、閩本、明監本、阮
本皆同。未詳孰是。

　　7.頁二九九下　　成二年在傳云

　　按：“在”，十行本作“左”，元刊明修本、文物本、閩本、明監本、阮本皆
同。《要義》顯誤。

　　8.頁三〇〇下　　孔子刊定則應先後依次而鄭風清人是文公之詩處昭
公之上衞風伯兮是宣公之詩在惠公之下者答張逸云

　　按：“文公之詩”，十行本無“之”字，元刊明修本、文物本、閩本、明監本、
阮本皆同。考下文作“衞風伯兮是宣公之詩在惠公之下”，若從前後相照對
應的角度來看，則有“之”字文辭更加順暢，《要義》所引是也。又，“答張逸
云”，十行本作“鄭答張逸云”，元刊明修本、文物本、閩本、明監本、阮本皆
同，無“鄭”字則不知答者何人，故有“鄭”字者是，《要義》所引誤也。

　　9.頁三〇一上　　周召者禹貢雍州岐山之陽地名
禹貢雍州云荆岐既旅是岐屬雍州也
頁三〇一下皇甫謐云今美陽西北有岐城舊趾是也

　　按：“岐山”、“岐屬”、“岐城”之“岐”，十行本皆作“歧”，元刊明修本、文
物本同；閩本、明監本、毛本、阮本與《要義》同。岐山從山，從止顯誤。《要
義》所引是也。

　　10.頁三〇一上　　閟宮言夫王居岐之陽

　　按：“夫”，十行本作“大”，元刊明修本、文物本、閩本、明監本、毛本、阮
本同。居岐之陽者，周大王也，“夫”字顯爲“大”字之譌，《要義》顯誤。

　　11.頁三〇一下　　岐山在扶風美陽四北

　　按：“四”，十行本作“西”，元刊明修本、文物本、閩本、明監本、毛本、阮

本同。“四”字顯爲“西”字之譌，《要義》顯誤。

12.頁三〇五下　太姒嗣徽音

按：“姒”，十行本作“似”，元刊明修本、文物本、阮本同；閩本、明監本、毛本與《要義》同。文王妻乃太姒，作“似”顯誤，《要義》所引是也。

卷第一上

13.頁三〇七下　則故訓者故昔者典訓依故昔典訓而爲傳義或當然

按：“故昔者”，十行本作“故昔”，元刊明修本、文物本、閩本、明監本、毛本、阮本同。“故昔典訓”，乃增字以釋“故訓”一詞，故“故昔”後之“者”字似涉上而衍，《要義》所引誤也。

14.頁三〇八上　詩作後於衛頃國地狹於千里徒以天命未改王爵仍存不可過後諸侯故使次之於衛也

按：“不可過”，十行本作“不可過于”，元刊明修本、文物本、閩本、明監本、毛本、阮本同。以文氣揣摩之，似無“于”字爲勝，《要義》所引是也。

15.頁三〇九上　正義曰鄭氏名玄字康成北海高密人當後桓靈之時注此書也

按：“當後”，十行本作“當後漢”，元刊明修本、文物本、閩本、明監本、毛本、阮本同。無“漢”字，則此“後”則不知所指，《要義》顯誤。

16.頁三〇九上　不言名而言氏者漢承滅學之後典籍出於人間各專門命氏以顯其家之學故諸爲傳訓者皆云氏不言名

按：“諸爲傳訓者”，十行本無“傳”字，元刊明修本、文物本、阮本同；閩本、明監本、毛本與《要義》同。此段《疏》文實爲釋毛《傳》而發，後《疏》云：“由此而言，毛氏爲《傳》，亦應自載毛字耳。”則“傳”爲孔氏所衷，“訓”字乃綴於“傳”字之後，以足辭氣，不得單字爲義，故應有“傳”字，《要義》所引是也。又，閩本此處諸字字距迫促，與通常行距不倫，疑爲剜改以補“傳”字而留有痕跡也，明監本、毛本皆承其而來。

17.頁三〇九下　自周南至鄭氏箋凡一十六字所題非一時也周南關雎至第一詩國風元是大師所題也詁訓傳毛自題之毛一字獻王加之鄭氏箋鄭自題之

按：“詁訓傳”，十行本無“傳”字，元刊明修本、文物本、阮本同；閩本、明監本、毛本與《要義》同。原文既云："自'周南'至'鄭氏箋'凡一十六字,所題非一時也,'周南關雎'至'第一詩國風'元是大師所題也,'詁訓傳'毛自題之,'毛'一字獻王加之,'鄭氏箋'鄭自題之",據此,若無"傳"字,則不足十六之字數也,故當有"傳"字,《要義》所引是也。又,閩本此處諸字字距迫促,與通常行距不倫,疑爲剜改以補"傳"字而留有痕跡也,明監本、毛本皆承其而來。

18.頁三一〇下　　樂曲既定規矩先成後人作詩模準舊法

按:"模準",十行本作"謨準";元刊明修本作"謨摩",文物本、阮本同;閩本、明監本、毛本與《要義》同。制模以木不以言,作"謨"顯非,或因形近而誤,而"準"字亦因形近而譌作"摩",兩字皆譌,遂成"謨摩"而義不可曉,《要義》所引是也。盧記云:"毛本作'模準'",實閩本已然,明監本亦然,豈待毛本也。

19.頁三一一上　　於月令角東商西徵南羽比宫在中央

按:"羽比",十行本作"羽北",閩本、明監本、毛本、阮本同;元刊明修本作"羽此",文物本同。揆諸文義,以五音配四方及中央,則"比"、"此"顯皆爲"北"字之譌,《要義》、元刊明修本皆誤。

20.頁三一一上　　宫中也居中央暢四方唱始施生爲四聲之綱也徵祉也物盛大而蕃祉者羽宇也物聚藏宇覆之也

按:"蕃祉者",十行本作"蕃祉也",元刊明修本、文物本、閩本、明監本、毛本、阮本同。考此段爲《疏》文引《漢書·律歷志》文,原文作"也",作"者"不惟文氣不順,亦與上下文不倫,則作"也"是也,《要義》所引誤也。

21.頁三一二上　　禮樂本出於民還以教民猶雲出於山復雨其山火生於木反焚其木

按:"猶",十行本作"與夫",元刊明修本、文物本、閩本、明監本、毛本、阮本同。《疏》文此下還有"復何異哉"四字,乃《要義》所未引,若并此四字來看,則作"與夫"文氣順暢,若作"猶"則顯然乖張,疑《要義》因未引後四字"復何異哉",爲足文氣,而改"與夫"爲"猶"也。

22.頁三一三上　　是以昔日之詩雖絶昔日之樂常存樂本猶詩而生所以樂能移俗歌其聲謂之樂誦其言謂之詩

按:"猶",十行本作"由",元刊明修本、文物本、閩本、明監本、毛本、阮本同。揆諸文義,似當作"由"爲佳,《要義》所引誤也。

23.頁三一三上　鄭以賦之言鋪也鋪陳善惡則詩文直陳其事不譬喻者皆賦辭也司農云比者比方於物諸言如者皆比辭也司農又云興者託事於物則興者起也

按：前"司農云"，十行本作"鄭司農云"，元刊明修本、文物本、閩本、明監本、毛本、阮本同。考本卷孔《疏》原文，此前並未有"鄭司農"，則是處當以"鄭司農云"爲是，而下文再言則省"鄭"字而作"司農又云"也，否則，單言"司農云"不知其所指究竟何人，《要義》所引誤也。

24.頁三一五上　展轉申明作詩之意達於事變者若唐有帝堯殺禮救危之化後世習之失之於儉不中禮陳有太姬好巫歌舞之風後世習之失之於遊蕩無度是其風俗改變詩人曉達之也

按："詩人"，十行本作"時人"，元刊明修本、文物本、閩本、明監本、毛本、阮本同。考本段《疏》文起首云："《正義》曰：此又言王道既衰，所以能作變詩之意。作詩者，皆曉達於世事之變易"，"詩人曉達之"正與"作詩者皆曉達於世事之變易"前後對應也，則"詩人"絕不當作"時人"，《要義》所引是也。殿本亦作"詩人"，所改是也。

25.頁三一五上　秦和之規平公知其不可爲也詩人救世亦猶是矣

按："規"，十行本作"視"，元刊明修本、文物本、閩本、明監本、毛本、阮本同。考《左傳》昭公元年："晉侯求醫於秦，秦伯使醫和視之，曰：疾不可爲也"，則作"視"是，"規"乃因形近而譌，《要義》顯誤。

26.頁三一七下　論語注云哀世夫婦不得此人不爲減傷其愛

按："減"，十行本作"滅"，元刊明修本、文物本、阮本同；閩本、明監本、毛本與《要義》同。檢吐魯番出土唐寫本《論語鄭注》此字正作"減"（"吐魯番阿斯塔那三六三號墓文書"，文物出版社一九九六年版《吐魯番出土文書（叁）》，頁五七四）又揆諸原文，滅傷不成辭，則作"滅"顯誤，當作"減"，《要義》所引是也。

27.頁三一七下　鄭答劉琰云論語云人間行久義或宜然故不復定以遺後説

按："論語云"，十行本作"論語注"，元刊明修本、文物本、閩本、明監本、毛本、阮本同。作"云"，句意不明，似涉上"云"字而譌，《要義》顯誤。

28.頁三一八上　陸璣疏云

按："陸璣"，十行本作"陸機"，元刊明修本、文物本、閩本、明監本、阮本同；毛本與底本同。唐李匡乂《資暇集》卷上云：“陸璣字從玉旁，非士衡也”，浦鏜《正字》謂：“璣，監本誤機，後並同”，似從其説，阮記則云：“毛本‘機’誤‘璣’，閩本、明監本不誤。案：考《隋書·經籍志》作‘機’，《釋文·序録》同，唯《資暇集》有當從玉旁之説，宋代著録元恪書者多采之，毛本因此改作‘璣’，其實與士衡同姓名耳。”則其以爲當作“陸機”，而前有李匡乂之説，後有《要義》所引，阮説似未必然，然南宋刊單疏本《毛詩正義》、日本天理大學附屬天理圖書館藏古鈔本《毛詩正義》殘卷皆引作“陸機”，則孰是孰非，難以遽斷。

29. 頁三一九下　　仲治之言

按：“治”，十行本作“冶”，元刊明修本、文物本、閩本、阮本同；明監本、毛本與底本同。浦鏜《正字》以爲“治”當作“洽”，山井鼎《考文》説同，哈佛大學圖書館藏閩本於“冶”旁紅筆注有“洽”字，考《晉書》摯虞字仲洽，則“治”、“冶”皆形近之譌，《要義》引作“仲治”顯誤。

30. 頁三二一下　　古者王后織玄紞公侯夫夫紘綖卿之内子大帶大夫命婦成祭服士妻朝服庶士以下各衣其夫

按：“公侯夫夫”，十行本作“公侯夫人”，元刊明修本、文物本、閩本、明監本、毛本、阮本同。“夫夫”不辭，又此處爲毛《傳》，《傳》文歷數王后、公侯夫人、卿内子、大夫命婦、士妻及庶人之妻所服，則“夫夫”確當作“夫人”，《要義》顯誤。

31. 頁三二二上　　自祭之服少牢禮朝服玄冠緇衣素裳

按：“緇衣”，十行本作“緇布衣”，元刊明修本、文物本、閩本、明監本、毛本、阮本同。未詳孰是。

32. 頁三二二下　　襄三年公羊傳曰宋災伯姬存焉

按：“襄三年”，十行本作“襄三十年”，元刊明修本、文物本、閩本、明監本、毛本、阮本同。檢《公羊傳》“宋災伯姬存焉”之事確系于襄公三十年，則《要義》顯誤。

33. 頁三二二下　　母既如此傅亦宜然

按：“傅”，十行本作“傳”，元刊明修本、文物本同；閩本、明監本、毛本、阮本與底本同。考前《疏》引《公羊傳》：“宋災伯姬存焉……傅至，母未至，逮火而死”，又注云：“選老大夫爲傅，選老大夫妻爲母”，則傅、母相對，皆爲教輔婦人之師，故必作“傅”，十行本作“傳”顯因形近而譌，《要義》所引是也。

34.頁三二二下　　南山箋文姜與姪娣及傅姆同處

按："文",十行本作"云",元刊明修本、文物本、閩本、明監本、毛本、阮本同。考《南山》詩"葛屨五兩,冠緌雙止",鄭箋云:"葛屨五兩,喻文姜與姪娣及傅姆同處;冠緌,喻襄公也。五人爲奇,而襄公往從而雙之,冠、屨不宜同處,猶襄公、文姜不宜爲夫婦之道",則此處之"云",當爲"文",阮記云:"閩本、明監本、毛本同,案……浦鏜云:'脱文字',是也",而《要義》引此《疏》,"云"作"文",則"云"字實乃"文"字傳寫之譌,而非脱去"文"字,浦鏜、阮説皆不確,《要義》所引是也。

35.頁三二三下　　以特牲云士妻祭

按："士",十行本作"土";閩本、明監本、毛本、阮本與底本同;元刊明修本、文物本此頁闕。"土妻"不辭,此"土"字顯因形近而譌,《要義》所引是也。

36.頁三二四上　　云其餘則私明自展褖以上爲公衣矣

按："公",十行本作"云";閩本、明監本、毛本、阮本與底本同;元刊明修本、文物本此頁闕。"云衣"不辭,所謂私者正是本詩毛《傳》所謂"私燕服"之"私",公者則毛《傳》所謂"婦人有副褘盛飾,以朝事舅姑,接見于宗廟,進見于君子,其餘則私也","公"字恰與"私"字相對,則"云"字顯因形近而譌,《要義》所引是也。

卷第一下

37.頁三二五下　　毛詩説金罍酒器也諸臣之所酢人君以黄金飾尊大一石毛詩言大一石

按:兩"石",十行本皆作"碩",元刊明修本、文物本、閩本、明監本、毛本、阮本同。石、碩乃同級計量單位,未詳孰是。又下句"詩",十行本作"説",元刊明修本、文物本、閩本、明監本、毛本、阮本同。此處所謂"毛詩言",實指上文所引"毛詩説",單言"毛詩"易使人誤以爲《毛詩》言,而作"毛説"則可概指"毛詩説",且單疏本《爾雅疏·釋器》正引作"毛説言",則《要義》所引誤也。

38.頁三二五下　　以上同用梓而加飾耳

按:"飾",十行本作"餌",元刊明修本、文物本同;閩本、明監本、毛本、阮本與底本同。"加餌"不辭，"餌"字顯因形近并涉下"耳"字而譌，單疏本《爾雅疏·釋器》引作"加飾"，《要義》所引是也。

39.頁三二六上　　觥者爵稱者

按："稱者"，十行本作"稱也"，元刊明修本、文物本同；閩本、明監本、毛本、阮本與底本同。作"稱也"更合原文辭氣，《要義》所引似誤也。

40.頁三二六下　　饗禮之初示敬故酒清而不敢飲肉乾而不敢食其末亦如燕法

按："其末"，十行本作"其木"，元刊明修本同；文物本、閩本、明監本、毛本、阮本與底本同。十行本之"木"字，上半部有漫漶，似因此而闕失"末"上之"一"而成"木"字，元刊明修本遂承之而譌作"木"，要之，揆諸文義，《要義》所引是也。

41.頁三二六下　　鄉飲酒大夫之饗禮亦有旅醻無算爵則饗末亦有旅醻

按："饗末"，十行本作"饗未"，元刊明修本同；文物本作"饗士"；閩本、明監本、毛本、阮本與底本同。十行本之"未"字，文物本之"士"字，顯皆因形近而譌，揆諸文義，《要義》所引是也。

42.頁三二七下　　思齊云大姒嗣徽音則百斯男傳云大姒十子衆妾則宜百子是也

按："大姒嗣徽音"，十行本作"大似嗣徽音"，元刊明修本、文物本同；閩本、明監本、毛本、阮本與底本同。十行本前作"大似"，后作"大姒"，自相矛盾，前者顯誤，《要義》所引是也。

43.頁三二七下　　故此與樛木同論后妃前云無嫉妒之心此云不妒忌是爲大同也

按："嫉妒"，十行本作"言妒"；元刊明修本、文物本作"忌妒"；閩本、明監本、毛本、阮本與底本同。此處所謂"前云"乃指《樛木·小敘》，其云"言能逮下而無嫉妒之心焉"，與此處"無嫉妒之心"合，故"言妒"、"忌妒"皆非，《要義》所引是也。

44.頁三二七下　　陸璣疏云幽州人謂之春箕春箕即春黍蝗類也長而青長角長股股鳴者也

按："股鳴"，十行本作"肱鳴"，元刊明修本、文物本、閩本、阮本同；明監本、毛本與底本同。阮記云："閩本同，明監本、毛本'肱'作'股'，案：'股'字是也，鄭《考工記·梓人》注云：股鳴，蚣蝑動股屬。"《釋文》、單疏本《爾雅疏》引陸機《疏》皆作"股鳴"，十行本顯誤，《要義》所引是也。

45.頁三二八下　白虎通云鰥之言綔綔無所親則寡者少也

按："綔綔"，十行本作"鰥鰥"，元刊明修本、文物本、閩本、明監本、毛本、阮本同。未詳孰是。

46.頁三二八下　爾雅云無夫無婦並謂之寡丈夫曰索婦人曰嫠

按："嫠"，十行本作"釐"，阮本同；元刊明修本、文物本作"厘"；閩本、明監本、毛本與底本同。考《左傳》襄公二十五年杜注："寡婦曰嫠"，則當作"嫠"，《要義》所引是也。

47.頁三二九上　王基駁云王會所記雜物奇獸皆四夷遠國各貢土地異物以爲貢贄非周婦人所得采

按："周"，十行本作"周南"，元刊明修本、文物本、閩本、明監本、毛本、阮本同。考元刊本王應麟《詩考·詩異字異義·苤苢》引王基駁云"非周婦人所得采"（北京圖書館出版社二○○三年影印國家圖書館藏元至元六年慶元路儒學刻本），則似當作"周婦人"，《要義》所引是也。

48.頁三三○上　以彼漬從水此墳從土且伐薪宜於厓岸大防之上不宜漬汝之間故也

按："不宜漬汝"，十行本作"不宜在漬汝"，元刊明修本、文物本、閩本、明監本、毛本、阮本同。考元刊本王應麟《詩地理考》卷一"汝墳"條引孔氏曰作"不宜在漬汝"（北京圖書館出版社二○○六年影印國家圖書館藏元至元六年慶元路儒學刻本），揆諸文氣，有"在"者是也，《要義》所引誤也。

49.頁三三○上　終南云有條有枚文與枚連則條亦木名也

按：兩"枚"，十行本皆作"梅"，元刊明修本、文物本、閩本、明監本、毛本、阮本同。考宋本《文選》卷一《西都賦》李善注引"《毛詩》曰：終南何有，有條有枚"（北京圖書館出版社二○○四年影印國家圖書館藏宋淳熙八年池陽郡齋刻本），韓國奎章閣藏朝鮮活字本六家注《文選》所引同，《四部叢刊》三編所收宋本《太平御覽》卷三十八"終南山"條："詩曰：終南何有，有條有枚"，則《要義》引作"有條有枚"非孤例也。而十行本《疏》文引《終南》"有條有梅"，下云"文與梅連，則條亦木名也，故《傳》曰'條，槄'，與此異也"，所謂"與此異"，乃與本詩"伐其條枚"之"條"相異，本詩之"條"，《傳》曰"枝"，即前《疏》所云"以枚非木，則條亦非木"，而《終南》之條乃與梅同，皆爲木名，《疏》文此處引"有條有梅"意在以梅證條，若作"有條有枚"則《終南》之條與本詩之條無異，又何來"與此異"之說，故細玩《疏》文，可知此處必當作"梅"，《要義》等似誤。

50. 頁三三一上　　此皆君親非異國也要皆同姓以對異姓異姓最爲疎也

按："君親"，十行本作"君新"，元刊明修本、文物本、阮本同；閩本、明監本、毛本與底本同。揆諸文義，"親"與"疎"相對，則作"新"非是，似因形近而譌，《要義》所引是也。

51. 頁三三二上　　士昏禮從車二乘其天子與大夫送迎則無文

按："從車"，十行本作"從軍"，元刊明修本、文物本同；閩本、明監本、毛本、阮本與底本同。檢《儀禮·士昏禮》作"從車"，則作"從軍"非是，似因形近而譌，《要義》所引是也。

52. 頁三三二下　　故鄭箋膏肓引士昏禮云主人爵弁纁裳從車二乘婦車亦如之有裧則士妻始嫁乘夫家之車也

故鄭箋膏肓又云

按：兩"肓"，十行本皆作"盲"，元刊明修本、文物本同；閩本、明監本、毛本、阮本與底本同。檢《左傳》成公十年："疾不可爲也，在肓之上，膏之下"，則當作"膏肓"，"膏盲"顯誤，似因形近而譌，《要義》所引是也。又，"裧"，十行本作"供"，元刊明修本、文物本、閩本、明監本、毛本、阮本同。浦鏜《正字》云："裧，誤供"，阮記是之，檢《儀禮·士昏禮》作"裧"，則《要義》所引是也。

53. 頁三三二下　　特牲云主婦設兩敦黍稷于俎南西上

按："俎"，十行本作"菹"，元刊明修本、文物本、阮本同；閩本作"葅"，明監本、毛本同。檢《儀禮·特牲饋食禮》作"俎"，作"菹"、"葅"皆因形近而譌，《要義》所引是也。

54. 頁三三三上　　古者或剔賤者刑者之髮以被婦人之紒爲飾因名髲鬄焉此周禮所謂次也

按："刑者之髮"，十行本作"刑者之髮"，元刊明修本、文物本、閩本、明監本、毛本、阮本同。檢《儀禮·少牢饋食禮》作"刑者之髮"，又揆諸文義，"刑者之髮""因名髲鬄"不辭，故作"髮"是也，《要義》所引誤也，或因涉下文"髲鬄"而譌。

55. 頁三三四下　　案昏禮婦至主人揖婦以入席于奧即陳同牢之饌三飯卒食乃云御衽席於奧勝衽食席在東皆有枕

按：“食席”，十行本作“良席”，元刊明修本、文物本、閩本、明監本、毛本、阮本同。檢《儀禮·士昏禮》作“良席”，又鄭注：婦人稱夫曰良。據此，當作“良”，《要義》顯誤。

56.頁三三四下　言女子十年不出者對男子十年出就外傅也

按：“傅”，十行本作“傳”，元刊明修本、文物本同；閩本、明監本、毛本、阮本與底本同。揆諸文義，作“傳”顯誤，《要義》所引是也。

57.頁三三五上　治絲繭者繭則繅之絲則絡之織紝組訓者紝也組也紃也三者皆織之服虔注左傳曰織紝治繒帛者則紝謂繒帛也

按：“紝也”，十行本作“紐也”，元刊明修本、文物本同；閩本、明監本、毛本、阮本與底本同。考孔《疏》前文所引箋文作“織紝組訓”，而後文所引服虔注亦爲釋“紝”，則無從有“紐”字，作“紐”顯誤，《要義》所引是也。

58.頁三三五上　十年以後傅姆當教

按：“傅姆”，十行本作“傳姆”，元刊明修本、文物本、毛本同；閩本、明監本、阮本與底本同。揆諸文義，作“傳”顯誤，《要義》所引是也。

59.頁三三五下　祭禮主婦設羹教成之祭更使季女者成其婦禮也

按：“祭禮”，十行本作“祭事”，元刊明修本、文物本、閩本、明監本、毛本、阮本同。揆諸文義，此乃箋文，檢巾箱本作“祭事”，監圖本、纂圖本、日抄本作“祭禮”，考下《疏》文引作“祭禮主婦設羹”，《考文》古本作“祭禮”，則似當作“祭禮”，《要義》所引是也。明監本“祭事”之“事”左旁注有“禮”字，則讀此本者亦以爲當作“祭禮”也。

60.頁三三六上　牲體在俎下乃設羊鉶豕鉶

按：“牲體”，十行本作“性體”，元刊明修本、文物本同；閩本、明監本、毛本、阮本與底本同。“性體”不知爲何物，揆諸文義，顯當作“牲體”，《要義》所引是也。

61.頁三三六上　特牲禮云設大羹湆于醢北

按：“北”，十行本作“此”，元刊明修本、文物本同、閩本、明監本、毛本同；阮本與底本同。檢《儀禮·特牲饋食禮》作“北”，浦鏜《正字》云：“北，誤此”，作“此”顯誤，或因形近而譌，《要義》所引是也。

62.頁三三七上　蘋蘩蘊藻之菜筐筥錡釜之器潢汙行潦之水可薦於鬼神

按：“行潦”，十行本作“汙潦”，元刊明修本同；文物本、閩本、明監本、毛本與底本同。此段《疏》文，乃引《左傳》隱公五年臧僖伯語，原作“行潦”，所謂“汙潦”或因涉上“橫汙”而譌,《要義》所引是也。

63.頁三三八下　男女相對男稱夫女稱家

按:“男稱”,十行本作“男得”,元刊明修本、文物本、阮本同;閩本、明監本、毛本與底本同。揆諸文義,作“男得”不辭,顯誤,或因形近而譌,《要義》所引是也。

64.頁三三九上　既囚證未定獄事未決繫之於圜土因謂圜土亦謂獄

按:“謂獄”,十行本作“爲獄”,元刊明修本、文物本、閩本、明監本、毛本、阮本同。揆諸文義,當作“爲獄”,“謂獄”或因涉上“因謂”而譌,《要義》所引誤也。

65.頁三三九上　故彼注云訟謂以財貨相告者獄謂相告以罪名者是其對例也

按:“罪名者”,十行本無“者”字,元刊明修本、文物本、閩本、明監本、毛本、阮本同。檢《周禮·大司寇》鄭注作“獄謂相告以罪名者”,《要義》所引是也。

66.頁三三九上　言紂帛不過五兩多不過之則少有所降耳

按:“紂帛”,十行本作“純帛”,元刊明修本、文物本、阮本同;閩本、明監本、毛本與底本同。“紂帛不過五兩”,實爲毛《傳》,宋本《釋文》本詩“紂帛”條云:“側基反,依字系旁才,後人遂以才爲屯,因作純字”,又《儀禮要義》卷二“諸經內純字鄭或爲絲或爲色”條云“紂帛之紂則多誤爲純”(“國立故宮博物院”景印宋本《儀禮要義》),則似當作“紂帛”,《要義》所引是也。

67.頁三三九下　左傳昭元年云徐吾犯之妹美

按:“徐吾犯”,十行本作“徐吾祀”,元刊明修本、文物本同;閩本、明監本、毛本、阮本與底本同。檢《左傳》昭公元年正作“徐吾犯”,則“祀”者或因形近而譌,《要義》所引是也。

68.頁三三九下　此貞女不從明亦以六禮彊委之也

按:“彊”,十行本無此字,元刊明修本、文物本、阮本同;閩本、明監本、毛本與底本同。阮記云:“明監本、毛本‘委’上衍‘彊’字,閩本剜入”,檢閩本剜入“彊”字之跡甚爲明顯,然《要義》既有此字,則非閩本剜入而衍也,閩本當別有所據,阮記所云非是。然“彊”字究竟有無,難以遽斷,未詳孰是。

69.頁三四〇上　羔羊至委蛇毛以爲召南大夫

按:“羔羊”,十行本作“羔裘”,元刊明修本、文物本、閩本、明監本、毛本、阮本同。“羔羊至委蛇”，乃孔《疏》標起止之語，檢本詩經文作“羔羊之皮……委蛇委蛇”，則標“羔羊”至“委蛇”是也，十行本及以下作“羔裘”顯誤，《要義》所引是也。

70.頁三四〇下　古者素絲所以得英裘者織素紃爲組紃

按：“素紃”，十行本作“素絲”，元刊明修本、文物本、閩本、明監本、毛本、阮本同。“織素紃爲組紃”不辭，揆諸文義，當作“素絲”，《要義》所引誤也。

71.頁三四一上　司裘曰大裘飾皮車謂革輅

按：“大裘”，十行本作“大喪”，元刊明修本、阮本同；文物本、閩本、明監本、毛本與底本同。考下文《疏》云：“《司裘》職云：掌爲大裘，以供王祀天之服”，則“大喪”顯因形近而譌，《要義》所引是也。

72.頁三四一下　知者以鄭注玉藻云非諸侯則不用素錦爲裼故也士則麛裘青犴褎以狐白之外雄麛裘素也

按：“士則”，十行本作“土則”，文物本、阮本同；元刊明修本、閩本、明監本、毛本與底本同。士相對於諸侯而言，“土則”顯因形近而譌，《要義》所引是也。

73.頁三四二上　知者鄭注論語云素衣麛裘諸侯視朝之服其臣則青犴褎絞衣爲裼若兵事既用韎韋衣則用黃衣狐裘及貍裘以裘象衣色故也

按：“以裘”，十行本無此二字，元刊明修本、文物本、閩本、明監本、毛本、阮本同。未詳孰是。

74.頁三四二下　司服職云王祀昊天上帝則服大裘而冕以下冕亦復云裘

按：“亦復”，十行本作“不復”，元刊明修本、文物本、閩本、明監本、毛本、阮本同。考下文《疏》云：“《司裘》職云：掌爲大裘，以供王祀天之服。亦不別言袞冕以下之裘，明六冕與爵弁同用大裘之羔裘矣。”則“不別言袞冕以下之裘”正與“以下冕不復云裘”相應，所明者“六冕與爵弁同用大裘之羔裘”，故不復云裘也，故當作“不復”，《要義》所引誤也。

75.頁三四三下　綢繆首章三星在天箋云三月之末四月之中二章三星在隅箋云四月之末五月之中卒章三星在户箋云五月之末六月之中與此三章喻時大同

按：“末”，十行本作“未”，元刊明修本、文物本同；閩本、明監本、毛本、阮本與底本同。檢《綢繆》箋云"三月之末",下《疏》文又引彼箋"四月之末"、"五月之末",則作"未"顯誤,《要義》所引是也。又,"喻時",十行本作"之喻",元刊明修本、文物本、阮本同;閩本、明監本、毛本與底本同。揆諸文義,"之喻"指代不明,"喻時"點明其旨,則當作"喻時",《要義》所引是也。

76. 頁三四三下　　正義曰命謂貴賤者夫人禮命貴與君同故稱曰小君衆妾賤

按:"衆妾賤",十行本作"衆妾則賤",元刊明修本、文物本、閩本、明監本、毛本、阮本同。有"則"字似文氣更昶,《要義》所引誤也。

77. 頁三四四上　　知三爲心者下章云維參與昴不五星則五非下章之昴也五既非昴則三亦非參

按:"三爲心",十行本作"三爲星",元刊明修本、文物本、閩本、明監本、毛本、阮本同。考《疏》下文云"故知三謂心也",正與此"知三爲心者"前後呼應,則當作"心",《要義》所引是也。又,"維參與昴不五星",十行本作"維參與昴昴不五星",元刊明修本、文物本、閩本、明監本、毛本、阮本同。無"昴"字,則"不五星"無主語,故當疊"昴"字,《要義》所引誤也。

78. 頁三四四下　　經言在東箋云在天者在東據初見之方此不取所見之爲義

按:"所見之",十行本作"所見之方",元刊明修本、文物本、閩本、明監本、毛本、阮本同。無"方"字,則"所見"無著落,故當有"方"字,《要義》所引誤也。

79. 頁三四四下　　云四時者如是終歲列宿更見因明二十八宿更迭而見不止於心喙也

按:"更迭",十行本作"更送",元刊明修本同;文物本、閩本、明監本、毛本、阮本與底本同。"更送"顯誤,《要義》所引是也。又,"不止",十行本作"不正",元刊明修本、文物本同;閩本、明監本、毛本、阮本與底本同。"不正"顯誤,《要義》所引是也。

80. 頁三四四下　　書傳曰古者后夫人將侍君前息燭後舉燭至於房中

按:"後舉燭",十行本作"後舉獨",元刊明修本、阮本同;文物本、閩本、明監本、毛本與底本同。"獨"如何可舉,作"獨"顯誤,《要義》所引是也。

81. 頁三四四下　　內則云妻不在妾御莫敢當夕注云避女君之御日

按:"注云",十行本作"注女",元刊明修本、文物本同;閩本、明監本、毛本、阮本與底本同。"女避女"不辭,顯誤,或因形近而譌,《要義》所引是也。

82.頁三四五上　公羊傳曰伐爲大辰皆舉相見之文也

按:"皆舉",十行本作"皆至舉",元刊明修本、文物本同;閩本作"皆互舉",明監本、毛本、阮本同。"舉相見"文氣不順,當有"互"字爲是,《要義》所引誤也,十行本之"至"亦似爲"互"字之譌。

83.頁三四五下　士昏禮注云縢送也

按:"士昏禮",十行本作"亡昏禮",元刊明修本、文物本同;閩本、明監本、毛本、阮本與底本同。"亡昏禮"顯誤,或因形近而譌,《要義》所引是也。

84.頁三四五下　箋云樸樕之中及野有死鹿皆可以白茅裹束以爲禮

按:此處鄭箋"白茅裹束",十行本作"白茅包裹束",元刊明修本、文物本、閩本、明監本、毛本、阮本、巾箱本同;監圖本、纂圖本、日抄本與底本同。裹已有包裹之義,再疊"包"字,似嫌累贅,當無"包"字,《要義》所引是也。

85.頁三四六上　今雖則王姬之尊亦下嫁於諸侯

按:"今",十行本作"令",元刊明修本、文物本、閩本、明監本、毛本、阮本同。揆諸文義,"令"字顯誤,乃"今"字增點而譌,《要義》所引是也。

86.頁三四七上　總著馬勒直兩耳與兩鍚

按:"鍚",十行本作"鑣",元刊明修本、文物本、閩本、明監本、毛本、阮本同。檢《周禮·巾車》鄭注所引正作"鑣",《要義》所引誤也。

87.頁三四七上　后朝見於王所乘謂去飾也

按:"去",十行本作"云",元刊明修本、文物本同;閩本、明監本、毛本、阮本與底本同。檢《周禮·巾車》鄭注所引正作"去飾","云"字顯誤,《要義》所引是也。

88.頁三四七上　國風碩人曰翟茀以朝謂諸侯夫人始來乘翟蔽之車以朝見於君

按:"翟茀",十行本作"翟蔽",元刊明修本、文物本、閩本、明監本、毛本、阮本同。檢《毛詩·碩人》作"翟茀",而此段文字實引自《周禮·巾車》鄭注,其正作"翟蔽",則未詳孰是。

89.頁三四七上　其諸侯之夫人始嫁及常乘之車則無文

按:"夫人",十行本作"大夫",元刊明修本、文物本同;閩本、明監本、毛本、阮本與底本同。大夫如何嫁人,"大夫"顯誤,《要義》所引是也。

90.頁三四七下　子男夫人乘翟車所用助祭饗朝見各依差次

按："助祭饗",十行本作"助祭饗賓",元刊明修本、文物本、閩本、明監本、毛本、阮本同。"饗"者之對象爲"賓",故不可闕之,《要義》所引誤也。

91.頁三四七下　初嫁皆上攝一等其始嫁之衣皆以祭服

按："其始嫁",十行本作"始嫁其嫁",元刊明修本、文物本、阮本同;閩本、明監本、毛本與底本同。"始嫁其嫁"文字錯亂,必誤無疑,揆諸文義,當作"其始嫁",《要義》所引是也。又,閩本此處三字字距明顯與上下不符,疑是刻板者剜去原來四字補刻"其始嫁"三字,明監本、毛本皆承之而不誤。

92.頁三四八上　又洛誥云伻來毖殷乃命寧

按："伻",十行本作"平",元刊明修本、文物本、阮本同;閩本、明監本、毛本與底本同。檢《尚書・洛誥》作"伻",伻者使也,平則不知何義,故當作"伻",《要義》所引是也。

93.頁三四八上　此處騶虞於末以爲鵲巢之應故歷序鵲巢以下然後言騶虞當篇之義

按："故歷",十行本作"以故歷",元刊明修本、文物本、閩本、明監本、毛本、阮本同。揆諸文氣,無"以"字似勝,《要義》所引是也。

卷第二上

94.頁三五〇上　則三監者武庚爲其下無霍叔矣

按："其下",十行本作"其一",元刊明修本、文物本、閩本、明監本、毛本、阮本同。揆諸文氣,"其下"不可解,當作"其一",《要義》所引誤也。

95.頁三五〇上　言禄父及三監叛則禄父之外更有三人爲監

按："之外",十行本作"也外",元刊明修本、文物本、阮本同;閩本作"已外",明監本、毛本同。十行本作"也外",顯誤,閩本似覺文義不通,遂改爲"已外",亦或別有所承,明監本、毛本承之,盧記謂:"毛本'也'作'已',案'已'字是也",《要義》所引作"之外",文義曉暢,則作"也外"、"已外"似皆誤,盧記不可信從,《要義》所引是也。

96.頁三五〇下　三國之境地相接

按："相接",十行本作"相連接",元刊明修本、文物本、閩本、明監本、毛本、阮本同。"境地相接"辭審義明,無用再插入"連"字,則《要義》所引是也。

97.頁三五一上　　此詩人本述其事非爲自歌其土也

按："非"，十行本作"作"，元刊明修本、文物本、閩本、明監本、毛本、阮本同。"本"、"非"辭意相對，文氣明曉，而作"作"，則不知何義，顯誤，《要義》所引是也。

98.頁三五一上　　正義曰知者準約金縢之文

按："準約"，十行本作"準的"，元刊明修本、文物本、阮本同；閩本、明監本、毛本與底本同。"準的"不辭，當作"準約"，《要義》所引是也。

99.頁三五二下　　此鄭數君數諸國不同

按："君數"，十行本作"君世"，元刊明修本、文物本、閩本、明監本、毛本、阮本同。揆諸文義，"君世"似勝，"君數"不辭，《要義》所引誤也。

100.頁三五三上　　宋襄之母則身已歸宗非復宋婦其詩不必親作故在衛

按："歸宗"，十行本作"歸宋"，元刊明修本、文物本、閩本、明監本、毛本、阮本同。盧記云："'宋'當作'衛'。"此説毫無版本依據，純屬推測。考《疏》云："許穆夫人之詩得在衛國者，以夫人身是衛女，辭爲衛發，故使其詩歸衛也。宋襄之母則身已歸宋，非復宋婦，其詩不必親作，故在衛焉"，細玩文義，作"宋"絶不可通，故殿本始改作"衛"，以遷就原文，盧説似本之也，而《要義》引作"宗"，"身已歸宗"，辭既熨帖，義亦曉暢，孔《疏》原文必作"宗"，其後傳刻而因字形相近譌作"宋"，《要義》所引是也。

101.頁三五四上　　序者於氓舉宣公以明下

按："宣公"，十行本作"國公"，元刊明修本、文物本、閩本、明監本、毛本、阮本同。檢《氓·小敘》："宣公之時，禮義消亡，淫風大行，男女無別，遂相奔誘"，則作"宣公"是也。又孔《疏》原文意指，《伯兮》、《有狐》本在《氓》之下，《芄蘭》之上，《氓·小敘》既已言爲宣公時詩，則明其後《伯兮》、《有狐》蒙前省略，皆爲宣公詩，而於《詩敘》不復言宣公，直至《芄蘭》而爲惠公詩也。故"國"字當爲"宣"字之譌，《要義》所引是也。浦鏜《正字》云："'國公以'疑'宣公已'"，亦因未能通曉原文，遂致微誤。

102.頁三五四下　　今君失道而任小人大臣專恣則日如月然

按：此箋文"專恣"，十行本作"專次"，元刊明修本、文物本、纂圖本同；閩本、明監本、毛本、阮本、巾箱本、監圖本、日抄本與底本同。揆諸文義，"專次"顯誤，又檢敦煌殘卷伯二五三八《毛詩故訓傳·柏舟》鄭箋正作"專恣”,則《要義》所引是也。

103.頁三五六上　　此章責公亂尊卑

按:“責”,十行本作“貴”,文物本同;閩本、明監本、毛本、阮本與底本同;元刊明修本漫漶。“貴公”不辭,顯誤,《要義》所引是也。

104.頁三五六下　　又娶于陳曰厲媯

按:“于”,十行本作“子”,元刊明修本、文物本同;閩本、明監本、毛本、阮本與底本同。“娶子”不辭,顯誤,《要義》所引是也。

105.頁三五七上　　陳女女娣亦幸於莊公而生完

按:“生完”,十行本作“生子完”,元刊明修本、文物本、閩本、明監本、毛本、阮本同。未詳孰是。

106.頁三五八下　　今既莫往來母子恩絶

按:“莫往來”,十行本作“莫往莫來”,元刊明修本、文物本、閩本、明監本、毛本、阮本同。未詳孰是。

107.頁三六〇上　　古者兵車一乘甲士三人步卒七十二人

按:“一乘”,十行本作“十乘”,元刊明修本、文物本、阮本同;閩本、明監本、毛本與底本同。盧記云:“下文‘甲士三人,步卒七十二人’,此‘十乘’是‘一乘’之訛。”是也,則當作“一乘”,《要義》所引是也。

108.頁三六〇上　　以至於老不在軍而死

按:“軍”,十行本作“軍陣”,元刊明修本、文物本、閩本、明監本、毛本、阮本同。未詳孰是。

109.頁三六一下　　箋云宣二年左傳

按:“云”,十行本作“以”,元刊明修本、文物本、閩本、明監本、毛本、阮本同。考本詩鄭箋無有云宣公二年《左傳》者,故作“云”顯誤,《要義》所引誤也。

110.頁三六二上　　外傳魯語曰諸侯伐秦及涇不濟

按:“涇”,十行本作“經”,元刊明修本、文物本同;閩本、明監本、毛本、阮本與底本同。檢《國語·魯語》正作“涇”,作“經”顯誤,《要義》所引是也。

111.頁三六二上　　釋水云濟有深涉深則厲淺則揭揭者揭衣也

按:“揭衣”,十行本作“褰衣”,文物本、閩本、明監本、毛本、阮本同;元刊明修本作“衮衣”。檢《爾雅·釋水》作“揭者揭衣”,下文孔《疏》又引孫炎注“揭衣,褰裳也”,正爲釋前文“揭衣”二字而發,故孔《疏》原文所引《爾雅》

必當作"揭者揭衣",否則已作"揭者褰衣",何需再引孫炎注以釋之?引孫炎注以釋之者,正爲證本詩毛《傳》"揭,褰衣"也,而十行本以下各本之所以於此皆譌作"褰衣",正因涉毛《傳》而誤也。《要義》所引是也。

112.頁三六三上　傳由輈至牝牡

按:"輈",十行本作"軌",元刊明修本、文物本同;閩本、明監本、毛本、阮本與底本同。檢本詩毛《傳》正作"由輈",則作"軌"顯誤,《要義》所引是也。又,此下《要義》"軓"字,十行本多譌作"軌",且情況錯亂繁雜,故不逐條羅列。

卷第二下

113.頁三六五上　此以涇濁喻舊室以渭清喻新昏

按:"舊室",十行本作"舊至",元刊明修本、文物本、阮本、閩本、明監本同;毛本與底本同。考《疏》文此前屢言"舊室",此處"舊室"與"新昏"正相對照,則作"舊室"無疑,浦鏜《正字》云:"'室',監本誤'至'",阮記云:"閩本、明監本同,毛本'至'作'室'。案'室'字是也,《六經正誤》引作'室'。"故《要義》所引是也。

114.頁三六六上　則梁者爲堰以鄣水

按:"鄣",十行本作"彰",元刊明修本同;文物本、閩本、明監本、毛本、阮本與底本同。揆諸文義,水如何"彰",作"彰"顯誤,《要義》所引是也。

115.頁三六七下　毛言康叔之封爵稱侯者

按:此句十行本作"言康叔之封者",元刊明修本、文物本、閩本、明監本、毛本、阮本同。此段《疏》文本爲釋箋而發,則所謂"毛言"顯誤,又鄭箋云"衛康叔之封爵稱侯",而《要義》引作"康叔之封爵稱侯"又似脗合,則《要義》"毛"字或爲衍文,而"言康叔之封爵稱侯者"或更長於"言康叔之封者",未詳孰是。

116.頁三六九上　泠官樂官也

按:此鄭箋"泠",十行本作"伶",元刊明修本、文物本、閩本、明監本、毛本、阮本、監圖本、纂圖本、日抄本同;巾箱本與底本同。阮記以爲"此《序》及箋當本作'泠'。其作'伶'者,俗字耳。《正義》亦當本是'泠'字,或後人改之也。"今檢敦煌殘卷斯一〇《毛詩傳箋·蕑兮》、斯七八九《毛詩詁訓傳

· 蒨兮》、伯二五二九《毛詩詁訓傳 · 蒨兮》皆作"伶",《釋文》謂"字亦作
'伶'",則非必以"泠"字爲是也,阮説武斷而不可信。《要義》此下所引皆作
"泠",或爲一別本,未詳孰是。

117. 頁三七〇上　祭之末乃賜之一爵

按:"末",十行本作"未",元刊明修本、文物本同;閩本、明監本、毛本、
阮本與底本同。揆諸文義,作"未"顯誤,《要義》所引是也。

118. 頁三七〇上　時周室卑微非能用賢而言可以承事王者見碩人德
大堪爲王臣而衛不用

按:"承",十行本作"丞",元刊明修本、文物本、阮本同;閩本、明監本、
毛本與底本同。"承"、"丞"相通,未詳孰是。

119. 頁三七一上　傳言日中爲期則爲一日之中非春秋日夜中也若春
秋不當言爲期也

按:"則爲",十行本作"則謂",元刊明修本、文物本、阮本同;閩本作"則
樂謂",明監本、毛本同。"日夜",十行本作"曰夜",元刊明修本、文物本同;
閩本、明監本、毛本、阮本與底本同。"不當言",十行本作"言不當",元刊明
修本、文物本、閩本、明監本、毛本、阮本同。此一句,《要義》與傳世注疏本
異文甚多,今細玩《要義》所引,乃《疏》釋毛《傳》"日中爲期"之義,此"日中"
當是"一日之中",而非春秋二季日、夜各半之義,若指春秋二季,乃泛泛而
言、時無確指,不應當言"爲期"。文氣無礙,其旨甚明,若從傳世各本則義
不可曉,故《要義》所引是也。

120. 頁三七一下　引此者以正此日之方中即彼春入學是矣

按:"正",十行本作"證",元刊明修本、文物本、閩本、明監本、毛本、阮
本同。揆諸文義,當作"證",《要義》所引誤也。

121. 頁三七三下　生子月辰則以金退之當御者以銀環進之

按:"金",十行本作"金環",諸本皆同。揆諸文義,"金環"與"銀環"相
配,《要義》所引誤也。

卷第三

122. 頁三七五下　楚語曰昔衞武公年九十有五矣猶箴儆于國則未必
其死年

按："于"，十行本作"子"，元刊明修本同；文物本、閩本、明監本、毛本、阮本與底本同。又，"其"，十行本作"有"，元刊明修本、文物本、閩本、明監本、毛本、阮本同。作"子"顯誤，此不待言，考《疏》上文引《國語》，則衛武公九十五仍健在，故推測九十五未必即是其死年，意謂衛武公死時更在九十五歲以上，故作"其"正貼合上下文義，"有"字則顯因與"其"字形相近而譌，《要義》所引是也。

123.頁三七六上　脫髦諸侯小斂而脫之此其伯之死時僖侯已葬去髦久矣

按："其伯"，十行本作"共伯"，元刊明修本、文物本、閩本、明監本、毛本、阮本同。考本詩《小敘》箋云："共伯，僖侯之世子"，則當作"共伯"，《要義》所引誤也。

124.頁三七六上　髦者侍父母之飾也若父母有先死者於死三日脫之服闋又著之若二親並沒則因去之矣

按："三"，十行本作"二"；元刊明修本、文物本、閩本、明監本、毛本、阮本皆與底本同。考前《疏》又云："士之既殯，諸侯之小斂，於死者，俱三日也，則脫髦，諸侯小斂而脫之"，據此，則顯應作"三"，十行本所謂"二"者，或因字劃闕失而致，《要義》所引是也。

125.頁三七六下　禮記文王世子云親疾世子親齊玄冠而養蓋亦衣玄端矣

按："衣玄端"，十行本作"衣不端"，元刊明修本、閩本、明監本、毛本、阮本同；文物本作"亦不端"。考《疏》文引《禮記》云："世子親齋玄冠而養"，則此所謂"不端"顯爲"玄端"之譌，《要義》所引是也，浦鏜《正字》以爲"'不'，當'玄'字誤"，可謂得之。文物本所謂"亦不端"，則又譌"衣"爲"亦"，錯上加錯也。

126.頁三七六下　正義曰此主刺君故以宣姜繫於君謂之君母鶉之奔奔則主刺宣姜與頑

按："此主"，十行本作"此注"，元刊明修本、文物本、閩本、明監本、毛本、阮本同。考此段《疏》文乃釋本詩《小敘》也，《敘》云："衛人刺其上也，公子頑通乎君母，國人疾之而不可道也"，《疏》旨意謂本詩主刺君，故《敘》文云"君母"，即《疏》所謂"故以宣姜繫於君"也，若作"注"，此"注"何所指？則文辭茫昧，義不可曉，且《疏》下文又云"《鶉之奔奔》則主刺宣姜與頑"，以下況上，揆諸文義，則必作“此主”，《要義》所引是也，浦鏜《正字》以爲“‘注’，當‘主’字誤”，亦是也。

127.頁三七九下　臣無境外之交得取列國女者春秋之世因聘逆妻故得取焉

按：“境外”，十行本作“境外”，元刊明修本、文物本、閩本、明監本、毛本、阮本同。揆諸文義，當作“境外”，作“境”似因形近而譌，《要義》所引誤也。

128.頁三七九下　言孟故知長女下孟弋孟庸以孟類之盖亦列國之長女但當時列國姓庸弋者無文以言之

按：“下孟弋孟庸”，十行本作“下孟　孟弋孟庸”，元刊明修本、文物本、阮本同；閩本、明監本、毛本與底本同。十行本“下孟”後有長條形空白，似原有文字，後遭剜去，然本詩有云“云誰之思，美孟姜矣”，“云誰之思，美孟弋矣”“云誰之思，美孟庸矣”，此處所釋“孟姜”爲“孟”之義，則“下”字之後顯當接“孟弋”、“孟庸”，且與下文“當時列國姓庸、弋者”相配，故《要義》所引是也。

129.頁三八〇下　禹貢豫州榮波既豬注云沇水溢出河爲澤今塞爲平地滎陽民猶謂其處爲滎澤在其縣東

按：“在其”，十行本作“其在”，元刊明修本、文物本、閩本、明監本、毛本、阮本同。檢《四部叢刊》三編所收單疏本《尚書正義》引鄭云正作“在其”，則《要義》所引是也，浦鏜《正字》謂“其在”倒乙，是也。

130.頁三八一上案經僖二十五年衞侯燬卒其戴公之立其年即卒

按：前“其”，十行本作“則”，元刊明修本、文物本、閩本、明監本、毛本、阮本同。細玩原句文氣，似作“則”更勝，《要義》所引誤也。

131.頁三八一下　答曰楚丘在濟河間疑在今東郡界中仲梁子先師魯人當六國時在毛公前

按：“中”，十行本作“今”，元刊明修本、文物本、阮本同；閩本、明監本、毛本與底本同。玩味文義，顯當作“中”，《要義》所引是也。又阮記云：“閩本、明監本、毛本下‘今’字作‘中’，案所改是也”，據《要義》所引此字本作“中”，閩本或直承善本而來，非改之也，阮記所云實不可信。

132.頁三八二上　又云定星昏而正中謂小雪時小雪者十月之中氣十二月皆有節氣有中氣十月立冬節小雪中於此時定星而正中也

按："定星而正中"，十行本作"定星昏而正中"，元刊明修本、文物本、閩本、明監本、毛本、阮本同。"定星而正中"，不明正中之時，義不可曉，又上文既言"定星昏而正中"，則下文於此呼應亦當云"定星昏而正中"，則有"昏"字者是也，《要義》所引誤也。

133.頁三八四上　建邦能命龜者命龜以遷求吉之意

按："求"，十行本作"取"，元刊明修本、文物本、閩本、明監本、毛本、阮本同。"求"者祈使之義，"取"者釋因之義，義皆可通，未詳孰是。

134.頁三八五上　騋牝三千馬七尺曰騋騋馬與牝馬也

按："七尺曰"，十行本作"七尺以上曰"，元刊明修本、文物本、閩本、明監本、毛本、阮本、監圖本、纂圖本、日抄本同；巾箱本與底本同。下《疏》文云："'馬七尺曰騋'，《廋人》文也"，則唐人孔氏所據本毛《傳》作"七尺曰"；又宋本《呂氏家塾讀詩記》卷五云："毛氏曰：馬七尺曰騋，騋馬與牝馬也"（北京圖書館出版社二〇〇三年影印國家圖書館藏宋淳熙九年江西漕臺刻本），宋刊元修本《東萊先生音注唐鑒》卷九《玄宗中》"臣祖禹曰詩美衛文公曰秉心塞淵騋牝三千"條小注所引同（北京圖書館出版社二〇〇三年影印國家圖書館藏本），則宋人呂氏所見本亦作"七尺曰"；又《段氏毛詩集解》卷四云："毛曰：馬七尺曰騋，騋馬與牝馬也"，則宋人段氏所見本亦作"七尺曰"；則作"七尺曰"似更勝，《要義》所引是也，作"七尺以上曰"者當爲另一版本系統，阮記以爲孔《疏》乃隱括"七尺以上曰"爲"七尺曰"，後來據此隱括之語反删前文毛《傳》，如此解釋，未免太過曲折，令人難以置信。

135.頁三八五下　此言雨徵則與彼同也

按："徵"，十行本作"微"；元刊明修本漫漶不清；文物本作"赤"；閩本、明監本、毛本、阮本與底本同。本詩云"朝隮于西，崇朝其雨"，孔《疏》釋之云："言朝有升氣於西方，終朝其必有雨，有隮氣必有雨者，是氣應自然"，則朝有升氣爲終朝有雨之徵也，若作"微"字，義無所出，顯因形近而譌，而作"赤"者於義尤謬，《要義》所引是也。

136.頁三八六上　卒章言干旄傳曰析羽爲旌

按："干旄"，十行本作"干旄"，元刊明修本、文物本同；閩本、明監本、毛本、阮本與底本同。考本詩卒章"孑孑干旄，在浚之城"，毛《傳》云："析羽爲旌"，則此《疏》必當作"干旄"，作"干旄"顯誤，《要義》所引是也。

137.頁三八七下　詩云四騵彭彭武王所乘

按："四騵"，十行本作"四牡"，元刊明修本、文物本、阮本同；閩本、明監本、毛本與底本同。檢《毛詩》有"四牡彭彭"句者，《小雅·北山》、《大雅·烝民》二首，前者刺幽王，後者美宣王，皆與武王無涉；又《大雅·大明》有句云"駟騵彭彭，維師尚父，時維鷹揚，涼彼武王，肆伐大商"，則正合此處所云"武王所乘"之義，且此《疏》文實引許慎《五經異義》之文（詳參下條校勘記），故有"四"、"駟"之別，單疏本《春秋公羊疏》卷一引《異義》："《詩》云'四騵彭彭'，武王所乘"（北京圖書館出版社二〇〇四年影印國家圖書館藏宋刻元修本），則當作"四騵彭彭"，《要義》所引是也。

138.頁三八七下　玄之聞也

按："玄"，十行本作"互"，元刊明修本、文物本、閩本、明監本、毛本、阮本同。"互之聞也"不明所指，此玄乃鄭玄自稱也，爲明其意，不妨節引孔《疏》原文："又，《異義》：'天子駕數，《易·孟》《京》、《春秋公羊説》：天子駕六；《毛詩説》：天子至大夫同駕四，士駕二，《詩》云"四騵彭彭"，武王所乘，"龍旂承祀，六轡耳耳"，魯僖所乘，"四牡騑騑，周道倭遲"，大夫所乘。謹案：《禮·王度記》曰：天子駕六，諸侯與卿同駕四，大夫駕三，士駕二，庶人駕一，説與《易》、《春秋》同。'玄之聞也，《周禮·校人》："掌王馬之政"，"凡頒良馬而養乘之，乘馬一師四圉"，四馬爲乘，此一圉者養一馬，而一師監之也。《尚書·顧命》："諸侯入應門"，"皆布乘黃朱"，言獻四黃馬朱鬣也。既實周天子駕六，《校人》則何不以馬與圉以六爲數？《顧命》諸侯何以不獻六馬？《王度記》曰"大夫駕三"，經傳無所言，是自古無駕三之制也'。"自"異義"以下，皆孔《疏》所引許慎《五經異義》，自"玄之聞也"以下，皆反駁《異義》天子駕六之説，故皆是鄭玄《駁五經異義》之文，此本無可疑，而歷來注疏傳本有誤，故浦鏜《正字》云："玄，誤互"，阮記是之，日本内閣文庫藏萬曆十七年刊明監本於"互"字處用紅筆特志之，并與頁眉寫有"玄"字，此皆卓識。

139.頁三八九上　若平王則爲公而云卿士者卿爲典事公其兼官故顧命注公兼官以六卿爲正次

按："卿士者"，十行本作"卿士而"，元刊明修本、文物本、阮本同；閩本、明監本、毛本與底本同。揆諸文義，作"者"乃引出下文解釋"爲公，而爲卿士"之因，若作"而"則全句義不可通，故《要義》所引是也，阮記以爲閩本等改之，實宋本本然，非閩本改之也。

140.頁三八九上　殺兄纂國得爲美者美其逆取順守德流於民故美之齊桓晉文皆纂弒而立終建大功亦此類也

按："此類"，十行本作"皆類"，元刊明修本、文物本、阮本同；閩本、明監本同；毛本與底本同。細玩文氣、揆諸文義，作"此類"是也，故《要義》所引是也，浦鏜《正字》以爲監本"此，誤皆"，是也。

141.頁三八九下　然則王芻篇竹所以美盛也由後淇水浸潤之

按："由後"，十行本作"由得"，元刊明修本、文物本、閩本、明監本、毛本、阮本同。揆諸文義，顯當作"由得"，《要義》所引誤也。

142.頁三八九下　故下箋云圭壁亦琢磨

按："圭壁"，十行本作"圭璧"，元刊明修本、文物本、閩本、明監本、毛本、阮本同。揆諸文義，顯當作"圭璧"，《要義》所引誤也。

143.頁三九〇上　箋會至視朝正義曰

按："會"，十行本作"會謂"，元刊明修本、文物本、閩本、明監本、毛本、阮本同。此《疏》文標所釋鄭箋起止之文，未詳孰是。

144.頁三九一下　故左傳曰娶於東宮得臣之妹服虔云得臣齊世子名居東宮是也

按："世子"，十行本作"士子"，元刊明修本同；文物本作"太子"，阮本同；閩本、明監本、毛本與底本同。"士子"顯誤，作"太子"亦誤，《要義》所引是也。

145.頁三九三上　士喪禮云兄弟不以襚進雜記云襚者曰寡君使某襚此禮之襚春秋文九年秦人來歸僖公成風之襚隱元年公羊傳曰衣被曰襚穀梁傳曰衣衾曰襚此春秋之襚也

按："春秋之襚"，十行本作"春秋之遂"，元刊明修本、文物本、阮本同；閩本、明監本、毛本與底本同。前文既有"禮之襚"，則此"春秋之襚"當無疑，《要義》所引是也。

146.頁三九四下　蚩蚩敦厚之貌

按：十行本"蚩蚩"二字之後有"者"字，元刊明修本、文物本、閩本、明監本、毛本、阮本同；檢宋刊巾箱本、監圖本、纂圖本及日抄本皆無"者"字；則《要義》所引是也。阮記以爲"者"字爲衍文，是也。

147.頁三九六下　初衛宣公烝於夷姜生伋子爲之娶於齊而美公娶之生壽及朔

按：“美”，十行本作“姜”，元刊明修本、文物本、閩本同；明監本、毛本、阮本與底本同。揆諸文義，“姜”字顯誤，《要義》所引是也，十行本與此“姜”字旁畫有小圈，下注“美”字，則讀此書者，亦以爲當作“美”。

148.頁三九七上　　行止有節度亦捴二者之辭

按：“二者”，十行本作“三者”，元刊明修本、文物本、閩本、明監本、毛本、阮本同。前《疏》已云“捴三者之辭”，故此處有“亦”字，若是“捴二者之辭”則“亦”字無著落，又此所謂三者，乃鄭箋所謂容刀、瑞及紳帶，故當作“三者”，《要義》所引誤也。

149.頁三九七下　　士喪禮曰纊極二注云極猶放弦也

按：“纊”，十行本作“横”，元刊明修本、文物本同；閩本、明監本、毛本、阮本與底本同。檢《儀禮·士喪禮》作“纊”，“纊”、“横”本非一物，或因形近而譌，《要義》所引是也。

150.頁三九八上　　又春秋杞伯姬來歸及此宋桓夫人皆是也主后犯出則廢之而已皆不出非徒無子故

按：“來歸”，十行本作“來婦”，元刊明修本、文物本、阮本同；閩本、明監本、毛本與底本同。來婦，不辭，考《疏》文云：“若犯餘六出，則去，故《雜記》有出夫人禮。又《春秋》杞伯姬來歸，及此宋桓夫人皆是也。”所謂“歸”，《左傳》莊公二十七年云：“凡諸侯之女，歸寧曰‘來’，出曰‘來歸’”，則此處作“來歸”正貼合《疏》文之義。《要義》所引是也。

“主后”，十行本作“王后”，元刊明修本、文物本、閩本、明監本、毛本、阮本同。細玩文義，作“王后”爲勝，《要義》所引誤也。

151頁三九九上　　正義曰考工記云殳長尋有四尺尋八尺又加四尺是丈二也冶氏爲戈戟之刃不言殳刃是無刃也

按：“冶氏”，十行本作“治氏”，元刊明修本、文物本同；閩本、明監本、毛本、阮本與底本同。檢《周禮·考工記》：“冶氏爲殺矢刃”，則當作“冶氏”無疑，《要義》所引是也。

152.頁三九九下　　考工記曰兵車六等之數車軹四尺謂之一等戈柲六尺有六寸

按：“戈柲”，十行本作“戈祕”，元刊明修本、文物本、閩本、明監本、毛本、阮本同。檢《周禮·考工記》：“戈柲六尺有六寸”，則當作“戈柲”無疑，《要義》所引是也，浦鏜《正字》以爲“柲，誤祕”，阮記是之，均是也。

153.頁三九九下　六等者自地以上數之其等差有六故注云法易之三
材六畫非六建也建者建於車上軫非車上所建也

按："三材"，十行本作"三才"，元刊明修本、文物本、閩本、明監本、毛
本、阮本同。檢《周禮·考工記》鄭注："灋《易》之三材六畫"，且下文又云
"象三材之六畫"，則此當作"三材"無疑，《要義》所引是也。又，"軫非車上
所建"，十行本無"軫"字，元刊明修本、文物本、閩本、明監本、毛本、阮本同。
本詩鄭箋云："兵車六等：軫也、戈也、人也、殳也、車戟也、酋矛也，皆以四尺
爲差"，《疏》文先引《考工記》以釋之，"《考工記》曰：兵車六等之數，車軫四
尺謂之一等；戈柲六尺有六寸，既建而迆，崇於軫四尺，謂之二等；人長八
尺，崇於戈四尺，謂之三等；殳長尋有四尺，崇於人四尺，謂之四等；車戟常
崇於殳四尺，謂之五等；酋矛常有四尺，崇於戟四尺，謂之六等。"此本無問
題，然《疏》文又引《廬人》以自設疑，"又，《廬人》先言戈、殳、車戟、酋矛、夷
矛之短長，乃云'攻國之兵'，又云'六建既備，車不反覆'，注云：'六建，五兵
與人也'，則六建於六等，不數軫而數夷矛。"據《疏》文所引《廬人》鄭注，又
有所謂"六建"，此六建是五兵：戈、殳、車戟、酋矛、夷矛，再加上人，即所謂
"五兵與人也"，恰巧於前此所引《考工記》六等之説可相比較，而其差別則
在於六等有軫無夷矛，六建有夷矛無軫，那麼爲何在此用《考工記》六等之
説以釋鄭箋，而不用《廬人》六建之説呢。《疏》文既自問，又自答，"不引之
者，因六等自軫歷數人殳以上爲差之備，故引之，六等者，自地以上數之，其
等差有六，故注云'法《易》之三材六畫'，非六建也，建者，建於車上，軫非車
上所建也。"鄭箋明謂"兵車六等"，其旨重在等差，而《考工記》正是歷數自
軫至酋矛之等差，故引之因闡明箋旨也，至於《廬人》六建之説，其意重在
建，所謂建者，建於車上也，而軫者，《考工記》鄭注云"輿後橫木"，故《疏》
云："軫非車上所建也"，若無"軫"字，到底何物"非車上所建"呢，主語既闕，
句意遂晦，則《要義》所引是也，正可補此千古未知之主語，真可謂一字千
金也！

154.頁四〇〇上　若旨戈以上數爲六等

按："旨"，十行本作"自"，元刊明修本、文物本、閩本、明監本、毛本、阮
本同。揆諸文義，顯當作"自"，《要義》所引誤也。

155.頁四〇〇下　正義曰謂之不已乃厭足於心用是生首疾也

按："謂"，十行本作"謂思"，元刊明修本、文物本、閩本、明監本、毛本、

阮本同。揆諸文義，闕"思"則句意不明，《要義》所引誤也。

156.頁四〇一下　昏禮注云洗南北直室東隅東西直房户與隅間謂在房室之内也

按："東隅"，十行本作"東西"，元刊明修本、文物本、閩本、明監本、毛本、阮本同。浦鏜《正字》以爲："'隅'，誤'西'"，阮記云："以《士昏禮》記注考之，是也"，故《要義》所引是也。

157.頁四〇一下　此欲樹草蓋在房室之北堂者揔名房外内皆名爲堂也

按："皆"，十行本作"背"，元刊明修本、阮本同；文物本、閩本、明監本、毛本與底本同。揆諸文義，"房外内皆名爲堂"爲句，顯當作"皆"以概外、内也，故《要義》所引是也，阮記云："閩本、明監本、毛本'背'，作'皆'，案：所改是也"，實非閩本所改，宋本已然，阮説誤也。

158.頁四〇二下　郭璞云實如小瓜酢可食是也

按："酢"，十行本作"酸"，元刊明修本、文物本、阮本同；閩本、明監本、毛本與底本同。檢宋本《爾雅·釋木》"楙木瓜"條郭璞注云："實如小瓜酢可食"，則《要義》所引是也。

159.頁四〇二下　於考槃見遯世之士而無悶於世

按："無"，十行本作"尤"，元刊明修本、文物本同；閩本、明監本、毛本與底本同；阮本作"无"。考《考槃·疏》引王肅説以申毛《傳》"窮處山澗之間，而能成其樂者，以大人寬博之德，故雖在山澗，獨寐而覺，獨言先王之道，長自誓，不敢忘也，美君子執德弘信道篤也"，又謂"鄭以爲成樂在於澗中而不仕者，是形貌大人，寬然而有虚乏之色，既不爲君用，饑乏退處，故獨寐而覺，則言長自誓不忘君之志"，則王注、鄭箋正與此《疏》所謂"無悶於世"義相呼應，若作"尤悶於世"，則與《考槃》詩義去之甚遠，故顯當作"無"，《要義》所引是也，"尤"者或因與"無"形近而譌也。

卷第四上

160.頁四〇五上　書序云成周既成遷殷頑民注云此皆士也周謂之頑民民無知之稱是遷殷頑民於成周也

按："是遷"，十行本無"遷"字，元刊明修本、文物本、阮本同；閩本、明監本、毛本與底本同。揆諸文義，若無"遷"字，則"殷頑民於成周"無謂語，顯不可缺，《要義》所引是也，阮記云："明監本、毛本'是'下有'遷'字，閩本剜入，案：所補是也"，是也。

161.頁四〇五下　風雅之作本自有體而云貶之謂之風者

按："而云"，十行本作"猶而云"，元刊明修本、文物本、閩本、明監本、毛本、阮本同。未詳孰是。

162.頁四〇五下　正義曰作黍離詩者言閔宗周也周之大夫行從征至於宗周鎬京

按："從征"，十行本作"從征役"，元刊明修本、文物本、閩本、明監本、毛本、阮本同。考本詩《小敘》："《黍離》，閔宗周也，周大夫行役，至于宗周"，《疏》言"行從征役"，正釋《敘》"行役"二字，此實增字以釋也，故《要義》所引誤也。

163.頁四〇六下　鄭讀爾雅與孫郭異

按：此句十行本作"鄭爾雅與孫郭本異"，元刊明修本、文物本、閩本、明監本、毛本、阮本同。檢單疏本《爾雅疏・釋天》引作"鄭讀爾雅與孫郭本異"，"與孫郭異"與"與孫郭本異"，文義可通，而若闕"讀"字，則"鄭爾雅"真不知何謂也，故《要義》所引是也，浦鏜《正字》云："脱'讀'字"，是也。

164.頁四〇七上　二説理相符合故鄭和而釋之

按："二説"，十行本作"二物"，元刊明修本、文物本、閩本、明監本、毛本、阮本同。二物如何"和而釋之"？作"二物"顯爲不當，且《疏》文，此"二説"有明指，即《爾雅》説"春爲蒼天，夏爲昊天"，及歐陽説"春爲昊天，夏爲蒼天"，又前《疏》亦云"是鄭君和合二説之事也"，故《要義》所引是也，浦鏜《正字》云："'説'，誤'物'"，是也。

165.頁四〇七下　月令仲夏調竽笙簴簧則黄似別器者彼於竽笙簴三器之下而別言簧者欲見三器皆有簧簧非別器也

按："黄"，十行本作"簧"，元刊明修本、文物本、閩本、明監本、毛本、阮本同。揆諸文義，下文所謂"簧非別器也"，顯然是與"簧似別器"相對應之文，則作"簧"是，《要義》所引誤也。

166.頁四〇七下　鹿鳴云吹笙皷簧言吹笙則簧皷是簧之所用本施於笙

按："簧皷"，十行本作"皷簧"，元刊明修本、文物本、閩本、明監本、毛本、本、阮本同。考《宋書·樂志一》:"《詩傳》云:吹笙則簧鼓",則此處作"簧鼓"或魏氏所見注疏本如此,故難定是非、未詳孰是。

167.頁四〇九上　　故春秋傳曰董澤之蒲可勝既乎

按:"董澤",十行本作"薰澤",元刊明修本、文物本同;閩本、明監本、毛本、阮本與底本同。檢《左傳》宣公十二年正作"董澤",則《要義》所引是也。

168.頁四〇九上　　釋草云萑薍李巡曰臭穢草也郭璞曰今芄蔚也葉似荏方莖白華

按:"荏",十行本作"萑",元刊明修本、文物本、閩本、明監本、毛本、阮本同。檢宋本《爾雅·釋草》"萑薍"郭注云:"今芄蔚也葉似荏","荏"、"萑"非一草,故郭璞云"葉似荏"以釋"萑",若作"葉似萑"以釋"萑",豈有此理乎?《要義》所引是也。十行本作"葉似萑"者,涉上文"釋草云萑薍"而誤也,浦鏜《正字》云:"'荏',誤'萑'",是也。

169.頁四〇九上　　平王崩周人將畀虢公政四月鄭祭足帥師取溫之麥秋又取成周之禾周鄭交惡

按:"禾",十行本作"粟",元刊明修本、文物本、閩本、明監本、毛本、阮本同。此句皆《左傳》隱公三年文也,其文作"禾",杜注云:"'四月',今二月也,'秋',今之夏也,麥、禾皆未熟,言'取'者蓋芟踐之","禾"未熟非"粟"也,則《要義》所引是也。

170.頁四〇九上　　桓五年左傳曰王奪鄭伯政鄭伯不朝是諸侯背叛也

按:"背叛",十行本作"背",元刊明修本、文物本、阮本同;閩本、明監本、毛本與底本同。諸侯背也,不辭,當作"背叛",《要義》所引是也。阮記云:"明監本、毛本'背'下有'叛'字,閩本剜入,案:所補是也",是也。

171.頁四〇九下　　傳罦覆車正義曰

按:"罦",十行本作"稱",元刊明修本、文物本同;閩本、明監本、毛本、阮本與底本同。此處所謂"傳罦覆車",乃《疏》文引前《傳》以標所釋起止之語,本詩"有兔爰爰,雉離于罦",毛《傳》云:"罦覆車",則顯當作"罦",《要義》所引是也。

172.頁四〇九下　　郭璞曰今之翻車也有兩轅中施胃以捕鳥

按:"胃",十行本作"骨",元刊明修本、文物本、閩本、明監本、毛本同;阮本與底本同。檢宋本《爾雅·釋器》"罦覆車也"郭注云:"今之翻車也,有兩轅,中施胃以捕鳥",胃者,捕鳥之具也,骨如何補鳥?《要義》所引是也。

浦鏜《正字》云：“‘冐’，誤‘骨’”，是也。

173.頁四〇九下　　異義九族今禮戴尚書歐陽説云

按：“禮戴”，十行本作“戴禮”，元刊明修本、文物本、閩本、明監本、毛本、阮本同。細繹文氣，“禮戴”正與“尚書歐陽”相配，若作“戴禮”，則後文應改作“歐陽尚書”，方前後一致，又檢元刊本《玉海》卷三十七《藝文·書》“初尚書鄭氏古文孔氏置博士”條引曰：《詩·正義》：《異義》：九族，今《禮》戴、《尚書》歐陽説云”，則可與《要義》相證，《要義》所引是也。

174.頁四一〇下　　正義曰釋草云蕭萩李巡曰萩一名蕭陸璣云今人所謂萩蒿者是也

按：三“萩”字，十行本皆作“荻”，元刊明修本、文物本、閩本、明監本、毛本、阮本同。檢宋本《爾雅·釋草》正作“蕭萩”，又日本南北朝時期翻刻宋監本《爾雅·釋草》亦作“蕭萩”（汲古書院昭和四十八年影印本），單疏本《爾雅疏·釋草》云：“蕭萩，釋曰：李巡曰萩一名蕭，陸璣云：今人所謂萩蒿者是也”，則作“萩”實無可疑，《要義》所引是也。十行本作“荻”，或因形近而誤，浦鏜正字云：“‘萩’，誤‘荻’，下同”，阮記云：“考《爾雅釋文》，浦挍是也”，是也，殿本《考證》云：“臣宗萬按：‘荻’字宜作‘萩’，音秋。《説文》云：萩，蕭也；襄公十八年《左傳》：秦周伐雍門之萩；是也。《爾雅·釋草》文字誤作‘荻’，故《疏》仍其訛，荻，葰也，非蕭也。”殿本所辨甚是，然謂《疏》仍其訛則似誤，至少據《要義》所引，《疏》本不誤，或是十行本刊刻時致誤，亦未可知。

175.頁四一〇下　　春官司服曰子男之服自毳冕而下卿大夫之服自玄元而下則大夫不服毳冕

按：“玄元”，十行本作“玄冕”，元刊明修本、文物本、閩本、明監本、毛本、阮本同。檢《周禮·司服》，作“卿大夫之服自玄冕而下”，則當作“玄冕”，《要義》所引誤也。

176.頁四一一上　　王朝之卿大夫出封於畿外襃有德加一等公卿爲侯伯大夫爲子男

按：“公卿”，十行本作“使卿”，元刊明修本、文物本、閩本、明監本、毛本、阮本同。前有“王朝之卿大夫”，後有使“卿爲侯伯”，“大夫爲子男”，“卿大夫”與“卿”、“大夫”前後呼應，無容多一“公”字，且若闕“使”字則文氣殘斷，故當作“使卿”，《要義》所引誤也。

177.頁四一一下　　侯伯入爲大夫者也以其本爵先尊服其本國之服

按:"本國",十行本作"於國",元刊明修本、文物本、阮本同;閩本、明監本、毛本與底本同。"於國之服",義不可通,所謂"本國",侯伯入王朝爲大夫前所在之國也,《要義》所引是也。阮記云:"閩本、明監本、毛本,'於'誤'本'",誤甚。

178.頁四一二上　　春官司几筵注云周禮雖合葬及同時在殯皆異几

按:"合葬",十行本作"今葬",元刊明修本、文物本、阮本同;閩本、明監本、毛本與底本同。檢《周禮・司几》,作"合葬",則《要義》所引是也。盧記云:"毛本,'今'作'合',案:'合'字是也",是也。

(作者單位:揚州大學社會發展學院)

稿　約

一、本集刊爲半年刊,上半年出版時間爲 5 月中旬,截稿日期爲上年 9 月底。下半年出版時間爲 11 月中旬,截稿日期爲當年 3 月底。

二、本集刊實行匿名評審制度。

三、本集刊以學要研究爲主,凡域外漢籍中有關語言、文學、歷史、宗教、思想研究之學術論文及書評,均所歡迎。有關域外漢籍研究之信息與動態,亦酌量刊登。

四、本集刊以刊登中文原稿爲主,並適當刊登譯文。

五、本集刊采擇論文唯質量是取,不拘長短,且同一輯可刊發同一作者的多篇論文。

六、來稿請以 A4 型紙打印,並附電子文本。字體使用規範繁體字,橫排書寫。

七、來稿請遵從本刊的規范格式:

(一)來稿由標題名、作者名、正文、作者工作單位組成。

(二)章節層次清楚,序號一致,其規格舉例如下:

　　第一檔:一、二、三

　　第二檔:(一)、(二)、(三)

　　第三檔:1、2、3

　　第四檔:(1)、(2)、(3)

(三)注釋碼用阿拉伯數字①②③④⑤表示,采取當頁脚注。再次徵引,用"同上,頁××",或"同注①,頁××"。注釋碼在文中的位置(字或標點的右上角):××××①,××××①。××說,"×××××"①,××說:"×××××。"①

(四)關于引用文獻:引用古籍,一般標明著者、版本、卷數、頁碼;引用專書,應標明著者、書名、章卷、出版者、出版年月、頁碼;引用期刊論文,應標明刊名、年份、卷次、頁碼;引用西文論著,依西文慣例。兹舉例如下:

①[清]王琦注《李太白全集》卷二《古風五十九首》,中華書局,××年,頁

××。

①周勛初《論黄侃〈文心雕龍札記〉的學術淵源》,載《文學遺産》,1987 年第 1 期,頁××。

①Hans. H. Frankel, *The Floering Plum and the Palace Lady*, New Haven and London, Yale University Press, 1976. p. ××.(請注意外文斜體的運用)

（五）第一次提及帝王年號,須加公元紀年,如:开元三年(715);第一次提及的外國人名,若用漢譯,須附原名;年號、古籍的卷數及頁碼用中文數字,如开元三年、《舊唐書》卷三五等;其他公曆、雜誌的卷、期、號、頁等均用阿拉伯數字。

（六）插圖:文中如需插圖,請提供清晰的照片,或繪製精確的圖、表等,並在稿中相應位置流出空白(或用文字注明)。圖、表編號以全文爲序。

八、來稿請注明真實姓名、工作單位、職稱、詳細通訊地址和郵政編碼(若有變更請及時通知)、電子信箱、電話或傳真號碼,以便聯絡。

九、作者賜稿之時,即被視爲自動確認未曾一稿兩投或多投。來稿一經刊出,即付樣書和抽印本。

十、來稿請寄:210023 中國南京市栖霞區仙林大道 163 號南京大學文學院域外漢籍研究所《域外漢籍研究集刊》編輯委員會,或電郵至 ndywhj@nju. edu. cn。